信息管理与信息系统经典译丛

管理信息系统

（第六版）

侯赛因·比德格里/著
Hossein Bidgoli
李 焱 张 瑞 王馨晨 等/译

MIS 6

中国人民大学出版社
·北京·

译者序

近几年，信息技术迅猛发展，以移动互联网、物联网、云计算、大数据、人工智能、虚拟现实、生物识别等为基础的新一代信息技术，支持并推动了信息产品的多样化开发、信息服务模式的根本性变革，由此把人们带入了一个互联互通的时代。在这样的时代中，在各式各样的信息系统深入渗透到社会生活各个方面的同时，复杂的信息系统平台、海量的数据存储、智慧的科学算法却逐渐深隐于幕后，于千里之外、无形之处为用户提供无微不至的信息服务，人类可以像使用水、电、燃气一样，自主地选择和使用信息服务，甚至提供更智能的产品与服务。

为此，对于高校中非信息技术专业的学生来说，最需要掌握的管理信息系统知识已不仅是系统功能逻辑或分析与设计的原理，不仅是某个或某类信息系统的具体操作步骤与方法，更要懂得如何利用信息系统支持进而改造和变革商业流程，懂得如何在大量功能各异的产品、服务与模式中选择适当的平台、系统，懂得评价信息系统和信息服务的显性价值和潜在价值，提升工作质量和效率。

本书经过学生体验和教师审批之后出版发行，能满足课程的独特需求。本书教学起点较低，不要求学生事先学过企业管理课程，或者先熟悉商业企业的运作，也不需要学生有很强的信息技术知识基础，这便于在高校新生课程中安排管理信息系统概论的课程。本书从信息时代的要求出发，对管理信息系统教学的传统导向做出了调整，在完整覆盖管理信息系统的理论框架体系和概念术语的基础上，着重实现将理论与实务相结合，非常适合经济管理类专业的本科教学，对于其他对管理信息系统感兴趣的读者，也是不错的参考教程。

本书还有两方面的设计，使得教程显得精巧而周道。一方面，从教程内容看，本书以短小的贴士的形式，引入了大量企业业务实例，列举了大量行业前沿的软件产品与服务的应用。这些业务案例及软件实例的内容短小而丰富、涉及面广，即有利于理论的理解，又适合教学使用，同时增加了教程的生动性。

另一方面，从教学过程看，本书高度关注学的过程。对于学习中复习环节的设计精巧而周道，符合学生学习的认知规律，有利于个性化学习的实现。这表现在如下几方面：第一，章节后设计的作业题目具体、小巧而有效，使学生在扎实掌握基础知识的同时丰富对信息系统应用的探索与发现。这与当前信息环境的变动和要求契合程度很高，在同类教程中是不多见的。第二，章节后的专题研究重点突出、规模适度，能满足初学者有针对性地深入探索的需求，也可以实现有一定基础知识的读者进行更宽领域的延伸。

本书的翻译是在多位译者的共同努力下完成的，其中李焱翻译了第 11、12、13、14 章，翻译并整理了章节回顾卡，并且负责全书的统稿；张瑞翻译了第 3、4、5、6 章，并对全书多处的结构体例提出了有意义的构想；王馨晨翻译了第 7、8、9、10 章；姜明、何多奎完成了第 1、2 章的初译工作。这里对所有初稿译者表示诚挚的感谢。同时感谢的还有兰州财经大学电子商务实验室及信息工程学院的李强老师、马亚丽老师，在与他们的交流中获益良多。另外感谢翟亮、王文瑞、罗怡、刘伟等同学在项目完成过程中给予的帮助。非常感谢本书责任编辑的认真把关，诚挚感谢中国人民大学出版社的李丽娜老师和其他编辑，谢谢他们对本书的选择和提供的各种帮助。

准确再现原书风格，译出顺畅表达的中文教程，是我们的目标，但由于水平有限，文中的错漏在所难免，诚挚欢迎读者指正。

李　焱

2019年12月10日

目　录

第 1 部分
信息系统基础

第 2 部分

通信、互联网、电子商务、全球信息系统

第 3 部分
信息系统的发展、企业级系统、管理支持系统和新兴趋势

第 1 部分

信息系统基础

1

信息系统：概述

本章学习目标：

1-1　讨论计算机和信息系统的常见应用

1-2　解释计算机素养和信息素养之间的差异

1-3　定义事务处理系统

1-4　定义管理信息系统

1-5　描述信息系统的四个主要组成部分

1-6　讨论数据和信息之间的差异

1-7　解释信息系统在一个业务组织的功能领域的重要性和应用

1-8　讨论如何利用信息技术获得竞争优势

1-9　解释获得竞争优势的五力模型和策略

1-10　回顾 IT 就业市场

1-11　概述信息系统的未来前景

本章首先概述了计算机和信息系统的常见用途，解释了计算机素养和信息素养之间的区别，然后评论了应用最早的信息系统——事务处理系统。接下来，本章讨论了管理信息系统（management information system，MIS）的组成部分，包括数据、数据库、流程和信息，然后深入研究信息系统与信息技术的关系。本章还介绍了信息系统的作用和应用，并解释了用以制定竞争优势战略的五力模型。最后，本章回顾了 IT 就业市场，并对信息系统的未来进行了展望。

1-1 日常生活中的计算机和信息系统

组织或机构利用计算机和信息系统来降低成本并在市场上获得竞争优势。在本书中，读者将学习到许多信息系统应用。现在，先来看看日常生活中的一些常见应用。

> 组织或机构利用计算机和信息系统来降低成本并在市场上获得竞争优势。

我们身边有很多计算机和信息系统。作为学生，你会使用计算机和办公套件软件，也可能参加在线课程。计算机经常被用来为测试答案评分，比较班里每个学生的表现，并生成详细的报告。计算机和信息系统还会计算等级和各科成绩的平均学分绩点（GPA），并能把这些信息传送给你。

计算机和信息系统也常用于杂货店和零售店。例如，一个销售终端（point-of-sale，POS）系统通过读取购物车中商品的通用产品代码（universal product code，UPC）来加快服务速度（见图 1-1）。同样的系统还可以管理商店库存，有些信息系统甚至可以自动追加库存。银行也使用计算机和信息系统生成每月报表，查看自动柜员机（ATM）的运行情况，以及其他银行业务情况。

© Petrenko Andriy/Shutterstock.com

图 1-1　销售终端（POS）系统

现在一些人是居家办公的远程工作者，而另一些人则经常使用他们的 PDA（personal digital assistant，个人数字助理）来随时随地开展业务。最常见的 PDA 是智能手机（如 iPhone、Galaxy、Droid 或 BlackBerry）。典型的 PDA 包括日历、通信录和任务列表程序；更先进的 PDA 通常允许无线连接到互联网（Internet），并内置 MP3 播放器。智能手机是一款具有先进功能的手机，非常像迷你电脑，拥有电子邮件和网络浏览功能，很多还有内置键盘或外置 USB 键盘（见图 1-2）。越来越多的平板电脑（如 iPad）被用作 PDA。这些平板电脑可以安装常用的 APP，提高用户的效率。下面的小贴士重点讲述了智能手机的几个流行应用。

Nucleartist/Shutterstock.com

图 1-2　智能手机范例

小贴士

无处不在的智能手机

随着 iPhone 和 Android 手机应用程序的数量的不断增加，个人和企业都将智能手机作为生产力工具和各种活动的智能助手。以下是一些普遍事例：

群发信息应用程序 GroupMe 用于向员工或客户群发送消息。三星 iPolis 应用程序是一种视频监控安全系统，用于远程查看企业或家庭的监控视频。应用程序可用于支付账单、更新公司网站、对产品或服务进行营销和广告宣传、联络客户、与任何地方的员工保持联系。一些企业向客户提供谷歌语音电话号码，以便他们可以通过短信发送订单。谷歌日历用于协调活动，照片墙（Instagram）用于发布新商品的照片等。[1]

在价值2000万美元、拥有6名员工的酒联（Wine Connection）公司的老板兼总裁马西莫·马林努奇（Massimo Marinucci）的带领下，iPhone几乎可以像台式机那样做任何业务。利用iPhone，员工可以查看库存、浏览当天的销售情况、运行报告、打印、更改价格及库存数量。新的POS应用程序允许客户在新酒上市后立即下单购买。[2]

喜达屋酒店及度假村国际集团（Starwood Hotels and Resorts Worldwide，Inc.）计划为其位于纽约哈勒姆的两家酒店和加州丘珀蒂诺的客户提供虚拟钥匙。客人可以利用智能手机不经过拥挤的登记处就进入客房。客人在喜达屋的应用程序上收到一条信息，该信息将利用智能手机的蓝牙技术，通过点击、旋转手机屏幕打开房间。万豪国际公司（Marriott International，Inc.）也在其部分酒店利用手机办理入住，忠诚计划客户可以通过他们的智能手机办理入住，然后去一个单独的登记处取钥匙[3]。

互联网可用于各种活动，从购物到学习再到工作，搜索引擎和宽带通信可在几秒钟内将信息显示在桌面上。互联网也用于社交。利用社交网站，如脸谱（Facebook）、推特（Twitter）、谷歌＋（Google＋）、领英（LinkedIn）和Foursquare。你可以在网上与朋友、家人和同事联系，并结识具有相似兴趣爱好的人。例如，推特（www.twitter.com）是一个社交网络，也提供短消息服务。用户可以发送和接收更新的简短文本，称为推特。这些内容显示在个人资料页上，其他用户可以注册后，把信息发送到自己的收件箱。例如，本书作者每天发送推特，其中包含关于信息系统应用程序、新发展、突发新闻、IT工作和个案实例的最新文章链接。我们可以在推特、脸谱或领英上阅读这些推特。

组织还可以使用社交网站向客户提供最新信息，告诉客户如何通过视频获得支持。社交网站还能提供一种针对大型客户群的廉价媒介来降低组织的成本。

此外，人们使用视频共享网站观看新闻、体育赛事和娱乐视频。最受欢迎的网站之一是YouTube（www.youtube.com）。用户可以通过网站、移动设备、博客和电子邮件上传和共享视频短片。用户上传大量内容到YouTube上，同时，哥伦比亚广播公司（CBS）、英国广播公司（BBC）、日本索尼音乐集团、Sundance频道等媒体公司也提供视频共享。

任何人都可以在YouTube上观看视频，但必须注册后才能上传视频。（本书有一个YouTube频道，读者可以在该频道上观看许多与信息系统相关的实用视频。）企业越来越多地使用YouTube来推广其产品和服务。请参阅下面的小贴士，其中重点讲述了一些类似的公司。

小贴士

营销新时代：YouTube

很多企业使用报纸、杂志、电视节目和搜索引擎来推广它们的产品、服务和品牌。YouTube作为一个备受欢迎的视频共享服务网站，常被用作营销工具。YouTube为视频做了很好的索引和管理，按“频道”分类和排序。频道从电影、动画到体育、短片和视频博客。YouTube的个别用户已使用此营销工具来分享他们的视频和故事。其中关于如何修理汽车、家用电器等的视频很受欢迎。企业也可以利用YouTube这一大众化平台作为直接的营销工具，借此机会市场营销人员还可以接触到正在搜索品牌或相关产品和服务信息的消费者。以下是使用YouTube推广其产品和服务的公司示例：

极速骑板（Quiksilver）——这家服装和配件制造商旗下包括Roxy品牌，经常发布产品的新视频，不断更新企业的网络形象。

福特模型——自2006年起，福特汽车就上传了554个宣传其品牌的视频。

美国菲尼克斯大学远程教育——学校网站有成百上千个推动大学学位课程的视频材料、评论和纪录片。

美国家得宝公司——在这里你可以找到免费的内容，包括实用知识和省钱的家庭装修小贴士。

耐克足球——耐克拥有几个不同种类的 YouTube 频道，以迎合特定的消费者。消费者无须对所有内容进行筛选，就可以找到与其需求相关的内容。[4,5]

这些例子对你意味着什么？计算机技术和信息技术将帮助未来的知识工作者，无论他们选择什么职业，都能更切实、更有效地工作。此外，知识工作者能够连接世界任一角落，分享信息、知识、视频、想法，以及所有可以数字化的东西。在本书中，这些情形以及计算机和信息系统的影响力都有涉及。

请记住，当读到信息系统和信息技术时，这两个术语是可以互换使用的。信息系统的范围比信息技术更广，但二者在许多领域重叠，而且都被用来帮助企业提高竞争力，提高整体效率和有效性。信息技术为改进决策提供了许多优势，但也涉及一些挑战，例如安全和隐私问题。下一节的**小贴士**将介绍一种潜在挑战。

1-2 计算机素养和信息素养

在21世纪，知识工作者需要两种类型的知识才能在工作场所具有竞争力：计算机素养和信息素养。

在 21 世纪，知识工作者需要两种类型的知识才能在工作场所具有竞争力：计算机素养和信息素养。**计算机素养**（computer literacy）是指使用生产力软件（诸如文字处理、电子表格、数据库管理系统和演示软件等）的技能，以及对硬件、软件、互联网、协作工具和技术基本知识的掌握能力。**信息素养**（information literacy）是理解信息在产生和使用商务智能中所起的作用的能力。**商务智能**（business intelligence，BI）提供商业运营和环境的发展历史、现状及未来预测，并给予企业市场竞争优势。（第 3 章将对商务智能进行更详细的讨论。）总而言之，知识工作者应了解以下内容：

- 内部和外部数据源
- 如何收集数据
- 收集数据的原因
- 应该收集什么类型的数据
- 如何将数据转换为信息并最终转换为商务智能
- 如何对数据创建索引和更新数据
- 如何利用数据和信息获得竞争优势

小贴士

社交网络与个人信息的安全隐患

脸谱、推特、谷歌十和 Foursquare 等社交网站的人气持续上升。截至 2015 年 1 月 28 日，脸谱已注册用户超过 13.9 亿，并且每天都在增加。[6] 但潜在风险也在增加。根据 2010 年 5 月 4 日出版的《信息世界》的一项研究，在美国，超过一半的社交网络用户可能因为发布的信息被网络犯罪分子滥用，而使自己处于危险之中。许多社交网络用户会公布他们的完整出生日期、家庭住址、自己和家人的照片以及他们离家的时间，这些信息都可能被网络犯罪分子恶意利用。根据报告，2 000 名参与调查的人中有 9%的人在这项研究中遇到了一些与计算机相关的风险问题，如恶意软件感染、诈骗、身份盗窃或骚扰。为了降低风险并提高个人信息的隐私性，该研究提供了几点建议[7]：

- 始终使用社交网站提供的隐私控制；
- 使用长密码（8个字符以上），将大小写字母、数字和符号进行混合；
- 不要发布电话号码或完整地址；
- 不要张贴孩子的名字，即便是在照片标签或标题上；
- 不要发布有关休假或商务旅行的具体信息。

计算机素养是指使用生产力软件（诸如文字处理、电子表格、数据库管理系统和演示软件等）的技能，以及对硬件、软件、互联网、协作工具和技术基本知识的掌握能力。

信息素养是理解信息在产生和使用商务智能中所起的作用的能力。

商务智能提供商业运营和环境的发展历史、现状及未来预测，并给予企业市场竞争优势。

1-3 起源：事务处理系统

在过去的60年中，**事务处理系统**（transaction-processing systems，TPS）被应用于解决结构化问题，如保存记录、进行简单的事务性工作和控制库存。例如，工资单是最早实现自动化的应用之一。事务处理系统专注于数据收集和处理，极大地降低了成本。

在事务处理操作中计算机是很有帮助的。这些操作重复性很强，如打印大量支票或者涉及大量数据，再如跨国纺织公司的库存控制。当这些系统自动化后，人的参与度达到最小。例如，一个自动化的工资系统在打印和发送支票的任务中几乎不需要管理层的判断，这就大大降低了人员成本。

事务处理系统专注于数据收集和处理，使用的主要目的是降低成本。

1-4 管理信息系统

管理信息系统（management information system，MIS）是软硬件技术、数据、流程和人员要素的系统集合，旨在生成及时的、综合的、紧密相关的、准确的和有价值的决策信息。

硬件组成包括输入、输出和存储设备，并且随应用程序和组织机构的不同而变化，在第2章中将有详细介绍。管理信息系统软件包括商业成品软件、内部开发软件，或两者兼而有之，在第2章中也有提到。应用程序或组织机构决定所使用的软件类型。流程通常是在管理信息系统应用程序中执行任务的方法。人员要素包括用户、程序员、系统分析师和其他技术人员。本书强调的是管理信息系统的使用者。

在设计一个管理信息系统时，首先，明确定义系统的目标；其次，收集和分析数据；最后，信息必须以一种有价值的形式呈现，以便于决策。

许多管理信息系统应用程序在私营机构和公共部门都有使用。例如，库存管理信息系统提供已订购商品以及延期订购商品数据（如每种产品的库存量）。有的管理信息系统还可以预测下一个结账周期的销售量。这类系统会使用最新的历史数据、数学模型或统计模型来生成最精确的预测。销售经理可以将这些信息用于销售计划。公共部门，例如公安机关，其管理信息系统可以提供犯罪统计、犯罪预测和警力分配等信息。管理层通过审查这些统计数据，发现犯罪率的增长和降低或犯罪类型，并分析这些数据以确定未来执法人员的部署。

正如本书所述，许多组织机构使用信息系统来获得竞争优势。达美乐比萨店就是一个这样的例子。（注：管理信息系统通常被称为“信息系统”，这些术语在本书中可互换。）

管理信息系统是硬件和软件技术、数据、流程和人员要素的系统集合，旨在生成及时的、综合的、紧密相关的、准确的和有价值的决策信息。

小贴士

达美乐比萨的信息技术

1960 年，达美乐比萨的第一家店开张了。如今，达美乐比萨有将近 11 000 家分店，其中一半在美国以外的地区。2007 年，达美乐开始线上和移动订购。今天，客户可以通过 www. dominos. com 在线下单，也可以使用 iPhone、Android 或 Kindle Fire 的应用程序预订。[8]订单还允许顾客选择各种配料来定制比萨饼，增强参与感，同时也节省了达美乐与电话订单相关的人工成本。下单后，顾客可以全程跟踪订单，并关注预计的交付时间，直到外卖送达。

2012 年，达美乐在其网站上的年销售额首次超过 10 亿美元，证明了电子销售将继续在公司的成功中发挥重要作用。[9]

在达美乐，顾客并没有注意到在线订购潜移默化地实现了很多目标，首先，它在客户中营造了一种感觉，即他们是比萨饼制作过程中的主角。其次，员工不必花费太多时间来处理订单，他们只需要准备出即时订单队列中符合所有客户预订规格的订单，这使得各个分店的出单效率很高。

达美乐现在能够将在线订单存储在数据库中。然后，这些数据可以用于许多用途，包括选择目标市场和决定未来提供哪种比萨饼。公司还积极利用包括脸谱和推特在内的社交媒体来推广其产品和收集客户意见。

2014 年，达美乐开始允许客户使用一个名为“Dom”的语音应用程序来订购比萨饼，该应用程序由纽昂斯通信公司提供支持，允许 iOS 和 Android 设备的用户使用声音下单。

1-5 信息系统的主要组件

除了硬件、软件和人员要素外，信息系统还包括四个主要组成部分：数据、数据库、进程和信息（见

图 1-3)，下面将进行讨论。[10]

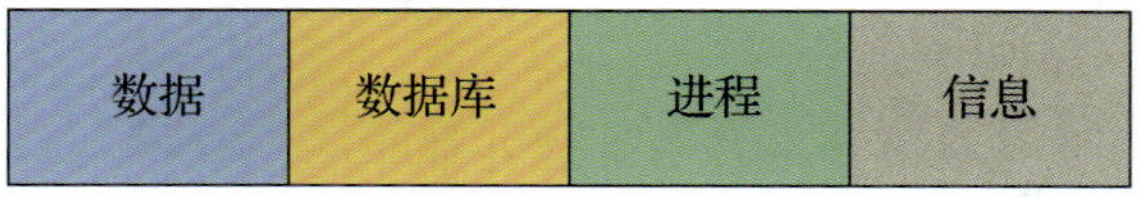

图 1-3　信息系统的主要组成部分

1-5a　数据

信息系统中的**数据**（data）被认为是系统的输入。用户需要的信息会影响收集和使用的数据类型。数据源通常有两种：外部数据源和内部数据源。信息系统应该收集这两类数据源，不过组织目标和应用程序类型也决定了要使用什么数据源。内部数据包括销售记录、人员记录等。下面是一些外部数据源的示例：

- 客户、竞争对手和供应商
- 政府机构和金融机构
- 劳动人口统计
- 经济条件

通常，数据有一个时间取向。例如，过去的数据是为绩效报告收集的，而当前的数据是为运营报告收集的。此外，未来的数据是为年度预算或资金流报告做预测的。数据还可以通过不同的形式收集，例如聚合（如，分类信息的汇总）或分解（如，逐项列表）。企业可能需要按产品、地区或销售人员分解数据来分析销售量。例如，汇总数据对于汇报指定销售季度的总体绩效很有用，但它限制了决策者聚焦于特定因素的能力。

如果一个企业已经定义了战略目标、企业宗旨和关键成功因素，那么构造数据组件来定义什么类型的数据以什么形式被收集通常是很容易的。另外，如果战略目标和企业宗旨存在冲突，或者公司不知道关键成功因素，那么在数据收集过程中可能会出现许多问题，从而影响信息系统的可靠性和有效性。

如果一个企业已经定义了战略目标、企业宗旨和关键成功因素，那么构造数据组件来定义什么类型的数据以什么形式被收集通常是很容易的。

1-5b　数据库

数据库（database）是信息系统的核心，它是一系列集成文件中所有相关数据的集合（可在第 3 章中进一步了解数据库）。综合性数据库对于任何成功的信息系统都是必不可少的。如果要创建、组织和管理数据库，就需要使用数据库管理系统（database management system，DBMS），例如用于家庭或小型办公室的微机数据库管理系统或桌面数据库软件。大型组织机构可能会使用诸如甲骨文公司或万国商业机器公司的 DB2 之类的数据库管理系统。

数据库对于减少人工收集、处理和诠释数据所需的时间有巨大价值。有了计算机管理的数据库和数据库管理系统，数据就可以被视为一种易于访问和使用的公共资源。

数据由原始事实组成，是信息系统的组成部分。
数据库是一系列集成文档中所有相关数据的集合。

1－5c 进程

信息系统中的**进程**（process）组件的用途是为决策生成最有价值类型的信息。此组件通常包括事务处理报告和用于决策分析的模型，这些报告和模型可以内置于系统中或作为外部资源被访问。

信息系统包括各种模型，以支持所有级别的决策。用户能够查询信息系统并生成各类报告。此外，信息系统能够随着组织的发展而发展，这样用户就可以重新定义和构建模型，并将新的信息纳入他们的分析。

1－5d 信息

尽管数据和信息看起来可能相同，实际却是不一样的。数据由原始事实组成，本身很难用于决策。**信息**（information）——信息系统的输出——由进程组件分析后的事件组成，因此它对管理信息系统用户更有用。例如，XYZ公司上个月的总销售额是500万美元。这个数字仅是数据，因为它不能告诉你公司的业绩。公司是否达到了销售目标？销售额比上个月增加还是减少了？公司在与顶级竞争对手的竞争中表现如何？这些问题以及更多问题可以通过信息系统提供的信息来回答。

信息的质量取决于它对用户的可用性，信息的可用性决定了信息系统的成功。如果信息能够使决策者及时做出正确的决策，该信息就是有用的。为了发挥其作用，信息必须具有以下特性：

- 时效性
- 与其他数据和信息的集成性
- 一致性和准确性
- 关联性

如果信息缺乏这些特性，就会造成决策错误、资源分配不当和机会窗口被忽略。如果系统不能为用户提供最低信任级别的可靠性，用户就不会使用它，或者可能会忽略其生成的报告。信息必须为用户提供一个选择研究或深入任务的基础。

影响信息可用性的另一个因素是信息系统的用户界面。由于界面必须灵活且易于使用，大多数信息系统都使用具有菜单和按钮等功能的图形用户界面（graphical user interface，GUI）。为了提高可用性，信息系统还应以不同的格式提供产品信息，包括图形（如饼图、条形图）、表格和异常报告，重点讲述指定范围之外的信息。用多种格式提供信息会增加用户理解和使用信息的可能性。注意，除了信息系统生成的正式信息外，用户还需要在解决问题时使用非正式信息，如谣言、未确认的报告和故事。

信息系统的最终目标是生成商务智能，这在本章前面描述过。正如读者将在本书中了解到的，许多不同的工具、技术和信息系统技术类型都被用来生成商务智能。

> 信息系统的**流程**组件为决策生成最有用的信息类型，包括事务处理报告和决策分析模型。
> **信息**由进程组件分析的事件组成，是信息系统的输出。

1－5e 信息系统示例

为了更好地了解信息系统的四个主要组成部分，请看以下两个示例：

例1 某州立大学将所有学生数据存储在数据库中，收集的数据包括每个学生的名字、姓氏、年龄、性别、专业、国籍等。信息系统的进程组件对这些数据进行多种多样的分析。例如，大学的数据库管理系统具有内置的查询功能，可以生成以下信息：

- 每个专业有多少学生；
- 哪个专业发展最快；
- 学生的平均年龄是多少；
- 在国际学生中，哪个国家的学生人数最多；
- 每个专业男女学生的比例是多少。

另外，可以进行许多其他类型的分析。例如，预测模型（流程组件的一部分）可用于生成 2020 年的预计学生人数。此外，根据系统提供的信息可制定或改进预测。例如，了解哪个专业发展得最快可以帮助决定是否聘用教师，预测 2020 年的学生人数可以帮助学校规划设施。

例 2 国际纺织公司 Teletech 使用数据库存储产品、供应商、销售人员、成本等数据。信息系统的进程组件对数据进行分析，提供前一个月的以下信息：

- 哪个销售员的销售额最高；
- 哪个产品的销售额最高，哪个最低；
- 哪个地区的销售额最高。

同样，预测模型可以用来生成下一个销售周期的预测，这些预测按产品、地区和销售人员进行分解。根据这些信息可做出许多决策，例如分配不同产品、不同地区的广告预算。

1-6 使用信息系统和信息技术

信息系统的设计目的在于收集数据、处理数据，并提供可用于决策的及时、相关和有用的信息。为了实现这一目标，信息系统可能会使用许多不同的**信息技术**（information technologies）。例如，组织机构经常将互联网作为一个全球网络来相互通信。计算机网络（有线和无线）、数据库系统、POS 系统和射频识别（radio-frequency-identification，RFID）标签只是用于支持信息系统的信息技术的几个例子。下面的小贴士介绍了家得宝公司如何使用信息技术保持竞争力。

> 信息系统的设计目的在于收集数据、处理数据，并提供可用于决策的及时、相关和有用的信息。

> **信息技术**支持信息系统，并使用互联网、计算机网络、数据库系统、POS 系统和射频识别标签。

1-6a 信息系统的重要性

信息系统的信息是任意组织中重要性位居第二的资源（仅次于人员要素），及时、相关和准确的信息是提升公司在市场上的竞争地位以及管理人力、设备、物资和资金这四种资源的关键工具。

为了管理这些资源，不同类型的信息系统被开发出来。尽管所有系统的主要组成部分都相同（如图 1-3 所示），但在所收集的数据类型和所使用的分析平台方面却各不相同。本节将讨论信息系统的一些主要类型，重点介绍每个系统中使用的数据类型和分析方法。

小贴士

家得宝公司的信息技术

家得宝公司彻底改变了美国的“自己动手”家庭装修行业，其商店使用 POS 系统提供快速的客户服务和改进的库存管理，以及利用无线网络进行有效的店内通信。[11]家得宝公司有一个网站，可以与客户进行沟通，并通过在线订单增加销售额。家得宝公司还使用射频识别标签更合理地管理库存，提高了供应链网络的效率。

家得宝公司保持高速网络互联，将其在美国和加拿大的门店连接起来，并使用数据仓库应用程序分析影响企业成败的客户、竞争对手、产品等因素的变化。[12]信息系统通过收集、分析和使用信息，更好地为客户服务，为客户制订需求计划，为家得宝提供了竞争优势。

2010 年，家得宝公司在美国和加拿大的零售店将所运行的软件产品升级至富士通 U 型扫描自助结账软件。该软件为零售商提供了快速更改其 POS 系统的灵活性，并节省了劳动力成本。[13]

人事信息系统（personnel information system，PIS）或人力资源信息系统（human resource information system，HRIS）旨在提供帮助人事决策者更有效地执行其任务的信息。网络技术在提高人力资源部门的效率和有效性方面发挥了重要作用。例如，内联网（Intranet）通常用于提供基本的人力资源功能，如员工检查他们剩余的休假时间，或查看他们的 401(k) 计划（美国 1978 年《国内税收法》中的 Section 401K 条款，它是美国一种特殊的退休储蓄计划）中有多少休假时间。内联网降低了人员成本，加快了对普通员工请求的响应。如第 7 章所述，内联网是组织机构内的一个网络，它使用互联网协议和技术来收集、存储和传播支持销售、客户服务、人力资源和营销等业务活动的有用信息。内联网和互联网的主要区别在于内联网是私有的，而互联网是公共的。人事信息系统/人力资源信息系统支持以下决策：

- 选择最佳求职者
- 安排和分配员工
- 预测组织未来的人员需求
- 提供有关员工人口统计的报告和统计数据
- 分配人力和财力资源

下面的小贴士重点讲述了人力资源信息系统的一些实际的应用程序。

物流信息系统（logistics information system，LIS）用于在保证安全可靠的前提下降低物料运输成本。以下是物流信息系统支持的一些决策示例：

- 改进路线和交付时间表
- 选择最佳运输方式
- 改善交通预算
- 改进发货计划

以联合包裹服务公司（UPS）为主的小贴士展示了信息系统和信息技术，特别是物流信息系统的应用。

小贴士

人力资源信息系统的应用

一直以来，大型企业都在使用 SAP 公司的 HR 软件和甲骨文公司的仁科软件，作为人力资源信息系统（HRIS）。随着软件成本的降低、使用的简便，以及基于云的人力资源信息系统和软件即服务（SaaS）

（在第 14 章中讨论）逐渐变得可用，中小企业现在也能从人力资源信息系统中获益。

Sarnova 公司是一家医疗用品公司，位于俄亥俄州哥伦布市，拥有 500 多名雇员。公司采用了安德普翰人力资源服务公司（ADP）的劳动力软件，代替手工系统。除一般事务，该软件使公司可以按地区、头衔以及类别对雇员进行追踪。据公司高级人事主管克里斯蒂·格兰德（Christy Gigandet）介绍，这套系统最大的益处在于实现了开放式员工福利登记，“与用人力完成相比，至少帮公司省下了一个月的时间”。这套系统自动完成雇员文书工作的打印和邮寄，这个过程可以自我驱动、自助完成。[14]

Ultipro、赛捷人力资源管理系统和 SuccessFactors 是目前市场上最受欢迎的人力资源信息系统应用软件。它们都提供最基本的人力资源管理功能，比如时间管理、薪酬、人才管理、调度、人力资源规划以及其他功能。[15]

制造信息系统（manufacturing information system，MFIS）用于管理生产资料，以降低企业生产成本、提高产品质量、做出更好的库存决策。制造信息系统可以执行很多种分析，并具有高度的及时性和准确性。例如，管理者可以使用制造信息系统估算原材料价格上涨 7%会对最终产品成本产生多大影响，或者决定在接下来的三周里生产 200 辆汽车需要多少名流水线工人。制造信息系统为以下决策提供支持：

- 订购决策
- 产品成本计算
- 空间利用率
- 供应商和厂商使用的评标过程
- 价格变化和折扣的分析

财务信息系统（financial information system，FIS）的目标是为财务主管及时提供信息。财务信息系统为以下决策提供支持：

- 改善预算分配
- 最小化资产投资风险
- 模拟成本变化趋势
- 管理现金流
- 确定投资组合结构

另外，营销信息系统（marketing information system，MKIS）被用来改进营销决策，有效的营销信息系统应及时、准确、完整地提供有关企业营销组合 4P 的信息，即价格（price）、宣传（promotion）、渠道（place）和产品（product）。以下是营销信息系统支持的一些决策：

- 分析市场份额、销售和销售人员
- 销售预测
- 分析出售商品的价格和成本

小贴士

联合包裹服务公司的信息科技

联合包裹服务公司（UPS）成立于 1907 年，截至 2015 年 4 月 10 日已经是一家市值为 873.6 亿美元的跨国企业。公司使用一个复杂的信息系统管理每天超过 1 400 万个包裹的配送。[16] UPS 在运转中使用若干种网络，特别是 GPS 和无线网络。其 GPS 网络包含一种算法来帮助司机减少在路口特别是在商业道路上左转的次数。以上这些连同一套汽车遥感系统，减少了事故发生的次数，缩短了配送的时间，使公司每年节省了超过 2 000 万英里的路程。[17,18]

为了更好地服务顾客，UPS 推出了 UPS 快递拦截，这种基于网络的服务允许顾客在配送完成之前拦截包裹并且改变线路，这样就避免了潜在的代价高昂的错误、时间的浪费以及相应的成本。UPS 把隐藏在这项服务之后的技术称为包裹流技术，这项技术还可以用于为司机高效地规划线路及标注那些需要特殊处理的包裹。库尔特·库恩（Kurt Kuehn）是公司全球市场及销售副总裁，他说："像包裹流技术和 UPS 包裹拦截这样的创新，是使得 UPS 对待数以百万计的顾客就像唯一顾客一样的关键要素，我们始终致力于以新的、创造性的方式来利用科技满足顾客的独特需求。"[19]

1-6b 使用信息技术形成竞争优势

迈克尔·波特（Michael Porter）是哈佛商学院教授，他明确指出了在市场上取得竞争成功的三大战略[20]：

- 整体成本领先战略
- 差异化战略
- 聚焦战略

信息系统能够帮助组织减少产品和服务的成本，并且如果设计正确，它们能够协助组织的差异化战略或聚焦战略。在本书中，你将会见到很多组织利用信息系统和技术节约成本的例子。例如，沃尔玛一直在成功地使用整体成本领先战略（见下面的小贴士）。

小贴士

沃尔玛公司的信息技术

沃尔玛（http://walmartstores.com）是全世界最大的零售商，其建立的沃尔玛卫星网络是全美最大的私人卫星通信系统。这个网络利用了双向语音和数据、单向视频通信，将各分店和位于阿肯色州本顿维尔的总部连接起来。除了使用多年的 POS 系统，沃尔玛使用以下信息技术获取竞争优势：

- 远程通信首先将门店和中央计算机系统相连，再连接各供应商的计算机。这套系统使各方面能够无缝连接。
- 网络技术用于管理库存并实施即时库存系统。这样门店就能以尽可能低的价格提供产品和服务。
- 沃尔玛使用名为 RetailLink 的外联网（extranet）与供应商通信。供应商能够检查所有门店的销售记录、追踪最近的销售数据和库存水平（外联网在第 7 章中讲解）。[21]
- 电子数据交换（EDI）（在第 11 章中讲解）用来缩短订单发票付款的周期、减少书面工作以及增加精确度。
- 沃尔玛是射频识别技术的主要使用者，这项技术改进了供应链和库存管理系统。

> 信息技术可以帮助实现利润和营收战略。

信息技术可以帮助企业实现利润和营收战略。利润战略的焦点在于通过降低总成本来提高效率。营收战略的重点是通过向客户提供新产品和服务来创造新的收入，或通过向新客户销售现有产品和服务来增加收入。例如，电子商务业务正在调整商业模式以大幅降低分销成本。杀毒软件供应商使用互联网分发软件就是很好的例子，用户订购软件的费用约为 30 美元，之后就可以下载并获得一年的更新。如果没有互联网轻松、廉价地发布软件，供应商就无法以如此低的价格提供软件。

如第 11 章所述，许多组织使用企业系统如供应链管理（SCM）、客户关系管理（CRM）、企业资源计划（ERP）、知识管理（KM）和协作软件来降低成本并改善客户服务。这些系统的目标是利用信息技术在供应商和消费者之间建立最高效和最有效的联系。例如，成功的客户关系管理计划有助于改善客户服务并在组织与客户之间建立长期关系。

通过差异化战略，企业试图使它们的产品和服务与竞争对手有所不同。苹果公司将其计算机设计得与其他 PC 非常不同，专注于产品的易用性，从而获得成功。另一个例子是，亚马逊使用某些信息技术使其网站与众不同，例如个性化技术（在第 11 章中详细介绍），即根据客户以前的购买情况向客户推荐产品。网站还使用一键式系统进行快速结账，使用此系统，客户输入一次信用卡号和地址，在随后的访问中无须再次输入信息，即可点击购买。

通过聚焦战略，组织可以专注于特定细分市场，以实现成本优势或差异化优势。苹果公司使用这种策略，将 iPhone 定位于消费者用户而不是商业用户。类似地，苹果计算机大量销售给创意专业人士，如设计师、摄影师和作家。另一个例子是，亚伯克隆比 & 费奇将高端服装定位于低收入客户，如青少年和年轻人，而诺德斯特龙则将其高端服装定位于高收入客户。信息技术可以帮助这些公司更具成本优势地进入目标市场。

请记住，聚焦战略和差异化战略只能在一定程度上起作用。客户通常只愿意为独特的或特别关注的产品及服务支付更多费用。当然，成本仍然起着重要作用。如果产品或服务变得太贵，那么客户可能不愿意购买。

1-6c 波特五力模型：理解商业环境

哈佛商学院的迈克尔·波特教授创造了一个称为**五力模型**（Five Forces Model）的综合框架，用来分析一个组织的市场地位，以及如何应用信息系统使组织更具竞争力。[22] 五方面的力量如图 1-4 所示，分别是：

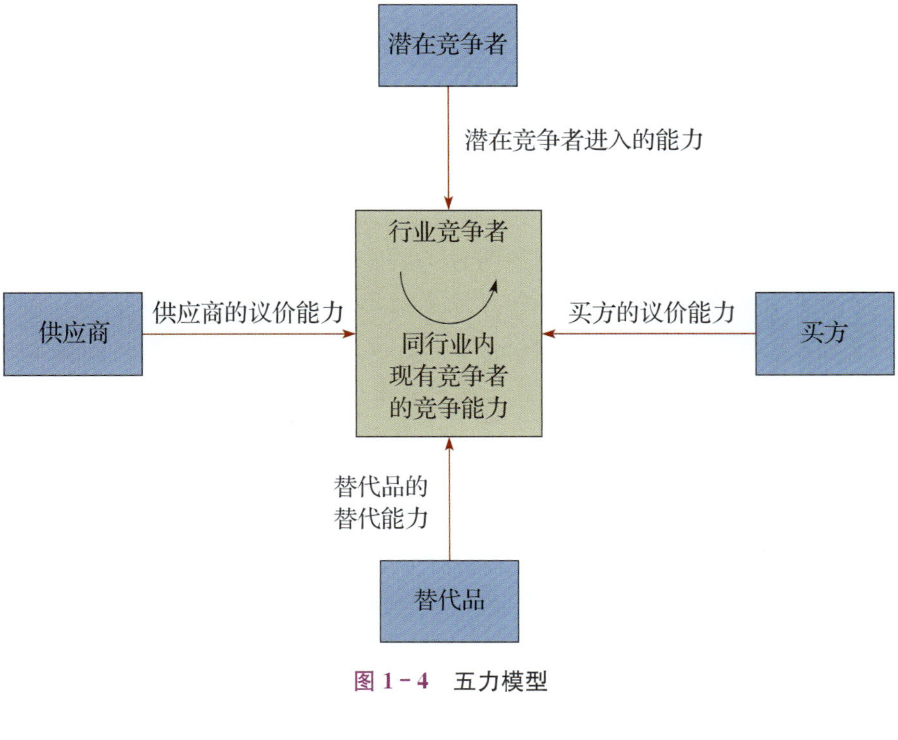

图 1-4 五力模型

- 买方的议价能力
- 供应商的议价能力
- 替代品的替代能力
- 潜在竞争者进入的能力
- 同行业内现有竞争者的竞争能力

当顾客有很多选择时，买方有更大的权力，反之则权力较弱。通常，企业试图通过提供客户难以替代的服务来限制购买者的选择，这主要是使用了差异化策略。例如，戴尔计算机是最早向客户提供计算机定制选项的公司之一，后来，其他计算机制造商也纷纷效仿。杂货店，如山姆会员店，使用会员卡给予顾客大幅折扣，鼓励他们购物，这是整体成本领先战略的一个例子。同样，当客户使用航空公司和酒店的服务时，企业为顾客提供免费里程和积分。信息系统可以使这些策略的管理更容易、更节省成本。

迈克尔·波特的**五力模型**分析一个企业的市场地位，以及如何用信息系统使组织更具竞争力。五方面的力量包括买方的议价能力、供应商的议价能力、替代品的替代能力、潜在竞争者进入的能力和同行业内现有竞争者的竞争能力。

> 某些信息技术工具（如互联网）通过给予客户更多地访问各种数据的机会（如产品和服务的不同价格），保证了公平竞争。

企业利用这些策略来提高客户忠诚度，从而抵御新进入者或替代品的威胁。然而，某些信息技术工具（如互联网）通过给予客户更多地访问各种数据的机会（如产品和服务的不同价格），保证了公平竞争。这既增加了购买者的议价能力，又降低了供应商的议价能力，接下来将讨论此问题。

当客户的选择较少时，供应商的议价能力较高；当客户有更多选择时，则供应商的议价能力较低。企业使用信息系统使其产品和服务更便宜或提供更多服务，以便与竞争对手区分开来（差异化战略的另一种用途）。例如，奈飞公司（Nextflix）利用信息技术提供产品和服务，从而提高其在市场中的影响力。（有关如何使用这些聚焦战略的示例，请参阅关于奈飞公司的小贴士）。企业利用信息系统和技术以外的工具来增强其能力。例如，制药公司获得产品专利以减少竞争。

小贴士

奈飞公司的信息技术

通过各种各样的设备，美国和全球超过 6 200 万奈飞公司（Netflix）用户连接到该公司的网站，观看无限量的电影和电视剧集。[23]用户还可以通过邮件接收 DVD。互联网、个性化技术和有效的库存管理技术革新了奈飞公司的娱乐产品租赁业务。任何连接互联网的用户都可以连接到其网站，观看流式传输的电影和电视剧，并且电影和电视剧立即被传送到用户的设备上。奈飞公司目前正在使用亚马逊网络服务（Amazon Web Services，AWS），这为公司的产品提供了高度的可用性和访问速度。[24]

使用数据挖掘协同过滤技术，奈飞公司的个性化系统会主动搜索信息，以发现其关系和模式，并根据用户过去的电影观看历史记录和其在网站上回答的问题提出建议。基于这些技术，奈飞公司创建了 CineMatch，这是一种推荐客户可能喜欢的其他电影的算法。[25]

奈飞公司使用的库存系统是完全自动化的，计算机和机器人在管理 CD 和 DVD 方面发挥着重要作用，一旦光盘到达就立即进行扫描，通知客户货物已收到，并快速将 CD 和 DVD 提供给其他客户。（奈飞公司拥有超过 8 900 万张光盘。）一台被称为“填充器”的机器处理 DVD 将光盘放入信封，折叠并闭合信封，并将标签贴在信封的中心。[26]

当一个企业的产品和服务有许多可供选择的替代品时，客户选择替代产品或服务的威胁就很大。一些企业增加了如亚马逊的个性化建议等服务，使其市场地位更加与众不同。其他企业通过收费来阻止客户转向竞争对手，例如，手机公司在客户合同到期之前增加用户更换到其他厂商的费用。

当一家公司的产品或服务很难复制时，新进入者进入市场的威胁很小。企业经常使用聚焦战略来确保这种威胁维持在较低水平。例如，开发一个可以与谷歌成功竞争的搜索引擎是很困难的。此外，如前所述，企业使用信息技术来提高客户忠诚度，从而减少新进入者的威胁。例如银行提供免费账单支付服务，以吸引客户并防止他们转到另一家银行，因为大多数客户不想花费时间在另一家银行建立代付账单服务。同样，在使用雅虎和谷歌等网站提供的选项定制主页后，许多用户不希望在新的网站上重复这一过程。

当许多竞争者占据相同的市场地位时，现有竞争者之间的竞争性很高，当竞争对手很少时，竞争性很低。例如，在线经纪公司在竞争激烈的环境中运营，因此它们使用信息技术使其服务独一无二。

1-7 IT 就业市场

在过去十年中，IT 就业市场一直是增长最快的领域之一，至今仍然如此。即使在经济低迷时期，IT 就业市场的某些部分，例如网页设计、基础设施、计算机和网络安全，也比就业市场的其他部分有所增长。目前，与云计算相关的工作（在第 14 章中讨论）需求量很大。[27]从广义上讲，IT 工作分为以下几类：

- 运营和服务台
- 程序设计
- 系统设计
- 网页设计和虚拟主机
- 网络设计和维护
- 数据库设计和维护
- 机器人和人工智能

IT 职位的教育背景包括信息系统和相关领域的文学副学士学位（AA）、文学学士学位（BA）、理学学士学位（BS）、理学硕士学位（MS）或工商管理硕士学位（MBA）。薪酬根据教育背景、经验和工作地点而有所不同。薪酬的范围从程序员的 5.2 万美元到首席信息官（CIO）的 18 万美元不等。

信息系统领域的热门工作将在下面的章节中介绍。

1-7a 首席技术官/首席信息官

最高信息系统职务属于首席技术官（chief technology officer，CTO）或首席信息官（chief information officer，CIO），负责监督长期规划，并密切关注该领域可能影响公司成功的新发展。一些企业还设有一名首席隐私官（chief privacy officer，CPO），其职责包括管理隐私法律和政策的风险及业务影响。

1-7b 信息系统服务经理

负责管理信息系统部门内的所有硬件、软件和人员。

1－7c　系统分析员

负责信息系统的设计和实施。除了计算机知识和信息系统背景之外，这个职位还需要对业务组织内的业务系统和功能领域有透彻的了解。

1－7d　网络管理员

负责监督公司的内部和外部网络系统，设计和实施网络系统，及时向正确的决策者提供正确的信息。维护网络和网络安全是该职位职责的一部分。

1－7e　数据库管理员

数据库管理员（database administrator，DBA）负责数据库设计和实现。此外，数据库管理员应该了解数据仓库和数据挖掘工具方面的知识。

1－7f　计算机程序员

计算机程序员编写计算机程序或软件段，使信息系统能够执行特定的任务。可供使用的计算机语言有许多，每种语言都需要适合特定应用的专业知识。由于智能手机和移动设备的普及，许多程序员正在为 iOS 和安卓设备开发应用程序。对于这些应用程序和开发，相应的程序员有着巨大的需求。

1－7g　网站管理员

网站管理员设计并维护企业的网站。由于电子商务应用的普及，网站管理员的需求一直很高。

近年来，新的 IT 相关工作也出现了需求旺盛的情况。[28,29]这些工作包括：

- 社交媒体/在线社区经理
- 社交媒体架构师
- 远程工作经理或协调员
- 搜索引擎优化专家
- 商业架构师
- 数据科学家
- 移动技术专家
- 企业移动开发者
- 云架构师

1－8　展望未来

通过研究与设计、实施和使用信息系统相关的各种因素，可以做出以下预测：

● 硬件和软件成本将持续下降，处理信息的成本将降低。这些成本的节约可以使任何企业都能负担得起信息系统，无论其规模和财务状况如何。

● 人工智能以及相关技术将会持续改进和扩展，这将对信息系统产生影响。例如，自然语言处理技术的进一步发展可以使信息系统更易于使用。另外，机器人将在未来的劳动力中发挥重要的作用。根据高德纳公司的说法，到 2025 年，三分之一的工作将由软件或机器人完成。[30]

● 随着计算机基础知识更多地在小学讲授，典型信息系统用户的计算机素养将得到提高。

● 网络技术将得到改进，因此连接计算机将变得更加容易，信息将从一个位置更快地发送到另一个位置。网络之间的兼容性问题将变得更易于管理，把语音、数据和图像集成在同一传输介质上将提高通信质量和改善信息传递。

● 个人计算机和平板电脑的效率和质量将不断提高，因此大多数信息系统软件都能够毫无问题地在其上运行。这一趋势使信息系统更便宜、更易于维护，并对企业更具吸引力。

● 互联网将持续增长，小型和大型企业无论其财务状况如何，都将处于同等地位。尽管距离遥远，但互联网的发展会使电子协作变得更加容易。

● 计算机犯罪将变得更加复杂，保护个人信息将变得更加困难。

下面概述了目前正在进行并将持续到未来的计算机的主要发展趋势[30]：

● 无处不在的计算：出现通过多种方式（如语音、触摸和手势）访问的各种大小和功率的计算设备（在第 2 章中讨论）。

● 物联网（IoT）和万物互联网（IoE）：通过网络连接设备，企业和个人将使用这些设备来提高生产率和节省成本（在第 7 章中讨论）。

● 3D 打印：从 3D 数字模型创建物理对象，供个人和企业使用。这可以显著降低制造成本。

● 普适分析：将分析能力构建并集成到所有日常业务活动中（在第 3 章中讨论）。

● 情境感知计算：广泛应用和部署用于了解用户、设备及其位置的设备，并作为企业和个人的智能助理（在第 13 章中讨论）。

● 智能机器和设备：无人驾驶汽车、卡车、无人机和机器人持续改进，如自动驾驶汽车（在第 13 章中讨论）。

● 云计算：针对多个应用程序和多个用户的云计算增长（在第 14 章中讨论）。

● 软件定义的应用程序和基础架构：与预定义的基础架构相反，动态组装的基础架构的趋势更能响应用户需求，并能更快地提供结果。

● 安全性：计算机和网络安全的重要性将会增长，而且应用程序自我保护将得到更多关注（在第 5 章中讨论）。[31]

本章的“行业链接”重点介绍了微软公司及其产品和服务。

行业链接

微软公司[32]

微软成立于 1975 年，是世界上最大的软件公司，涉及桌面计算的各个方面。它以磁盘操作系统（DOS）、Windows 操作系统和办公软件套件（如 Office）而闻名。以下是 Microsoft 提供的一些产品和服务：

Windows：最适用于 PC 和 PC 兼容计算机的操作系统。

Windows XP，Windows Vista，Windows 7，Windows 8 和 Windows10：五种广泛使用的 PC 操作系统。

Windows Server 2003，Server 2008，Server 2010，Server 2012：网络环境中使用的四种广泛应用的服务

器操作系统。

Office：使用最广泛的办公套件；包括 Word、Excel、Access 和 PowerPoint。

Office 365：一种类似于 Google Apps 的在线服务，可让用户使用订阅桌面软件和 Web 应用程序进行文档、电子表格和电子邮件间的协作；包括 Word、Excel、Exchange 和 PowerPoint。

Internet Explorer：一种流行的 Web 浏览器。

Expression Web（替代 Frontpage）：用于开发 Web 页面和其他 HTML 应用程序的 HTML 编辑器和 Web 设计程序。

MSN：一个结合了 Web 服务和基于 Web 的免费电子邮件（Hotmail）的互联网门户。

SharePoint 服务器：用于促进信息共享和内容管理的组件。

SQL Server 2008，2010，2012 和 2014：广泛使用的数据库管理系统。

Xbox：视频游戏系统。

Visual Studio：一个集成开发环境（IDE），可用于以多种不同语言（如 C＋＋、Java、Visual Basic 和 C＃）编写应用程序；用于控制台或 GUI 应用程序以及 Web 应用程序。

Windows Live ID：用于多个网站的单点登录服务。

Skype：一种软件应用程序，允许用户通过互联网使用语音、视频和数据进行通信。

Surface：专为与 iPad 竞争而设计的平板电脑。

Azure：云计算平台。

回顾与讨论

1. 智能手机的三个商业应用是什么？
2. 日常生活中使用信息技术的三个例子是什么？
3. 管理信息系统的四个主要组成部分是什么？
4. 迈克尔·波特的在市场中竞争的三种战略是什么？举一个使用每种战略的公司的例子。
5. 人事信息系统/人力资源信息系统支持的三种决策示例是什么？
6. 高需求的 IT 工作的两个例子是什么？
7. 沃尔玛使用的三个信息技术示例是什么？
8. 目前的主要计算趋势的三个例子是什么？

专题研究

1. 指出在你所就读的大学或学院中的三个信息系统应用。写一篇描述这三个应用程序的单页论文，并提供每个应用程序正在改进的决策类型的示例。说明多选题和判断题该如何评分。

2. 杂货连锁店几十年来一直使用信息技术。阅读本章及其他资料后，写一篇单页论文，描述其中用到的三种技术。列出 POS 系统的两大优势。

3. 像梅西百货、沃尔玛和家得宝这样的公司越来越多地使用 RFID。指出另一家使用 RFID 的公司，并写一篇描述其应用的单页论文。列出 RFID 和 UPC 系统的两个不同之处。

4. 阅读本章及其他资料后，写一篇单页论文，描述两家不同的公司使用迈克尔·波特模型的三种战略的方式。信息系统如何协助这些公司实施每种战略？沃尔玛（在大多数情况下）如何成为成本领先者？

5. 阅读本章和其他资料后，写一篇单页论文，说明未来计算机犯罪将变得更加复杂、保护个人信息将变得更加困难这一论点。个人该如何防范这种威胁？

6. 银行正在向广大客户推广网上银行业务。阅读本章及其他资料后，写一篇单页论文，列出网上银行的三大优势和三大弊端。为什么有些客户不愿意使用网上银行？对于你使用的银行，其两个热门应用程序是什么？

牛刀小试

1. 信息素养是理解信息在生成和使用商务智能中的作用。对或错？
2. 信息系统的信息部分被认为是系统的输入。对或错？
3. 迈克尔·波特的在市场中成功竞争的战略包括整体成本领先、分类和聚焦。对或错？
4. 迈克尔·波特的五力模型中没有包含以下哪些内容？
   a. 成本领先　　b. 供应商的议价能力　　c. 新进入者的威胁　　d. 买方的议价能力
5. 以下内容均属于财务信息系统的目标，除了：
   a. 监测成本趋势　　b. 最小化资本投资风险　　c. 销售预测　　d. 管理现金流
6. 以下哪项不属于已经进行的主要计算趋势？
   a. 无处不在的计算　　b. 物联网
   c. 情境感知计算　　d. 增加个人电脑的应用程序

个案讨论 1－1

联邦快递的信息技术应用

联邦快递公司（Federal Express，FedEx）成立于 1971 年，每天平均处理 300 万个包裹跟踪请求（http://about.fedex.designcdt.com）。为了在竞争激烈的行业中保持领先地位，该公司通过维护一个内容丰富的网站 FedEx.com 来专注于客户服务，该网站可以帮助客户并降低成本。例如，在网站而不是呼叫中心处理的每个信息请求都会节省大约 1.87 美元。联邦快递报告称，自 2000 年以来，客户电话每天减少了 83 000 个，这使公司每年节省了 5 756 万美元。由于每个包裹跟踪请求都需要联邦快递花费 3 美分，因此使用网站而不是呼叫中心的客户每年的成本已从超过 13.6 亿美元减少到 2 160 万美元。

另一项改善客户服务的技术是托运管理（Ship Manager），这是一个安装在客户网站上的应用程序，因此用户可以对包裹称重、确定运费和打印运输标签。客户还可以将发票、账单、会计、库存系统连接到托运管理。[33]

然而，联邦快递仍然每年在其呼叫中心上花费近 3.26 亿美元，以减少客户在网站关闭或客户使用中遇到困难时的不满情绪。该公司在其呼叫中心使用名为 Clarify 的客户关系管理软件，使客户服务代表的工作更轻松、更高效，并缩短服务响应时间。[34]

回答以下问题：

1. 技术本身是否足以确保高质量的客户服务？

2. 估算的联邦快递每年使用信息技术节省的费用是多少？
3. 联邦快递使用的信息技术的几个例子是什么？

个案讨论 1-2

移动技术：未来购物的关键角色

面对网上商店的激烈竞争，零售商正在寻找新的途径来改善客户服务并降低运营成本。他们发现移动技术是实现这一目标的关键。在许多零售商使用自助结账之后，使用扫描即用移动设备是合乎逻辑的下一步。零售专家预测，新的基于移动的零售设备最终可能会终结传统的收银系统。在苹果商店开创的移动收银台似乎就是未来。其目标是加快和改善客户服务，并使消费者留在商店并消费。

Ahold USA 的 Stop&Shop 零售店使用一种挂在购物车手柄上的移动设备——Scan It，它使客户在通过过道时进行购物和扫描。如果某些物品有优惠，该设备也会迅速提示客户，并重新计算总额。该设备足够智能，当有互补品的优惠信息时，例如咖啡奶精，如果顾客购买咖啡，则提醒顾客咖啡奶精的优惠信息。使用 Scan It 扫描设备的购物者的消费比平均水平高出约 10%。

服装零售商诺德斯特龙也在使用移动设备，将其发放给场内销售人员，实现现场扫描物品，让客户无须通过收银机就可以付款。家得宝使用名为 First Phones 的设备追踪库存，如果物品缺货，First Phones 会快速通知客户附近的商店是否有货物，同时保留物品供客户购买。星巴克正在使用数字钱包模式，允许客户使用智能手机付款。[35]

回答以下问题：

1. 根据该个案讨论，即将推出的用于零售业以改善客户服务的关键技术是什么？
2. Ahold USA 的 Stop&Shop 零售店使用的设备名称是什么？
3. 智能手机在未来购物中将扮演什么角色？

2

计算机：计算背后的机器

本章学习目标：

2-1　定义计算机系统并描述其组件

2-2　讨论计算机硬件和软件的历史

2-3　解释区分计算机计算能力的因素

2-4　总结计算机操作

2-5　讨论输入、输出和存储设备的类型

2-6　解释计算机的分类

2-7　描述两种主要的软件类型

2-8　列出计算机语言的代次

本章将说明计算机的主要组件以及区分计算能力的因素；回顾计算机硬件和软件的简要历史，介绍计算机操作的概述；深入介绍特定的计算机组件：输入、输出和内存设备；介绍如何根据大小、速度和复杂程度对计算机进行分类；讨论两类主要的软件：系统软件和应用软件；介绍五代计算机语言。

2-1　定义计算机

如果飞机是随着计算机的发展而发展的，那么今天我们只需要 50 美分就能在 20 分钟内环游世界。计算机在很短的时间内发生了巨大的变化。例如，一台 60 年前重达 18 吨的电脑被一台现在重量不足 2 磅的电脑所取代。今天的电脑比 60 年前的电脑强大 100 倍，而且成本还不到其 1%。

> 如果飞机是随着计算机的发展而发展的，那么今天我们只需要 50 美分就能在 20 分钟内环游世界。

正如读者在第 1 章中学到的，用户每天基于大量不同的目的使用电脑。当使用带有嵌入式芯片的设备时，比如电视和微波炉，用户甚至会非触控地使用它们。事实上，计算机已经变得如此普遍，以至于一个没有现金和支票的社会可能就在眼前。同样，计算机也可以消除商务旅行的需要。甚至于现在，由于有了计算机会议和远程会议系统等技术，高管们很少需要离开办公室去其他地方开会。

计算机被用于各种各样的任务，包括商业报告分发、NASA 太空计划中的火箭制导控制和医学研究中的 DNA 分析等。如果不使用计算机，这本书就不能及时出版。文本用字处理软件打字并修改，用合成软件排版，印刷、仓储、库存控制和运输也都是在计算机的帮助下完成的。

那么什么是计算机？定义是多样的，在本书中，**计算机**（computer）是一种机器，它接收数据作为输入，使用存储的指令处理数据而不需要人为干预，并输出信息。这些指令，也被称为程序，是用计算机能理解的语言编写的，是用于执行特定任务的指令序列的集合。注意，计算机只处理数据（原始事实）；它不能更改或更正输入的数据。如果数据错误，那么计算机提供的信息也是错误的。这个规则有时被称为 GIGO：垃圾进，垃圾出。

计算机是一种机器，它接收数据作为输入，使用存储的指令处理数据而不需要人工干预，并输出信息。

要编写一个计算机程序，首先必须知道需要做什么，然后计划一种方法来实现这个目标，包括为任务选择合适的语言。可用的计算机语言有很多种。对语言的选择取决于需要解决的问题以及所使用的计算机的类型。程序被称为源代码，无论使用何种语言，源代码都必须转换为由二进制“0”和“1”组成的机器码才可被计算机识别。二进制码由“0”和“1”组成，用于控制计算机的指令，计算机将其理解为信号的开或关。本章后续内容将进一步介绍二进制系统和计算机语言。

2-1a　计算机系统的组成

计算机系统由硬件和软件组成。硬件组件是物理设备，如键盘、监视器和处理单元。软件组件由用计算机语言编写的程序组成。

图 2-1 显示了计算机的组成部分。输入设备，如键盘，用于向计算机发送数据和信息。输出设备，如监视器和打印机，用于显示计算机生成的输出。

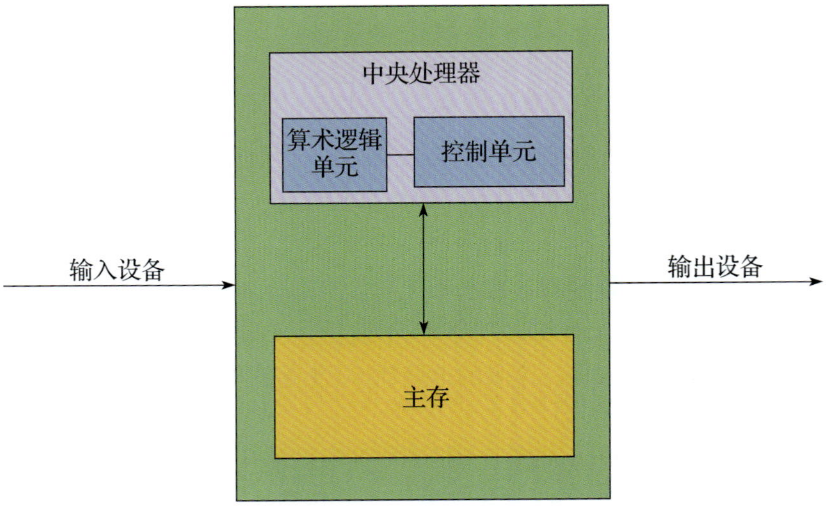

图 2-1　计算机的构成要素

主存是计算机存储数据和指令的地方，类似于人的大脑。**中央处理器**（central processing unit，CPU）是计算机的心脏。中央处理器分为两部分：**算术逻辑单元**（arithmeticlogic unit，ALU）和**控制单元**（control unit）。算术逻辑单元执行算术运算（＋、－、＊、/）和用于数字的比较或关系运算（＜、＞、＝）。控制单元告诉计算机要做什么，例如指示计算机从哪个设备读取或发送输出到哪个设备。

有些计算机只有一个处理器，而另一些计算机包含多个处理器，称为多处理机。多处理机是指在一个计算机系统中使用两个或多个中央处理器。通常，多处理器计算机比单处理器计算机的性能更好，就像团队在处理一个大型、耗时的项目时会比个人的性能更好一样。一些计算机将两个处理器合一来提高处理能力，称为双核处理器。双核处理器在新一代 PC 和苹果电脑中很常见。近年来，多核处理器被大量生产。四核处理器包含四个核，六核处理器包含六个核，八核处理器包含八个核。简单地说，这些新的芯片使计算机比以前的各代都更快。

另一个影响计算机性能的组件是**总线**（bus），它是连接计算机各设备之间的链路。总线可以是并行的、串行的、内部的（局域的）或外部的。内部总线允许内部组件（如显卡和内存）之间的通信；外部总线能够与外部组件（如 USB 设备）通信。

影响计算机性能的其他因素还包括处理器的大小和操作系统（OS）的性能。近年来，32 位处理器、64 位处理器以及操作系统引起了人们的极大兴趣。32 位处理器可以使用 2^{32} 字节（4GB）的内存（RAM）；理论上，一个 64 位处理器可以使用 2^{64} 字节（16EB）的内存。因此，具有 64 位处理器的计算机可以执行多位数的计算，同时在较短位数计算时效率更高；它的总体性能也优于 32 位系统。但是，要利用这种高性能，必须使用与之配套的 64 位操作系统。

图 2－2 显示了计算机系统的附加组件。**磁盘驱动器**（disk drive）是用于记录、存储和检索信息的外围设备。**中央处理器机箱**（CPU case）也称为计算机机箱或塔架，用于容纳计算机的主要组件。**主板**（motherboard）是包含用于连接附加板的连接器的主电路板。此外，它通常包含中央处理器、基本输入/输出系统（basic input/output system，BIOS）、内存、外存、接口、串行和并行端口、扩展槽以及标准外围设备（如显示器、磁盘驱动器和键盘）的所有控制器。串行端口是一种通信接口，通过它一次传输一位信息；并行端口是计算机和打印机之间的接口，它使计算机能够同时向打印机传输多位信息。

© Avera/Shutterstock.com
© Ps-42/Shutterstock.com
© Zadorozhnyi Viktor/Shutterstock.com

图 2－2　计算机系统的构成

> **中央处理器**是计算机的心脏。中央处理器分为两部分：算术逻辑单元和控制单元。
> **算术逻辑单元**执行算术运算（+、－、*、/）和用于数字的比较或关系运算（<、>、=）。
> **控制单元**告诉计算机要做什么，例如指示计算机从哪个设备读取或发送输出到哪个设备。
> **总线**是连接计算机各设备之间的链路。总线可以是并行的、串行的、内部的（局域的）或外部的。
> **磁盘驱动器**是用于记录、存储和检索信息的外围设备。
> **中央处理器机箱**也称为计算机机箱或塔架，用于容纳计算机的主要组件。

主板是包含用于连接附加板的连接器的主电路板。它通常包括中央处理器、基本输入/输出系统(BIOS)、内存、外存、接口、串行和并行端口、扩展槽以及标准外围设备（如显示器、磁盘驱动器和键盘）的所有控制器。

2-2 计算机软件和硬件的历史

硬件的主要发展开始于 60 年前。为了明确地区分硬件的发展阶段，计算机通常被分为不同的代次，以标志技术的阶段性突破。从 20 世纪 40 年代开始，第一代计算机使用真空管技术，它们体积庞大，不可靠，产生的热量过多，而且难以编程。第二代计算机使用晶体管，速度更快、更可靠、编程和维护更容易。第三代计算机在集成电路上操作，使计算机更小、更快、更可靠、更复杂。在这一代中引入了远程数据输入和远程通信。第四代计算机延续了一些进一步提高速度和易用性的趋势，这一代计算机使用微型化、超大规模的集成（very-large-scale integration，VLSI）电路，实现了个人计算机的广泛使用，同时出现了使用激光光学设备编写或编码、读取的存储介质——光盘。目前的第五代计算机采用并行处理器（包含数百或数千个用于快速数据处理的中央处理器）、功耗低于硅芯片的砷化镓芯片以及光学技术，使得计算机的运行速度更快。表 2 - 1 总结了这些硬件发展的阶段。

表 2 - 1　计算机硬件的发展阶段

代次	时间	主要技术	代表产品
第一代	1946—1956	真空管	ENIAC
第二代	1957—1963	晶体管	IBM 7094，1401
第三代	1964—1970	集成电路、远程数据输入、远程通信	IBM 360，370
第四代	1971—1992	微型化、超大规模的集成电路、个人计算机、光盘	Cray XMP，Cray II
第五代	1993—现在	并行处理器、砷化镓芯片、光学技术	IBM System zEnterprise EC12

由于硅不能发光并且有速度限制，所以计算机设计者集中研究了使用砷化镓的技术。在这种技术中，电子的移动速度几乎是硅的五倍。用这种合成化合物制造的器件相比于硅器件而言，具有能发光、耐高温并能承受更高剂量的辐射的优点。砷化镓的主要问题是难以大量生产，这种材料比硅更软、更易碎，所以在切片和抛光时更容易破裂。由于生产成本高、难度大，所以目前这项技术主要用于军事，这种技术的一些缺点会在后续的研究中得以消除。

2012 年 10 月，IBM 宣布将开始在其计算机芯片中使用碳纳米管（carbon nanotubes，CNTs）而不是硅。碳纳米管使用纳米技术开发，第 14 章将对此进行讨论。这是当前硅基技术达到极限后，能保持芯片尺寸进一步缩小的方法之一。[1]

光学技术领域涉及光的应用和性质，包括光与激光器、光纤、望远镜等的相互作用。这些技术提供了更快的处理速度、更大量的并行（几千束光束可以同时通过一个普通的设备）和更广泛的互联，形成了更密集的阵列。光线不会相互影响，这使得互联成为可能。光学计算目前尚处于起步阶段，需要进行更多的研究，才能生产出功能齐全的光学计算机。基于这项技术的存储设备可以将大量数据存储在非常小的空间中，这一项应用正在革新计算机领域。

小贴士“IBM 沃森在《危险边缘》中胜出”描述了一台超级计算机，它同时具备了第五代计算机以及人工智能的若干特征。

小贴士

IBM 沃森在《危险边缘》中胜出

2011 年 2 月 16 日，一台名为沃森（Watson）的 IBM 的超级计算机击败了电视游戏节目《危险边缘》(Jeopardy) 的两位前冠军，并夺走了 100 万美元的奖金。起初，沃森在许多方面都表现不佳，从政治到《今日美国》(*USA Today's*) 对 2008 年物价上涨的估计。沃森也不知道斯洛文尼亚是目前欧盟中唯一的前南斯拉夫的加盟共和国。不过，最终沃森还是以 18 分的成绩，超过了获得 7 分的肯・詹宁斯（Ken Jennings）和获得 4 分的布拉德・鲁特（Brad Rutter）。

为了取得胜利，沃森需要巨大的计算能力和存储空间[2]，包括 10 个服务器机架，每个机架有 10 台 IBM Power 750 服务器。它将 2 亿页内容存储在 4 兆字节磁盘空间上，使用数千种算法和计算机程序，将网页中的人类语言分解成若干部分，形成庞大的数据库，并在其中搜索问题的答案。它回答问题时，并不完全理解问题本身，但它以高度的自信进行了回答！总的来说，这是对计算机理解人类语言环境能力的一个重大改进。IBM 相信，沃森背后的技术可以应用于包括医学在内的各种领域。而语音集成则是沃森相关应用程序开发的下一个目标。[3,4]

2011 年电视游戏节目《危险边缘》的参赛选手肯・詹宁斯和布拉德・鲁特与 IBM 沃森的对决

沃森提供的 APP 现在可以作为个人购物助手，帮助砖厂和汽车公司增加交叉销售和追加销售的机会。[5]

IBM 和路径基因公司（Pathway Genomics）公司正在开发一个 APP，该 APP 使用个人历史和遗传学来评估个人的病患风险并推荐运动练习。这个 APP 可以让一个人从医生那里了解要做什么运动，吃什么，做什么医学检查。[6]

最近，沃森被用于旅行规划服务，为旅行者提供相关信息，以便更好地计划他们的行程。[7]

计算机语言和软件也经过了五个阶段的发展。本书将在计算机语言部分更详细地讨论它们。表 2-2 总结了这些语言的主要特点。

表 2-2　计算机语言的发展阶段

代次	主要特征
第一代	机器语言
第二代	汇编语言
第三代	高级语言
第四代	第四代语言
第五代	自然语言处理（NLP）

2-3 计算机的影响力

计算机的影响力来自三个远远超过人类能力的因素：速度、准确性、存储和检索能力。

计算机的影响力来自三个远远超过人类能力的因素：速度、准确性、存储和检索能力。以下部分将讨论这些问题。

2-3a 速度

计算机以惊人的速度处理数据。它们能够比人类更快地响应请求，从而提高效率。今天的高速计算机使知识工作者完成任务的速度比使用过去速度较慢的计算机要快得多。通常，计算机速度是以在以下几种时间单位内执行的指令数来衡量的：

- 毫秒：1/1 000 秒
- 微秒：1/1 000 000 秒
- 纳秒：1/1 000 000 000 秒
- 皮秒：1/1 000 000 000 000 秒

2-3b 准确性

与人类不同，计算机不会出错。为了更清楚地理解计算机的准确性，请看下面这两个数字：

4.000000000000000000000000001

4.000000000000000000000000002

对人类来说，这两个数字非常接近，通常被认为是相等的。然而，对于计算机来说，这两个数字是完全不同的。这种精度在许多计算机应用中是至关重要的。例如，在执行航天任务时，计算机对于计算航天飞机返回大气层的时间和位置是必不可少的。稍有误差，航天飞机就可能降落在加拿大而不是美国。

2-3c 存储和检索

存储意味着将数据保存在计算机内存中，检索意味着从内存访问数据。计算机可以存储大量数据并快速定位特定的数据项，这使得知识工作者能更高效地完成他们的工作。

在计算机中，数据以位存储。位是单个的 0 或 1，8 个位等于 1 个字节。1 个字节与 1 个字符的大小相等。例如，单词“computer”由 8 个字符或 8 个字节（64 位）组成。表 2-3 显示了计算机存储的度量单位。

表 2-3 计算机存储的度量单位（近似值）

1 位	单个的 0 或 1
8 位	1 字节或字符
2^{10}字节	1 000 字节，或 1 KB（千字节）

续表

2^{20}字节	1 000 000 字节，或 1 MB（兆字节）
2^{30}字节	1 000 000 000 字节，或 1 GB（吉字节）
2^{40}字节	1 000 000 000 000 字节，或 1 TB（太字节）
2^{50}字节	1 000 000 000 000 000 字节，或 1 PB（拍字节）
2^{60}字节	1 000 000 000 000 000 000 字节，或 1 EB（艾字节）

在计算机内存中，键盘上的每个字符、数字或符号都表示为二进制数。二进制系统由“0”和“1”组成，“1”表示通，“0”表示断，类似于电灯的开关。

计算机系统和通信系统都使用数据代码来表示和传输计算机及网络系统之间的数据。用于文本文件、计算机应用程序和互联网的最常见的数据代码是由美国国家标准协会开发的美国信息交换标准代码（American Standard Code for Information Interchange，ASCII）。在一个 ASCII 文件中，每个字母、数字或特殊字符用一个 7 位二进制数字（0 或 1 的字符串）表示。最多可定义 128（2^7）个字符。许多操作系统还使用两种附加的数据代码：Unicode 和扩展的 ASCII。Unicode 可以表示 256（2^8）个字符，扩展的 ASCII 是一种 8 位代码，也可以表示 256 个字符。

在使用 ASCII 格式之前，IBM 的扩展的二进制编码的十进制交换码（Extended Binary Coded Decimal Interchange Code，EBCDIC）很流行。在 EBCDIC 文件中，每个字母、数字或特殊字符都用一个 8 位二进制数表示。

2-4 计算机操作

计算机可以执行三种基本任务：算术运算、逻辑运算以及存储和检索运算。所有其他任务都是由这三种操作中的一种或多种的组合来执行的。例如，玩电脑游戏可能需要三种操作的组合。在游戏中，计算机可以执行计算以做出决定（例如是否从点 A 移动到点 B），它可以比较两个数字，并且可以执行存储和检索功能以继续进行该过程。

计算机可以对数字进行加、减、乘、除和乘方（求幂）运算，如以下例子所示：

A+B　5+7=12

A−B　5−2=3

A*B　5*2=10

A/B　5/2=2.5

A^B　5^2=25

计算机可以通过比较两个数字来执行比较运算。例如，计算机可以比较 x 和 y 两个数字，并确定哪个数字更大。

计算机可以在很小的空间中存储大量数据，并快速定位到特定的数据项。例如，你可以在一个大约拳头大小的存储设备中存放超过一百万本书的文本。在本章后面，将介绍不同的存储介质，如磁盘和磁带。

> 你可以在一个大约拳头大小的存储设备中存放超过一百万本书的文本。

2-5 输入、输出和存储设备

要使用计算机进行数据处理，需要三个主要组件：输入设备、输出设备和存储设备。下面分别进行讨论。

2-5a 输入设备

输入设备（input devices）向计算机发送数据和信息。人们不断改进它们，使数据输入更加容易。输入设备主要包括：

- 键盘（keyboard）——这是使用最广泛的输入设备。最初，键盘的设计类似于打字机，但为了提高其易用性，已经做了一些修改。例如，大多数键盘包括控制键、箭头键、功能键和其他特殊键。此外，一些已经开发出来的键盘使用了更好的人体工学设计，如分体式键盘。键盘可用于执行大多数计算机的输入任务，但对于某些任务，扫描仪或鼠标会更快、更准确。
- 鼠标（mouse）——这种点击设备移动屏幕上的光标，能够快速、精确地定位光标。对于使用图形界面的程序，如 Microsoft Windows 或 Mac OS，鼠标已成为首选的输入设备。
- 触摸屏（touch screen）——这是输入设备的组合，通常使用菜单。有些触摸屏依靠光线检测来确定选择了哪个菜单项，有的则对压力敏感。触摸屏通常比键盘更容易使用，由于选择可能被误读或篡改，因此触摸屏可能不会像键盘那样准确。在 2012 年美国总统选举期间，你可能从电视上看到了触摸屏的广泛使用，它可以快速显示选民信息，并以不同的方式分析选举数据。下面的小贴士讨论了无接触计算，它可能在不久的将来变得流行。
- 光笔（light pen）——这是一种用电缆连接到显示器上的光敏笔。当将它放在屏幕的某个位置上时，该位置的数据就被发送到计算机上。数据可以是字符、行或块。光笔使用方便、价格便宜、准确，对需要修改技术图纸的工程师和图形设计师特别有用。
- 轨迹球（trackball）——通常被保持在一个固定的位置，它可以通过在其轴上的滚动来控制屏幕上的光标。轨迹球比鼠标占用的空间小，因此是笔记本电脑的理想选择。然而，用轨迹球定位有时比用鼠标定位的精度低。
- 数据输入板（data tablet）——由一个小板和一支笔组成。菜单显示在小板上，用笔进行选择和操作。数据板广泛应用于计算机辅助设计和制造中。

小贴士

无触控计算：用户界面系统的新范式

想象一下在不需要鼠标、键盘或触摸板的情况下使用平板电脑、PC 或麦金塔电脑（Macintosh）。就像《少数派报告》中的汤姆·克鲁斯一样，只使用手势，不用触摸，就可以很快地与各个设备实现互动。事实上，无接触计算可以利用手指的运动来控制屏幕上的内容。无接触计算的目标是提供一个与现实世界相似的环境，在这个环境中，你只需要用手指就能操纵物体。[8]

这项技术对于社交网站（如脸谱）尤其有用，在这种情况下，用户希望在多个设置中浏览不同类型的数据。一家位于旧金山的名为厉动（Leap Motion）的VR感知公司，设计了一款名为“Leap”的设备，它只有拇指驱动器那么大。厉动使用户可以通过挥动双手来精确地控制电脑。这项技术也可以从根本上改变我们与电视机之间的互动模式，可以在不触摸遥控器或电视机的情况下，实现在频道和节目中的导航与切换。[9]

利用这项技术，工程师能够通过手势操作屏幕上的3D模型。《纽约时报》已经开发了一种基于这项技术的3D新闻阅读器和视频阅读器。[10]

- 条形码阅读器（barcode reader）——这是一种使用激光读取条形码的光学扫描仪。这种设备快速准确，在库存管理、数据输入和跟踪系统中有许多应用，主要用于零售店的UPC系统。
- 光学字符阅读器（optical character reader，OCR）——光学字符阅读器的工作原理与条形码阅读器相同，区别在于它用于读取文本。光学字符阅读器必须能够识别多种特殊字符并区分大小写字母，因此使用光学字符阅读器比使用条形码阅读器更困难。尽管如此，光学字符阅读器已经成功地应用于许多领域，并且正在稳步改进。例如，美国邮政局已经使用光学字符阅读器对邮件进行分类。
- 磁墨水字符识别（magnetic ink character recognition，MICR）系统——用于读取用磁墨水打印的字符，主要由银行用于读取支票底部的信息。
- 光学标记识别（optical mark recognition，OMR）系统——因为光学标记识别系统可以读取纸上的标记，因此又被称为标记感应系统。光学标记识别系统通常用于对多项选择和对/错测试进行识别。

输入设备向计算机发送数据和信息。输入设备主要包括键盘和鼠标。

2-5b 输出设备

许多**输出设备**（output devices）既可以用于特大型机，也可以用于个人计算机。用屏幕显示的输出可称为“软拷贝”。最常见的软拷贝输出设备是阴极射线管（cathode ray tube，CRT）、等离子显示器和液晶显示器（liquid crystal display，LCD）。

另一种输出类型是“硬拷贝”，其中最常见的输出设备是打印机。喷墨打印机和激光打印机是目前使用最普遍的标准打印机。喷墨打印机通过将带电的墨水滴投射到纸上生成图像来产生字符。高质量的喷墨打印机使用多色墨盒进行近似照片质量的输出，常用于打印数字照片。喷墨打印机适用于文本和照片打印需求较小的家庭用户。选择打印机时，需要考虑成本（初始成本和维护成本）、质量、速度、占用的空间以及网络设施等因素。

激光打印机使用基于激光的技术，在旋转的鼓上产生电荷来吸附墨粉。墨粉通过加热过程与纸张融合，产生高质量的输出。激光打印机更适合有大规模和高质量的打印要求的办公环境。其他输出设备包括用于将计算机输出转换为图形的绘图仪和用于将计算机输出转换为语音的语音合成器。语音合成已成为普遍现象。杂货店的收银机用它来重复商品的价格。我们使用电话查询服务时，听到的声音可能是由计算机生成的。语音输出也已被用于市场营销。计算机可以拨打一长串电话号码并传递信息。如果某个号码占线，计算机会记录下来，稍后再拨。尽管这种方法的价值受到质疑，但在一些政治运动中，它已被建设性地用来传递有关投票的信息。

输出设备能够表达来自计算机的信息。计算机输出的形式可以是视觉、音频或数字；包括打印机、显示器和绘图仪。

2-5c 存储设备

任何计算机都有两种类型的存储器：主存储器和辅助存储器。主存储器（main memory）存储数据和信息，通常是易失性的，这意味着当电源关闭时，其内容会丢失。辅助存储器（secondary memory）具有非易失性，用于在计算机关闭或在程序运行过程中保存数据，同时还用于档案存储。主存储器的大小是计算机的重要性能指标。在某种程度上，计算机拥有的内存越多，其输入/输出（I/O）操作就越快、效率越高。图形卡，也称为视频适配器，用于提高计算机的性能。高端图形卡对于需要快速渲染 3D 图像的图形设计师来说非常重要。许多电子游戏还需要高端图形卡才能获得最佳的显示效果。

主存储设备

最常见的主存储器类型是由硅制成的半导体存储器芯片。半导体存储设备可以是易失性的或非易失性的。易失性存储器被称为**随机存取存储器**（random access memory，RAM），用户可以把它看作读写存储器，数据可以从随机存取存储器中读写。存储在随机存取存储器中的信息包括打开的文件、剪贴板的内容、正在运行的程序，等等。

缓存随机存取存储器（cache RAM）是一种特殊类型的随机存取存储器，驻留在处理器上。因为从主 RAM 存储器访问内存通常需要几个时钟周期（几纳秒），而最近访问的内存放在缓存 RAM 上，因此处理器就能节省内存传输等待时间。

非易失性存储器称为**只读存储器**（read-only memory，ROM），数据不能写入只读存储器。通常存储在只读存储器中的数据类型包括 BIOS 信息和计算机系统时钟。还有两种其他类型的只读存储器：一是可编程只读存储器（PROM），是一种只读存储器芯片，可以用一个特殊的设备进行编程。但经过编程后其内容不能被擦除。二是可擦除可编程只读存储器（EPROM），类似于可编程只读存储器，但其内容可以被擦除和重新编程。

辅助存储设备

辅助存储设备具有非易失性，用于长时间存储大量数据。如前所述，它们还可以在计算机关闭或程序运行过程中保存数据。辅助存储设备主要有三种类型：磁盘、磁带和光盘。大型企业还使用存储区域网络工程和网络附加存储在网络环境中存储大量数据。

磁盘由聚酯薄膜或金属制成，用于随机存取处理。换句话说，无论数据在表面上的顺序如何，都能够以任何顺序访问数据。磁盘比磁带设备快得多，但价格更高。

磁带由塑料材料制成，类似于盒式磁带，按顺序存储数据。记录可以分块存储，也可以单独存储，每个记录或块之间有一个间隙，称为记录间隙（IRG）。磁带有时用于存储备份，但目前利用其他介质的情况更常见。图 2-3 显示了两种类型的磁记忆装置。

光盘（optical discs）使用激光束访问和存储数据。光存储技术可以存储大量数据，而且经久耐用。三种常见的光存储类型是 CD-ROM、WORM 光盘和 DVD。

光盘只读存储器（CD-ROM），顾名思义，是一种只读介质。光盘只读存储器易于复制和分发，广泛用于大型永久性数据库，如图书馆、房地产公司和金融机构。光盘只读存储器也可用于多媒体应用程序及软件产品的分发。目前，数字多功能光盘只读存储器（DVD-ROM）因其容量更大（至少 4.7GB），使用得更为频繁，尤其是在软件分发方面。

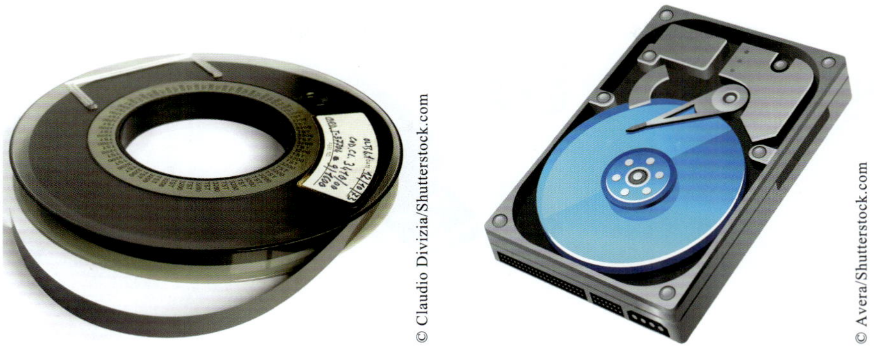

图 2-3 磁记忆装置

一次记录多次读取（write once，read many，WORM）光盘，是一个永久设备。信息可以记录一次，不能更改。WORM 光盘的一个主要缺点是不可改写。它主要用于存储必须永久保存但不能更改的信息，例如核电站、机场和铁路的年度报告与信息。SanDisk 公司最近发布了一种安全数字（secure digital，SD）卡，是一种一次记录多次读取光盘，可以存储 100 年的数据，但只能写入 512GB 的数据。[11]

与 CD-ROM 和 WORM 光盘不同，存储在可擦除光盘上的信息可以反复擦除和更改。可擦写光盘供需要大容量存储和反复更新时使用。视频点播和各种流媒体应减少对蓝光等光学媒体的需求。[12]

其他辅助存储设备包括硬盘、USB 闪存驱动器和存储卡（见表 2-4）。硬盘有多种尺寸，可以是内部的或外部的，其成本一直在稳步下降。记忆棒因其体积小、存储容量大、成本低而受欢迎。闪存是一种非易失性存储器，可以进行电子擦除和重新编程，主要用于存储卡和 USB 闪存，实现计算机和其他设备之间的数据存储和传输。表 2-4 对常用存储设备的容量进行了比较。

表 2-4 辅助存储设备的容量

设备	存储容量
记忆卡	16GB
硬盘	2TB
CD-ROM，CD-R，CD-RW	800MB
DVD-ROM，DVD-R，DVD-RW	4.7GB 及以上
蓝光（最新一代光盘）	单层磁盘高达 25GB，双层磁盘高达 50GB
SD 卡	512GB

独立磁盘冗余阵列（redundant array of independent disks，RAID）系统是用于容错和提高性能的磁盘驱动器集合，通常在大型网络系统中使用。在该系统中数据可以存储在多个地方，以提高系统的可靠性。换句话说，如果阵列中的一个磁盘发生故障，那么数据不会丢失。在某些独立磁盘冗余阵列配置中，可以同时从多个磁盘读取数据序列，从而提高系统性能。

云存储（cloud storage）（在第 14 章中讨论）近年来已成为许多组织和个人的热门选择。用于在线存储和备份，需要用到通常由第三方托管的虚拟服务器群。提供云存储服务的公司包括 JustCloud、ZipCloud、MyPCDackup 和 Dropbox 等。云存储可能会减少对某些传统存储设备的需求，甚至取代其中的一些设备。

图 2-4　存储设备示意图

那些需要大量存储空间的大型公司和企业将选用服务器场或服务器集群。这是一个数以百计或数以千计的计算机的集合，它们需要大量的电力去运行和冷却。下面的小贴士显示了一个流行的云存储应用程序。

小贴士

一个受欢迎的云存储应用：在线存储照片

如果你想与家人和朋友分享照片，这里有几种方式可供选择。其中，脸谱和照片墙社交媒体应用是最主要的两个选择。然而，社交媒体应用也存在一些问题，譬如隐私问题（谁能看到该照片）。另外，一些想要访问的人可能不是某个特定社交媒体应用的用户。目前，可以通过云存储增强分享照片的能力。Dropbox、Flickr、Shutterfly、SmugMug 和 Google Drive 都是用户不错的选择。其中一些是免费的，另一些当存储空间达到 TB 级时需要付费。使用智能手机拍照和分享照片的问题在于照片可能永远都存储在手机中。如果用户想将其转移到社交媒体的应用中，就需要将智能手机与平板电脑或笔记本电脑进行同步。而云存储可以自动完成上述所有事情。大多数云存储系统具有多种选择，包括公共的和私人的，以及通过手机和平板电脑完成自动上传。它们还提供拖放上传、组织和在线编辑照片的功能。

存储区域网络和网络附加存储

存储区域网络（storage area network，SAN）是由硬件和软件组成的专用高速网络，用于连接和管理共享存储设备，如磁盘阵列、磁带库和光存储设备。存储区域网络使存储设备可用于局域网（LAN）或广域网（WAN）上的所有服务器（局域网和广域网将在第 6 章讨论）。由于存储区域网络是一个专用网络，因而服务器可以更快地访问存储设备，并且不需要耗损它们的处理能力来连接这些设备。通常，由于存储区域网络成本高，安装复杂，所以它们只在大型企业中使用。

大量的存储区域网络提高了数据的访问性能。虽然它们的成本很高，但比起将存储设备连接到每个服务器上，它们显得更经济。同时，存储区域网络的容量可以很容易地进行扩展，甚至可以扩展到容纳成百上千个 TB。

网络附加存储（network-attached storage，NAS）本质上是一个联网计算机，专门为其他网络设备提供基于文件的数据存储服务。网络附加存储上的软件负责处理数据存储、文件访问以及文件和存储管理等。

在对存储区域网络和网络附加存储系统之间进行选择时，需要考虑以下因素：

- 混合解决方案（将 SAN 和 NAS 组合起来）是可以利用的。
- SAN 只提供存储；NAS 系统同时提供存储和文件服务。
- NAS 在 Web 服务器和电子邮件服务器中很受欢迎，原因在于它降低了管理成本并有助于使这些服务器更具容错性。同时，它还成为为用户应用提供大型异构数据量（文本、文档、语音、图像、电影等）的解决方案。

- NAS 的最大问题在于随着用户的增加，其性能有所下降。可以通过添加更多服务器或者升级 CPU 来弥补这一不足。

当前 I/O 设备的趋势可以总结如下：

- 更加轻薄的笔记本电脑和平板电脑。
- 更快、更大的内存。
- 无线设备的广泛应用。
- 日益增多的利用手势、触摸和声音增加交互计算的应用。

主存储器存储数据和信息，通常是易失性的。当断电时，其内容会丢失。它在计算机性能中起着重要作用。

辅助存储器具有非易失性，用于在计算机关闭或在程序运行过程中保存数据，同时还用于档案存储。

随机存取存储器是一种易失性存储器，其中数据可以被读入和写出，也称为读写存储器。

缓存随机存取存储器驻留在处理器上。因为从主 RAM 存储器访问内存需要几个时钟周期（几纳秒），而最近访问的内存放在缓存 RAM 上，因此处理器就能节省内存传输等待时间。

只读存储器是非易失性的。数据不能写入只读存储器。

磁盘由聚酯薄膜或金属制成，用于随机存取处理。无论数据在表面上的顺序如何，都能够以任何顺序访问数据。

磁带由塑料材料制成，类似于盒式磁带，按顺序存储数据。

光盘使用激光束访问和存储数据。包括 CD-ROM、WORM 和 DVD。

独立磁盘冗余阵列（RAID）系统是用于容错和提高性能的磁盘驱动器集合，通常在大型网络系统中使用。

云存储用于在线存储和备份。需要用到通常由第三方托管的虚拟服务器群。用户可根据其当前或未来的需求从第三方购买或租赁存储空间。

存储区域网络是由硬件和软件组成的专用高速网络，用于连接和管理共享存储设备，如磁盘阵列、磁带库和光学存储设备。

网络附加存储本质上是一台联网计算机，专门为其他网络设备提供基于文件的数据存储服务。

2-6 计算机的类别

通常，计算机根据成本、内存量、速度和复杂度进行分类。使用这些标准，计算机可以被分为小型笔记本、笔记本、PC、小型机、大型机和超级计算机。超级计算机是最强大的，它们的存储能力最高并且价格最高。

大型计算机通常与 1965 年推出的 IBM 系统/360 系列兼容。正如本章后面提到的，IBM System zEnterprise EC12 大型计算机是此类产品的最新代表。不基于 System/360 的系统被称为“服务器”（在下一节中讨论）或超级计算机。超级计算机与 PC、小型机和大型机相比，则显得更贵、更大、更快，同时内存更大。

计算机的应用包括从简单的做作业（利用小型笔记本、笔记本和 PC）到复杂的发射航天飞机（利用超与 20 世纪 70 年代的大型机相比，如今的笔记本电脑拥有更强的性能，所有迹象都表明这种趋势将继续下去。

级计算机），任何事情都可以。所有计算机的速度和复杂度都在稳步提高，因此现在要想对计算机分类就显得更加困难了。例如，与 20 世纪 70 年代的大型机相比，如今的笔记本电脑有更强的性能，所有迹象都表明这种趋势将继续下去。下面的小贴士突显了 iPad 可用的一些业务应用程序。专家认为，当今人类正在进入可穿戴、普适计算时代。有关此主题的详细信息，请参阅小贴士。

小贴士

流行的 iPad 商业应用程序

iPad 是由苹果公司设计和开发的平板电脑。iPad 用户不但可以浏览网页、阅读和发送电子邮件、共享照片、观看高清视频、听音乐，还可以使用多点触摸用户界面玩游戏、阅读电子书等。目前，iPad 已经被许多商务专业人士使用，主要包括：

医疗从业者——将 iPad 应用于医疗设备和床边护理。

销售代理和服务人员——将 iPad 应用于销售演示并展示产品信息。

保险代理——用 iPad 显示报价。

房地产代理——用 iPad 为有兴趣的购房者提供远程、互动、可视的房产展示。

法律专业人员——用 iPad 从汽车、办公室或法庭获取法律文件并进行 NexisLexis 数据库检索。

教师和学生——用 iPad 访问 Windows 应用程序和资源。

金融专业人士——用 iPad 访问 Windows 交易应用程序、仪表盘、文档、实时报价以及彭博（Bloomberg）终端和投资组合分析工具。

企业园区从业者——用 iPad 访问企业数据，以便员工在办公室之间移动的过程中与同事协作。

远程和移动工作者——用 iPad 在路上访问 Windows 业务应用程序、桌面和数据。

小贴士

普适计算

专家们将当前的计算状态描述为普适计算。它也被称为第三次浪潮，第一次浪潮是主机识别，第二次浪潮是个人电脑识别，第三次浪潮是将小型计算机嵌入许多常用设备，如手机、照相机、手表等。因为人们通常随身携带这些设备，“可穿戴”一词便被创造出来。可穿戴计算机也可以用于医疗监控系统。同时，当人们站着或走动时若使用计算机输入文本，“可穿戴”计算机就可以提供帮助。目前，“可穿戴”计算机市场有许多参与者，下面是流行的三个实例：

- 谷歌眼镜（Google Glass）——可以以免提方式显示信息；同时可以用自然语言让用户和网络通信。
- 耐克智能健身腕带（Nike+FuelBand）——使用鞋内的传感器，跑步者就可以跟踪了解自身的身体机能情况。
- 智能手环（Jawbone Up）——可以夜以继日地跟踪佩戴者的动作。

一种使用可吸收传感器和植入式芯片的新型可穿戴计算技术可能很快就会普及。这些设备可以用来采集人体内的多种实时信息。同时，利用这些设备可以治疗某些慢性病，也可以用来帮助医生研究哪种药物可以更快见效。同时，这些设备可能会引发某些法律问题。例如，他们可能会发现有人患有某种疾病，从而导致更高的保险费。苹果手表是这个快速增长的市场中最新的参与者。

2-6a 服务器平台：概述

服务器（server）是一台计算机和所有软件的集合，用于管理网络资源，同时向网络提供各种服务。不同的服务器平台可用于执行特定任务，包括：

- 应用服务器——存储计算机软件，用户可以从其工作站访问这些软件。
- 数据库服务器——存储和管理大量数据以供用户的计算机访问。
- 磁盘服务器——包含大容量硬盘驱动器，允许用户存储文件和应用程序供以后检索。
- 传真服务器——包含支持用户发送和接收传真的软件和硬件组件。
- 文件服务器——包含大容量硬盘驱动器，用于存储和检索数据文件。
- 邮件服务器——配置就绪后可以发送、接收和存储电子邮件。
- 打印服务器——允许用户将打印作业发送到网络打印机上。
- 远程访问服务器（RAS）——允许非现场用户连接到网络资源，如网络文件存储、打印机和数据库。
- Web 服务器——存储网页以便通过互联网进行访问。

服务器是一台计算机和所有软件的集合，用于管理网络资源，同时向网络提供各种服务。

2-7 什么是软件

软件是运行在计算机系统中的所有程序。它可以大致分为系统软件和应用软件。例如，Microsoft Windows 是大多数 PC 的操作系统，它属于系统软件组。这类软件在后台工作并负责管理任务，例如删除不再需要的文件。应用软件用于执行特定的任务。例如，Microsoft Excel 用于电子表格分析和数字处理任务。下面的小贴士专门介绍了基于 Web 的软件应用程序 Google Docs 的情况。

小贴士

Google Docs：应用和挑战

Google Docs 是一款免费的基于 Web 的应用程序，它可创建文档、电子表格、演示文稿和表单，可以通过与其他用户实时在线通信的方式来创建并编辑文档，还可以通过互联网或电子邮件为其他人发送创建的文件，同时利用多种格式保存文件，如 .doc、.xls、.rtf、.csv、.ppt。默认情况下，文件可以保存到谷歌云计算平台上，这些内容在第 14 章中将有更详细的介绍。基本上，Google Docs 使数据和应用程序更易于移植，因此可以在任何地方使用该应用。Google Docs 的另一个流行功能就是共享，允许多个用户同时共享和编辑电子表格文件。用户甚至可以通过电子邮件协同更改。Google Drive 用于将文档、照片、音乐和视频存储到一个地方，能与用户的移动设备和电脑同步，所以只要用一个设备，就能将更改自动显示在其他设备上。

同时，云计算和 Google Docs 确实存在一些挑战和安全风险。2009 年 3 月 10 日，因为安全缺陷，Google Docs 将一些私人文档披露给了未经授权的用户。但据谷歌称，这一缺陷已得到纠正。

2－7a 操作系统软件

操作系统（operating system，OS）是一组用于控制和管理计算机硬件和软件的程序。它提供了计算机和用户之间的接口，通过帮助用户共享计算机资源和为用户执行重复任务来提高计算机效率。典型的操作系统由控制程序和管理程序组成。

> 操作系统是一组用于控制和管理计算机硬件和软件的程序。它提供了计算机和用户之间的接口，通过帮助用户共享计算机资源和为用户执行重复任务来提高计算机效率。

控制程序通过执行以下功能来管理计算机硬件和资源：

- 任务管理——控制和优先处理由中央处理器形成的任务。
- 资源分配——管理计算机资源，如存储和内存。在网络中，控制程序也用于任务，例如将打印作业分配给特定打印机。
- 数据管理——通过生成校验去控制数据的完整性，以验证数据是否已损坏或更改。当操作系统将数据写入存储器时，它会与数据一起生成一个值（校验位）。下次检索该数据时，将重新计算校验位，并与原始校验进行比较。如果匹配，则数据是完好无损的；如果不匹配，则数据存在某种方式的损坏。
- 通信——控制计算机系统各部分之间的数据传输，例如中央处理器和 I/O 设备之间的通信。

管理程序也称为内核，负责控制操作系统中的所有其他程序，如编译器、解释程序、汇编程序和执行特殊任务的实用程序。

除了单任务和多任务操作系统外，分时操作系统还允许多个用户同时使用计算机资源。操作系统也可用于各种大型机和个人计算机平台。Microsoft Windows、Mac OS 和 Linux 都是个人计算机操作系统的例子，大型机操作系统包括 UNIX 和 OpenVMS 以及 Linux 的一些版本。

近年来，智能手机和其他手持设备的两种新操作系统 iOS 和 Android 引起了广泛的关注。iOS 及其各种版本在 iPad、iPhone 和 iPod Touch 上运行（请参见小贴士“iOS”的相关内容）。谷歌的 Android 操作系统运行在非苹果智能手机和手持设备上，如 HTC Inspire、三星 Galaxy 和 LG Thrill。

小贴士

iOS：苹果设备背后的大脑

iOS 是一种操作系统，它可以让所有应用程序在 iPhone、iPad 和 iPod Touch 上运行。目前的最新版本是 iOS 8.1。它提供了对流行应用程序（如 Messages 和 Photos）的更新，以及与其他用户共享内容、连接应用程序和设备的新方式。主要包括以下内容：

Maps——提供可视和语音的行驶导航和实时交通信息更新。

Siri——为许多日常生活提供语音接口，例如餐馆、电影和体育信息等。

Facebook integration——允许直接从苹果设备上使用语音或输入指令进行交互，而无须离开目前的应用程序。

AirDrop——允许通过分享按钮共享来自任何应用程序的照片、视频和内容。

Control Center——快速访问常用应用程序。

Shared photo stream——允许与选择的朋友共享照片。

Passbook——允许通过应用程序、电子邮件以及登录航空公司、剧院、商店等的网站向 Passbook 添加通行证。

FaceTime——让你在 iPhone 或 iPad 上看到你要找的人。

Phone——允许拒绝来电、即时回复短信或设置回拨。

Mail——允许设置 VIP 列表，防止错过来自列表中重要人物的重要消息。

Safari——除了导航，现在还可以保存网页和链接。

Accessibility——使视力、听力、学习和行动不便的人更容易使用苹果设备。

Camera with Panorama——允许水平和垂直拍摄角度高达 240 度的景物。

2-7b 应用软件

个人计算机可以通过**应用软件**（application software）来执行各种任务，应用软件可以是商业软件或企业自主开发的软件。企业自主开发的软件通常比商业软件更昂贵，但更具定制性，通常更适合自身的需求。任何任务，都可以使用软件包解决。下面概述个人计算机商业应用软件的常见类别。除此之外，还有许多其他类型的软件可供使用，例如信息管理软件、Web 创作软件以及图片、图形软件。

应用软件可以是商业软件或企业自主开发的软件，用于在个人计算机上执行各种任务。

文字处理软件

用户最熟悉的就是用于生成文档的文字处理软件。通常，它们包括编辑功能，如删除、插入和复制。高级文字处理软件还包括复杂的图形和数据管理功能。文字处理软件能节省时间，尤其针对重复性任务，例如向数百个客户发送同一封信。大多数文字处理软件都可以检查拼写和语法错误。一些常用的文字处理程序是 Microsoft Word、Corel WordPerfect 和 OpenOffice。

电子表格软件

电子表格是由行和列组成的表格，电子表格软件能够利用表格中的信息执行许多任务。用户可以进行预处理，并对数据执行“假设”分析。例如，软件可以计算收入减少 10%对其他预算项目的影响，或者也可以计算按揭利率下降 2%的影响。常见的电子表格软件包括 Microsoft Excel、IBM 的 Lotus1-2-3 和 Corel Quattro Pro。

数据库软件

数据库软件用于执行创建、删除、修改、搜索、排序和连接数据等操作。数据库本质上是由行和列组成的表集合。数据库软件使访问和处理数据更快速、更高效。例如，手动搜索包含数千条记录的数据几乎是不可能的。使用数据库软件，用户可以快速搜索信息，甚至可以根据特定的标准定制搜索，例如“查找 20 岁以下 GPA 高于 3.6 的所有会计学专业的学生”。本书将在第 3 章介绍数据库的更多信息。常用的个人计算机数据基础软件包括 Microsoft Access、FileMaker Pro 和 Alpha Five。大型企业中使用的高端数据库软件包括甲骨文、IBM DB2 和 Microsoft SQL Server。

演示软件

演示软件用于创建和展示幻灯片。Microsoft PowerPoint 是最常用的演示软件，其他还包括 Adobe Persuasion 和 Corel Presentations。幻灯片中可以包含多种类型的内容，如项目符号与编号列表、图表与图形，还可以嵌入图形、声音和电影剪辑。

演示软件还提供了幻灯片放映选项，例如更改幻灯片之间的时间间隔。此外，还可以将演示文稿转换为网页以及带音乐与旁白的影集等其他格式。一些演示软件中的另一个选项是对计算机屏幕上的内容截屏，然后将多个截屏组合成视频。这样的演示流程可能在教育中或员工培训会中很有用。

图形软件

图形软件是指以图形格式显示数据，如折线图和饼图。这些格式对于说明数据的趋势和模式以及显示相关性很有用。图形是用集成软件包（如 Excel、Lotus 1-2-3 和 Quattro Pro）或专用图形软件包（如 Adobe Illustrator 和 IBM Freelance）创建的。图表 2-5 显示了可以在 Microsoft Excel 中创建的图形类型。

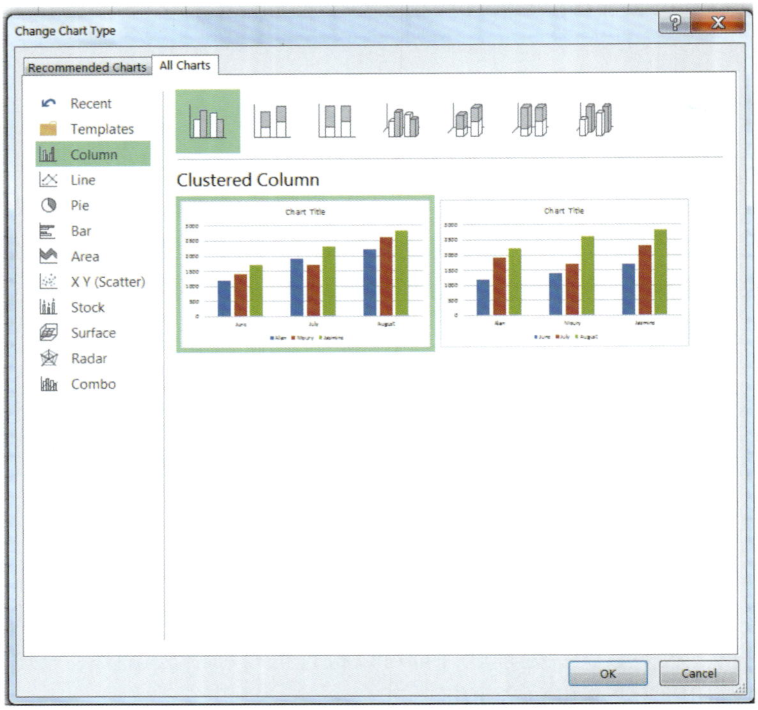

图 2-5　Microsoft Excel 中图的类型

桌面排版软件

桌面排版软件用于生成专业质量的文档，而不需要昂贵的硬件和软件。这个软件的工作原理是“所见即所得”（WYSIWYG，发音为“wizzy-wig”）的概念，因此，高质量的屏幕显示可以使你很好地了解将在打印输出中看到什么。桌面排版软件用于制作新闻稿、小册子、培训手册、传单、海报甚至书籍。许多桌面排版软件都可用，三个常用的是 Adobe InDesign、QuarkXPress 和 Microsoft Office Publisher。

财务计划与会计软件

财务计划软件比电子表格软件更强大，能够对大量数据进行多种类型的分析。这些分析包括现值、未来值、回报率、现金流、折旧、退休计划和预算。一个广泛使用的财务计划包是 Intuit Quicken。使用此包，可以计划和分析各种财务方案。例如，可以计算个人退休账户中的 2 000 美元在利率为 5%时 30 年后的价值，或者可以确定如何使用固定利率在 18 年内为孩子的大学教育节省 150 000 美元。

项目管理软件

一个项目由一组相关的任务组成，例如设计一个网站或建立一个订单输入系统。项目管理软件的目标是通过解决计划问题、规划和设定目标并突出潜在的瓶颈，帮助项目经理控制时间和预算。用户可以使用此类软件来研究更改计划对成本、时间和资源的影响。市场上常见的项目管理软件包有：Microsoft Project 和 Micro Planning International 的 Micro Planner。

计算机辅助设计软件

计算机辅助设计（computer-aided design，CAD）软件用于绘图和设计，已经取代了传统的工具，如 T 型方格、三角板、纸张和铅笔。它在建筑设计和工程公司中得到了广泛的应用。伴随电脑大幅度降价以及电脑性能的提升，小公司和家庭用户现在也可以负担得起这类软件。广泛使用的计算机辅助设计软件包括 Autodesk AutoCAD、Cadkey 和 VersaCAD。

2-8 计算机语言

如前所述，计算机语言已经经过了四代的发展，目前正处在第五代开发过程中。第一代计算机语言是**机器语言**（machine language），它由一系列表示数据或指令的 0 和 1 组成。机器语言依赖于机器，因此，为一种类型的计算机编写的代码不能在另一种类型的计算机上工作。编写机器语言程序既费时又费心。

汇编语言（assembly language）是第二代计算机语言，是一种比机器语言更高级的语言，但也依赖于机器。它使用一系列短代码或助记法来表示数据或指令。例如，加法和减法是汇编语言中的典型命令。用汇编语言编写程序比用机器语言编写程序容易。

第三代计算机语言独立于机器，被称为**高级语言**（high-level languages）。使用最广泛的三种高级语言是 C++、Java 和 VB. NET。这些语言主要用于 Web 开发和互联网应用。高级语言更像英语，第三代语言更容易学习和编码。此外，它们是自描述的，这意味着用户通常可以理解程序，而不需要额外的文档。

第四代语言（fourth-generation languages，4GL）是最容易使用的计算机语言。这些命令功能强大，易于学习，即使对很少接受计算机培训的人也是如此。有时，第四代语言被称为非程序性语言，这意味着开发人员不需要遵循严格的命令来使用它们。相反，第四代语言使用宏代码，可以代替多行代码。例如，在第四代语言中，开发人员可以发出 PLOT 命令，这个简单的宏命令就可以代替 100 行或更多行高级编程代码。SQL（结构化查询语言）将在第 3 章中讨论，它是第四代语言的一个典型代表。

> 第四代语言（4GL）是最易使用的计算机语言

第五代语言（fifth-generation languages，5GL）使用一些人工智能技术（在第 13 章中讨论），如基于知识的系统、自然语言处理（NLP）、可视化编程和图形化编程方法。代码是自动生成的，其设计目的是让计算机自动解决给定的问题，而无须程序员或以最少的编程工作量完成任务。第五代语言旨在促进用户和计算机之间的自然对话。想象一下。可以问计算机，“去年哪个产品的销量最大?”如果用户电脑配备了语音合成器，就会听到回复：“产品 X”。Dragon NaturallySpeaking Solutions 就是一个自然语言处理的例子。由于迄今为止取得了卓有成效的结果，这一领域的研究仍在继续。用于互联网编程和 Web 开发的编程语言主要包括 ActiveX、C++、Java、JavaScript、Perl、Python、PHP、Visual Basic 和可扩展样式表语言（XSL）。最重要的 Web 开发语言是超文本标记语言（HTML）和可扩展标记语言（XML）。这两种语言都是标记语言，不是功能齐全的编程语言。

> **机器语言**是第一代计算机语言，由一系列表示数据或指令的 0 和 1 组成，它依赖于机器，因此为一种类型的计算机编写的代码不能在另一种类型的计算机上工作。

汇编语言是第二代计算机语言，是一种比机器语言更高级的语言，但也依赖于机器。它使用一系列短代码或助记法来表示数据或指令。

高级语言是独立于机器的，是第三代计算机语言的一部分。目前，有多种高级语言可供使用，每种语言都是为特定目的而设计的。

第四代语言使用宏代码，可以代替多行代码。这些命令功能强大，易于学习，即使是对很少接受计算机培训的人也是如此。

第五代语言使用一些人工智能技术，例如基于知识的系统、自然语言处理（NLP）、可视化编程和图形化编程方法。第五代语言旨在促进用户与计算机之间的自然对话。

本章的“行业链接”重点介绍了 IBM 及其流行产品。

行业链接

IBM

国际商业机器公司（IBM）是世界上最大的计算机公司，它几乎活跃在计算的各个方面，包括硬件、软件、服务和协作工具（群件和电子协作）。IBM 在开发大型计算机方面也处于领先地位，其中最新的大型机是 IBM zEnterprise EC12。IBM 最受欢迎的产品领域包括如下几种：

软件：IBM 为所有类型的计算机提供软件套件。例如，Lotus 提供电子邮件、日历和协作应用程序的功能，以及与 Microsoft Office 类似的业务生产管理软件。Tivoli 提供资产管理、安全管理、备份和恢复过程以及存储系统和数据管理的优化方面的多种功能。IBM 还提供多种不同类型的业务分析软件。

存储：IBM 的存储设备包括磁盘和磁带系统、存储区域网络、网络连接存储、硬盘和微驱动器。microdrive 是一个 1 英寸的硬盘，用于安装在 CompactFlash II 型插槽中。

服务器：IBM 提供各种服务器，包括 UNIX 和 Linux 服务器、基于 Intel 的服务器、基于 AMD 的服务器等。

IBM 还活跃于电子商务软件、硬件和安全服务领域，如提供加密技术、防火墙、防病毒解决方案等。

回顾与讨论

1. 定义“中央处理器”。
2. 第四代计算机有哪些特点？
3. 项目管理软件的两个应用是什么？
4. 什么是操作系统？针对智能手机和移动设备的两个操作系统分别是什么？
5. 内存的两种类型是什么？
6. 与传统存储设备相比，云存储的两个优势是什么？
7. 什么是计算机语言？说出两种流行的计算机语言。
8. 什么是普适计算？

专题研究

1. 当地律师事务所需要你的建议。目前，律师事务所的律师和员工使用了 20 台个人电脑，并且正在讨论是否把谷歌应用程序或 Office 365 作为办公工具。写一篇两页的论文来总结你的建议，并提出每种选择的两个优点和两个缺点。哪种选择更便宜？与传统办公相比，Office 365 的两个优势是什么？

2. 阅读本章及其他资料后，写一篇单页论文，分别介绍 SAN 和 NAS 的两个优点和两个缺点。请列出每种技术的两个供应商。哪一个比较便宜？你推荐哪一个用于上述专题研究 1？

3. 你的同学不确定是买台式电脑还是平板电脑。他需要一个用于做学校作业（主要是 Microsoft Office）、网络访问和作为电子阅读器的设备。阅读本章及其他资料后，写一篇单页论文，总结给这位同学的建议。同时，对每一个选择给出两条建议。

4. IBM Watson 在计算领域创造了很多令人兴奋的东西。阅读本章及其他资料后，写一篇单页论文，总结该平台的三个商业应用。与人们在医学领域的使用相比，使用 Watson 有哪两个优势？两个劣势又是什么？Watson 如何被用作旅行计划服务器？

5. Android 和 iOS 是智能手机和其他移动设备的两个主要操作系统。阅读本章及其他资料后，写一篇两页的论文，总结每个操作系统的特点。每个操作系统的两个优点和两个缺点各是什么？哪个操作系统的市场份额更大？为什么？

6. Dragon NaturallySpeaking Solutions 语音识别软件包是自然语言处理的一种。阅读本章及其他资料后，写一篇两页的论文，描述这个平台的三个商业应用程序。哪个业务在这个平台中获益最大？与此软件竞争的其他两个产品是什么？

牛刀小试

1. 只读存储器是不稳定的。对或错？
2. NAS 上的软件处理包括数据存储、文件访问、文件和存储管理等。对或错？
3. Microsoft PowerPoint 是一种应用软件。对或错？
4. 以下哪个不是服务器平台的示例？
   a. 应用服务器
   b. 数据库服务器
   c. 内存服务器
   d. 打印服务器
5. 以下哪项不是辅助存储器？
   a. 只读存储器
   b. 磁带
   c. 磁盘
   d. 光盘

6. 以下哪个不是应用软件？
   a. MS Word
   b. MS Excel
   c. Autodesk，AutoCAD
   d. Android

个案讨论 2－1

成为银行家

如今，只要使用平板电脑或智能手机上众多金融应用程序中的任意一个（大部分是免费的），你就可以成为银行家。事实上，去银行或者使用自动取款机的时代很快就会成为过去。新的应用程序让你可以在银行的网站上完成所有功能。例如，要将支票存入银行账户，只需拍摄支票的正面和背面，接着应用程序会询问要存入的金额，然后输入账号，再按“确定”完成存款。有了财捷集团（Intuit）的 Mint 应用程序（mint.com），用户甚至可以在账户上执行各种分析。例如，用户可以建立预算并跟踪各种类别的支出，如食品、天然气和杂货。另一个提供类似服务的应用程序是 HelloWallet.com 提供的 HelloWallet。还有其他应用程序可以帮助用户跟踪和报告与工作相关的差旅费。例如，一款名为 QuickShot 的苹果应用程序允许用户对收据进行拍照，照片会自动存储到云端（这是一种互联网文件存储服务）。银行、经纪公司和其他金融机构已开发了自己的应用程序，从而简化了客户与机构的财务交流。

回答以下问题：

1. 利用智能手机和金融应用，如何将支票存入支票账户？
2. 列举本案例中引入的一些金融应用程序。
3. 利用金融应用程序可以进行哪些分析？
4. 金融应用程序的其他示例有哪些？它们的应用是什么？

个案讨论 2－2

iPad：为服务从业者所诞生的新工具

康奈尔大学的公共事业部为纽约州伊萨卡的校园社区的 30 000 多人提供服务。过去，当电、水或蒸汽（用于加热）断供时，公用事业部的经理通过电话联系来调查问题，并提出解决问题的措施。这通常会导致一些延误，因为经理可能不在校园内或忙于其他事情。

在某些情况下，这种电话联系的方式仍在进行中，但大多数公用事业服务从业者能够使用他们的 iPad 登录系统并诊断问题。在某些情况下，甚至可以远程解决问题。同时，他们还可以使用 iPhone 登录系统。康奈尔大学出于同样的原因向所有工程师和技术人员发放 iPad。

康奈尔大学公用事业部使用的设备来自通用电气，它有一个 iOS 应用程序，可以深入公用事业管理系统并分析可用数据。对于那些不能用 iOS 分析的，公用事业人员可以访问 Web 应用程序。Web 应用程序允许人员控制设备并查看更详细的信息，例如打开的阀门的比例。

公用事业人员可以使用 Web 应用程序从浏览器远程控制公用事业管理系统。通过 VPN（在第 5 章中讨论）进行访问，可以提高系统的安全性并提供额外的身份验证。据康奈尔大学称，iPad 可以随时随地轻松访问关键信息。

回答以下问题：

1. 根据本案例的研究，过去如何向公用事业部的经理报告电、水或蒸汽断供？
2. 公用事业部使用的两个应用程序是什么？
3. 在公用事业部使用 iPad 的两个好处是什么？

3

数据库系统、数据仓库和数据集市

本章学习目标：

3-1　定义数据库和数据库管理系统

3-2　解释数据库逻辑设计和关系数据库模型

3-3　定义数据库管理系统的组件

3-4　总结数据库设计和使用的最新趋势

3-5　解释数据仓库的组件和功能

3-6　描述数据集市的功能

3-7　定义商业分析并描述其在决策过程中的作用

3-8　解释大数据及其商业应用

本章概述了数据库和数据库管理系统及其在信息系统中的重要性；介绍了数据库中的数据类型、访问文件的方法以及信息的物理和逻辑视图；回顾了最常见的数据模型、关系模型和数据库管理系统的主要组件。本章讨论了数据库的最新应用趋势，包括数据驱动的 Web 站点、分布式数据库和面向对象数据库；概述了数据仓库和数据集市及其在生成业务智能方面的作用；回顾了商业分析及其在创造组织竞争优势方面的作用。本章最后概述了大数据及其不断增长的商业应用。

3-1　数据库

数据库（database）是存储在一个中心位置或多个位置的相关数据的集合。我们可以将数据库看作文件柜，数据被组织起来并存储在抽屉和文件夹中。然而，从数据库检索数据要快得多。

虽然数据库只能由一个文件组成，但它通常是一组文件。例如，一个大学数据库会包含学生、职员、教员和课程的文件。在数据库中，文件是一组相关记录，记录由一组相关的字段组成。这个结构称为**数据层次结构**（data hierarchy），如图 3-1 所示。在大学数据库示例中，文件包括社会安全号、学生姓名和地址三个字段。例如，第一行的所有字段都存储 Mary Smith 的信息并构成一条记录，图 3-1 中的三条记录构成了学生文件。

> 在数据库系统中，所有文件都是集成的，这意味着所有信息可以相互连接。

在数据库系统中，所有文件都是集成的，这意味着所有信息可以相互连接。例如，可以从课程文件中检索所有选修托马斯教授的 MIS 480 课程的学生姓名，或者查阅托马斯教授的记录以查找他在某一学期教授的其他课程信息。

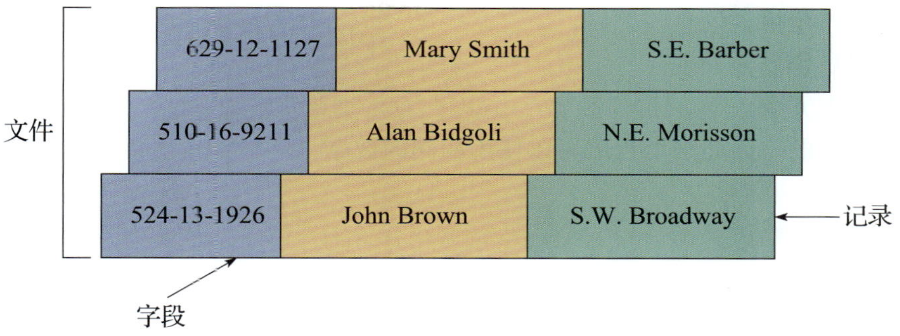

图 3-1　数据层次结构

数据库是信息系统的一个关键组件，因为数据库中的数据是所有分析的基础。为了提高数据库的使用效率，采用了**数据库管理系统**（database management system，DBMS）。DBMS 是用于创建、存储、维护和访问数据库文件的软件。它的主要组件将在本章后面的"DBMS 组件"一节中讨论。如果熟悉 Microsoft Office 软件，就知道使用 Word 创建文档，使用 Excel 创建电子表格，还可以使用 Access 创建和修改数据库，尽管 Access 的专业特性不及其他 DBMS 多。

数据库是存储在一个中心位置或多个位置的相关数据的集合。

数据层次结构是数据的结构和组织，包括字段、记录和文件。

数据库管理系统（DBMS）是用于创建、存储、维护和访问数据库文件的软件。DBMS 使数据库的使用更有效率。

现在，看一看图 3-2，它显示了用户、DBMS 和数据库是如何交互的。用户发出请求，DBMS 搜索数据库并将信息返回给用户。

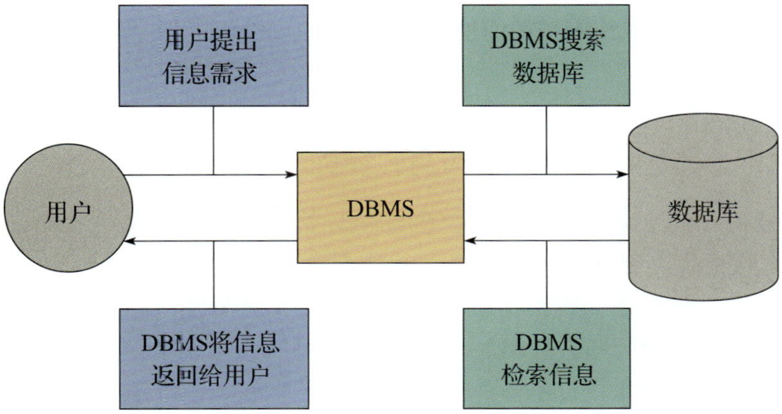

图 3-2　用户、DBMS 和数据库之间的交互

在过去，数据存储在一系列称为"平面文件"的文件中，因为它们没有按照层次结构排列，而且这些文件之间没有关系。这种平面文件组织的问题是，相同的数据存储在多个不同的文件中，导致数据冗余。例如，在客户数据库中，客户名会存储在多个表中。这就重复占用了不必要的存储空间，可能会降低检索数据的效率。更新平面文件系统既费时又低效。数据不能在所有文件中同时更新，从而导致从这些文件生成的报告相互冲突。

总之，与平面文件系统相比，数据库具有以下优点：

- 同样的数据可以产生更多信息。
- 复杂的请求可以更容易地处理。
- 消除或最小化数据冗余。
- 程序和数据是独立的，因此多个程序可以使用相同的数据。
- 改进了数据管理。
- 数据之间的关系易于维护。
- 支持复杂的安全措施。
- 减少了存储空间。

3-1a 数据库中的数据类型

正如在第1章中了解到的，要生成商业智能（business intelligence，BI），信息系统的数据库组件就需要访问两种类型的数据：内部数据和外部数据。内部数据包括交易记录、销售记录、人事记录等。例如，组织可能使用客户购买历史这一内部数据来生成关于未来购买模式的BI。内部数据通常存储在组织的内部数据库中，可由功能信息系统使用。

对外部数据的收集和使用具有挑战性。外部数据来自各种各样的渠道，通常存储在数据仓库中（本章稍后将讨论）。以下是一些可用的外部数据源：

- 竞争对手、客户和供应商
- 分销网络
- 经济指标（如消费者物价指数）
- 政府法规
- 劳动力及人口统计数据
- 纳税户档案

本章后面的“数据仓库”一节阐述了如何使用来自外部数据源的信息供BI进行分析并生成报告。下面的小贴士讨论了BI在本例中的其他领域是如何使用的。

小贴士

商业智能应用：在执法行动中

商业智能（BI）被用于执法以及商业领域。在弗吉尼亚州里士满，输入信息系统的数据包括过去5年的犯罪报告、911电话记录、天气的详细情况以及特殊事件的信息。该系统生成的人工智能报告有助于查明犯罪模式并有助于人员部署。该系统的使用提高了公共安全性，减少了911报警电话数量，并且帮助管理层更好地使用里士满的750名警察。

最近，该部门通过将暴力犯罪分为抢劫、强奸和杀人案件来改进执法，以帮助他们发现某些类型犯罪的模式。例如，该部门发现西班牙裔工人经常在发薪日被抢劫。通过将工人的发薪日纳入系统并查看抢劫的模式，执法人员能够确定可能发生这类案件的日期和地点。在发薪日将额外的人员调入这些地区以减少抢劫案件的数量。[1]

3-1b 访问文件的方法

在数据库中，使用顺序、随机或索引顺序方法访问文件。在**顺序访问文件结构**（sequential access file structure）中，文件中的记录按照数字或存储顺序进行组织和管理，通常按照它们被输入的顺序进行存储。记录的组织基于本章后面讨论的“主键”，例如“社会安全号”或“账户号码”。比如，要访问记录 10，必须先读取记录 1 到 9。当数据库中大量记录的处理频率较低时（可能是季度或年度），这类访问方法是有效的。因为访问速度通常不是关键，所以这些记录通常存储在磁带上。由于它们很少需要更新，因此顺序文件结构用于备份和存档文件。

在**随机访问文件结构**（random access file structure）中，可以以任何顺序访问记录，无论它们在存储介质中的物理位置如何。当需要每天或每周处理数据库中的少量记录时，这种访问方法显得快速且有效。为了实现快速，这些记录通常存储在磁盘上。磁盘是随机访问设备，而磁带是顺序访问设备。（考虑一下，在 CD 上跳过一首歌比在磁带上跳过一首歌快多少。）

使用**索引顺序访问方法**（indexed sequential access method，ISAM），可以按顺序或随机访问记录，具体方法的选择取决于访问的数据量的大小。若访问量小，则使用随机访问；若访问量较大，则使用顺序访问。这种文件结构类似于图书索引，它列出可以找到某些主题的页码。这种方法的优点是，可以根据情况和用户的需要，选择使用不同类型的方法访问数据。[2]

在**顺序访问文件结构**中，文件中的记录按照数字或存储顺序进行组织和处理，通常按照它们被输入的顺序进行存储。

在**随机访问文件结构**中，可以以任何顺序访问记录，无论它们在存储介质中的物理位置如何。当需要每天或每周处理数据库中的少量记录时，这种访问方法显得快速且有效。

使用**索引顺序访问方法（ISAM）**，可以按顺序或随机访问记录，具体方法的选择取决于访问的数据量的大小。若访问量小，则使用随机访问；若访问量较大，则使用顺序访问。

顾名思义，ISAM 使用索引结构，这种结构由两部分组成：索引值和指向匹配索引值的记录所在磁盘位置的指针。检索一条记录至少需要两次磁盘访问：一次访问索引结构，一次访问实际记录。因为每个记录都需要被索引，如果文件包含大量记录，那么索引也是相当大的。因此，当记录数量较少时，索引更有效。此方法访问速度快，因此建议在必须频繁访问记录时使用此方法。当处理器速度较慢、内存和存储成本较高时，这种方法更适用。考虑到当今计算机的速度和较低的存储成本，记录的数量可能没有那么重要，这意味着这种方法也适用于访问和处理更多记录。

3-2 数据库逻辑设计

在设计数据库之前，需要知道在数据库中查看信息的两种方式。**物理视图**（physical view）涉及如何在存储介质（如硬盘、磁带或 CD）上存储和检索数据。对于每个数据库，数据的物理视图只有一个。**逻辑视图**（logical view）涉及如何向用户显示信息，以及如何组织和检索信息。根据用户的不同，数据可以有多逻辑视图。例如，营销主管可能希望看到由特定地区的畅销产品组成的数据，而财务人员可能需要查看按每种产品的原材料成本组织的数据。

数据库设计的第一步是定义一个**数据模型**（data model），它决定如何创建、表示、组织和维护数据。一个数据模型通常包含以下三个组件：

- 数据结构——描述如何组织数据以及记录之间的关系；
- 操作——描述可以对数据执行的方法、计算等，如更新和查询数据；
- 完整性规则——定义数据库的边界，例如字段允许的最大值和最小值、约束（对可以存储在字段中的数据类型的限制）和访问方法。

目前有多种数据模型。最常见的是关系模型，将在下一节描述，对象模型将在本章后面的“面向对象数据库”部分介绍。另外两种常见的数据模型是层次模型和网状模型，目前它们使用得较少。

在**层次模型**（hierarchical model）中，如图 3－3 所示，记录之间的关系形成树状结构（层次结构）。记录称为节点，记录之间的关系称为分支。顶部的节点称为根，其他每个节点（称为子节点）都有一个父节点。具有相同父节点的节点称为双胞胎或同胞节点。在图 3－3 中，根节点是一个供应商，它提供了三条生产线，每条生产线都被认为是其他两条生产线的同胞。每条生产线都有产品类别，每个类别都有特定的产品。（类别和特定产品也是彼此的同胞节点。）例如，供应商 A 供应三种产品系列：肥皂、洗发水和牙膏。牙膏产品线分为两大系列（P6 和 P7）：美白牙膏和防蛀牙膏。P7 系列有三种特殊的防蛀牙产品：S、T 和 U。

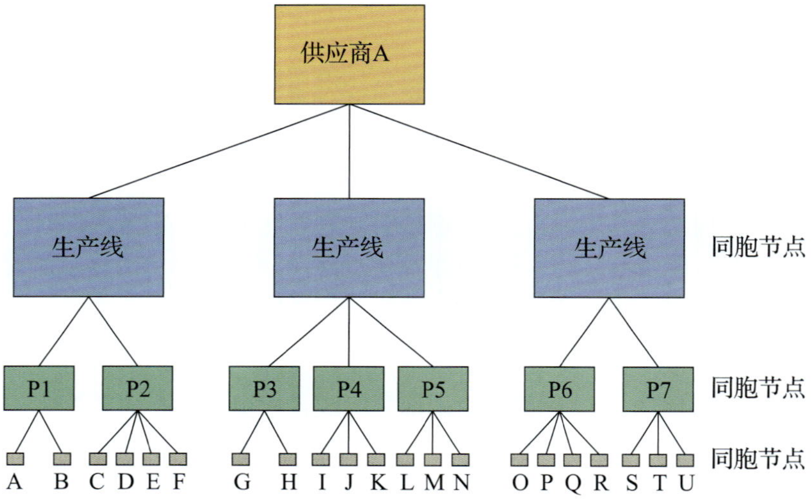

图 3－3　层次模型

网状模型（network model）类似于层次模型，但是记录的组织方式不同，如图 3－4 所示。该模型将发货单号码、客户编码和支付方式联系起来。例如，发货单 111 属于客户 2000，客户是用现金支付的。与层次模型不同，网状模型中的每个记录都可以有多个父记录和子记录。例如，在图 3－4 中，一个客户可以拥有多张发货单，并且不同的发货单可以通过不同的方式支付。

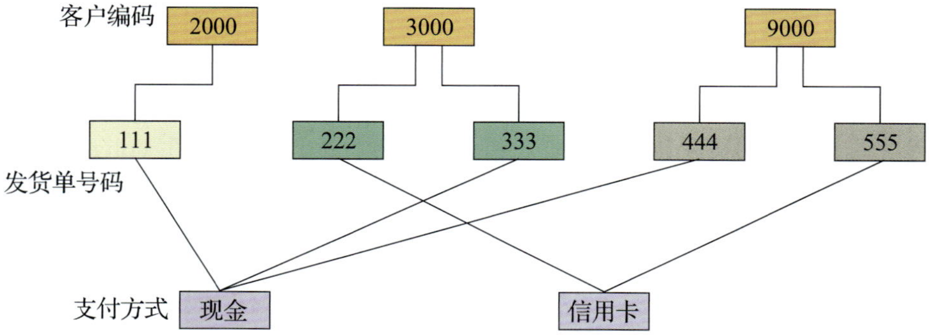

图 3－4　网状模型

物理视图涉及如何在存储介质（如硬盘、磁带或 CD）上存储和检索数据。

逻辑视图涉及如何向用户显示信息，以及如何组织和检索信息。

数据模型决定如何创建、表示、组织和维护数据。它通常包含数据结构、操作和完整性规则。

在**层次模型**中，记录之间的关系形成树状结构（层次结构）。记录称为节点，记录之间的关系称为分支。顶部的节点称为根，其他每个节点（称为子节点）都有一个父节点。具有相同父节点的节点称为双胞胎或同胞节点。

网状模型类似于层次模型，但是记录的组织方式不同。与层次模型不同，网络模型中的每个记录都可以有多个父记录和子记录。

3-2a 关系模型

关系模型（relational model）是由行和列组成的二维数据表。行是记录（也称为元组），列是字段（也称为属性）。设计关系数据库时，必须通过定义每个表和其中的字段来定义表的逻辑结构。例如，Students 表有 StudentID、StudentFirstName、StudentLastName 等字段，这些定义存储在数据字典中。**数据字典**（data dictionary）还可以存储其他定义，如字段的数据类型、字段的默认值和每个字段中的数据验证规则，具体介绍如下：

- 字段名——包括学生姓名、入学日期、年龄及专业；
- 字段数据类型——字符（文本）型、日期型及数值型；
- 默认值——如果没有可用值，则输入该默认值；
- 验证规则——确定一个值是否有效的规则。例如，学生的年龄不能是负数。

在关系数据库中，每个记录必须由**主键**（primary key）唯一地标识。学生证号码、社会安全号、账户号码及发货单号码都是可选的主键。要在表之间建立关系以便更有效地连接和检索数据。一个表的主键可以出现在其他表中，此时，它被称为**外键**（foreign key）。例如，StudentID 是 Students 表的主键，学生专业的代码（如 MKT，MIS 或 FIN）是 Majors 表的主键。每个学生都可以有一个专业，每个专业都可以招收一些学生。Majors 表的主键是 Students 表的外键。

为了提高数据库的效率，尽量将相关数据存储在一个表中。这一过程称为数据库表的**规范化**（normalization）。它消除了冗余数据（例如，确保只将客户名存储在一个表中）。规范化经过五个阶段，从第一范式（1NF）到第五范式（5NF）。然而，通常只使用 1NF 到 3NF。例如，完成以下任务可以使数据表满足 1NF 的规范：

- 从同一个表中删除重复的字段。
- 为每组相关数据创建单独的表。
- 用唯一的字段（主键）标识每个记录。

通过使用选择和组合操作，可以从存储在关系模型中的一个或多个表中检索数据。数据库支持许多操作，譬如 select、project、join、intersect、union 和 difference。前三种操作是最常用的，下面来分别解释。

select（删除）操作用于检索表中的数据，根据某些前提（也称为条件）检索记录。表 3-1 显示了存储在 Students 表中的数据。使用 select 操作“Major=MIS”，可以生成一个主修 MIS 的学生的列表，如表 3-2 所示。

表 3-1 Students 表

Student ID	Name	Major	Age	GPA
111	Mary	MIS	18	4.00
222	Sue	CS	21	3.60
333	Debra	MGT	20	3.50
444	Bob	MKT	22	3.40
555	George	MIS	21	3.70

表 3-2 select 操作结果

Student ID	Name	Major	Age	GPA
111	Mary	MIS	18	4.00
555	George	MIS	21	3.70

project（投影）操作根据某些标准消除列（字段）来缩减表。例如，需要一份学生名单，但不想包括他们的年龄。使用“PROJECT Student ID#，Name，Major，GPA（Table 3.1)”可以检索表 3-3 所示的数据（本语句使用表 3-1 中的数据)。

表 3-3 project 操作结果

Student ID	Name	Major	GPA
111	Mary	MIS	4.00
222	Sue	CS	3.60
333	Debra	MGT	3.50
444	Bob	MKT	3.40
555	George	MIS	3.70

join（连接）操作基于公共字段（例如，第一个表中的主键和第二个表中的外键）组合两个表。表 3-4 显示了 Customers 表中的数据，表 3-5 显示了 Invoices 表中的数据。Customer 是 Customers 表的主键，是 Invoices 表的外键，Invoice 是 Invoices 表的主键。表 3-6 显示了连接这两个表所得到的结果。

表 3-4 Customers 表

Customer	Name	Address
2000	ABC	Broadway
3000	XYZ	Jefferson
9000		

表 3-5 Invoices 表

Invoice	Customer	Amount	Payment
1110	2000	$ 2000.00	Cash
2220	3000	$ 4000.00	Credit
3330	3000	$ 1500.00	Cash
4440	9000	$ 6400.00	Cash
5550	9000	$ 7000.00	Credit

表 3-6　Invoices 表和 Customers 表的连接

Invoice	Customer	Amount	Payment	Name	Address
1110	2000	$2000.00	Cash	ABC	Broadway
2220	3000	$4000.00	Credit	XYZ	Jefferson
3330	3000	$1500.00	Cash	XYZ	Jefferson
4440	9000	$6400.00	Cash	TRY	Madison
5550	9000	$7000.00	Credit	TRY	Madison

至此，已经介绍了数据库的组成和通用数据模型，下面来介绍用于管理数据库的软件，即 DBMS。

关系模型是由行和列组成的二维数据表。行是记录（也称为元组），列是字段（也称为属性）。

数据字典用于存储对数据的定义，例如字段的数据类型、字段的默认值和每个字段中的数据验证规则。

主键唯一地标识关系数据库中的每条记录。

外键是关系表中与另一个表的主键匹配的字段。它可以用来交叉引用表。

规范化通过消除冗余数据并确保只有相关数据存储在表中，来提高数据库的查找效率。

3-3　DBMS 组件

DBMS 软件括以下组件：

- 数据库引擎
- 数据定义
- 数据操作
- 应用程序生成
- 数据管理

下面分别进行讨论。

3-3a　数据库引擎

数据库引擎是 DBMS 软件的核心，负责数据存储、操作和检索。它通过与 DBMS 的其他组件（通常是数据操作组件）交互，将用户的逻辑请求转换为物理请求（例如报告）。例如，假设一位营销经理想要查看东南地区销售前三名的人员列表（这是一个合乎逻辑的要求）。

数据库引擎是 DBMS 软件的核心，负责数据存储、操作和检索。

数据库引擎与数据操作组件交互，查找这三条信息存储在何处，并将它们显示在屏幕上或者打印输出。由于数据的逻辑视图可能不止一个，因此数据库引擎可以以多种不同的方式检索并向用户返回数据。

3-3b 数据定义

数据定义组件用于创建和维护数据字典，并定义数据库中文件的结构。对数据库结构的任何更改，如添加字段、删除字段、更改字段的大小或更改存储在字段中的数据类型，都是使用该组件完成的。

3-3c 数据操作

数据操作组件用于对数据库进行记录的添加、删除、修改和检索。通常，此组件使用查询语言。目前业界使用的查询语言比较多，其中使用最广泛的两种是：结构化查询语言（SQL）和实例查询（QBE）。

结构化查询语言（structured query language，SQL）是许多 DBMS（如 Oracle Database 11g 和 Microsoft SQL Server）所使用的标准第四代查询语言。SQL 由几个关键字组成，这些关键字指定要执行的操作。SQL 查询的基本格式如下：

```
SELECT field FROM table or file WHERE conditions
```

在 SELECT 关键字之后，列出要检索的字段。在 FROM 之后，列出数据源的表名或文件名，然后在 WHERE 之后列出检索数据的条件（标准）。例如，从 Employee 表和 Payroll 表中检索所有具有工程师职称（engineer）的员工的姓名（name）、社会安全号（SSN）、头衔（title）、性别（gender）和工资（salary），其查询语句为：

```
SELECT NAME，SSN，TITLE，GENDER，SALARY
FROM EMPLOYEE，PAYROLL
WHERE EMPLOYEE. SSN=PAYROLL. SSN AND TITLE= “ENGINEER”
```

这个查询意味着应该从 EMPLOYEE 和 PAYROLL 两个表中检索 NAME、SSN、TITLE、GENDER 和 SALARY 字段数据。第 3 行指出 EMPLOYEE 和 PAYROLL 表通过哪个字段连接（SSN 字段），并指定了显示数据的条件为仅显示是工程师的员工。用户还可以使用 AND、OR 和 NOT 操作符向 SQL 语句添加许多其他条件。

使用**实例查询**（query by example，QBE）通过构造由查询表单组成的语句从数据库中请求数据。使用当前的图形数据库，只需选择查询表单，而不必像使用 SQL 那样记住关键字。用户可以向 QBE 表单添加 AND、OR 和 NOT 操作符来设计查询。

- AND——指“与”运算，表示数据必须满足所有条件。例如，语句“Major=MIS AND GPA>3.8”表示学生必须主修管理信息系统，同时 GPA 高于 3.8 才能被检索。
- OR——指“或”运算，表示数据只需要满足多个条件中的一个即可。例如，语句“Major=MIS OR GPA>3.8”表示如果学生的 GPA 高于 3.8，那么他可以选择其他专业（如会计专业）。或者，如果学生是主修管理信息系统，他的平均成绩可以等于或低于 3.8 分。这样的数据都满足搜索条件。
- NOT——指“非”运算，表示搜索不符合条件的记录。例如，语句“Major NOT ACC”指检索除会计专业以外的所有学生。

结构化查询语言（SQL）是许多 DBMS（如 Oracle 11g 和 Microsoft SQL Server）所使用的标准第四代查询语言。SQL 由几个关键字组成，这些关键字指定要执行的操作。

实例查询（QBE）通过构造由查询表单组成的语句从数据库中请求数据。使用当前的图形数据库，只需选择查询表单，而不必像使用 SQL 那样记住关键字。用户可以向 QBE 表单添加 AND、OR 和 NOT 操作符来设计查询。

3-3d 应用程序生成

应用程序生成组件用于使用数据库设计应用程序的构成元素，如数据输入界面、交互式菜单和与其他编程语言的接口。例如，设计创建表单或生成报表的应用程序。要为用户设计订单输入界面，可以使用应用程序生成组件创建菜单系统，提高应用程序的易用性。通常，此组件由 IT 专业人员和数据库管理员使用。

3-3e 数据管理

数据管理组件也由 IT 专业人员和数据库管理员使用，用于数据备份和恢复、安全和更新等任务。此外，此组件还用于确定用户所具有的执行某些功能的权限。数据管理功能通常总结为**创建、读取、更新和删除**（create、read、update、delete，CRUD）。

在大型组织中，数据库设计和管理由**数据库管理员**（database administrator，DBA）完成，但是对于复杂的数据库，数据库的设计有时可能由整个部门处理。DBA 的职责包括：

- 设计和配置数据库；
- 建立安全措施以确保用户访问权限；
- 在数据丢失或损坏的情况下开发恢复程序；
- 评估数据库性能；
- 添加和调整数据库功能。

下面的**小贴士**突出显示了比关系模型更适合于某些应用场景的图形数据库。

小贴士

图形数据库将关系数据库的发展向前推进了一步

典型的关系数据库存储实体及其属性，而图形数据库还能存储实体之间的关系。它侧重于实体间的关联，实现表间数据的定位并管理关联信息。这样可以在不同数据表之间实现相关的实体数据的连接操作。尤其在医疗保健行业，图形数据库非常有用，因为医生可能属于多个医疗服务提供者，疾病可能有多种症状，同时组织与组织（如保险公司、医院和患者的雇主）之间也可能存在多种关系。Curaspan Health Group、GoodStart Genetics、SharePractice 和 Janssen Pharmaceuticals 等医疗保健提供商使用图形数据库进行患者管理、药物研究、基因组学研究、临床试验和市场营销。[3]

在线约会网站也使用图形数据库，它们认为这项技术可以增加推荐的准确性。领英、脸谱和推特等社交媒体也是图形数据库的主要用户。此外，沃尔玛、eBay、汉莎航空和德国电信等公司也使用这项技术。图形数据库的主要提供商包括 Neo Technology、GraphBase、HyperGraphDB 和 Oracle Spatial and Graph。[4]

创建、读取、更新和删除（CRUD）是指数据管理员确定用户所具有的执行某些功能的权限。
数据库管理员（DBA）可在大型组织中找到，主要完成数据库的设计和配置、建立安全措施、开发恢复程序、评估数据库性能以及添加和调整数据库功能等具体工作。

3-4 数据库设计和使用的最新趋势

数据库设计和使用的最新趋势主要包括：数据驱动的 Web 站点、自然语言处理、分布式数据库和面向对象数据库。除了这些趋势，人工智能和自然语言处理方面的进步也将对数据库的设计和使用产生影响，比如改进用户界面。[5]第 13 章介绍自然语言处理，其他趋势将在接下来的章节中讨论。

3-4a 数据驱动的 Web 站点

随着电子商务应用的普及，数据驱动网站被更广泛地用于提供动态内容。**数据驱动的 Web 站点**（data-driven Web site）可以成为数据库的入口，为用户检索数据并允许用户向数据库输入数据。如果没有此功能，网站设计人员必须在网站的数据内容发生变化时重新编辑 HTML 代码。这种类型的站点称为“静态”Web 站点。而数据驱动的 Web 站点是从外部动态数据源（例如 MySQL、Microsoft SQL Server、Microsoft Access、Oracle、IBM DB2 和其他数据库）中检索数据，因此网站内容可以自动实时更新。

由于数据驱动的 Web 站点改进了对数据的访问方式，用户的体验更具交互性，并且减少了维护静态 Web 站点所需的支持和开销。设计良好的数据驱动的 Web 站点更容易维护，因为大多数内容的更改不需要改动底层的 HTML 代码。Web 站点会随着数据源的更改自动调整。用户可以通过数据驱动的 Web 站点从各种数据源中获得更多实时信息。数据驱动的 Web 站点对于以下应用程序非常有用：

- 需要频繁更新的电子商务站点；
- 需要定期更新内容的新闻站点；
- 论坛及讨论小组；
- 订阅服务（如时事通讯）。

数据驱动的 Web 站点可以成为数据库的入口，为用户检索数据并允许用户向数据库输入数据。

3-4b 分布式数据库

到目前为止，本书讨论的数据库类型都是供信息系统所有用户同时使用的中央数据库。但是，在某些情况下，最好使用**分布式数据库管理系统**（distributed database management system，DDBMS），其中数据存储在整个组织的多个服务器上。以下是组织和选择分布式数据库的一些原因：[6]

- 能更好地反映组织的结构。例如，拥有多个分支机构的组织会发现分布式数据库更适合其需求，它支持更快的本地查询，并且能够降低网络流量。

- 本地数据存储缩短了响应时间，但增加了通信成本。
- 在多个站点之间分布数据可以最大限度地减少计算机故障的影响。如果一个数据库服务器宕机，则不会影响整个组织。
- 信息系统的用户数量不受一台计算机的容量或处理能力的限制。
- 几个小型集成系统的成本可能低于一个大型服务器。
- 访问一个中央数据库服务器可能会增加远程用户的通信成本。在远程站点存储一些数据可以帮助降低这些成本。
- 包括数据库设计在内的分布式处理现在得到了更广泛的应用，并且通常比集中式处理更能响应用户的需求。
- 最重要的是，分布式数据库不受数据物理位置的限制。

设置 DDBMS 有三种方法，同时，这些方法可以组合使用[7]：

- 分片——**分片**（fragmentation）方法用于处理如何在多个物理位置上分割数据表。水平分片将表按行分割，将分割开的子表存储在不同位置。垂直分片将表按列分割，将分割形成的列子集存储在不同的位置。混合分片（组合了垂直分片和水平分片）只在每个位置存储特定的本地数据。如果需要来自其他地点的数据，那么 DDBMS 可以通过检索其他地点得到数据。
- 复制——**复制**（replication）方法使组织中的每个站点都存储整个数据库的副本。虽然这种方法会增加成本，但它也增加了数据的可用性，并且每个站点的副本可以用作其他站点的备份。
- 分配——**分配**（allocation）结合了分片和复制。通常，每个站点都存储该站点最常用的数据。该方法缩短了本地用户（与数据库存储设施位于相同位置的用户）的响应时间。

由于访问点来自组织的内部和外部，因此分布式数据库的安全性问题更具挑战。必须明确定义安全策略、用户访问范围和用户权限，并且必须标识授权用户。分布式数据库设计人员还应该记住，分布式处理并不适用于所有情况，例如所有部门都集中在同一个位置的公司。

> **分布式数据库管理系统（DDBMS）**在整个组织的多个服务器上存储数据。
>
> DDBMS 的**分片**方法用于处理如何在多个物理位置上分割数据表。有三种分片方式：水平分片、垂直分片和混合分片。
>
> DDBMS 的**复制**方法使组织中的每个站点都存储整个数据库的副本。
>
> DDBMS 的**分配**方法结合了分片和复制，每个站点都存储该站点最常用的数据。

3-4c 面向对象数据库

前面讨论的关系模型旨在处理以字段和记录格式组织的同质数据。但处理和管理包含不同类型的数据（例如多媒体文件）则会很困难。另外，关系型数据库有一个简单的结构就是表间关联完全基于一个公共值（键），因此关系型数据库无法表示复杂的数据关系。

为了解决这些问题，开发了**面向对象数据库**（object-oriented databases）。与面向对象编程一样，这个数据模型用对象表示现实世界中的实体。对象由可以在对象数据上执行的属性（描述实体的特征）和方法（操作或计算）组成。例如，如图 3-5 所示，真实世界中的汽车可以由 Vehicle 类中的对象表示。例如，该类中的对象具有 Year、Make、Model 和 License number 等属性。然后，可以使用各种方法来处理车辆对象中的数据，例如利用 AddVehicle 方法将车辆添加到数据库中。将“类”看作对象的类别或类型有助于我们理解类的意义。

将各种对象及其属性和方法归为一类称为**封装**（encapsulation），即将相关项目归为一个单元。这有助于处理图像和图形等复杂的数据类型。面向对象数据库也可以使用**继承**（inheritance），指通过在属性中输入新数据来更快、更轻松地创建新对象。例如，可以通过让BMW继承Vehicle类的属性和方法来将其添加为一个Vehicle对象。也就是说，只要想添加新对象，就可以直接使用从类中继承的所有属性和方法，而不需要重新定义。

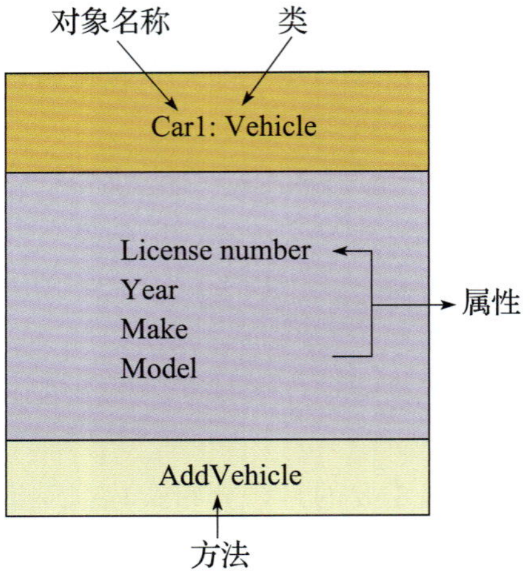

图3-5　对象、类、属性和方法

面向对象数据模型支持更复杂的数据管理。它在扩展关系模型的同时，更易于为现实问题建立模型。此外，面向对象数据库可以存储和操作多种类型的数据（包括数字、字符以及多媒体数据等）。例如，在医学领域，医生除了访问由文本和数字组成的患者数据之外，还需要访问患者生命体征的X射线图像和图表等。

与关系数据库的交互是通过查询语言实现的，而与面向对象数据库的交互则是通过向对象发送消息的"方法"实现的。消息通常由某种事件引发，例如单击Enter键或单击鼠标按钮。具体的方法可以使用各种高级语言（如C++）来创建。面向对象的DBMS有Progress ObjectStore和Objectivity/DB等。

> **在面向对象数据库中**，数据及其关系都包含在一个对象中。对象由可以在对象数据上执行的属性和方法组成。
>
> **封装**是指将各种对象及其属性和方法归为一类，即将相关项目归为一个单元。这有助于处理图像和图形等复杂的数据类型。
>
> **继承**是指通过在属性中输入新数据来更快、更轻松地创建新对象。

3-5　数据仓库

数据仓库（data warehouse）是来自多种数据源的数据集合，用于支持决策应用程序和生成商业智能。[8] 数据仓库存储多维数据，因此有时被称为"超立方体"。通常，数据仓库中的数据与普通数据库中的数据相比在以下方面有差异：

- 面向主题——数据仓库专注于某个特定的领域，例如家居装饰业务或大学，而数据库中的数据是面向事务/功能的。
- 集成——数据仓库中的数据来自多种数据源，而数据库中的数据通常不是。
- 时变——数据仓库中的数据根据时间（如历史信息）进行分类，而数据库只能将最新的数据读入内存。
- 数据类型——数据仓库收集聚合数据，而数据库收集原始事务数据。
- 目标——数据仓库的数据用于分析，而数据库中的数据用于事务管理。

设计与实现数据仓库是一项复杂的任务，可以使用特定的软件来进行。甲骨文、IBM、微软、天睿（Teradata）、SAS和惠普是数据仓库平台的市场领导者。下面的小贴士讨论了万豪国际集团是如何使用数据仓库的。

小贴士

数据仓库在万豪国际集团中的应用

万豪国际集团（Marriott International）是全球最大的酒店业务集团之一。在 74 个国家和地区经营着 3 700 多家酒店。[9]同时，该公司包括 19 个不同的品牌。它需要借助计算机管理系统来帮助其从各个地区、品牌和特许经营店中收集信息，以便有效地与客户进行沟通和互动。

基于上述原因，万豪国际集团建立了一个数据仓库，以便向销售和营销经理及时提供客户的关键信息。该系统收集相关客户的各种数据。利用数据、多种统计模型和算法，它能够根据客户的个人偏好和交易历史来提供对应的相关产品的价格信息。目前，万豪国际集团能通过该系统确切地知道每个客户使用过的相关服务，并为每个客户量身定制了相关的个性化服务项目。同时，该系统为区域营销经理提供的基于 Web 的管理工具可以使集团营销活动的开发周期从 6 周减少为 2 天。通过使用该系统，万豪国际集团已经超额完成了收入目标，实现了更有效的客户沟通。[10]

图 3－6 显示了数据仓库的基本架构，包含四个主要组件：输入；提取、转化和加载（ETL）；存储；输出。下面将解释这些组件。

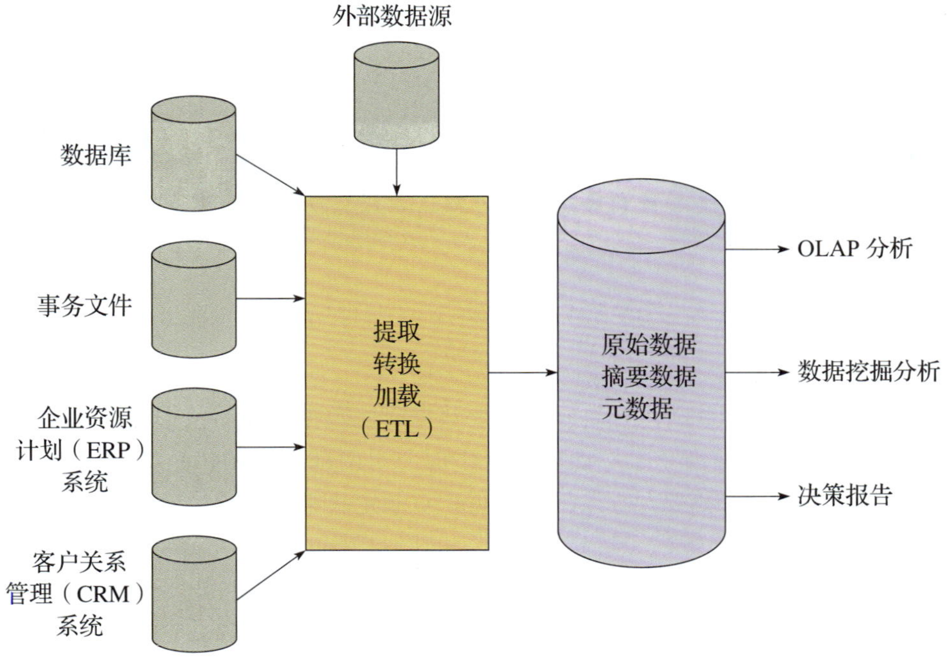

图 3－6　数据仓库的架构

数据仓库是来自多种数据源的数据集合，用于支持决策应用程序和生成商业智能。

3－5a　输入

数据可以有多种来源，包括外部数据源、数据库、事务文件、企业资源规划（ERP）系统或客户关系管理（CRM）系统。其中，ERP 系统收集、集成和处理可供组织中所有功能使用的数据。CRM 系统收集并处理客户数据以提供改善客户服务的信息（ERP 和 CRM 系统将在第 11 章讨论）。这些数据源共同提供了数据仓库执行分析和生成报告所需的输入。

3－5b ETL

提取、转换和加载（extraction，transformation and loading，ETL）是数据仓库中数据使用的过程。提取意味着从多种来源收集数据并将其转换为可用于转换处理的格式。同时，提取过程还可以解析（分割）数据，以确保满足数据仓库对于数据结构的需求。例如，如果想知道有多少客户居住在城市的特定区域，就可以使用解析来分隔地址中的街道号、街道名称、城市和省份。

为确保数据满足数据仓库的需求，数据转换处理的具体任务包括以下方面：

- 只选择要加载的某些列或行；
- 转换为编码值，例如用 1 替换“Yes”，用 2 替换“No”；
- 对数据执行 select、project 和 join 等操作；
- 分类和过滤数据；
- 在将数据加载到数据仓库之前对数据进行聚合和汇总操作。

加载是将数据传输到数据仓库的过程。根据组织的需要和数据仓库的存储容量，加载可能会覆盖现有数据或将收集到的数据添加到现有数据中。

> **提取、转换和加载（ETL）**是数据仓库中数据使用的过程。它包括从外部数据源提取数据，将其转换为适合操作需求的数据，并将其加载到最终目标（数据库或数据仓库）中。

3－5c 存储

收集的信息在数据仓库中被组织为原始数据、摘要数据或元数据。原始数据是信息的原始形式。摘要数据可以使用户对原始数据进行分类汇总。例如，可以添加公司南部地区的销售数据，并用一个摘要编号表示。维护原始数据（零散数据）和摘要数据（汇总数据）对制定决策具有重要意义，正如在第 1 章中所阐述的那样。元数据是关于数据的内容、质量、条件、来源和其他特征的信息。元数据告诉用户如何、何时及由谁收集数据以及数据应该采用什么格式和如何将其转换为当前形式。例如，财务数据库中的元数据可用于为股东生成报告，说明如何计算销售交易的收入、费用和利润并将其存储在数据仓库中。

3－5d 输出

如图 3－6 所示，数据仓库支持不同类型的分析并生成决策报告。目前的数据库支持**在线事务处理**（online transaction processing，OLTP），主要用来进行如下业务处理工作[11]：

- 上个月哪个产品的销量最高？
- 上个月哪个地区的销售额最低？
- 上个季度哪些销售人员的销售额增长了 30%以上？

数据仓库使用在线分析处理和数据挖掘分析来生成报告。下面将讨论这些问题。

在线分析处理

与 OLTP 不同，**在线分析处理**（online analytical processing，OLAP）用于快速回复多维分析查询，从而生成商业智能决策。它使用多个数据源并提供多维分析，比如，查看基于时间、产品和位置的多维数据。例如，如果想知道产品 X 在上一季度西北地区的销售情况，就可以使用 OLAP。有时，这种分析被称为数据切片和数据切块。表 3－7 中的超立方体可以按不同的方向进行切割。这个超立方体可以看成一个多维电子表格，每条边代表一个维度，例如，地理区域就是一个维度。超立方体的优点是它支持快速操作和计算。图 3－7 的超立方体中每个较小的立方体都表示一种数据的细分。例如，图中的一个小立方体中可能是 2011 年东北地区罐装食品的销售数据。每个较小的立方体还可以进一步细分。例如，2011 年可以细分为第一季度、第二季度、第三季度和第四季度。多维数据集的数量由每个维度的粒度（特异性）决定。

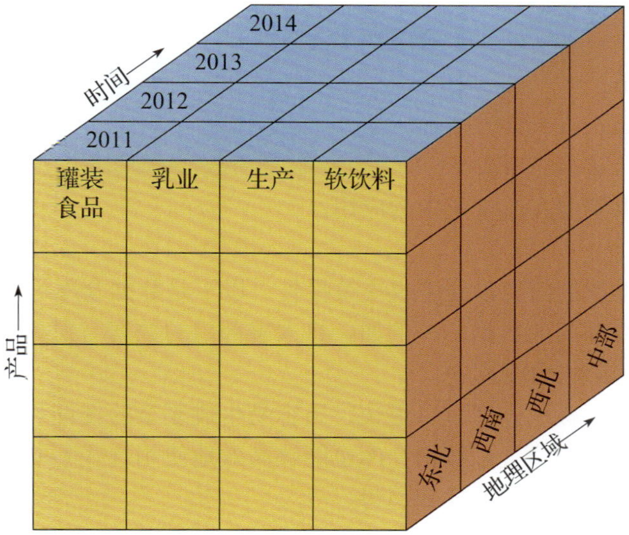

图 3－7　数据切片和数据切块

OLAP 允许分析多维视图中汇总的信息。同时，OLAP 工具可以用于执行趋势分析，并从大量统计数据中筛选特定信息。这些工具通常具有访问多层信息的“下钻”特性。例如，当 OLAP 工具访问第一层信息，生成关于公司八个地区销售业绩的报告时，如果营销主管对西北地区的信息更感兴趣，则 OLAP 工具可以访问当前数据的下一层数据来获取更多详细信息。OLAP 工具还能够进行“上钻”，即访问当前数据的上一层数据。例如，OLAP 工具可以检查每个区域的销售数据，然后逐步生成关于整个公司的销售业绩报告。

在线事务处理（OLTP） 用于管理面向事务的应用，例如，POS 机，数据输入与检索事务处理等。它通常使用内部数据并返回实时操作结果。

在线分析处理（OLAP） 生成商业智能。它使用多个信息源并提供多维分析，比如，查看基于时间、产品和位置的多维数据。

数据挖掘分析

数据挖掘分析（data-mining analysis）用于发现模式和关系。例如，数据挖掘工具可利用销售数据生成有关客户购买历史的报告。企业根据这些信息制定具有针对性的促销政策。类似地，公司还可以从评论卡或保修卡中挖掘出有关人口的统计数据，并利用这些数据开发出能吸引特定客户群（例如青少年或 30 岁以上女当奈飞公司根据租借历史向用户推荐电影时，它使用的就是由数据挖掘工具生成的信息。

性）的产品。当奈飞公司根据租借历史向用户推荐电影时，它使用的就是由数据挖掘工具生成的信息。2009 年 9 月，奈飞公司给设计出最佳数据挖掘算法的团队颁发了 100 万美元的奖金，该算法大大提高了电影推荐的准确性（www.netflixprize.com）。美国运通（American Express）也尝试使用数据挖掘工具发现持卡客户每月的支出模式，并根据持卡人的消费习惯向他们推荐合理的产品和所需的服务。以下是使用数据挖掘工具可以解决的典型问题：

- 哪些客户可能对新产品做出反应？
- 哪些客户可能对新的广告活动做出反应？
- 根据这个客户过去的购买模式，应该向他推荐什么产品？

目前的数据挖掘软件供应商包括：

SAP Business Objects（www.sap.com）
SAS（www.sas.com）
Cognos（http://cognos.com）
Informatica（www.informatica.com）

下面的小贴士展示了数据挖掘在航空业中的应用。

决策报告

数据仓库可以利用多种类型的信息以便生成决策报告。以下是数据仓库可以执行的功能示例：

- 可以交叉比较不同组织部门的数据——例如，将人事部门的数据与财务部门的数据进行比较，即使这些数据以不同的格式存储在不同的数据库中。
- 与使用传统数据库相比，数据仓库可以更快、更容易生成复杂的查询和报告。
- 即使数据存储在组织的不同位置，数据仓库也能够高效地使用这些不同格式的数据生成报告。
- 查找无法在传统数据库中找到的模式和趋势。
- 快速分析大量历史数据。
- 协助管理层做出明智的商业决策。
- 管理不同需求和决策风格的用户对信息的高要求。

数据挖掘分析用于发现模式和关系。

小贴士

数据挖掘与航空业

航空业在利用数据挖掘改善客户服务的同时，还增加了自身收入。例如，通过数据挖掘，航空机组可以很快知道坐在 19A 座上的乘客是素食主义者或者对某种食物过敏。目前，基于乘客在线浏览历史和社交媒体上丰富的信息，航空公司的营销正变得越来越具有针对性。例如，现在一些航空公司将乘客的航班信息（如姓名、旅客号码、年龄、收入和住址）与社交媒体信息（如乘客脸谱页面上“赞”的数量）结合起来，并根据这些信息的数据挖掘结果向乘客销售产品、提供服务。当然，航空公司必须尽一切努力保护乘客的隐私，必须在提供优质客户服务和保护乘客的个人信息之间取得平衡。[12]

3-6 数据集市

数据集市（data mart）通常是由单个部门使用的数据仓库的较小版本。数据集市关注组织中特定部门的业务功能。尽管数据集市更小，但它通常可以执行与数据仓库相同的分析功能。与数据仓库相比，数据集市具有以下优点：

- 因为数据集市比较小，所以访问数据的速度更快。
- 缩短了用户的响应时间。
- 因为数据集市比较小，所以更容易创建，而且创建过程没那么复杂。
- 与数据仓库相比，数据集市造价更便宜。
- 与为整个组织的使用而设计的数据仓库不同，数据集市是为特定的部门设计的。所以数据集市更容易确定用户的需求和需要的功能。

> **数据集市**通常是由单个部门使用的数据仓库的较小版本。

与数据仓库相比，数据集市的使用范围比较有限，在整合来自不同部门（如销售和生产）的信息时会比较困难。

3-7 商业分析

商业分析（business analytics，BA）使用数据和统计方法来洞察数据，并为决策者提供可以采用的决策信息。目前，BA 越来越多地用于数据驱动的决策，利用和探索数据库、数据仓库或数据集市系统中的数据。与本章前面讨论的商业智能（BI）相比，商业分析更具前瞻性。商业分析告诉用户将来会发生什么，而不关注过去发生了什么。

商业智能帮助用户确定发生了什么、问题是什么和需要做出哪些决策。而商业分析可以帮助用户确定为什么会发生这种情况，如果继续下去将意味着什么，以及应该采取什么行动。与商业智能使用仪表板、记分卡、OLAP 和查询报告来支持决策活动不同，商业分析使用的是统计分析、数据挖掘工具和预测建模。

商业分析具有三种基本的分析方法，它们分别是描述性分析、预测性分析和规范性分析。描述性分析通过回顾过去的事件来进行数据分析，并提供一份报告，说明在给定期间发生了什么，以及如何为将来做准备。因此，这是一种反应策略。预测性分析，顾名思义，是一种积极的策略，它是为未来事件的决策做准备。例如，如果公司按照当前的销售趋势继续下去，2018 年将需要多少销售人员。与描述性分析和预测性分析不同，规范性分析为决策者应该遵循什么样的行动路线（行动过程）提供建议，并显示每个决策可能的结果。也就是说，规范性分析比预测性分析更具体。[13]

在数据分析领域中，还有两个术语被广泛使用，分别是 Web 分析和移动分析。Web 分析利用收集的 Web 数据来分析 Web 站点的效率和有效性。它可以用于市场调查、评估和改进网站的功能。移动分析关注的是移动 Web 和移动应用程序。它评估移动设备之间的流量以及这些移动设备使用的所有应用程序。随着移动用户数量的增加，移动分析也越来越受欢迎。一些公司建立了专门针对移动设备的网站。利用移动分析可以优化网站设计，更好地从屏幕大小、移动浏览器和连接速度等方面提升移动设备的功能。[14,15]

商业分析为企业提供的价值是巨大的。为了充分利用它，企业需要设立一个首席分析官（chief analytics officer，CAO）。CAO 应该筛选整个企业的数据，以便生成商业智能。[16]

预测性分析软件的主要供应商包括 SAS、IBM、SAP、微软和甲骨文。下面的小贴士描述了它的两个实际应用示例。

商业分析（BA）使用数据和统计方法来洞察数据，并为决策者提供可以采用的决策信息。

小贴士

预测性分析的具体应用

蓝十字和蓝盾系统（Blue Cross and Blue Shield System，BCBS）为近 33%的美国人提供医疗保险。它是利用预测性分析取得成功的案例之一。它建立了一个包含 1 亿多医疗索赔案例的数据库。为了控制不断增长的医疗成本，BCBS 使用预测性分析来确定导致几种慢性病的风险因素。同时，还使用预测性分析来识别出患此类疾病的风险较高的个体。其目标是使医生可以为这些高风险患者提供更好、更有针对性的治疗，减少他们长期治疗的昂贵花费。

在线约会服务 Match. com 也是预测性分析的成功案例。该公司不但在注册过程中收集用户的信息，而且通过用户与网站的互动来收集数据。通过预测性分析，Match. com 根据会员表达的偏好以及会员在网站上的行为和互动来为他们找到可能的最佳匹配者。[17]

3-8 大数据时代

多年来，万事达卡（MasterCard）和维萨（Visa）等公司一直在产生大量的业务数据，它们在一个假日周末处理多达十亿笔交易。整个商界的数据呈爆炸式增长。据估计，全球商业数据量每 1.2 年就翻一番。[18]

什么是大数据？公共和私人机构中的数据呈指数级增长的结果是，形成了传统的计算方法无法有效地处理和管理的庞大的、海量的数据，称为**大数据**（big data）。大数据有三个维度，称为 3V：高容量（volume）、多类型（variety）、高速度（velocity）。[19]

高容量（volume）——指数据的绝对数量，以 PB（1 024 TB）或 EB（1 024 PB）来度量。以下是四个大数据量的示例：

- 美国邮政在圣诞节前一周运送包裹的数据；
- 沃尔玛在黑色星期五的销售数据；
- 在“剁手星期一”（电商促销日）从亚马逊购买的商品数据；

- 全球每天发送或接收推特的数据。

多类型（variety）——指结构化数据（例如，客户的产品评级在 1 和 5 之间）和非结构化数据（例如，呼叫中心对话或关于服务与产品的客户投诉）的组合。从社交网络上获取的大多数数据都是非结构化的。企业把从互联网以及各种手持和移动设备获取的数据与位置相关数据和多媒体数据结合起来，机器间的通信数据是自动收集和传输的，并且在大数据中也起到了主要作用。

大数据是海量的数据，传统的计算方法无法对其进行有效的处理和管理。

高速度（velocity）——指数据收集和处理的速度。例如，假设有一个广告牌，它通过自身的大型数据库来识别路过驾驶员的面部，并将该数据与该驾驶员的社交媒体数据集成，根据他/她在脸谱页面上所发表的“喜欢”和“不喜欢”的评论，发现该驾驶员的偏好，然后在广告牌上显示有针对性的广告。所有这一切需要在 1 纳秒内完成。否则，机会之窗就会丢失！

3－8a　谁能从大数据中受益

可以从大数据分析中受益的具体行业如下[20]：

- 零售业——通过大数据分析进行客户关系管理。根据客户需求定制零售产品，提供个性化服务，找到最佳的商店位置和商品布局。[21-22]
- 金融服务业——通过大数据分析进行风险分析及欺诈检测，以期吸引新客户。
- 广告及公共关系领域——通过大数据分析进行有针对性的广告投放，从而可以更有效地传递消息，开展基于数据驱动的公共关系管理。[23]
- 政府机构——通过大数据分析维护国家安全、机场安全，提升武器系统和反恐技能。
- 制造业——通过大数据分析进行产品研发、工艺及质量分析和配送优化。
- 媒体和电信业——通过大数据分析进行客户评分、网络优化及有效的多媒体开发。
- 能源行业——通过大数据分析进行智能电网建设、提升客户细分和节能管理工作。[24]
- 卫生医疗行业——通过大数据分析进行药物研究及基因组研究。[25]

3－8b　大数据工具与技术

目前，移动和无线技术、社交网络、智能手机和手持设备都促进了大数据的发展和普及。同时，存储技术的显著改进、硬件成本的大幅降低、分析工具的能力和负担性的提高使得几乎所有类型的企业都可以进行大数据分析。

大数据分析最常用的是开源 Apache Hadoop 平台，该平台使用的是 Hadoop 分布式文件管理系统（hadoop distributed file system，HDFS）。分布式数据库（包括 NoSQL 和 Cassandra）也可以与大数据项目结合使用。目前大数据商业平台包括：

- SAP 大数据分析（www. sap. com/BigData）
- Tableau（www. tableausoftware. com）
- SAS 大数据分析（www. sas. com/bigdata）
- QlikView（www. qlikview. com）

下面的小贴士突出显示了大数据在快捷药方公司中的应用。

小贴士

大数据的应用

快捷药方公司(Express Scripts)位于密苏里州圣路易斯,是一家提供专业医药管理服务的公司。它每年为大约1亿消费者处理近15亿张医药处方。公司通过分析处方和保险索赔数据来加快药物交付速度。同时,利用大数据分析,公司能够快速发现客户是通过邮购(比较便宜的方式)来购药,还是去零售药店购药。对于不使用邮购的客户,公司可以为他们提供降低购药成本的建议。[26]另外,该公司通过大数据分析主动地为长期服用药物的客户提供低成本用药的替代方案。

目前,快捷药方公司开发了Screen Rx数据预测分析系统。该系统的主要目标就是筛选和识别出那些不遵守处方的慢性病患者(如高血压、糖尿病或高胆固醇等)。该系统使用400个因素(如家族史、过去的疾病、性别和客户的居住地)来识别这些患者,然后提供更准确的用药建议。[27]

3-8c 大数据泄露隐私风险

大数据分析能够为关键决策者提供前所未有的决策支持,并让使用者获得巨大的竞争优势。然而,这个强大的工具可能揭示某些信息,使一些人的隐私处于危险之中。这就可能引发一些法律和伦理方面的问题。企业高管应该尽一切努力对这些风险加以防范,消除或至少最小化它们的影响。[28,29,30]具体风险如下:

- 歧视:大数据分析可能会揭示出一些个人信息,使得银行家等决策者有理由批准或拒绝个人的贷款申请。
- 隐私泄露:例如,大数据分析揭示其客户已经怀孕,零售商借助分析结果向客户发送针对孕妇的宣传材料。然而,这位客户可能还没有将她怀孕的消息公之于众,这就给她带来了隐私泄露问题。
- 不道德行为:大数据分析结果可能为一个虽然合法但不符合道德的决定提供支持。
- 匿名性的丧失:大数据分析通过结合多个数据集,交叉引用各种数据,可以很容易地揭示匿名者的真实身份。
- 对相关个人几乎没有法律保护:到目前为止,针对大数据分析的隐私保护法律(如果有的话)很少。

本章的“行业链接”重点介绍了甲骨文公司的数据库产品和服务。

行业链接

甲骨文公司[31]

甲骨文公司(Oracle)提供数据库相关软件及服务。它是企业级信息管理软件的主要供应商,也是第一家提供基于Web的产品的软件公司。此外,该公司还提供一些单用户版本的数据库产品。目前,公司的数据库软件产品及服务如下:

Oracle Database 11g: 一种运行在Windows、Linux和UNIX平台上的关系型数据库管理系统,具体包含事务处理、商业智能和内容管理等应用程序。

Oracle OLAP： 是 Oracle Database 11g Enterprise Edition 中的一个功能模块。它是执行数据分析（如规划、预算、预测、销售和营销报告）的计算引擎。它改进了多维数据的复杂查询功能。

Oracle PeopleSoft： 是用于客户/供应商关系管理和人力资本管理（human capital management，HCM）的企业级产品。

Oracle Fusion 中间件： 是面向服务架构（SOA）、业务流程管理、商业智能、内容管理、身份管理和 Web 2.0 平台的一套产品。

其他 Oracle 产品和服务包括 Oracle 电子商务套件以及 Siebel 客户关系管理应用程序。

回顾与讨论

1. 在数据库中定义两种类型的数据。
2. 什么是 DBMS？它的主要组成部分是什么？
3. 数据库环境中的关系模型是什么？
4. 存在多少个数据的逻辑视图和物理视图？
5. 哪些公司从图形数据库中获益最多？
6. 数据仓库的三个输出是什么？
7. 商业分析的三种主要类型是什么？
8. 五大数据隐私风险是什么？它们如何被消除或最小化？

专题研究

1. 阅读本章及其他资料后，写一篇单页论文来解释 BI。找出三家一直在使用 BI 的公司（除了本章提到的公司之外），并解释 BI 在这些公司中的应用。BI 与信息或数据有什么区别？

2. 阅读本章及其他资料后，写一篇单页论文，指出使用数据挖掘工具的三家公司（除了本章提到的公司之外）。解释数据挖掘是如何帮助这些公司实现盈利的。数据挖掘工具对服务性企业、制造业或两者都有利吗？

3. 阅读本章及其他资料后，写一篇单页论文，找出两家使用移动分析的公司。移动分析如何帮助这些公司实现销售目标？移动分析和传统分析有什么不同？

4. 阅读本章及其他资料后，写一篇两页的论文，解释图形数据库。找出三家一直在使用图形数据库的公司（除了本章提到的公司之外），并解释图形数据库在这些公司中的应用。

5. 阅读本章及其他资料后，写一篇两页的论文，找出三家一直在使用大数据的公司。解释大数据是如何帮助这些公司提高运营效率的。如何消除或最小化大数据隐私风险？

6. 下面的样表显示了 12 名注册了 MIS 课程的学生。以关系格式组织数据，使用 Microsoft Access 列出所有 ACC 专业的学生、所有 GPA 高于 3.7 的 ACC 专业的学生、所有 MIS 或 ACC 专业的学生、所有非 ACC 专业的学生。使用 Excel 重复这个任务，并生成相同的结果。

样表

Fname	Lname	ID	Major	GPA	Age	Status
Mary	Jones	111－1	MIS	2.79	19	Freshman
Tom	Smith	222－7	ACC	3.60	20	Senior
Alon	Bidgoli	333－9	ACC	3.86	21	Junior
Brian	Stark	444－6	MKT	3.45	20	Sophomore
Steve	Kline	555－6	MGT	3.75	24	Junior
Susan	Brown	666－1	MIS	3.90	21	Junior
Moury	Bidgoli	777－2	MIS	3.90	22	Junior
Janet	Jeffrey	888－0	MGT	4.00	20	Junior
Andy	Thomas	999－2	MKT	3.65	29	Senior
Jack	Tucker	234－1	ACC	3.92	23	Senior

牛刀小试

1. 竞争对手、客户和供应商都是内部数据来源。对或错?
2. 逻辑视图涉及如何向用户显示信息，以及如何组织和检索信息。对或错?
3. 规范化消除了冗余数据并确保只有相关数据存储在表中，从而提高了数据库的效率。对或错?
4. 以下内容不是数据仓库的输出的是：
   a. 大数据　　b. OLAP 分析　　c. 数据挖掘分析　　d. 决策报告
5. 下列选项不在 DBMS 组件中的是：
   a. 数据库引擎　　b. 磁带　　c. 应用升级　　d. 数据管理
6. 以下所列不是数据集市相对于数据仓库的优势的是：
   a. 由于数据规模较小，访问数据的速度往往较慢
   b. 它们更便宜
   c. 缩短了用户的响应时间
   d. 它们更容易创建，因为它们更小，而且通常不那么复杂

个案讨论 3－1

数据挖掘帮助学生选择通过概率更高的课程

田纳西州纳什维尔附近的奥斯汀皮耶州立大学正在将数据挖掘技术应用于高等教育。在学生注册上课之前，该系统会查看该生的个人资料、成绩并向该生推荐通过概率更高的课程。该系统由特里斯坦·登利(Tristan Denley)开发，他曾是一名数学教授，现在是该校的教务长。该系统采用了与奈飞、eHarmony 和

亚马逊相似的推荐算法。系统通过把一个学生与已经通过的且具有相似 SAT 分数的学生进行对比，为该生提供 10 门可能通过或通过概率更高的课程。按照登利的说法，在该系统的引导下，学生取得了更好的成绩。目前，另外三所田纳西州的大学也在使用登利开发的这个系统。而其他州的机构也在开发自己的相关数据挖掘软件系统。[32]

回答以下问题：

1. 还有哪些公司使用类似于奥斯汀皮耶州立大学使用的数据挖掘技术？
2. 系统根据哪些数据向学生推荐课程？
3. 有多少课程可供学生选择？
4. 根据案例研究，田纳西州还有其他学校使用这种方法吗？

个案讨论 3-2

潘多拉电台使用数据挖掘工具

目前，潘多拉电台（Pandora Radio）拥有 2 亿多注册用户。它主要提供个性化的网络广播服务，可以根据用户过去和现在的喜好帮助用户找到新的感兴趣的音乐。[33]（该服务也可以应用于移动设备。）潘多拉电台商业模式的成功源于将数据挖掘工具应用于 Music Genome Project（一种海量歌曲数据库）。专家团队将该数据库中的音乐分解成各种“变量”，如旋律、节奏、演唱和歌词等。听众首先输入他们最喜欢的歌曲、艺术家或流派；然后，潘多拉电台挖掘自身的歌曲数据库，寻找相似的歌曲推荐给用户。另外，用户浏览网站时对每首歌曲附带的喜欢/不喜欢（拇指竖起/拇指向下）选项的选择，也是数据挖掘时所要考虑的一项因素。[34,35,36]

回答以下问题：

1. 潘多拉电台如何向听众推荐音乐？
2. 听众如何创建自己的定制电台？
3. 潘多拉电台用来推荐歌曲的“变量”有哪些？

4

信息系统的个人、法律、道德和组织问题

本章学习目标：

4－1　讨论信息隐私和提高信息隐私保护的方法。

4－2　解释电子邮件的隐私、数据收集问题和审查。

4－3　讨论与信息技术相关的道德问题。

4－4　讨论知识产权的原则和与侵犯知识产权有关的问题。

4－5　讨论影响组织的信息系统问题，包括数字鸿沟、电子出版以及工作场所与员工健康之间的联系。

4－6　描述绿色计算及其改善环境质量的方法。

本章首先探讨了 Web 上的隐私（包括电子邮件的隐私）、审查和数据收集等问题；然后讨论了信息技术的道德问题、知识产权和版权法；最后回顾了一些普遍存在的信息技术问题，包括数字鸿沟、电子出版、工作场所对健康的影响和绿色计算等。

4－1　隐私问题

快速发展的信息技术为人类生活带来了许多好处，但同时也引起了人们对个人隐私泄露的担忧。例如，雇主搜索社交网站［比如脸谱或聚友网（MySpace）］，以查找申请人的背景信息。这些信息可以直接影响雇主的招聘决策。事实上，一些招聘经理使用社交网站提取的信息将应聘的员工分为 0 到 100 之间的等级。[1]

这种社交网站数据的使用是否合法？是否道德？用户隐私该如何保护？由于在这些社交网站上发布的信息通常被视为公开信息，因此用户应该注意发布的内容，以防被隐私泄露困扰。请参阅下面的小贴士，了解可能发生的情况。

小贴士

社交网站和隐私问题

斯泰西·斯奈德（Stacy Snyder）以前是宾夕法尼亚州米勒斯维尔大学的学生。她在聚友网（MySpace）上张贴了一张自己佩戴海盗帽子饮酒的照片。这张照片的标题是“Drunken Pirate”（醉酒海

盗）。虽然当时斯奈德已处于合法的饮酒年龄，但校方的管理人员认为这种形象违反了学生行为标准，并最终拒绝授予她教育学学位和教师资格证。她只被授予了英语学学位。校方的这种行为是否已经侵犯了斯泰西的隐私？[2]

通过员工监控系统，管理人员还可以获悉员工所犯的错误数量、工作效率以及离开办公桌的时间。显然，这种监控使一些员工担心他们的个人隐私被侵犯。请参阅下面有关员工监控的小贴士。

通过员工监控系统，管理人员还可以获悉员工所犯的错误数量、工作效率以及离开办公桌的时间。

小贴士

员工监控：提高生产力，还是侵犯隐私

物流和运输卡车的工人长期以来一直受到他们的主管通过 GPS 类设备进行的监控。如今，远程信息监管系统是一种更先进的 GPS 应用。它主要用于实时监控卡车信息。譬如，当一辆卡车距离另一辆卡车太近时，需要告知车辆降低速度。现在的雇主拥有多种软件来监控其员工。他们甚至可以监控员工在计算机或手持设备上的每次击键。此外，雇主可以查看员工的照片、短信、电子邮件（已发送的或已接收的）、通话记录和网站访问记录。使用这些监控工具，公司就可以跟踪员工的位置，检查他们的电话，查明司机是否系好安全带，甚至可以查明司机是否正在紧跟其他车辆。

在没有告知司机的情况下，弗吉尼亚州南部 Accurid Pest Solutions 公司的主管在其 5 名司机的智能手机上安装了 GPS 跟踪软件。该软件允许主管通过他的计算机查看司机的卡车行进状态、停车次数和停车持续时间等。该软件发现一名司机经常在同一地址停车。后来发现该司机在工作时间约会一名女子，随后这名司机被解雇。

员工将这些监控视为隐私侵犯。但雇主认为这些监控可以提高生产效率、提升客户服务水平和行车安全性，同时减少了盗窃和公司机密信息的丢失。有一些雇主提前告知员工他们受到监控，有些则没有。目前，许多员工一直受到监控，而且这种做法是合法的。[3]

医疗保健组织、金融机构、律师事务所和从事在线订购的公司都会收集大量的个人数据并将其存入数据库。滥用此类信息可能会产生严重的后果。因此，组织应建立全面的信息安全系统（在第 5 章中讨论），以保护其员工或客户的隐私数据。

持有一定的“信息偏执”从法律上讲是合理。目前人们生活中方方面面的信息都存储在各种数据库中，滥用极其敏感的信息（例如医疗记录）可能会使某些人无法就业、无法购买健康保险或申请住房贷款。目前，虽然已经制定了法律来防止这些问题的发生，但采取法律行动通常代价高昂，而且等到法律处理该类问题时，对个人造成的损害往往已成事实。

个人需要保密的信息具体包括个人邮件、银行账户余额和电话交谈等。但是，定义隐私信息比较困难。大多数人认为他们的个人信息数据应该保密，并且相关机构应该告知如何使用有关自己的信息。根据这一定义，政府机构、信贷机构和使用个人信息的营销公司的许多做法都会侵犯隐私。遗憾的是，快速发展的信息技术增加了黑客和合法组织获取个人信息的便利性。

最近新闻报道发布的美国国家安全局（National Security Agency，NSA）的大规模监控活动将关于隐私保护的讨论推到了风口浪尖。[4,5]

目前，数据库的使用数量正在迅速增加。例如，在美国，排名前三的信用评级公司（Experian、Equifax 和 TransUnion）几乎拥有所有美国人的信息记录。虽然这些组织和机构信誉良好，仅仅向使用该系统的人提供信息，但许多小公司从该公司购买某些敏感信息，并以前所未有的方式使用这些信息。这一行为显然是非法的，但联邦法律的保护却存在缺失。如果某用户最近加入了一个组织，然后开始接收来自个人没有提供地址的其他组织的邮件，那么这个人可能已经受到信息泄密问题的影响了。

计算机技术的进步使曾经困难或不可能的事情变得容易。数据库存储着人们在教育、金融和政府机构的多种数据。这些数据可以用来对人们的行为进行预测。目前，这些信息已经用于营销和对潜在借款人或租户的信用审查。

查询数据库最常用的方法是使用社会安全号（通常从信用部门获得）。有时不需要社会安全号也可以进行交易跟踪（例如信用卡购买、慈善捐款和电影出租）。直销公司是这些信息的主要用户。人们可能认为这类信息共享的最坏结果是垃圾邮件的增多，但其实存在着更严重的隐私泄露问题。个人提供给银行以帮助建立其信用记录的数据是否与其他数据库链接并用于其他目的？

1977 年，美国政府开始利用大型数据库查找信息。其中，卫生、教育和福利部门决定寻找那些在就业期间领取福利的非法者。只需将福利支付记录与个人工资单进行比较，就能够识别这些人。当时该类数据库发挥了应有的作用。

同样，住房和城市发展部门记录了是否有抵押贷款者存在贷款违约。大型银行（如花旗银行）可以获得这些信息并将其添加到个人信用文件中。就是这一事件促使美国国会通过了旨在保护个人信用记录隐私权的第一部法律。

现在有多项联邦法律规定了有关人员和公司信息的收集与使用权限，但法律的涵盖范围有限，包含许多漏洞。例如，1970 年的《公平信用报告法》禁止信用机构与“授权客户”以外的任何人共享信息。然而，授权客户被定义为任何具有“合法需求”的人，该法案没有指定什么是合法需求。

关于网络和网络隐私有三个重要的概念：**可接受的使用策略**（acceptable use policies）、**问责制**（accountability）和**不可否认性**（nonrepudiation）。为了防止非法使用网络可能产生的法律后果，组织通常建立一个可接受的使用策略，这是一组规则，指定网络使用的法律和道德规范，以及不遵从这些规范可能导致的后果。拥有一个清晰、具体的策略可以帮助预防违法行为的发生。目前，大多数组织都制定了网络访问策略，并与新员工签署了一个可接受的协议。问责制涉及用户和组织的责任和义务的问题。不可否认性基本上是一种约束网络各方的方法，将在第 5 章中有更详细的介绍。

出于对隐私的考虑，应该使用硬件或软件控制来确定在 Web 上提供哪些个人信息。第 5 章更详细地解释这些控制，但是为了尽量减少对隐私的侵犯，用户和组织应该遵循以下准则：

- 只与具有隐私保护策略的 Web 站点进行业务往来。
- 限制授权方访问用户的个人信息。
- 任何创建、维护、使用或传播个人数据记录的组织都必须确保数据的可靠性并采取预防措施以防止数据滥用。
- 任何数据收集都必须有明确的目的。组织应仅在为了完成目的时才保存这些数据。
- 必须有一种方法可以防止收集的个人信息被用于其他目的，或在未经本人同意的情况下向他人透露。
- 组织应监控数据收集和输入，并且应使用验证程序确保数据的准确性，它们还应该只收集必要的数据。
- 个人用户保存的记录应该是准确和最新的。组织必须更正或删除不正确的数据，并且当没有明确的目的使用数据时，将其删除。
- 用户应该能够查看自己的记录，并纠正任何不准确之处。
- 不应在不告知的情况下保存个人信息。此外，必须有一种方法让人们知道他们的哪些信息被存储了，以及这些信息将如何被使用。

- 组织必须采取一切必要措施，以防止未经授权的数据访问和数据滥用。

隐私保护可以采用多种方式进行。例如，为了防止记录网站导航的 cookie 产生，可以使用浏览器中的 cookie 控制功能。但是，使用隐私保护也可能导致一些问题。例如，eBay 的某些卖家通过使用不同的用户账户对自己的商品出价，从而抬高了价格。目前，eBay 可以追踪这些卖家的用户账户，但隐私保护将使这种追踪无法实现。

> **可接受的使用策略**是一组规则，指定网络使用的法律和道德规范，以及不遵从这些规范可能导致的后果。
> **问责制**涉及用户和组织的责任和义务的问题。
> **不可否认性**是一种约束网络各方的方法。

4-1a 电子邮件

尽管电子邮件被广泛使用，但它存在一些严重的隐私泄露问题。一个较严重的问题是**垃圾邮件**（spam），它是指未经同意而用于广告目的的电子邮件。因为发送这些电子邮件是如此便宜，因此即使是一个小的响应（例如百分之几）也可能取得相当大的回报。通常，垃圾邮件是使用自动邮件软件批量发送的，许多垃圾邮件发送者会出售他们的用户邮箱地址列表。由于这些原因，垃圾邮件的数量可能迅速上升到无法控制的水平，堵塞用户的收件箱并阻止用户访问合法的电子邮件。

> **垃圾邮件**指未经同意而用于广告目的的电子邮件。

另一个隐私问题是邮件访问的不保密性。无论电子邮件是通过 Web 还是通过公司网络分发的，人们都应该假定其他人可以访问到这些信息。此外，许多企业都有政策规定，在公司拥有的计算机上发送的任何电子邮件都是企业的财产，并且企业有权访问它们。换句话说，员工通常没有隐私权，尽管在这一点上有很多争议并导致了多起诉讼。

> 无论是通过 Web 还是通过公司网络分发电子邮件，人们都应该假设其他人可以访问到这些信息。

垃圾邮件还引起了人们对行为得体问题的关注，因为有些电子邮件包含过于直率的语言或过于暴露的图片，并且可能被儿童打开。以下是 2012 年电子邮件和垃圾邮件的统计数据[6]：

- 43 亿——全球电子邮件客户数量；
- 1 440 亿——全球每天的电子邮件数量；
- 69%——被认为是垃圾邮件的比例；
- 61%——被认为是不必要的电子邮件的比例；
- 22%——被认为是恶意电子邮件的比例。

下面的小贴士突出显示了与电子邮件相关的隐私问题。

小贴士

电子邮件和公司数据泄漏

员工对电子邮件缺乏了解或不愿遵守公司政策可能会对企业产生重大影响。例如，按“全部回复”而不是“回复”可能导致私人信息被发送给不应该访问该信息的收件人。此外，打印机密电子邮件也可能会带来风险。因为这些电子邮件可能落入垃圾桶、酒店房间或机场终端（或留在打印机内存中）而被他人获取。通过智能手机、平板电脑和其他手持设备发送和接收电子邮件进一步增加了企业隐私信息的泄露。

VaporStream 公司对电子邮件用户进行的一项调查揭示了一组有趣的数据。在接受调查的人中，10%的人无意中泄露了私人信息，73.7%的人违反公司政策发送了电子邮件（其中，28%的人是故意这样做的），45.3%的人将电子邮件转发给不需要查看该邮件的人。此外，20%的人表示，他们曾发送过的一封电子邮件会被发送回来而再次困扰他们。教育用户并强制执行公司电子邮件政策可以显著减少隐私泄露的风险。[7]

4-1b Web 上的数据收集

在线购物的人数正在迅速增加，原因是购买方便、选择多样并且价格更低。然而，人们担心黑客可以访问他们的信用卡号码，并利用他们的账户进行消费。为了减轻消费者的担忧，许多信用卡公司会对欺诈性收费进行赔偿。此外，其他电子支付系统（如电子钱包和智能卡）也正在考虑如何降低在线消费者信息泄露的风险（将在第 8 章讨论）。

在使用之前，某些网站要求用户输入个人的姓名、地址和职业等信息。结果是，这些个人信息被出售给网络营销公司，消费者被垃圾邮件轰炸。此外，一些消费者担心他们计算机中的信息在连接到网络时被窃取，并且个人信息可能在未经他们同意的情况下被用于其他目的。

用户在 Web 上提供的信息可以与其他信息相结合来生成新信息。例如，可以通过收集个人的就业信息来创建财务档案。两种常用的数据收集技术是 cookies 和日志文件。

cookies * 是具有唯一 ID 标记的小文本文件，嵌入 Web 浏览器中并保存在用户的硬盘上。只要用户访问同一个网站，浏览器就会将保存的信息发送到 Web 服务器。有时，cookies 是有用的或无害的，例如产生欢迎用户的 Web 页面使用的 cookies，或者用于在线订购时记住用户的个人信息的 Web 站点使用的 cookie。通常，用户依赖 Web 站点来防止这些信息被泄露。cookies 还使网站可以为用户定制页面，例如亚马逊根据用户过去的具体购买情况来推荐书籍。

其他时候，cookies 会被认为是对隐私的侵犯，一些人认为只有在征得他们同意的情况下才能够收集他们的信息。cookies 收集并存储有关用户位置和计算机设备的信息。这些信息可能被商业间谍使用。

出于上述原因，许多用户通过安装 cookies 管理器来管理 cookies，这可以清除现有的 cookies，并防止将额外的 cookies 保存到用户的硬盘驱动器中。目前流行的 Web 浏览器（如 Internet Explorer、Chrome 和 Firefox）提供了一系列用于接受或限制 cookies 的选项。

日志文件（log files）是在 Web 服务器端生成的记录文件，它记录了用户在 Web 站点上的操作内容。如果有人在交友网站上录入不正确的信息，网站就会收集到有缺陷的数据。同样，如果一个电视台收集到的关于收视趋势调查的数据并不真实，那么该电视台试图进行的任何数据分析都将是不准确的。因此，必须谨慎使用在 Web 上收集的数据。

Cookie 是具有唯一 ID 标记的小文本文件，嵌入 Web 浏览器中并保存在用户的硬盘上。
日志文件是在 Web 服务器端生成的记录文件，它记录了用户在 Web 站点上的操作内容。

* cookie 又称为信息记录程序。——译者注

4-2 信息技术与道德问题

安然、安达信、世通和泰科等公司都强调企业在 21 世纪将面临许多道德问题。从本质上讲，道德意味着做正确的事，但“正确”的含义可能因人与人之间的文化差异而不同。[8]

合法与非法之间的区别通常是明确的，但在道德和不道德之间划清界限则非常困难，正如下面的小贴士中所讨论的那样。

> 合法与非法之间的区别通常是明确的，但在道德和不道德之间划清界限则非常困难。

小贴士

脸谱实验：营销活动中的不道德行为

谷歌和脸谱等互联网公司可以收集大量用户数据，并且存在对此类数据滥用的可能性。这些公司经常将用户数据用于各种实验，以提高其营销活动的收入。就像它们所说的“A/B”测试那样，用户会看到两个不同版本的网站，以便收集用户对不同布局、颜色和其他变量的反应。公司通过这些实验数据来提升网站的实用性。2012 年，来自脸谱和康奈尔大学的一组研究人员利用了约 70 万名脸谱用户的浏览新闻数据来衡量情绪是否在社交媒体上传播。有趣的是，他们发现，看到更多正面的帖子的用户往往会写更多正面的帖子，反之亦然。该实验在 2014 年公布结果后，在用户群体中引起了愤怒和失望。一些用户表示脸谱将他们视为“实验室老鼠”。作为回应，脸谱表示用户在注册时已经同意了网站的服务条款（其中包括对这些研究的认可）。但是，有些人不同意这种说法，因为一个用户在点击“我同意”按钮时可能不知道网站可以用他/她的数据做的所有事情。脸谱自该实验之后创建了一个内部委员会，负责审查公司内部各类基于用户数据的实验，以更好地保护用户的个人隐私。这一事件清楚地表明了网络世界对更高的道德准则的追求。[9]

图 4-1 显示了一个对照表，可用于评估某项活动是否合法和/或合乎道德。查看以下情况并尝试确定它们可能落在图 4-1 网格中的位置：

	合法	不合法
道德	I	II
不道德	III	IV

图 4-1 道德与法律网格

1. 把刚买的软件包复制一份，然后卖给一个朋友。
2. 复制刚买的软件包，以防原来的软件失效。
3. 银行家利用客户在申请贷款时输入的信息向该客户销售其他金融产品。
4. 信用卡公司向其竞争对手出售其客户的信息。
5. 一名主管解雇了一名故意将病毒传播到企业网络中的程序员。

上面的情况 1 显然是非法和不道德的（象限 IV）。情况 2 是合乎道德的，因为个人制作了自己所使用软件的副本，但一些禁止制作副本的软件供应商可能认为它是非法的（象限 II）。情况 3 和情况 4 是合法的但不合乎道德（象限 III）。在情况 5 中，主管的行为既合法又合乎道德。主管有一个明确的法律理由解雇程序员，而且允许程序员继续在那里工作是不道德的。作为未来的知识工作者，你要注意自己的行为，确保自己的行为符合法律和道德规范。同时，个人应该帮助维护工作环境的道德准则。

一些信息系统专业人士认为，信息技术的滥用导致了许多不道德的行为。主要原因在于收集和传播信息太容易。目前，网络犯罪、网络欺诈、身份盗窃和知识产权盗窃（本章稍后讨论）的事件正在增多。2013年，大约有1 310万人成为身份盗窃的受害者，每两秒钟就有一个人身份被盗。[10]

许多专家认为，管理层可以通过制定和执行道德准则来减少员工的不道德行为。许多协会提倡让会员在遵守道德准则的条件下使用信息系统和技术。例如，计算机协会（ACM）就有一份职业道德规范，具体如下[11]：

- 1.1：为社会和人类福祉做出贡献。
- 1.2：避免伤害他人。
- 1.3：诚实守信。
- 1.4：公平，并且采取不歧视的行动。
- 1.5：尊重产权，包括版权和专利。
- 1.6：尊重知识产权。
- 1.7：尊重他人的隐私。
- 1.8：尊重机密。

作为知识工作者，在做出与工作相关的决定之前，应该考虑以下问题：

- 这个决定是否符合企业的价值观？
- 做出这个决定后，对自己有什么看法？
- 如果知道这个决定是错误的，一定不要做。
- 如果对这个决定没有把握，必须先咨询主管。
- 决定是对的吗？
- 决定公平吗？其他人会怎么想？
- 这个决定合法吗？
- 做完决定之后是否希望每个人都知道这个决定？

下面的小贴士描述了“计算机伦理十诫”。出于个人和/或职业原因使用任何类型的信息技术时都应遵循这些准则。

小贴士

计算机伦理十诫[12]

不用电脑伤害别人。
不干涉别人的电脑工作。
不偷看其他人的档案。
不用电脑技术窃取东西。
不用电脑作假证。
不使用或复制尚未付款的软件。
未经授权，不使用他人的计算机资源。
不挪用别人的智力成果。
要考虑所写程序的社会后果。
要以一种谨慎和尊重的方式使用计算机。

4-2a 审查

谁来决定应该在组织网站上发布什么内容？网络上存在两种信息：公共信息和私人信息。一个组织或机构发布的公共信息可能会因为公共政策原因而受到审查，比如不允许公布军事机密，以免信息落入敌人手中。如果内容被认为是对政治、宗教或文化团体的冒犯，那么公共信息也可能被审查。然而，个人发布的信息不受审查，因为个人具有宪法规定的言论自由。当然，是否被审查部分取决于审查者是谁。例如，如果个人同意遵守组织（例如，公司或互联网服务供应商）的服务条款或政策，当他/她发布一些违反条款或政策的内容时，则可能会被审查或被拒绝访问。

另一种审查是限制对特定 Web 资源的访问。一些国家（如缅甸和新加坡）限制或禁止其公民访问一些网络资源，同时审查网上发布的信息。这些政府认为某些网站的种族主义、色情和政治极端内容可能会影响国家安全。在其他国家/地区，只有跨国公司的员工才能直接访问网络。

一个组织或机构发布的公共信息可能会因为公共政策原因而受到审查。

大多数专家认为，在所有情况下都必须实行互联网中立（也称为“网络中立”）原则。根据这一原则，互联网服务提供商（Internet service providers，ISP）和政府机构应平等对待互联网上的所有信息。也就是说，互联网服务提供商和政府不应该阻塞流量，更不能对某些使用者产生歧视。[13]

无论从事何种业务，非中立网络都将对几乎所有个人和企业产生影响。非中立网络将增加几乎所有人的互联网连接成本。对于那些希望在非中立网络中更快地进行访问的公司和个人而言，必须支付更高的费用才能进入“快车道”。[14]

虽然美国公民不希望政府控制网络访问，但许多家长担心他们的孩子在使用网络时会遇到色情、暴力和成人语言等问题。

另一个问题是儿童上网。例如，搜索包含玩具、宠物、男孩或女孩等关键字时，出现了色情网站。目前，有关儿童网页使用的指导已出版，家长可以用这些方法提升孩子上网时的判断力。例如，微软发布了一个名为“保护孩子上网的四要素”的指导方针（www.microsoft.com/security/family-safety/childsafety-steps.aspx）。

此外，许多家长使用 CyberPatrol、CyberSitter、Net Nanny 和 SafeSurf 等程序来阻止孩子访问某些网站。特殊的网络浏览器软件也被开发出来以提高儿童上网的安全性。例如，Web 浏览器仅接受来自使用相同 Web 浏览器软件的电子邮件。这有助于确保儿童只接收来自其他儿童的电子邮件。另一种保护方法是创建不同级别的用户访问，类似于电影评级，以防止儿童访问有争议的信息或色情信息。该系统使用诸如密码或生物识别技术（指纹或视网膜扫描）等技术进行个人身份验证。相关内容将在第 5 章讨论。

4-2b 知识产权

知识产权（intellectual property）是对版权、商标、商业秘密和由个人或企业开发的“创造性思想”专利的法律保护。[15]知识产权可以分为两类：工业产权（发明、商标、标识、工业设计等）和版权（涵盖文学和艺术作品）。

通常，版权法保护有形资料（例如书籍和图画等）。同时，在线材料（包括 Web 页面、HTML 代码和计算机图形）只要其内容可以打印或保存在存储设备上，都受到版权法保护。版权法赋予创作者专有权，这意味着未经允许，任何人都不能复制、发行或分发作品。[16]

但是，根据版权法的合理使用原则，受版权保护的材料可用于某些特殊情况。例如，在文学评论中引用图书的段落。但可以使用的材料长度必须有限制。此外，一些受版权保护的材料可用于教育目的。在此，强烈建议在使用资料前仔细检查相关版权信息。美国版权局（www.copyright.gov）提供了有关版权问题的详细信息。图 4－2 显示了其主页。

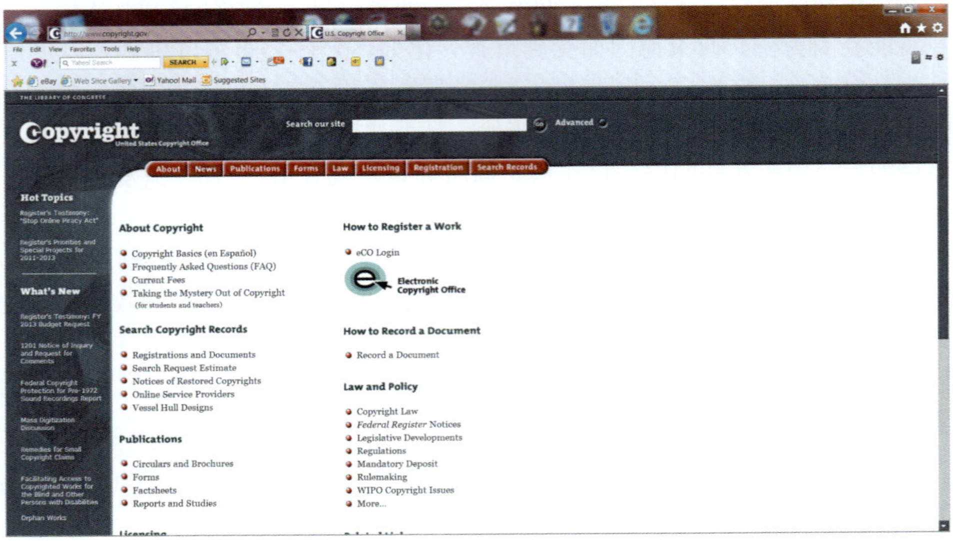

Courtesy of the U.S. Copyright Office

图 4－2　美国版权局主页

其他知识产权保护包括对商标和专利的保护。商标指产品名称和识别标记（例如徽标）。管辖美国商标、专利和版权的法律可能不适用于其他国家。版权时间的长短因内容的类型而异。一般而言，版权持续的有效期为 70 年，不能续签。专利持续的有效期为 20 年（外观设计专利持续的有效期为 14 年）。

组织可以通过至少三种方式从专利中受益[17]：

- 它可以通过将其专利授权给他人来获取利益。
- 它可以利用该专利来吸引资金用于进一步的研究和开发。
- 它可以使用该专利来阻止竞争对手进入市场。

关于版权保护的另一个问题是软件盗版，但涉及它的法律非常少。1980 年修订的《1976 年版权法案》中指出，个人与组织对未经授权的计算机程序的复制和使用负有版权责任。有时，开发者可以利用补充合同来为软件产品提供额外保护。例如，软件供应商可能在与大学签署合同时，限定有多少人可以使用该软件。同时，企业还可以利用关于保证商业秘密的法律为软件版权提供保护。

> **知识产权**是对版权、商标、商业秘密和由个人或企业开发的“创造性思想”专利的法律保护。

1996 年的《电信法》、《通信规范法》（CDA）和反垃圾邮件法涵盖了与美国信息技术有关的大多数法律问题。1997 年，美国最高法院一致投票否决了 CDA 的反猥亵条款，认为这些条款违反了宪法第一修正案中的言论自由条款。为避免以下法律风险，组织应制定互联网使用政策[18]：

- 风险 1——如果员工通过公司网络将色情材料下载到他们的办公室计算机中，该组织可能会承担骚扰的指控，以及侵犯隐私甚至版权法的责任。
- 风险 2——雇员之间不雅的电子邮件交流可能使公司受到歧视和性骚扰的指控。
- 风险 3——使用公司网络下载和分发未经许可的软件可能会使公司面临严重的版权侵权和其他法律问题。

最近**域名抢注**（cybersquatting）成为引起大众关注的知识产权的一个方面，即通过注册、出售或使用域名而从他人的商标中获利。误植域名是另一种域名抢注，也称为 URL 劫持。如果用户不小心输入了错误的网站地址，他/她可能会被引导进入域名仿冒者的替代网站。在这种情况下，合法站点将无法获得预期的访问。例如，输入 whitehouse. gov 而不是 whitehouse. org，以及输入 goggle. com 而不是 google. com。为了防范这种情况，有些网站会注册其名称的变体，以便在出现打字错误时将浏览重定向到主站点。下面的小贴士描述了这种情况。

最近，域名抢注成为引起大众关注的知识产权的一个方面，即通过注册、出售或使用域名而从他人的商标中获利。

域名抢注是注册、出售或使用域名而从他人的商标中获利。

小贴士

威瑞森电信公司的域名抢注

2008 年 6 月，威瑞森电信公司（Verizon）起诉 OnlineNic 公司，指控其商标侵权和非法域名抢注。据称，OnlineNic 注册的域名包含威瑞森电信公司的商业标识。注册名称包括 myverizonwireless. com、iphoneverizonplans. com 和 verizon-cellular. com 等，威瑞森电信公司担心这些名称会误导消费者。最终，威瑞森电信公司赢得了这项诉讼并获得了 3 300 万美元的赔偿。[19]

4-2c 社会部门和数字鸿沟

有些人认为信息技术和互联网在信息丰富和信息贫乏之间造就了**数字鸿沟**（digital divide）。虽然计算机的价格一直在稳步下降，但许多人仍然无法负担得起。此外，当互联网供应商进行网络建设时，可能会出现把建设重点放在收入较高的地区的情况，预计那里会有更多的居民使用互联网。[20]

儿童往往是数字鸿沟的受害者。那些家里没有电脑或网络接入的学生将处于不利地位。他们在教育上往往会落后于其他人。无法访问网络上各种资源的学生在撰写论文和学习他们感兴趣的主题时会遇到更多困难。同时，基于网络的交互式学习和基于虚拟现实的教育游戏都在使数字鸿沟变得更明显。增加学校计算机设备并在公共场所（如图书馆）增加更多的计算机可以帮助缩小这种鸿沟。有些学校启动了笔记本租赁程序，学生可以在课余时间租用便携式计算机进行学习。

信息技术和互联网造成了**数字鸿沟**。许多人仍然无法负担得起计算机。数字鸿沟对教育有影响。

4-3 工作场所与信息技术

虽然信息技术已经消除了一些文书工作，但它也创造了许多新的工作机会，例如程序员、系统分析员、数据库管理员、网络工程师、网站管理员、网页开发人员、电子商务专家和首席信息官（CIO）等（在第 1

章中描述过)。同时，电子商务行业创造了 Web 设计人员、Java 程序员和 Web 故障排除人员等工作岗位。一些人认为，被淘汰的工作岗位是文职人员，而创造的工作岗位主要是技术性的，需要大量专业培训。其他人则认为，信息技术降低了生产成本，改善和提高了消费者的购买力，从而带来了更强劲的经济效益。

信息技术直接影响工作的性质。远程办公，也称为虚拟工作，使一些人能够在家中完成工作。利用电子信息技术，工作人员可以向公司总部发送数据和从总部接收数据。因此，组织可以在较大的地理区域内使用最具成本效益的人力资源。表 4-1 列出了远程办公的一些优点和缺点。

表 4-1　远程办公的主要优点和缺点对比

潜在的优点	潜在的缺点
可以照顾小孩或年迈的父母，能够花更多的时间与家人在一起	没有时间和地点的约束，可能成为一个工作狂
没有工作服装的限制，从而节省了工作服的费用	缺乏规范的工作程序
没有距离和时间因素的约束，减少了汽车排放对空气质量的影响	减少了与同事的互动
能够在更愉快的环境中工作	工作和家庭生活之间缺少区分
提高了生产效率	可能存在关于工伤鉴定的法律问题
由于白天有更多人在家，因此降低了街区的犯罪率	可能受到家庭琐事的干扰
为残疾员工提供了更轻松的工作环境	缺乏必要的用品或设备
降低了办公空间和公用事业的成本	可能产生两类员工：远程工作者和现场工作者
降低了员工流失率和缺勤率	可能影响个人的晋升和加薪
能够找到并雇用具有特殊技能的人	
减少了对同事的干扰	

信息技术可以完成重复和枯燥的任务，这使得许多工作变得有趣，提高了员工的满意度。一方面，信息技术导致了“工作技术降级”。这通常发生在复杂作业被分割成一系列易于执行的任务的时候，也就是技术劳动被高科技替代，或者工作从技术岗位降级为半技术或无技术岗位。例如，计算机辅助设计（CAD）软件替代以前由设计师执行的技术任务。另一方面，信息技术创造了“工作技术升级”，就像文职人员使用计算机进行文字处理任务。升级还可能是为员工增加新任务。例如，文职人员可能需要负责更新公司的网站。但是，工作升级存在一些限制。例如，即使使用信息技术，培训文职工作人员为公司编写网站程序也很困难。

利用信息技术，一名技术工人能够完成多名工人的工作。例如，通过邮件合并程序，办公室工作人员可以利用软件生成数千封信件，而无须额外的工作人员。信息技术还可以提高工作人员的效率。例如，通过使用电子邮件可以在整个组织中发送消息。同时，利用信息技术可以简化新产品的营销工作，营销人员无须接触数百万客户，同时节省了费用且减少了所需人员。

信息技术的另一个影响是创造了**虚拟组织**（virtual organizations），这些组织通过信息技术将独立的公司、供应商、客户和制造商接入网络。它们可以最大限度地分享技术、节约成本，并可以进入彼此的市场。[21] 虚拟组织不再需要传统的组织架构，参与者可以最大限度地贡献它们的专业知识。虚拟组织的优点包括[22]：

- 每个参与的公司都可以专注于最擅长的方面，从而提高满足客户需求的能力。
- 由于参与的公司之间共享技术，因此减少了雇用额外员工的成本。
- 公司可以更快、更有效地响应客户。
- 减少开发新产品所需的时间。
- 可以根据客户的需求进行产品定制。

2001 年，戴尔、微软和优利系统（中国）有限公司（Unisys）建立了合作伙伴关系，共同为美国的几个州设计投票系统。微软提供软件，戴尔提供硬件，优利系统则作为系统集成商。这个例子说明了虚拟组织的原理就是几个组织结合在一起来完成单个组织不可能完成的事情。

虚拟组织通过信息技术将独立的公司、供应商、客户和制造商接入网络。它们可以最大限度地分享技术、节约成本，并可以进入彼此的市场。

4－3a 信息技术和健康问题

最近有报道指出视频显示终端（video display terminals，VDT）会引起健康问题，但目前人们只是有所抱怨，而没有结论性的研究证明。静电、通风不足、光线不足、空气干燥、家具不合适和休息时间太少等都会导致一些身体问题。当然处在计算机的工作环境内也会对人体产生影响。

触摸屏在智能手机、平板电脑和某些 PC 上日益普及，这可能会导致用户的手、手臂、背部和眼睛受到较多的伤害。由于这些设备使用范围较广，因此用户需要谨慎使用并经常休息。[23]

关于计算机设备导致健康问题的其他报告还包括视力问题，例如疲劳、瘙痒和模糊；肌肉骨骼问题（背部拉伤和手腕疼痛）；皮疹等皮肤问题；流产等生殖问题和精神压力等有关问题（头痛和抑郁）。人体工程学专家认为使用适合人体的家具、灵活的无线键盘、正确的照明和特殊监视器等可以解决上述问题。

最近的另一个健康问题是一些人花在玩网络游戏、参与聊天室和其他活动上的时间太多。对年轻人而言，虽然互联网可以提供有价值的教育资源，但花费在网络上的时间过长可能会导致心理、社会和健康问题。下面的“在线游戏的健康与社会问题”的小贴士讨论了其中的一些问题。

小贴士

在线游戏的健康与社会问题

网络游戏《魔兽世界》（World of Warcraft）和《无尽的任务》（EverQuest）都是大型多人在线角色扮演游戏（massively multiplayer online role playing games，MMORPG）。许多游戏者出现无心学习、离婚、自杀以及已为父母的游戏者只关注游戏而导致孩子死亡的事件。心理健康专业人士认为，网络游戏中的幻想世界会让人上瘾并影响婚姻和职业。根据临床心理学家蒂莫西·米勒（Timothy Miller）博士的说法，在线游戏对青少年和年轻的成年男性来说是一个日益严重的问题。[24]

据《环球时报》（*Global Times*）报道，2011 年，一名 33 岁的中国男子连续 27 天在网吧玩网络游戏后死亡。[25]同样在 2011 年，一名 Xbox 游戏上瘾者死于血栓。据报道，他每天在 Xbox 上玩游戏长达 12 小时。[26]2007 年，一名 26 岁的男子在连续 15 天玩游戏后死亡。2005 年，一名 28 岁的男子在玩《星际争霸》50 小时后死亡。2015 年 1 月，一名 32 岁的男子在经过三天的网络游戏狂欢之后猝死。这已经是 2015 年中国台湾网络游戏玩家的第二起死亡事件。[27]

4－4 绿色计算

绿色计算是一种促进可持续环境发展和消耗能源最少的计算。信息和通信技术（ICT）产生了约 2%的世界二氧化碳排放量，与航空业大致相同。[28]虽然信息和通信技术的发展导致了一些问题，但它也可能提出一些解决办法。许多 IT 应用和工具可以帮助减少二氧化碳排放。绿色计算不仅可以帮助组织节省能源成本，还可以提高人类生活和工作环境的质量。

绿色计算（green computing）涉及计算机、服务器和计算设备（如监视器、打印机、存储设备、网络和通信设备）的设计、制造、使用和处置，使其对环境的影响最小。[29]这是对抗全球变暖的方法之一。在美国某些州，计算机制造商向其客户收取费用，称为预付回收费，以便在计算机的使用寿命到期后处理该计算机。没有私营企业和公共部门的合作，就不可能成功实施绿色计算战略。此外，员工和高层管理人员都必须参与其中。

有许多方法可以实现绿色计算战略。有些方法无须组织花费更多成本。其他则需要初期投资。以下是可以实现绿色计算的一些方法：

- 设计模块化且使用寿命更长的产品，可以升级某些部件而无须更换整个系统。
- 设计速度更快、能耗更低的搜索引擎和其他计算程序。
- 使用虚拟化技术将一些未充分利用的小型服务器替换为一台大型服务器。在这种情况下，多个操作系统托管在单个硬件平台上，并且可以共享该硬件平台。IBM 的 Big Green 项目是虚拟化的一个实例，数据中心的平均节能提高了 42%。[30]
- 使用能耗更低且可生物降解的计算设备。
- 允许某些员工在家中工作，这就减少了道路上的汽车（本章前面已讨论过）。
- 用计算机网络会议取代面对面会议（在第 6 章中讨论）。
- 使用视频会议和电子会议系统（在第 12 章中讨论）。这些技术的使用可以减少商务出行的次数。
- 使用虚拟世界（在第 14 章中讨论）。该技术还可以减少面对面会议，从而减少差旅。
- 使用亚马逊等公司推广的云计算（在第 14 章中讨论）。该平台还可以降低能耗。
- 关闭闲置的 PC，回收废弃计算机，并且鼓励员工拼车或选择绿色出行方式。

本章的“行业链接”重点介绍了匿名者公司（Anonymizer，Inc）提供的在线隐私服务。

> **绿色计算**涉及计算机、服务器和计算设备（如监视器、打印机、存储设备、网络和通信设备）的设计、制造、使用和处置，使其对环境的影响最小。

行业链接

匿名者公司[31]

匿名者公司提供在线隐私保密服务，因此用户可以匿名并安全地浏览网页。其具体功能包括隐藏用户的 IP 地址、删除 cookies、屏蔽间谍软件和广告软件。虽然使用匿名者的服务会降低连接速度和上网速度。但许多消费者、企业和政府机构都会利用其产品和服务，其中包括：

数字碎纸机：删除 Web 活动和 Windows 使用的痕迹，具体包括互联网历史记录、缓存和 cookies 以及最近打开的文件记录、Temp 文件夹和回收站内的信息。

Nyms：保护自己真实电子邮件地址免受垃圾邮件和网络钓鱼的攻击。

反间谍软件：防止在个人计算机上安装间谍软件和广告软件。

企业网络收集工具：匿名者可保护企业免受网络收集工具的侵害。

回顾与讨论

1. 定义“网络中立”。“非中立网络”如何影响企业？
2. 雇主如何监控员工？这合法吗？
3. 关于网络和网络隐私，什么是不可否认性？
4. 有哪两项建议可以改善信息系统中的道德决策？
5. 组织如何从专利中受益？
6. 什么是绿色计算？三种可以促进绿色计算的信息技术是什么？
7. 帮助远程办公人员的三种信息技术是什么？
8. 信息技术对工作场所有哪两种影响？

专题研究

1. 阅读本章及其他资料后，写一篇单页论文，概述五项改进组织中电子邮件隐私的建议。建议还应强调最小化或消除公司数据泄露的方法。

2. 阅读本章及其他资料后，写一篇单页论文，描述“网络中立”，并描述“非中立网络”将如何影响业务。

3. 南方州立大学招生办公室需要一份简单易懂的网络安全使用文件，以便发送给新生。该文档应该告诉学生在网上的行为方式。阅读本章及其他资料后，创建一个文档，其中包含一个 10 项列表，突出显示新生应该注意的关键问题。

4. 得克萨斯州中部的一家石油公司拥有 2 000 多名员工，需要一份关于绿色计算的文件，以便发送给所有相关员工。阅读本章及其他资料后，写一个单页文档，其中包含一个 8 项列表，突出显示所有部门经理应该注意的关键问题。举三个可以在绿色计算实施中发挥作用的信息技术示例。

5. Southern Tech 是电子设备的主要分销商。该公司拥有超过 1 500 名使用平板电脑和智能手机完成工作的员工，它需要一份文件，重点介绍与健康相关的关键问题并将其分发给员工，以提高效率并减少与工作相关的伤害。阅读本章及其他资料后，写一个单页文档，其中包含一个 5 项列表，突出说明员工需要了解的健康相关问题。为什么平板电脑和智能手机可能比台式电脑造成更多的伤害？

6. 北加州的一家互联网公司经常收到想要远程办公的员工的请求。该公司的首席技术官希望能推广这种灵活的办公方式。与此同时，首席技术官希望将这种新工作方案可能产生的所有法律问题保持在最低限度。阅读本章及其他资料后，写一个单页文档，其中包括远程办公人员和组织需要遵循的三条准则。有哪三种信息技术可以帮助这家公司监控这些远程办公人员？

牛刀小试

1. 域名抢注的一个变种是误植域名，也称为 URL 劫持。对或错？

2. Web 服务器软件生成的日志文件不会记录用户在网站上的操作。对或错?
3. 网络中立将影响企业，而对个人没有任何影响。对或错?
4. 以下哪项不是远程办公的潜在缺点?
   a. 能够在更愉快的环境中工作
   b. 没有规范的工作程序
   c. 减少与同事的互动
   d. 缺乏必要的用品或设备
5. 以下哪项不属于绿色计算战略?
   a. 消除所有云计算项目
   b. 使用能耗更低且可生物降解的计算设备
   c. 允许某些员工在家中工作，减少了道路上的汽车
   d. 用计算机和视频会议取代实际的面对面会议
6. 以下哪项不属于计算机伦理十诫?
   a. 不以一种谨慎和尊重的方式使用计算机
   b. 不能用电脑伤害别人
   c. 不应该干涉别人的电脑工作
   d. 不应该偷看其他人的档案

个案讨论 4-1

以新的方式远程办公

据《华尔街日报》报道，2007 年至 2011 年间，每月至少 1 天在家工作的企业员工数每年增长 23%，达到了 2 280 万人。那些每月在家工作 1 天或 2 天的人数正在以每年 69.5%的速度增长。[32] 在家工作为员工和雇主提供了一些明显的优势。同时，它还有一些缺点，例如缺乏相应的控制。然而，这种情况正在发生变化。雇主可以使用计算机监控软件检查员工是否正在工作或懈怠。例如 InterGuard 公司使用 Awareness Technologies 软件对员工进行监控。[33] 为了提高远程办公效率，一些雇主为每个员工设定了在特定时期内完成的工作目标。其他雇主通过审查员工访问过的不同网站以及在各种网站上花费的时间来监控员工。

有些雇主通过跟踪项目和安排会议来监控其员工。还有一些雇主通过电子邮件、即时消息、视频聊天或电话来实现“虚拟面对面”。据《华尔街日报》报道，高德纳咨询公司 (Gartner) 预测，到 2015 年，计算机安全监控的使用率将从 2012 年的不到 10%提高到 60%。使用这种技术可能会产生隐私问题，雇主应该告诉员工，他们将受到合法的监控。[34]

回答以下问题:

1. 据《华尔街日报》报道，2011 年有多少人在家工作?
2. 雇主用来监控员工的方法是什么?
3. 用于监控员工的软件工具有哪些?
4. 雇主监控员工时是否涉及道德或隐私问题?

个案讨论 4-2

谷歌的隐私和其他法律问题

谷歌的两项服务（谷歌地图和谷歌图书）给公司带来了法律和隐私问题。谷歌地图的街景视图可显示360度街道图像，使用户可以查看住宅、商家、街道和其他景点。德国隐私权保护机构的调查称，谷歌已经在不加密的 Wi-Fi 网络中收集个人数据。收集的材料包括电子邮件地址、视频文件和访问过的网页列表。谷歌称，数据收集是编程错误导致的一次事故。[35,36]

在一个案例中，一名女子声称，自己在跟着谷歌地图行走时被一辆汽车撞倒。[37]在另一起案件中，一对夫妇感到沮丧，因为他们已经尝试了 3 年让谷歌地图改变去新泽西圆谷国家公园的方向。这对夫妇拥有位于公园后面的三个小木屋中的一个，由于谷歌地图提供了不正确的方向，导致每年有几十个人误入他们的院子，或者敲他们的门来寻找公园的入口。[38]

谷歌图书也引发了一些法律问题。该服务试图提供大量图书的在线目录及图书全文，但一些人声称该应用程序已经侵犯了版权保护。[39]

尽管这些诉讼和技术问题中的大多数已经得到解决，但谷歌是否能够避开隐私和法律问题还有待观察。2014 年 6 月 30 日，美国最高法院拒绝了对谷歌公司使用街景汽车嗅探 Wi-Fi 网络的集体诉讼。[40]

回答以下问题：

1. 谷歌的街景地图有哪些商业应用？
2. 谷歌地图的街景视图是如何产生隐私侵犯和其他法律问题的？
3. 什么是谷歌图书？它是如何导致版权保护等法律问题的？

5

保护信息资源

本章学习目标：

5-1 描述可能用于计算机犯罪的信息技术

5-2 描述计算机和网络安全的基本保障措施

5-3 解释主要的安全威胁

5-4 描述安全措施与执行

5-5 总结保护系统安全的指导方针，包括业务连续性计划

本章首先讨论了信息技术工具对隐私的影响，以及这些工具如何被利用进行计算机犯罪。然后讨论了与计算机和网络相关的安全问题。一个全面的安全系统可以保护组织的信息资源，信息资源是公司仅次于人力资源的最重要的资产。接下来，讨论了多种类型的安全威胁和各种旨在防范这些威胁的措施。有些组织甚至利用计算机应急响应小组（Computer Emergency Response Team，CERT）来处理各种威胁。最后，介绍了设计全面的安全系统和使用业务连续性计划帮助组织从计算机灾难中恢复。

5-1 与信息技术相关的风险

信息技术可能被滥用，侵犯用户的隐私，并且进行计算机犯罪。

信息技术可能被滥用，侵犯用户的隐私，并且进行计算机犯罪。以下内容描述了计算机犯罪并讨论了相关的隐私问题。但是请记住，用户可以通过定期更新操作系统、使用杀毒软件和反间谍软件，以及使用电子邮件安全保护来预防或最小化这些风险。

5-1a 网络犯罪给美国经济带来的损失

根据华盛顿特区战略与国际研究中心（Center for Strategic and International Studies，CSIS）2013 年的一份报告，黑客、电脑犯罪以及国内外的网络犯罪每年给美国经济造成超过 1 000 亿美元和 50 万个工作岗位的损失。这些损失不仅包括身份盗窃、知识产权侵犯、商业机密泄露以及对公司和个人声誉的损害，还包括攻击后加强和升级公司网络安全的花费。CSIS 的报告进一步指出，商业机密与其他知识产权的网络犯罪将导致工作机会转移到海外。实际上，有些组织不会透露或承认遭受到网络犯罪，原因在于它们甚

至没有意识到计算机犯罪和网络罪犯造成的巨大损害。所以，网络犯罪的实际数量可能高于 CSIS 报告中的数据。[1]

5-1b 间谍软件和广告软件

间谍软件（spyware）是一种在用户浏览网页时秘密收集用户信息的软件。这些信息可能被用于其他恶意目的。间谍软件还可以通过安装附加软件和重定向 Web 浏览器等方式干扰用户对其计算机的控制。一些间谍软件会改变电脑设置、导致互联网连接速度变慢、改变用户的默认主页以及让其他程序失去功能。为了防止间谍软件的破坏，应该安装杀毒软件。同时，定期检查间谍软件、安装反间谍软件（如 Spy Sweeper、CounterSpy、STOPzilla、Spyware Doctor）。

广告软件（adware）是一种间谍软件，它收集有关用户的信息（未经用户同意），以确定在用户的 Web 浏览器中显示哪些广告。除了杀毒软件，还应该在用户的 Web 浏览器中设置广告拦截功能，以阻止非法广告软件。

> **间谍软件**是一种在用户浏览网页时秘密收集用户信息的软件。
> **广告软件**是一种间谍软件，它收集有关用户的信息（未经用户同意），以确定在用户的 Web 浏览器中显示哪些广告。

5-1c 网络钓鱼和域欺骗

网络钓鱼（phishing）是指发送似乎来自合法来源（例如银行或大学）的欺诈性电子邮件。这些电子邮件通常会把收件人引向看起来像正规网站的虚假网站，用以获取个人信息（如社会安全号、密码、银行账号和信用卡号码）。

域欺骗（pharming）与“网络钓鱼”类似，将互联网用户引向欺诈网站，目的是窃取他们的个人信息（如社会安全号、密码、银行账号和信用卡号码）。不同之处在于，域欺骗通常通过入侵域名系统服务器（在第 7 章中讨论）劫持一个官方网站地址，然后更改合法的网站 IP 地址，以便将输入正确地址的用户引向欺诈网站。

鱼叉式网络钓鱼和网络钓鱼是一样的。不同之处在于攻击的目标是特定的人或群体。

> **网络钓鱼**是指发送似乎来自合法来源（例如银行或大学）的欺诈性电子邮件。
> 与网络钓鱼类似，**域欺骗**将互联网用户引向欺诈网站，目的是窃取他们的个人信息（如社会安全号、密码、银行账号和信用卡号码）。不同之处在于，域欺骗通常会劫持一个官方网站地址，然后更改其 IP 地址，以便将输入正确地址的用户引向欺诈网站。

5-1d 击键记录器

击键记录器（keystroke loggers）是监视和记录键盘击键动作的软件或硬件设备。有时，公司使用这些设备来跟踪员工使用电子邮件和互联网的情况，这种使用是合法的。然而，击键记录器也可以用于恶意目的，比如收集用户在线购物时输入的信用卡号码。一些反病毒和反间谍软件程序能阻止软件击键记录器，为计算机提供保护。

击键记录器是监视和记录键盘击键动作的软件或硬件设备。

5-1e 嗅探和欺骗

嗅探（sniffing）用于捕获和记录网络流量。一般出于合法的原因，嗅探被用来监控网络性能，但黑客经常用它来拦截信息。**欺骗**（spoofing）是冒充授权用户访问网络，以查找敏感信息（如密码和信用卡信息）。当非法程序冒充合法程序时也会发生欺骗。

嗅探用于捕获和记录网络流量。
欺骗是冒充授权用户访问网络，以查找敏感信息（如密码和信用卡信息）。

5-1f 计算机犯罪

计算机犯罪（computer fraud）是指未经授权使用计算机对国家、团体或个人造成危害的行为。例如，把钱从别人的账户转到其他账户，或把购物费用记在别人的账户上。前面讨论的许多技术都可以用于计算机犯罪。此外，脸谱和聚友网等社交网站也被用来实施犯罪。

除了网络钓鱼、域欺骗和欺骗，计算机犯罪还包括以下几种：

- 拒绝服务攻击，通过电子邮件和其他网络流量淹没某一站点或网络，使其过载，从而无法处理合法流量；
- 身份盗窃，例如未经授权而盗窃和使用他人的社会安全号，下面的小贴士讨论了美国国税局（internal revenue service，IRS）的身份盗窃；
- 软件盗版和其他侵犯知识产权的行为；
- 传播儿童色情；
- 垃圾邮件；
- 编写或传播病毒、蠕虫、木马程序和其他恶意代码；
- 窃取用于间谍活动的文件；
- 非法更改电脑记录；
- 病毒骗局，指个人故意在互联网上散布虚假陈述或信息，使读者相信它们是真实的。

另一种计算机犯罪是蓄意破坏，它涉及破坏或中断计算机服务。计算机罪犯为了个人利益而改变、删除、隐藏或使用电脑文件。黑客中的一部分人侵入计算机系统是为了获得个人满足，但也有人是为了获取经济利益。令人惊讶的是，大多数计算机犯罪都是由公司内部人员犯下的，这使得保护信息资源更加困难。

在某些情况下，计算机犯罪分子和黑客掌握了公司的关键数据，然后索要赎金。如果这些钱没有被支付，他们就会销毁这些数据。譬如，Code Spaces 公司没有按照黑客的要求支付赎金，12 小时后该公司倒闭了。[2]

近年来，勒索软件被开发出来，这是一种恶意软件。只有用户支付一笔钱之后，才能访问被黑客锁定的计算机系统。黑客和计算机犯罪分子一直在使用勒索软件从个人和公司勒索钱财。

计算机犯罪是指未经授权使用计算机对国家、团体或个人造成危害的行为。

小贴士

美国国税局的身份盗窃

仅在 2011 年，美国国税局（Internal Revenue Service，IRS）就向身份窃贼发送了超过 50 亿美元的退款支票，这些窃贼曾提出欺诈性索赔。据估计，在接下来的 5 年里，身份盗窃还将造成 210 亿美元的损失。坦帕和迈阿密是两个最容易产生虚假纳税申报单的城市，犯罪分子通常窃取死者、儿童或其他不提交纳税申报的人的身份。2011 年，美国国税局发现了约 94 万例虚假申报，据估计还有 150 万例未被发现。在密歇根州兰辛的一个地址被用于提交了 2 137 份单独的纳税申报单，总计 330 万美元。为了解决这一问题，美国国税局需要获得第三方信息来核实退款情况。此外，员工何时提交申报表、雇主何时提交扣缴以及收入信息也需要同步。美国国税局目前使用的是新的身份盗窃筛选过滤器，在国税局核实纳税人身份之前不会退款。截至 2012 年 4 月，新的身份盗窃过滤系统已经阻止了大约 13 亿美元潜在的欺诈性退款。[3]

5-2 计算机和网络安全基本保障

计算机和网络安全已成为大多数企业关注的问题，特别是近年来，黑客变得越来越多，而且擅长窃取和篡改私人信息。下面的第一个小贴士中描述了各种类型的黑客。为了侵入计算机和网络，黑客使用多种工具，如嗅探器、密码破解器和隐藏入侵活动工具等。所有这些都可以在网上免费找到。此外，《飞客》（*Phrack*）和《2600：黑客季刊》（*2600：The Hacker Quarterly*）等期刊也为黑客提供了技术指导。rootkit 是一个应用软件，它可以隐藏在计算机上的操作痕迹，这使得它几乎无法被常规的反恶意软件检测到。下面的第二个小贴士突出介绍了广泛存在的黑客问题。

小贴士

黑客的类型

脚本小子——没有经验，通常是年轻的黑客，他们使用别人开发的程序进行计算机和网络攻击，以期搞破坏活动。

黑帽黑客——专门从事未经授权的系统入侵的黑客。他们攻击系统是为了利润、乐趣或者政治动机。这些渗透攻击通常涉及修改和销毁数据。

白帽黑客——也被称为道德黑客，他们是计算机安全专家，专门从事渗透测试，以确保公司的信息系统是安全的。

小贴士

几乎所有的组织都受到过黑客攻击

最近，包括索尼影业（Sony Pictures）、家得宝（the Home Depot）、Anthem（一家健康保险公司）、塔吉特（Target）、尼曼·马库斯（Neiman Marcus）、奥多比系统公司（Adobe）、美国易安信公司（RSA）、洛克希德·马丁（Lockheed Martin）、橡树岭国家实验室（Oak Ridge National Laboratories）和国际货币基金组织（International Monetary Fund）在内的私人和公共部门机构均遭到了黑客攻击。波耐蒙研究公司（Ponemon Research）对583家美国公司进行了调查，这些公司既有雇员不足500人的小型组织，也有雇员超过7.5万人的企业。90%的受访者表示，他们所在组织的电脑和网络系统在过去12个月中至少被黑客入侵过一次，而近60%的受访者说，在过去一年里发生了两次或两次以上的网络入侵事件。超过半数的受访者表示，他们对组织避免再一次被网络攻击的能力缺乏信心。大约一半的人把他们的安全问题归咎于缺乏相关技术支持。同时，大约半数的人说，网络复杂性是他们实施安全保护的主要挑战。[4]

安全系统可保护的组织资源具体包括信息、计算机和网络设备。公司需要保护的信息包括电子邮件、通过电子数据交换（EDI）传输的发票、新产品设计图片、营销活动记录和财务报表等。安全威胁不仅仅涉及窃取数据，还包括与同事分享密码、电脑在登录网络时无人看管，甚至把咖啡洒在键盘上。一个全面的安全系统包括硬件、软件、程序、防范入侵者和黑客的人员。计算机和网络安全有三个重要方面：机密性、完整性和可用性，统称为CIA三角形。[5]

保密性（confidentiality）是指系统不允许未经授权的任何人披露信息。在高度安全的政府机构中（如国防部、中央情报局和国税局），保密性确保公众无法访问其信息。在企业中，保密性确保工资和人事数据等私有信息不受竞争对手和其他组织的侵犯。在电子商务领域中，保密性确保客户数据不被用于恶意或非法目的。

完整性（integrity）是指组织内信息资源的准确性。换句话说，安全系统不允许数据被破坏或对公司数据库进行未经授权的更改。在金融交易中，完整性可能是安全系统中最重要的方面，因为不正确或损坏的数据可能会产生巨大的影响。例如，假设一个黑客入侵了一个金融网络，把一个客户的存款从一万美元变成一千美元。数据库管理员和网站管理员在这方面的安全意识是必不可少的。此外，确保完整性的一项重要工作就是识别授权用户并授予他们正确的访问权限。

可用性（availability）意味着授权用户可以访问他们需要的信息。它还意味着计算机和网络在发生系统故障或灾难时可以快速恢复。在许多情况下，可用性对授权用户最重要。如果用户无法访问系统，则无法评估机密性和完整性。

美国国家安全系统委员会（Committee on National Security Systems, CNSS）提出了另一种模型，称为McCumber立方体。该框架主要被用来评估信息的安全性。它表示为一个三维立方体（见图5-1），定义了信息安全的九个特征。[6]McCumber立方体比CIA三角形更具体，它能更有效地帮助系统安全设计者提高系统的安全性。注意，这个模型包含了传输、存储和处理三个方面。

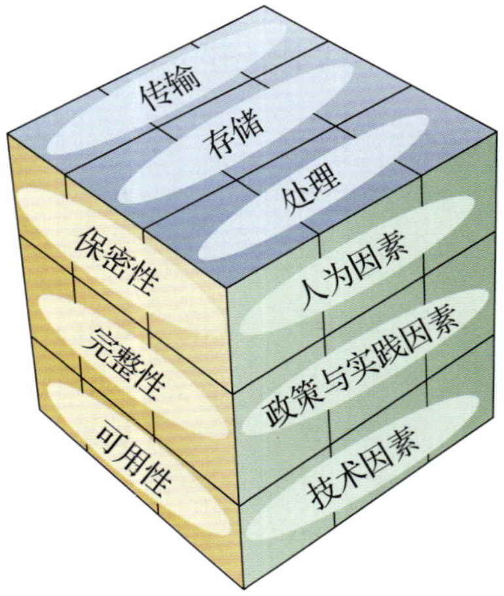

图5-1 McCumber立方体

此外，一个全面的安全制度必须提供三个级别的安全保障：

- 级别1——必须保护对内部和外部用户都可用的前端服务器，防止未经授权的访问。通常，这些系统是电子邮件和 Web 服务器。

- 级别 2——必须保护后端系统（如用户工作站和内部数据库服务器），以确保数据的机密性、准确性和完整性。
- 级别 3——必须保护公司网络免受入侵、拒绝服务攻击和未经授权的访问。

在规划一个全面的安全系统时，第一步是设计**容错系统**（fault-tolerant systems），它通过硬件和软件的组合来提高可靠性，以确保发生故障时系统的可用性。常用的方法列举如下：

- 不间断电源（uninterruptible power supply，UPS）——在断电和其他电源中断的情况下，这个备用电源可继续提供电力，通常用于保护服务器。它执行两个关键任务：作为服务器继续运行的电源（通常是短期的）以及可以安全地关闭服务器。更复杂的 UPS 单元可以阻止用户访问服务器并向网络管理员发送警报。
- 独立磁盘冗余阵列（redundant array of independent disks，RAID）——正如在第 2 章中了解到的，RAID 系统是用于在多个位置存储数据的磁盘驱动器的集合。RAID 系统还存储一个校验和的值，用于验证数据没有被错误地存储或传输。如果 RAID 系统中的驱动器发生故障，存储在一个驱动器上的数据就可以利用存储在其余驱动器上的数据进行重新构建。RAID 系统在成本、性能和可靠性方面各不相同。
- 镜像磁盘（mirror disks）——使用两个包含相同数据的磁盘，如果一个失败，另一个可继续操作。镜像磁盘通常是一种较便宜的 1 级 RAID 系统，适合小型组织使用。

保密性是指系统不允许未经授权的任何人披露信息。

完整性是指组织内信息资源的准确性。

可用性意味着授权用户可以访问他们需要的信息。它还意味着计算机和网络在发生系统故障或灾难时可以快速恢复。

容错系统通过硬件和软件的组合来提高可靠性，以确保发生故障时系统的可用性。

5-3 安全威胁：概述

计算机和网络安全对于防止重要信息资源的丢失或未经授权的访问非常重要。有些威胁可以完全或部分控制，但有些则无法控制。例如，可以通过使用浪涌抑制器和不间断电源在一定程度上控制电力波动或者停电。虽然技术无法控制自然灾害的发生，但是，可以通过制定和采纳符合规范的灭火系统，或者通过地震保护设施（如螺栓基础），将自然灾害的影响降到最低。

威胁还可以根据是无意的（如自然灾害、用户意外删除数据和结构故障）还是有意的来划分。故意威胁包括黑客攻击和有不满情绪的员工的攻击（比如在公司网络上传播病毒）。下文描述了最常见的蓄意威胁。

5-3a 蓄意威胁

计算机和网络的蓄意威胁包括：

- 病毒
- 蠕虫
- 木马程序
- 逻辑炸弹
- 后门
- 混合威胁（例如由木马发起的蠕虫）
- 黑客程序
- 拒绝服务攻击
- 社交工程

病毒

病毒是最被人所熟知的一种计算机和网络威胁（例如，“我爱你”病毒和米开朗基罗病毒）。它们是一种恶意软件，是对计算机或网络有害的程序或文件。

> 最近的一项研究显示，网络犯罪每年给全球经济造成的损失达 1 万亿美元，而恶意软件正以每天 5.5 万个的速度被造就出来。

最近的一项研究显示，网络犯罪每年给全球经济造成的损失达 1 万亿美元，而恶意软件正以每天 5.5 万个的速度被造就出来。[7] 然而，估计病毒的损失可能是困难的。许多组织不愿意报告它们的损失，因为不想让公众知道它们是有漏洞的。

病毒（viruses）是特定时间或事件触发的自传播程序代码。当使用包含病毒的程序或操作系统时，病毒会将自己附加到其他文件上，这样不断转移，传播就会继续下去。病毒的危害性各不相同。例如，在用户的屏幕上显示有趣（但通常令人讨厌）的图像的病毒以及破坏程序和数据的病毒。

病毒可以通过网络或电子邮件附件传播。其中一些最危险的病毒来自公告栏或留言板，因为它们可以感染使用公告板的任何系统。专家认为，病毒感染大型服务器（比如空中交通管制服务器）对国家安全构成的风险最大。

有时恶作剧型病毒也会传播。这些关于病毒的报告可能会引起恐慌，甚至促使组织关闭它们的网络。在某些方面，恶作剧型病毒可以造成和真正的病毒一样大的危害。

下面的列表描述了计算机可能被病毒感染的一些迹象：

- 一些程序突然变大了。
- 文件损坏，用户无法打开。
- 硬盘空间大大减少。
- 键盘锁定，或者屏幕冻结。
- 可用内存比平常下降得更多。
- 磁盘访问很慢。
- 电脑启动的时间与正常情况下相比变长。
- 存在意外的磁盘活动，例如，即使用户不保存或打开文件，磁盘驱动器灯也在闪烁。
- 屏幕上有一些不熟悉的信息。

安装和更新防病毒程序是对抗病毒的最佳措施。广泛使用的杀毒程序包括 McAfee 病毒扫描（www.mcafee.com/us）、诺顿杀毒（www.norton.com）和趋势科技（www.trendmicro.com）。用户还可以在互联网上下载免费的杀毒程序。现在大多数计算机已经安装了杀毒软件，但应该检查是否为最新版本的杀毒软件。新的病毒不断释放，所以有必要使用自动更新，以确保自己的计算机保护是最新的。

蠕虫

蠕虫（worm）在网络中从一台计算机传播到另一台计算机，但它通常不会删除数据。与病毒不同的是，它是一个独立的程序，可以在不依附于宿主程序的情况下自我传播。它可能会破坏数据，但通常会不断地将自己复制，从而耗尽计算资源，最终导致计算机或网络停止运行。著名的蠕虫包括 Code Red、Melissa 和 Sasser。最近的一种蠕虫 Conficker 已经感染了数百万台电脑。

木马程序

木马程序（Trojan programs）以特洛伊战争期间希腊人用来进入特洛伊的特洛伊木马来命名，包含破坏计算机、网络或 Web 站点的程序代码，通常隐藏在其他程序中。用户运行程序时，并不知道木马程序也在后台运行。心怀不满的程序员创造了木马程序来向某个组织寻求报复。这些程序可以删除数据，并对计算机和网络造成严重破坏，但它们不会像病毒和蠕虫那样自我复制。

逻辑炸弹

逻辑炸弹（logic bomb）是一种木马程序，用来释放病毒、蠕虫或其他破坏性程序代码。逻辑炸弹是在特定时间（有时是名人的生日）或特定事件下触发的，例如用户按下 Enter 键或运行某个程序。

后门

后门（backdoor）也称为暗门，是由设计者或程序员构建到系统中的一种方便自己修改程序缺陷的程序代码。这个后门使设计人员能够绕过系统的安全保障体系，而直接访问系统中的程序或文件。通常，系统用户不知道后门已被激活。用户登录或敲击组合键都可用于激活后门。

混合威胁

混合威胁（blended threats）是一种安全威胁，它将计算机病毒、蠕虫和其他恶意代码与公共或专用网络上的漏洞相结合。混合威胁搜索计算机网络中的漏洞，在服务器端的网页中嵌入恶意代码，然后通过受攻击的服务器来发送未经授权的电子邮件。它们还能通过特洛伊木马发起蠕虫病毒，或对目标 IP 地址发起拒绝服务（DoS）攻击。它们的目标不只是发动攻击，还要传播病毒。本章讨论的多层安全体系可以防范混合威胁。

拒绝服务攻击

拒绝服务（denial-of-service，DoS）攻击会向网络或服务器发送大量服务请求，以阻止合法用户访问系统。可以把它想象成 5 000 人围在商店周围，阻止顾客进入。虽然这家商店是开放的，但它不能为合法顾客提供服务。通常，DoS 攻击者的目标是互联网服务器（通常是 Web、FTP 或邮件服务器）。运行 TCP 服务连接到互联网的任何系统都可能受到攻击。

2013 年，一个 DoS 袭击了数十家美国和加拿大的银行网站，包括美国银行、花旗集团、富国银行、美国合众银行、PNC 金融服务集团、美国第一资本投资国际集团、美国五三国民银行、美国 BB&T 银行控股公司、香港上海汇丰银行（HSBC）。[8,9]这是一种分布式拒绝服务（distributed DoS，DDoS）攻击，当时数千台电脑一起轰炸一个网站，成千上万的请求信息在短时间内使这些银行网站的计算机系统停止了工作。由于 DDoS 攻击来自多台计算机，因此很难被跟踪。

最近，紧急服务提供商和许多企业都成为一种新型 DoS 攻击的目标，这种攻击被称为 TDoS（电话拒绝服务）攻击。这些攻击使用大量的自动呼叫来占用目标电话系统。在某些情况下，攻击者要求赎金。如果赎金没有支付，攻击就开始了，可能会持续几个小时。[10]

社交工程

在系统安全的背景下，**社交工程**（social engineering）意味着使用人际社交技巧（比如做一个倾听者、装出一副友好和不具威胁性的姿态）来诱使他人泄露私人信息。这是一种利用安全系统中人为因素的攻击。“社交工程师”利用他们收集的私人信息入侵服务器和网络，窃取数据，损害信息资源的安全性和完整性。他们使用各种工具和技术来收集私人信息，包括可用的公共信息来源（如谷歌地图、公司网站、新闻组和博客等）。

此外，两种常用的社交工程技术被称为“垃圾箱潜水”和“肩部冲浪”。“社交工程师”经常在垃圾箱或垃圾桶中搜索被丢弃的材料，比如电话列表和银行对账单。这些材料可能帮助他们闯入一个网络。例如，一个“社交工程师”可能会查出接待员的电话号码，然后冒充该人员来套取个人信息。“肩部冲浪”就是说越过某人的肩膀通过窥视来收集信息。例如，“社交工程师”使用这种技术来观察员工输入的系统密码或个人在ATM上输入的取款密码。

“社交工程师”经常在垃圾箱或垃圾桶中搜索被丢弃的材料，比如电话列表和银行对账单。这些材料可能帮助他们闯入一个网络。

除了这些明显的威胁之外，设备和计算机的丢失或被盗也是一个严重的问题。特别是当计算机或闪存驱动器包含机密数据时。下面的小贴士讨论了这个问题并提供了一些保护措施。

小贴士

防止数据盗窃和数据丢失

目前，记忆棒、PDA、CD、USB闪存驱动器、智能手机和其他便携式存储设备已经对企业的数据资源造成了严重的安全威胁。一方面，这些设备被盗或丢失是有风险的。另一方面，心怀不满的员工也可以使用这些设备窃取公司数据。为预防这些潜在风险，建议采用以下应对措施[11]：

- 进行风险分析，以确定机密数据丢失或被盗的影响。
- 在需要严格安全的组织中，禁止便携式设备、删除或阻塞USB端口、卸除软盘驱动器和CD/DVD-ROM驱动器。当然，这些措施在一些公司可能并不实用。
- 确保员工只能访问他们工作时所需的数据，并设置严格的访问控制。
- 将数据存储在数据库而不是电子表格文件中，以便更好地进行访问控制。
- 制定清晰、详细的数据访问政策，员工需说明如何处理机密数据。
- 对从公司网络下载的数据进行加密。

病毒是特定时间或事件触发的自传播程序代码。当使用包含病毒的程序或操作系统时，病毒会将自己附加到其他文件上，这样不断转移，传播就会继续下去。

蠕虫在网络中从一台计算机传播到另一台计算机，但它通常不会删除数据。与病毒不同的是，它是一个独立的程序，可以在不依附于宿主程序的情况下自我传播。

木马程序包含破坏计算机、网络或Web站点的程序代码，通常隐藏在其他程序中。用户运行程序时，并不知道木马程序也在后台运行。

逻辑炸弹是一种木马程序，用来释放病毒、蠕虫或其他破坏性程序代码。逻辑炸弹是在特定时间（有时是名人的生日）或特定事件下触发的，例如用户按下Enter键或运行某个程序。

后门也称为暗门，是由设计者或程序员构建到系统中的一种方便自己修改程序缺陷的程序代码。这个后门使设计人员能够绕过系统的安全保障体系，而直接访问系统中的程序或文件。

混合威胁是一种安全威胁，它将计算机病毒、蠕虫和其他恶意代码与公共或专用网络上的漏洞相结合。

拒绝服务（DoS）攻击会向网络或服务器发送大量服务请求，以阻止合法用户访问系统。

在系统安全的背景下，**社交工程**意味着使用人际社交技巧（比如做一个倾听者、装出一副友好和不具威胁性的姿态）来诱使他人泄露私人信息。这是一种利用安全系统中人为因素的攻击。

5-4 安全措施与执行：概述

除了备份存储数据外，组织还可以采取许多其他方式来防范威胁。一个全面的安全制度应包括以下内容：

- 生物安全措施
- 非生物安全措施
- 物理安全措施
- 访问控制
- 虚拟专用网
- 数据加密
- 电子商务交易安全措施
- 计算机应急响应小组

5-4a 生物安全措施

生物安全措施（biometric security measures）使用的是一个人特有的生理因素，这些生理因素不能被偷走、丢失、复制或传递给其他人。下面的列表描述了一些生物测量设备和测量方法，其中一些可以在图 5-2 中看到。

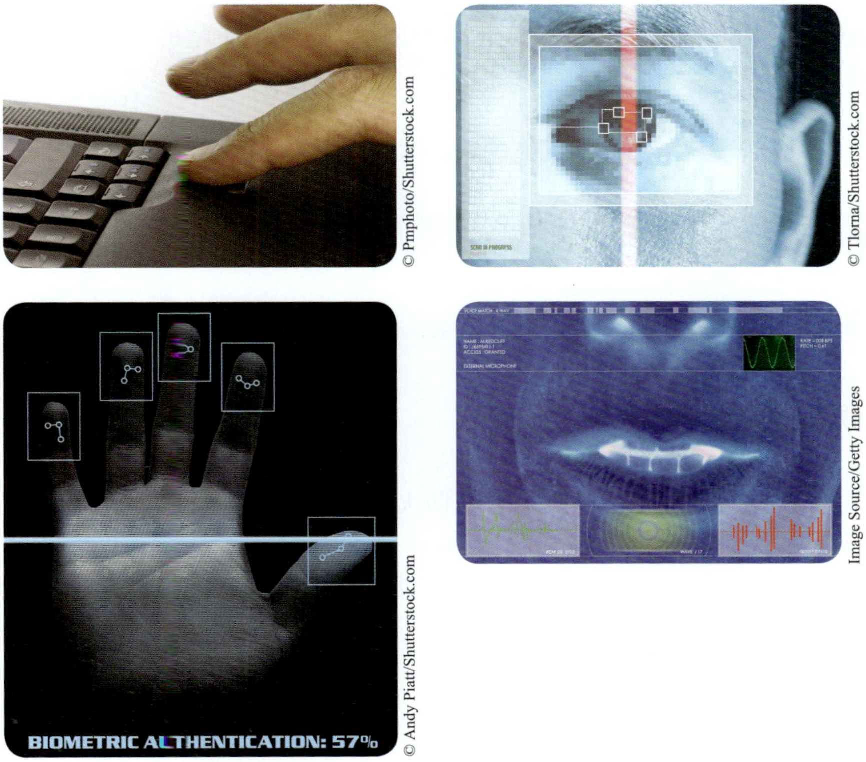

图 5-2 生物测量设备实例

- 面部识别——通过分析人脸的独特特征来识别用户。
- 指纹扫描——扫描用户的指纹并与存储在数据库中的指纹进行比对。
- 手掌几何特征——将每根手指的长度、指尖的半透明程度以及手指间距与存储数据对比，以验证用户身份。
- 虹膜分析——使用摄像机捕捉用户虹膜的图像，然后使用软件将数据与存储的模板进行比较。
- 掌纹匹配——使用手掌独特的特性来识别用户。掌纹采集器使用红外光捕捉用户的静脉图案，每个人的静脉图案都是独一无二的。将其与包含现有掌纹的数据库进行比较。这种方法经常被执法机构使用。
- 视网膜扫描——用双目摄像机扫描视网膜，然后与数据库中的数据进行比对。
- 署名特征分析——检查用户签名以及签名时笔的压力、速度和时间的偏差。
- 纹理分析——利用手腕和手背的静脉图案来识别个体。
- 语音识别系统——将语音转换为数字信号，这些信号会被记录下来并检查音调和音高。使用语音来验证用户身份比大多数其他生物特征检测方法有一个优势，就是可以通过普通电话进行长距离验证。一个设计良好的语音识别系统可以用于通过电话进行的金融交易的安全验证。

虽然生物识别技术是有效的安全措施，但它们可能并不适用于所有组织。生物识别技术的缺点是成本高、用户不愿意或者安装复杂。然而，随着技术的改进，生物识别技术已经成为传统安全检测的替代方案。下面的小贴士展示了生物识别技术的实际应用。

小贴士

生物识别技术在菲比·普特尼纪念医院中的应用

菲比·普特尼纪念医院是位于佐治亚州奥尔巴尼的一家拥有 443 张床位的社区医院。医生和护士都抱怨在访问临床记录时需要输入的密码太多。因此医院改用了指纹扫描仪，将其与单点登录应用程序结合，使得电子健康记录（electronic health record，EHR）系统更容易使用，也更安全。使用扫描仪可以审核使用权限，从而确保只有经过授权的用户才能访问敏感信息。指纹扫描仪的另一个优点是，指纹不会像智能卡一样丢失。[12]

生物安全措施使用的是一个人特有的生理因素，这些生理因素不能被偷走、丢失、复制或传递给其他人。

5-4b 非生物安全措施

三种主要的非生物安全措施是回拨调制解调器、防火墙和入侵检测系统。

回拨调制解调器

回拨调制解调器（callback modems）在用户尝试连接到网络之后，首先关闭连接，然后在确认用户合法后以回拨呼叫的方式建立连接。因为许多员工都在异地工作，需要从远程位置连接到网络，所以这种方法在跨国公司中非常有用。

防火墙

防火墙（firewalls）是硬件和软件的组合，用来充当私有网络和外部计算机或网络（包括互联网）之间的过滤器或屏障。

网络管理员定义防火墙的访问规则并阻塞所有其他数据传输。有效的防火墙也应该保护来自网络的数据。图 5－3 显示了一个基本的防火墙配置。

图 5－3　防火墙的基本配置

防火墙可以检查进出网络的数据，并且根据用户 ID、传输源和目的地以及传输内容来决定是否允许传输。正在传输的信息存储在一个称为“信息包”的地方，在检查完信息包之后，防火墙可以执行以下操作之一：

- 拒绝传入数据包。
- 向网络管理员发送警告。
- 向数据包的发送方发送一条消息，说明发送失败。
- 允许数据包进入（或离开）专用网络。

防火墙的主要类型包括包过滤防火墙、应用程序过滤防火墙和代理服务器。包过滤防火墙通过检查进出网络的数据包来控制数据进出。路由器检查包中的以下信息：源 IP 地址和端口、目标 IP 地址和端口以及使用的协议。根据这些信息，包过滤器决定是接受、拒绝还是丢弃包。例如，可以设置一个包过滤器来拒绝来自特定 IP 地址的数据包。包过滤防火墙在数据包被拒绝时通知发送方，但在数据包被丢弃时却什么也不做。发送者必须等到请求超时后才能知道他们发送的包没有被收到。

此外，包过滤防火墙必须逐个检查数据包，所以其效率有些低。此外，它们通常不能记录在防火墙上发生的每个操作，因此网络管理员可能难以查明是否有入侵者试图闯入网络。

应用程序过滤防火墙通常比包过滤防火墙更安全、更灵活，但它们也更昂贵。通常，它们是安装在主机（专用工作站或服务器）上的软件，用于控制网络应用程序的使用（如电子邮件、Telnet 和 FTP）。除了检查需要的应用程序之外，这类防火墙还监视应用程序请求发生的时间。这些信息可能很有用，因为许多未经授权的尝试都发生在正常工作时间之后。与包过滤防火墙相比，应用程序过滤防火墙还可以更有效地过滤病毒和记录操作，这有助于网络管理员发现潜在的安全漏洞。但是，由于这些防火墙所做的是过滤所有应用程序，所以它们比其他类型的防火墙更慢，这可能会影响网络性能。

代理服务器，如图 5－4 所示，是充当网络用户和互联网之间的中介的一种软件。它通过隐藏内部系统的网络地址来保护网络免受来自网络外部的未经授权的访问。代理服务器还可以用来扫描恶意软件和病毒、加快网络流量和减轻内部服务器的负载（这是防火墙无法做到的）。它还可以阻止来自某些服务器的请求。

虽然防火墙可以用来保护网络和计算机，但它们不能提供完全的安全保护。老练的黑客几乎可以绕过任何安全措施。例如，一些黑客使用一种称为 IP 欺骗的技术来通过防火墙，使其将不安全的数据包视为来自合法的 IP 地址。这项技术相当于伪造。为了给数据资源提供全面的安全性，应该使用防火墙及其他安全措施。防火墙的其他改进措施具体如下所示：

- 确定必须要保护的数据并进行风险分析，以评估防火墙的成本和收益。
- 比较防火墙的特性和组织的安全需求。例如，如果组织经常使用电子邮件和 FTP，请确保正在考虑的过滤防火墙能够处理这些网络应用程序。
- 比较包过滤防火墙、应用程序过滤防火墙和代理服务器的特性，以确定哪种类型的防火墙最适合本组织的网络安全需求。
- 分析防火墙的成本，并记住最昂贵的防火墙不一定是最好的。一些便宜的防火墙可能已经具备组织需要的所有要求。

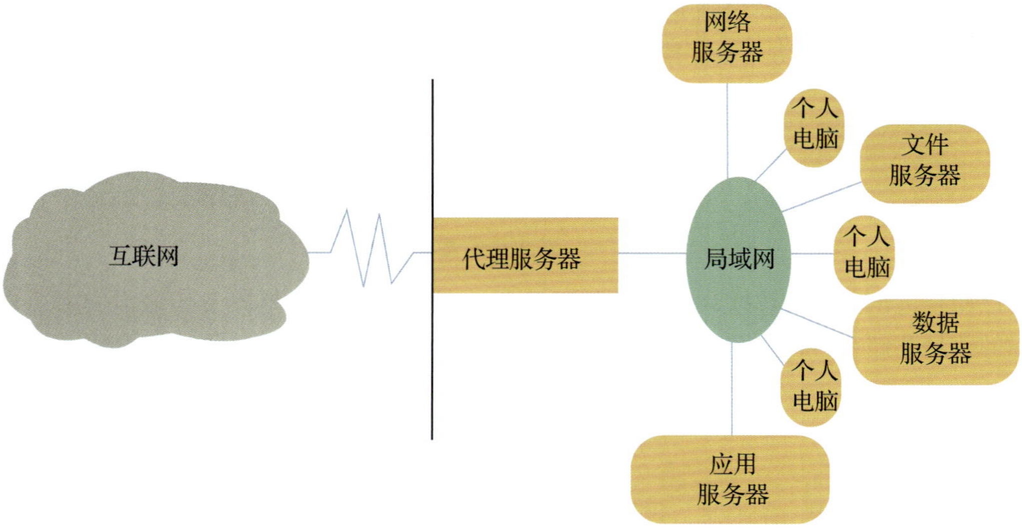

图 5-4　代理服务器

● 比较防火墙的安全性和易用性。有些防火墙强调准确性和安全性，而不是易用性和功能性。在权衡利弊时，要确定什么对组织最重要。

● 在做出最终决定之前，检查供应商的声誉、技术支持和更新政策。随着对防火墙需求的增加，供应商的数量也在增加，而且这些供应商都不相同。请记住，提供全面技术支持且声誉良好的供应商提供的产品需要支付更多钱。

另一种选择是建立防火墙而不是购买防火墙。这个选项可能更昂贵（并且需要拥有必要技能的员工），但是内部开发的防火墙具备一定的定制性和灵活性。

入侵检测系统

防火墙可以防止外部非法访问，但是它不保护网络免受内部入侵。入侵检测系统（intrusion detection system，IDS）可以防止外部和内部非法访问。它通常放在防火墙前，可以识别网络攻击，同时向网络管理员发出警报，并终止路由器与可疑源的连接。入侵检测系统还可以防止 DoS 攻击。入侵检测系统使用“防范、检测和响应”方法来监视网络流量。虽然它提高了安全性，但是它需要大量的处理能力，并且会影响网络性能。它还可能需要额外的配置来防止生成假警报。

有许多第三方工具可用于入侵检测。表 5-1 中列出的供应商提供全面的 IDS 产品和服务。

表 5-1　IDS 供应商

供应商	网址
凯创网络	www. enterasys. com
思科系统公司	www. cisco. com
IBM Internet 安全系统	www. iss. net
瞻博网络	www. juniper. net/us/en
Check Point 软件技术公司	www. checkpoint. com

回拨调制解调器在用户尝试连接到网络之后，首先关闭连接，然后在确认用户合法后以回拨呼叫的方式建立连接。

防火墙是硬件和软件的组合，用来充当私有网络和外部计算机或网络（包括互联网）之间的过滤器或屏障。网络管理员定义防火墙的访问规则并阻塞所有其他数据传输。

入侵检测系统（IDS）可以防止外部和内部非法访问。它通常放在防火墙前，可以识别网络攻击，同时向网络管理员发出警报，并终止路由器与可疑源的连接。

5－4c 物理安全措施

物理安全措施（physical security measures）主要控制对计算机和网络的访问，包括保护计算机和外围设备免遭盗窃的设备。

如图 5－5 所示，常见的物理安全措施可以包括以下内容：

- 电缆屏蔽——环绕电缆的编织层保护电缆免受电磁干扰（electromagnetic interference，EMI），电磁干扰可能会破坏数据或数据传输。
- 角螺栓——这是一种将电脑固定在工位上的廉价方法，通常有锁作为额外的防盗措施。
- 电子追踪器——该设备通过电源插座固定在计算机上。如果电源线断开连接，则电子追踪器会发送报警消息。
- 识别（ID）徽章——分发给核准过的人员。同时，必须根据人员的变化定期更新。
- 接近释放门开启器——是控制进入电脑室的有效方法。一个小型的无线电发射器被放置在授权员工的身份证上，当他们来到计算机房门的预定距离内时，无线电信号向接收器发送一个钥匙号码，接收器就会打开门锁。
- 房间屏蔽——在机房内喷涂非导电材料，减少了信号向室外空间的输出或将信号限制在机房内。
- 钢箱——适合保护整个电脑，并可以锁定。

© Alfred Bondarenko/Shutterstock.com

电缆屏蔽

© Alexander Sidorovsky/Shutterstock.com

计算机保护锁

图 5－5 常见的物理安全措施

随着笔记本电脑的日益普及，盗窃已成为主要的安全风险。笔记本电脑可以存储机密数据，因此应该使用必要的安全保护措施。例如，笔记本电脑上的电缆锁可以与指纹扫描结合使用，以确保只有笔记本电脑的所有者才能访问文件。下面的小贴士将更详细地讨论此类安全威胁。

小贴士

笔记本电脑丢失与被盗

随着无线连接在许多公共场所的普及，笔记本电脑比以往任何时候都受欢迎。然而，它们很容易丢失或被盗。用户在更换笔记本电脑时还必须考虑存储在其中的数据，否则可导致一个非常严重的损失。2006 年，美国退伍军人事务部（U. S. Department of Veterans Affairs）的一名雇员丢失了一台笔记本电脑，里面有 2 600 万退伍军人的个人信息。同年，美国注册会计师协会（AICPA）的一名员工丢失了一台存储了会员社保号的笔记本电脑。如果黑客获取了此类机密信息，可能会导致身份盗窃和其他犯罪。加州司法部（California Department of Justice）2014 年编制的一份报告显示，医疗行业 70%的数据泄露与“丢失或被盗的硬件或包含未加密数据的便携式存储设备”有关。报告的结论是，对医疗数据构成最大风险的是设备丢失，而不是黑客入侵。[13] 为了使笔记本电脑更安全，请考虑以下建议[14]：

- 在笔记本电脑上安装电缆锁，并使用生物识别安全措施。
- 确保只有在绝对必要时才将机密数据存储在笔记本电脑上。
- 使用登录密码、屏幕保护程序密码和机密文件密码。
- 加密存储在笔记本电脑上的数据。
- 加装安全芯片，在未经授权的用户试图访问笔记本电脑时禁用该电脑。同时发出遇险警报声和发送笔记本电脑位置的 GPS 报警信息。

物理安全措施主要控制对计算机和网络的访问，包括保护计算机和外围设备免遭盗窃的设备。

5－4d　访问控制

访问控制（access controls）旨在保护系统免受未经授权的访问，以保证数据的完整性。下面描述两种广泛使用的访问控制：终端安全保护和密码。

终端安全保护

终端安全保护（terminal resource security）是一类应用软件，它可以在指定的不活动时间后自动关闭用户终端。这种访问控制方法防止未经授权的用户使用无人值守的计算机访问网络和数据。一些程序还允许用户只在特定时间访问数据，这减少了计算机在关闭时间内的入侵尝试。

密码

密码（password）是用来访问系统的数字、字符及符号的组合。密码的长度和复杂性决定了它是否容易被未经授权的用户破解。例如，“p@s$w0rD”比一般的密码更难猜。个人因素是密码安全最显著的弱点之一，因为用户可能忘记密码或将密码交给未经授权的用户（有意或无意）。要提高密码的有效性，请遵循以下指导原则：

- 经常更改密码。
- 密码应该是 8 个字符或更长。

- 密码应该是大小写字母、数字和特殊符号（如@或$）的组合。
- 密码不应该写下来。
- 密码不应该是常见的名字，如用户的姓或名、明显的日期（如生日或纪念日）或者可以在字典中找到的单词。
- 密码不应遵循某种重复模式（例如，222ABC、224ABC、226ABC）。
- 在员工被解雇之前，确保他们的密码已被删除。

由于密码存在明显的局限性和不足，因此研究人员正在努力用其他认证方法来替代密码。主要包括各种类型的生物识别技术，如指纹、虹膜、声音和面孔等。[15,16]

访问控制旨在保护系统免受未经授权的访问，以保持数据的完整性。
密码是用来访问系统的数字、字符及符号的组合。

5-4e 虚拟专用网

虚拟专用网（virtual private network，VPN）提供了通过互联网传输消息和数据的安全通道（见图5-6），常用于提供远程用户与组织的网络安全连接。VPN还用于建立组织与外联网［组织和外部实体（如供应商）之间建立的网络］的安全连接。外联网在第7章中有更详细的讨论。数据在发送之前就已经被数据协议加密，如两层隧道协议（L2TP）或互联网协议安全（IPSec）。建立VPN的成本通常较低，但传输速度可能较慢。

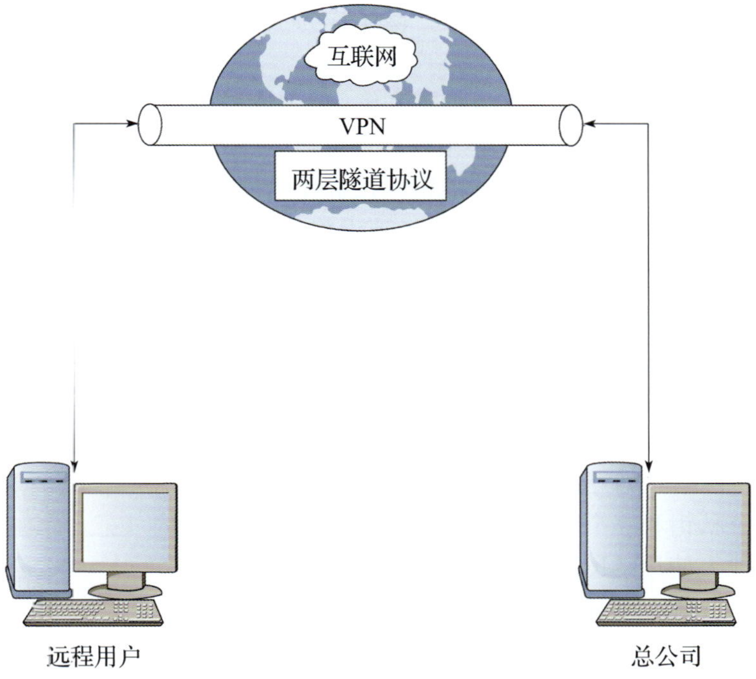

图5-6 VPN配置

通常，组织根据需要运用VPN，并且可以通过公共网络（通常是互联网）和专用网络的组合来发送数据。VPN是租用私有线路、专用综合业务数字网（ISDN）线路或T1线路的替代方案。

虚拟专用网（VPN）提供了通过互联网传输消息和数据的安全通道。

5-4f 数据加密

凯撒大帝（Julius Caesar）加密算法是一种比较古老的加密算法。它是一种简单的替换算法。其中原始消息中的每个字母都被字母表中较远位置的字母替换。

数据加密（data encryption）将称为明文或明文的数据转换为一种加密形式（称为密文），从而让不相关人员无法读取。加密规则称为加密算法，决定了转换过程是简单的还是复杂的。接收者通过使用解密密钥对数据进行解密。

目前存在许多不同的加密算法。凯撒大帝（Julius Caesar）加密算法是一种比较古老的加密算法。它是一种简单的替换算法。其中原始消息中的每个字母都被字母表中较远位置的字母替换。例如，单词“top”被作为“wrs”传输，把每个字母用相隔3位的另一个字母替代。图5-7显示了一个使用替换算法进行加密的简单示例。

常用的加密协议是**安全套接层**（secure sockets layer，SSL），用于管理互联网上的传输安全性。譬如，用户在线购买商品时，请注意浏览器地址栏中的http被更改为https。https表示的是SSL上的安全HTTP连接。用户还可能在状态栏中看到挂锁图标，它表示用户的信息已加密，黑客无法拦截。还有一种加密协议被称为**传输层安全性**（transport layer security，TLS），用于确保公共网络（如互联网）上的数据的安全性和完整性。与SSL类似，TLS用于加密网络代码段。除了作为加密协议之外，SSL和TLS还具有身份验证功能。

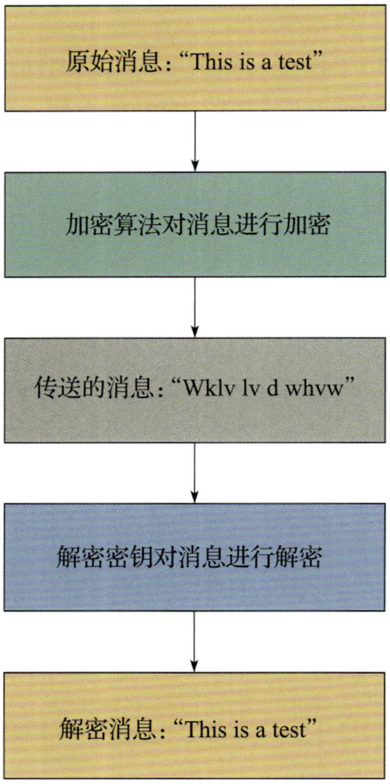

图5-7 加密过程

如前所述，加密算法使用密钥对数据进行加密和解密。密钥的大小从32位到168位不等。密钥越长，加密就越难破解。有两种主要的加密类型：非对称加密（也称为公钥加密）和对称加密。在解释两种加密类型之前，首先要了解一个非常重要的概念，**公钥基础设施**（public key infrastructure，PKI）。PKI使公共网络（如互联网）用户能够通过使用一对密钥安全地交换数据，这对密钥从可信的权威机构获得。

非对称加密（asymmetric encryption）使用两个密钥：每个人都知道的公钥和只有接收人知道的私钥。使用公钥加密的消息只能使用公钥和接收人的私钥来解密。拦截消息的任何人都无法解密，因为没有私钥。

这种加密通常对公共网络（如互联网）更为有效。进行交易或发送消息的每个公司都有一个私钥和一个公钥。一般情况下，组织保留它的私钥，同时发布公钥供他人使用。RSA是最早的非对称加密算法之一，以其创建者Rivest、Shamir和Adleman的名字命名，至今仍被广泛使用。非对称加密的主要缺点是速度较慢，需要大量的处理能力。

对称加密（symmetric encryption），也称为密钥加密，使用相同的密钥对消息进行加密和解密。发送方和接收方必须就密钥达成一致并对其保密。高级加密标准（advanced encryption standard，AES）是美国政府使用的一种对称加密算法，密钥为56位。对称加密的问题在于，在互联网上分发密钥是不安全的。

加密还可用于创建数字签名，用来验证发送方的身份并验证消息或数据是否未被更改。数字签名在网上金融交易中尤为重要。它们还提供不可否认性，这将在下一节中讨论。以下是数字签名的工作方式：用户使用私钥加密消息，并使用 Hash 函数创建一个消息摘要，消息摘要不能转换回原始消息，因此拦截消息的任何人都不能解密；然后使用私钥加密消息摘要，这个加密的部分称为数字签名；接下来，用户发送加密的消息和数字签名，接收方拥有发送方的公钥，并且使用它来解密收到的消息并创建另一个版本的消息摘要；下一步，接收方使用发送方的公钥解密数字签名来获取发送的消息摘要；接收方比较两个消息摘要，如果匹配，则消息未被篡改，接收到的消息是完整和正确的。

数据加密将称为明文或明文的数据转换为一种加密形式（称为密文），从而让不相关人员无法读取。

安全套接层（SSL）是一种常用的加密协议，用于管理互联网上的传输安全性。

传输层安全性（TLS）是一种加密协议，用于确保公共网络（如互联网）上的数据的安全性和完整性。

公钥基础设施（PKI）使公共网络（如互联网）用户能够通过使用一对密钥安全地交换数据，这对密钥从可信的权威机构获得。

非对称加密使用两个密钥：每个人都知道的公钥和只有接收人知道的私钥。使用公钥加密的消息只能使用公钥和接收人的私钥来解密。拦截邮件的任何人都无法解密，因为没有私钥。

对称加密，也称为密钥加密，使用相同的密钥对消息进行加密和解密。发送方和接收方必须就密钥达成一致并对其保密。

5－4g 电子商务交易安全措施

在电子商务交易中，三个因素对安全性至关重要：身份验证、确认和不可否认性。身份验证最重要，因为在线交易中使用信用卡号码的人不一定是信用卡的合法所有者。身份验证中密码是最常用的。例如，母亲的娘家姓氏、社会安全号或出生日期都可用于身份验证。而物理验证（如指纹或视网膜扫描）效果更好。

“确认”也必须纳入电子商务交易，以核实订单和收到了发货。例如，当客户将电子文档（例如付款）发送给供应商时，将返回带有供应商私钥的数字签名确认，以验证是否执行了交易。

不可否认性是另外一个重要因素，防止在交易中引发争议。数字签名用于此目的并用于绑定事务中的合作伙伴。通过这个过程，发送方接收到发送的证明并向接收方证明发送方的身份。任何一方都不能否认发送或接收的信息。

电子商务交易安全涉及以下问题：

- 保密性——如何确保只有发送方和预期的接收方才能阅读消息？
- 身份验证——接收方如何知道数据实际上来自发送方？
- 完整性——接收者如何知道数据内容在传输过程中没有被更改？
- 不可否认性——发送方不能否认发送了数据，接收方不能否认接收了数据。

5－4h 计算机应急响应小组

计算机应急响应小组（Computer Emergency Response Team，CERT）是美国国防高级研究计划局为应对 1988 年莫里斯蠕虫攻击而组建的，那次攻击导致全球 10%的计算机无法连接到互联网。许多组织现在都遵循 CERT 模型来组建能够快速有效地处理网络入侵和攻击的团队。目前，CERT 主要关注安全漏洞和 DoS 攻击，并提供处理和预防这些事件的指南。CERT 还开展公众意识宣传活动，研究互联网安全漏洞和改进安全系统的方法。网络管理员和电子商务网站管理员可以向 CERT 协调中心查询网络和信息资源保护的最新情况。图 5－8 显示了 CERT 协调中心的主页（www. cert. org/certcc. html）。

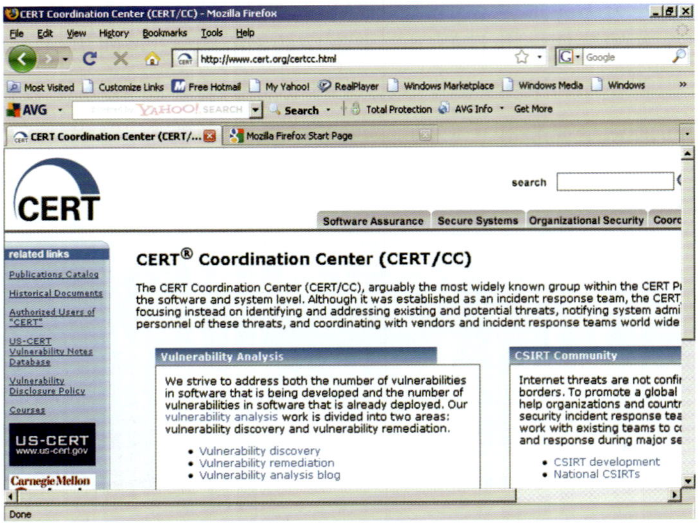

图 5－8　CERT 协调中心主页

此外，美国能源部网络安全办公室（CIRC）也提供有关系统与网络安全的信息，还提供网络安全意识培训、威胁和漏洞分析等服务。详情请浏览 http://energy. gov/cio/office-chief-information-officer/services/incident-management。

5－5　系统安全体系指导

一个组织的员工是任何安全系统成功的重要组成部分，因此员工的安全意识培训是很重要的。一些组织使用教室环境进行培训，而另一些组织通过内联网进行培训。培训结束时，应向学员发放合格证书。此外，确保管理层支持安全培训对于帮助提高整个组织的安全意识非常重要。

一个组织的员工是任何安全系统成功的重要组成部分，因此员工的安全意识培训是很重要的。

组织应该理解 2002 年《萨班斯-奥克斯利法案》的内容（在下面的小贴士中描述），并在建立安全计划之前进行基本的风险分析。这种分析经常使用财务和预算编制技术（例如投资回报）来确定哪些资源是最重要的，并且应该得到最强的保护。这些信息还可以帮助组织权衡建立安全系统的花费。

制订全面安全计划时应考虑以下步骤：[17]

1. 成立安全委员会，由各部门代表和上层管理人员组成。委员会的职责包括：

- 制定清晰、详细的安全策略；
- 为主要决策者和计算机用户提供安全培训和安全意识教育；
- 定期评估安全策略的有效性；
- 开发系统访问和使用控制程序；
- 监督系统安全政策的执行；

- 开发数据输入和输出控制程序。

2. 将安全策略张贴在可见的位置，或将副本张贴在所有工作站旁边。
3. 提高员工对系统安全问题的意识。
4. 使用强密码，不要在系统或网站上使用相同的密码。
5. 定期在操作系统上安装软件补丁和更新。
6. 立即撤销已终止雇员的密码及身份验证，以防报复。
7. 将敏感数据的输出打印锁定在安全位置。
8. 及时退出程序和系统，不要让登录的工作站无人看管。
9. 只允许授权人员使用计算机。
10. 定期查阅日志文件里的信息（包括用户名称、调用目的地和调用时间等）。调查日志中的差异。
11. 安装防病毒程序，并确保它们的自动更新。
12. 只安装从信誉良好的供应商处购买的正版软件。
13. 确保消防系统的正常工作，并定期进行测试。
14. 检查系统的环境条件（如温度和湿度水平）。
15. 使用物理安全措施，如工作站的角螺栓、ID 徽章和门锁。
16. 安装防火墙和入侵检测系统。如有必要，考虑使用生物安全措施。

这些步骤应该作为指导方针，不是每个组织都需要遵循每一步。然而，有些组织可能需要包含更多的内容来满足它们的需求。

小贴士

《萨班斯-奥克斯利法案》和信息安全

2002 年《萨班斯-奥克斯利法案》第 404 条指出：计算机专业人员需要测试和记录系统安全措施的有效性，包括计算机系统安全控制测试、应用程序安全控制测试和系统软件安全控制测试。计算机专业人员必须熟悉此法案，并将其纳入组织的安全策略。此外，公司必须建立一个安全的计算机系统来保护重要的记录和数据，并防止它们丢失和损坏以及被未经授权的用户破坏或更改。该法案的目的是维护业务操作数据的完整性和可用性，这在金融组织中尤其重要。[18]

5－5a 业务连续性计划

为了减少自然灾害、网络攻击或入侵的影响，恢复计划是很重要的。这应该包括**业务连续性计划**（business continuity planning），它概述了保持组织运行的程序。灾难恢复计划列出了必须执行的任务，例如如何恢复损坏的数据和设备。具体包括如下内容：

- 备份所有文件。
- 定期检查电脑设施的安全及消防标准。
- 定期检查来自 CERT 和其他安全机构的信息。
- 确保工作人员接受过培训，并了解发生灾害的可能后果和减少灾害影响的步骤。
- 使用试用数据测试灾难恢复计划。
- 识别组织中使用的所有软件和硬件的供应商，并确保它们的邮件地址、电话号码和 Web 站点地址是最新的。

- 记录对硬件和软件所做的所有更改。
- 为计算机和网络设施投保。定期检查保单，确认承保范围是足够且最新的。
- 设置备用站点以便在发生灾难时使用。一方面，冷站点具有适合计算机设备的环境（例如空调和湿度控制），但没有任何设备。另一方面，热站点拥有所有必需的设备，随时可以使用。
- 检查从第三方租用的设备，通常包含电信设备。
- 检查洒水系统、灭火器和卤代烷气体消防系统。
- 将备份数据保存在异地存储中，定期测试数据恢复过程，并详细记录设备的信息。
- 在现场保存一份灾难恢复计划的副本。
- 通过模拟灾难来评估响应时间和恢复过程。

如果发生灾难，组织应该按照如下步骤尽快恢复正常运作：

1. 组建一个危机管理团队来监督恢复计划。
2. 联系保险公司。
3. 恢复电话和其他通信设备。
4. 通知所有受影响的人，包括客户、供应商和员工。
5. 设立一个服务台来帮助受影响的人。
6. 通知受影响的人恢复工作正在进行。
7. 记录所有为恢复正常状态而采取的行动，这样就能知道哪些有效，哪些无效。如果需要，修改灾难恢复计划。

> **业务连续性计划**概述了在发生自然灾害或网络攻击时保持组织正常运行的程序。

本章的“行业链接”重点介绍了麦卡菲（McAfee）公司及其提供的多种安全产品与服务。

行业链接

麦卡菲公司[19]

麦卡菲（现在是英特尔公司的一部分）是杀毒软件的主要供应商。用户可以通过互联网或者其他渠道（如零售商）来购买该产品。除了杀毒软件，麦卡菲公司还提供网络管理软件，包括病毒扫描、防火墙、身份验证和加密功能。麦卡菲公司还开发了一个在线漏洞跟踪系统。以下是一些受欢迎的麦卡菲公司的产品及其功能：

网络安全：包括反病毒、反间谍软件、反垃圾邮件、反钓鱼、身份保护、家长控制和数据备份等功能。

防火墙组合：提供防病毒、反间谍软件、防火墙功能和网站安全评级。

全面防护：包括反病毒、反间谍软件、反钓鱼、反垃圾邮件、双向防火墙、高级网站安全评级、身份保护、家长控制和数据备份。

麦卡菲公司还提供一些免费的产品和服务。可选择的免费服务包括：

免费扫描：搜索最近的病毒并显示所有受感染文件的详细列表。

世界病毒地图：显示最近病毒在世界各地感染计算机的情况。

病毒清除工具：用于清除病毒和恢复系统。
安全咨询中心：提供提示和建议以保持用户的计算机和网络安全，并防止攻击者入侵。
免费的个人电脑和互联网安全通信：包括病毒警报和突发新闻。
互联网连接测速计：测试互联网速度。

回顾与讨论

1. 什么将取代密码？为什么要用身份验证技术替换密码？
2. 什么是鱼叉式钓鱼？
3. 强密码的特点是什么？
4. 什么是击键记录程序？
5. 什么是身份盗窃？它是如何引起的？
6. 为什么生物识别技术有两个缺点？
7. 什么是代理服务器？
8. VPN 是什么？它是如何用于提高网络安全性的？

专题研究

1. 当地一所大学的计算机实验室需要一份电子文档，以便分发给即将入学的学生，提高他们的信息系统安全意识。阅读本章及其他资料后，准备文件，其中应该包括 10 个项目，列出学生必须记住的事项，以减少使用信息技术的风险。

2. 阅读本章及其他资料后，写一篇单页论文，介绍 2014 年面临安全漏洞的三家知名公司。找出两个漏洞，这些漏洞使黑客能够入侵这些公司的系统。提示：家得宝就是一个例子。

3. 拒绝服务（DoS）攻击是近年来不断上升的安全威胁之一。阅读本章及其他资料后，写一篇单页论文，概述应对这种安全威胁的四项建议。列举出三家美国银行，它们都是这一安全威胁的受害者。

4. 阅读本章及其他资料后，写一篇单页论文，列举出三种杀毒软件应用程序。每一种都包括一个优点和一个缺点。对于第 1 题中提到的学生实验室，读者推荐哪一种软件？推荐依据是什么？杀毒软件本身是否足以保护网络的安全？说明原因。

5. 阅读本章及其他资料后，写一篇单页论文，确定使用生物安全措施进行身份验证的三家公司（除了本书中提到的那些公司之外）。为什么每家公司都选择了这种替代方案而不是其他安全措施？作为一种安全措施，生物识别技术有两个优点和两个缺点，分别是什么？

6. 阅读本章及其他资料后，写一篇两页的论文，为提高在线交易的安全性提出 5 条建议。列出两家为电子商务网站提供预防措施的公司。它们的产品包括什么？费用是多少？当用户在线购买时，如何知道 Web 站点是否安全？

牛刀小试

1. 网络钓鱼是指通过银行或大学等合法渠道发送欺诈性电子邮件。对或错？
2. 蠕虫在网络中从一台计算机传播到另一台计算机，它总是删除数据。对或错？
3. 为了提高密码的有效性，应该经常更换密码。对或错？
4. 下列哪项不属于故意威胁？
   a. 病毒　　b. 蠕虫
   c. 木马程序　　d. 自然灾害
5. 下列哪种技术工具或技术通常不用于犯罪？
   a. 间谍软件和广告软件　　b. 代理服务器
   c. 击键记录器　　d. 钓鱼
6. 下面哪项不是防火墙？
   a. 代理服务器　　b. IDS 防火墙
   c. 应用程序过滤防火墙　　d. 包过滤防火墙

个案讨论 5－1

以医疗设备为目标的计算机病毒

目前，心脏监测仪、起搏器和 X 光机这些由计算机软件控制的医疗设备都成为计算机病毒和恶意软件的新目标。[20]尽管到目前为止还没有人员伤亡的报告，但是这可能使病人处于危险之中。美国食品药品监督管理局要求医疗设备制造商在寻求政府机构批准时，能特意关注一下上述问题。

美国退伍军人事务部的一份报告显示，自 2009 年以来，退伍军人医院的 327 台设备已被恶意软件感染。2010 年 1 月，弗吉尼亚州用于打通阻塞动脉的计算机设备感染了恶意软件，从而导致了该实验室暂时关闭。在波士顿的一家私立医院中，计算机病毒将病人的个人敏感数据发送到外部服务器，从而暴露了隐私数据。伴随美国 2009 年的经济刺激计划，越来越多的由计算机控制的医疗设备被应用，这加大了设备感染病毒的风险。

制造商必须改进这些设备的安全特性，让黑客更难入侵。制造商和医疗保健提供者之间需要密切协调，以进一步提高安全性。此外，医疗机构必须确保运行这些设备的所有软件都是最新的，并且已经安装了相应的更新。另外，这些设备必须被禁止互联网访问。[21]

回答以下问题：

1. 有哪三种医疗设备可能受到计算机病毒的攻击？
2. 在医院及医疗设施中使用电子健康记录有何风险？
3. 降低使用这些设备的风险的三项建议是什么？

个案讨论 5-2

家得宝数据泄露

2014 年 9 月，家得宝公司（Home Depot）的支付系统被黑客攻破，可能影响到 5 600 多万张信用卡的使用。同时，黑客还窃取了 5 000 多万个客户的电子邮件地址。[22]

塔吉特（Target）、迈克尔斯（Michael）和尼曼·马库斯（Neiman Marcus）公司最近几个月都遭遇了网络入侵。黑客使用难以检测的定制软件入侵了系统。据报道，家得宝公司曾试图利用减少系统停机时间来降低成本，但最终却以系统安全性下降为代价。该公司没有对其商店内计算机上的客户数据进行加密，也没有激活其使用软件中的入侵防御功能。[23]

2014 年 4 月到 9 月，家得宝公司的安全漏洞存在了大约 5 个月。此次数据泄露事件比塔吉特公司的事件要严重得多。后者影响了近 4 000 万张信用卡，数据泄露导致家得宝损失了约 6 200 万美元，但该公司从保险中获得了 2 700 万美元。然而，迄今为止，家得宝公司在这次事件中的损失总额尚不清楚（包括升级成本和可能的客户流失成本）。

银行为受到影响的客户重新补办了信用卡，每张卡的费用约为 8 美元。家得宝公司试图通过提供一年的免费个人服务保险来赢回客户，包括为那些在五个月内使用该系统的人提供信用监控。在此次攻击之后，家得宝公司加密了客户相关数据并增强了其安全系统。[24]

回答以下问题：

1. 除了家得宝公司之外，其他零售商最近几个月也遭遇了黑客攻击吗？
2. 到目前为止，家得宝公司数据泄露的总成本是多少？
3. 家得宝公司的哪些系统是黑客攻击的目标？
4. 在此次攻击之前，家得宝公司存在哪些漏洞？

第 2 部分

通信、互联网、电子商务、全球信息系统

6

数据通信：随时随地传递信息

本章学习目标：

6-1 描述数据通信系统的主要应用

6-2 解释数据通信系统的主要组成部分

6-3 描述处理配置的主要类型

6-4 解释三种类型的网络

6-5 描述主要的网络拓扑结构

6-6 解释重要的网络概念，如带宽、路由、客户机/服务器模型

6-7 描述无线移动技术和网络

6-8 讨论无线安全的重要性及其使用的技术

6-9 总结融合现象及其商业和个人应用

本章解释了数据通信系统在为决策提供信息方面的作用。目前，数据通信系统的应用程序在任何地方都可以看到。本章首先从数据通信系统的基础开始谈起，具体包括组件、处理配置、网络类型和拓扑结构；其次，介绍了数据通信中的重要概念，如带宽、路由和客户机/服务器模型；接下来，概述了无线和移动网络及其使用的技术；最后，重点介绍了一个日益增长的现象，即语音、视频和数据的融合，及其在商业领域中的重要性。

6-1 数据通信的定义

数据通信（data communication）是数据从一个位置到另一个位置的电子传输。信息系统的有效性是通过它传递信息的效率来衡量的，而数据通信系统是信息系统能够执行这一功能的关键。此外，由于许多公司跨越较大的地理距离来收集和传输数据，因此高效的数据通信系统至关重要。数据通信系统还可以提高数据采集和传输的灵活性。例如，公司的许多员工可以使用便携式设备（笔记本电脑、智能手机和其他手持设备），利用数据通信系统随时随地与公司总部进行联系。

本书第 4 章讨论了数据通信在虚拟组织中的实现。利用数据通信系统的功能，公司不再受到物理边界的限制。它们可以与其他组织合作，外包某些功能以降低成本，并通过数据通信系统为客户提供服务。

电子协作是数据通信的另一个主要应用。使用者可以遍布世界各地，但无论他们身在何处，仍然都可以与其他同事合作。

数据通信是数据从一个位置到另一个位置的电子传输。

6－1a 为什么管理者需要了解数据通信

数据通信系统已经深入企业活动，以至于目前很难将组织的核心功能与支持它们的数据通信系统分离开来。例如，当一个跨国公司推出新产品时，作为关键决策者的高管可能分散在世界各地。但是，他们可以使用数据通信系统协调工作，实现协作。

数据通信系统可以在许多方面提高决策者的效率和效果。例如，数据通信用于准时交货，这可以降低库存成本并提高组织的竞争优势。正如在前几章中介绍的，许多大型企业，如沃尔玛、家得宝和 UPS，都借助数据通信技术来超越竞争对手。另外，数据通信系统使虚拟组织成为可能，这些虚拟组织可以跨越地理边界，更快、更有效地开发产品。

> 数据通信系统使虚拟组织成为可能，这些虚拟组织可以跨越地理边界，更快、更有效地开发产品。

数据通信系统使组织应用电子邮件传输来提高效率和生产力。通信网络是信息系统的重要组成部分，缩短了产品和服务开发的周期，并将信息更快地传递给那些需要的用户，使其工作效率更高。数据通信技术影响工作的方式包括：

- 可以通过虚拟教室为员工提供在线培训。此外，员工可以利用数据通信获得最新的技术和产品信息。
- 支持在线搜索产品、服务的创新型信息使员工能与时俱进。
- 互联网和数据通信系统促进了终身学习，这将是未来知识型工作者的财富。
- 工作和个人生活之间的界限不那么明显，因为数据通信在家庭和企业中都更容易使用。远程工作者的增多就是这种趋势的典型事例。
- 使网络和视频会议更加容易，这可以降低商务出行的成本。

管理人员需要清楚地理解以下数据通信的相关知识：

- 数据通信和网络。
- 互联网、内联网和外联网。
- 有线与无线网络。
- 网络安全问题及对策。
- 数据通信的组织和社会效应。
- 全球化问题。
- 数据通信系统的应用

电子协作和虚拟会议是数据通信系统的另外的重要应用。这些应用程序降低了公司成本，并改善了客户服务。下面的小贴士描述了电子协作工具的一个例子 GoToMeeting。

小贴士

GoToMeeting：电子协作工具

GoToMeeting 是美国思杰（Citrix Systems）旗下 Citrix Online 主创的一项网络会议服务应用软件。它运行在 PC 或者 Mac 电脑上，能够提供高清视频会议功能，让用户看到同事和与会者。同时，它还可以使用户同其他与会者共享自己的桌面应用程序和文件。另外，用户可以与所有与会者聊天，也可以私下与其中一个与会者私聊。该应用软件的用户可以选择免费的 VoIP、电话会议或两者兼而有之。GoToMeeting

允许用户通过电子邮件发送重要的互动和演示文稿。它提供全面的安全和隐私保障功能。除会议与会者外，任何人都无法查看会议。

思科公司提供的 WebEx 和 MyTrueCloud 公司提供的 My Web Conferences 是 GoToMeeting 的两个替代品。[1]

6-2 数据通信系统的基本组成部分

典型的数据通信系统包括以下组件：

- 发送和接收设备；
- 调制解调器和路由器；
- 通信介质（通道）。

在研究这些组件之前，需要回顾一下数据通信中的一些基本概念。**带宽**（bandwidth）是指在一秒内可以从一个点传输到另一个点的数据量。一般表示为比特/秒（bps）。其他度量包括千比特/秒（Kbps）、兆比特/秒（Mbps）和千兆比特/秒（Gbps）。**衰减**（attenuation）是信号从发送设备传输到接收设备时功率的损失。

数据传输通道一般分为宽带和窄带两种。在**宽带**（broadband）数据传输中，同时发送多个数据块以提高传输速率。截至 2013 年 5 月，美国 18 岁及以上人口中有 70%拥有宽带接入。然而，智能手机正在扩大老年人和年轻人之间的宽带差距。[2]

窄带（narrowband）是一种音频级的传输信道，最大传输能力为 5.6 万 bps，因此在特定的时间段内只能传输有限的信息。

只有两个同步的设备才可以建立通信链路，这意味着两个设备必须在同一点开始和停止通信。同步是通过协议来处理的，**协议**（protocols）是控制数据通信的规则，包括错误检测、消息长度和传输速度。协议还有助于确保不同制造商设备之间的兼容性。

带宽是指在一秒内可以从一个点传输到另一个点的数据量。

衰减是信号从发送设备传输到接收设备时功率的损失。

在**宽带**数据传输中，同时发送多个数据块以提高传输速率。

窄带是一种音频级的传输信道，最大传输能力为 5.6 万 bps，因此在特定的时间段内只能传输有限的信息。

协议是控制数据通信的规则，包括错误检测、消息长度和传输速度。

6-2a 发送和接收设备

发送和接收设备如下所示：

- 输入/输出设备，或“瘦客户机”——仅用于发送或接收信息，没有处理能力。

● 便携式高速终端——一种可以执行某些处理任务但功能不全的电脑。这种类型的设备通常用于工厂车间和装配线，用于收集数据并将其传输到主计算机系统中。

● 智能终端、工作站或个人计算机——充当输入/输出设备或独立系统。利用这种类型的设备，可以在没有主计算机支持的情况下执行某些处理任务。一般来说，智能终端被认为是便携式高速终端的升级。

● 笔记本电脑——一种低成本、无磁盘的计算机，用于连接互联网或局域网。笔记本电脑在服务器上运行软件，并将数据保存到服务器上。然而，根据佛罗斯特研究公司（Forrester Research）的研究，iPad 和其他平板电脑设备的出现将显著减少对笔记本电脑的需求。[3]

● 小型计算机、大型机和超级计算机——这些设备处理数据并将其发送到其他设备或接收已在其他地方处理的数据，然后将处理数据传输到其他设备上。

● 智能手机、手机、MP3 播放器、PDA 和游戏机——在第 1 章中简要描述的智能手机是具有高级功能（电子邮件和网页浏览）的手机，大多数具有内置或外部 USB 键盘。视频游戏机是一种用于玩视频游戏的电子设备。它接收游戏玩家的指令，并在电视屏幕或电脑显示器等显示设备上产生视频显示信号。

6-2b 调制解调器

调制解调器（modem）是一种将用户连接到互联网的设备。并非所有的互联网连接都需要调制解调器，例如，无线用户通过接入点连接，而卫星用户使用卫星天线。拨号、数字用户线（DSL）和电缆访问则需要调制解调器连接。

> **调制解调器**是一种将用户连接到互联网的设备。

当电话线用于互联网连接时，需要一个调制解调器将计算机的数字信号转换成可以通过电话线传输的模拟信号。然而，在今天的宽带世界，模拟调制解调器很少使用。相反，DSL 或电缆调制解调器是常见的。**数字用户线**（digital subscriber line，DSL）是一种常用的载波业务，使用普通电话线进行信号高速传递。使用 DSL 连接，用户以 7.1 Mbps 的速度接收数据，并以 1Mbps 左右的速度发送数据，不过实际的速度取决于使用者之间的相对位置。不同的提供商可能提供不同的速度。另外，有线调制解调器使用电缆连接互联网，传输速度通常可以达到 16Mbps。

> **数字用户线（DSL）**是一种常用的载波业务服务，使用普通电话线进行信号高速传递。

6-2c 通信介质

通信介质（communication media）又称为通道，连接发送和接收设备。通信介质可以进行有线的（传导方式）或无线的（辐射方式）连接，如图 6-1 所示。

传导介质（conducted media）提供信号传输的物理路径，可以是双绞线铜缆、同轴电缆和光缆。双绞线铜缆由两条相互缠绕的铜线组成，铜线有屏蔽的和未屏蔽的两种，主要用于电话网和建筑物内的通信。同轴电缆是粗电缆，可用于数据和语音传输，主要用于长途电话传输和局域网。光缆是玻璃光纤芯（是人类头发直径的一半）周围环绕着同心圆的玻璃层，称为“包层”，通过光缆形成一条光路。核心是承载光波的玻璃光纤芯，围绕核心的是第二层玻璃，防止光波从核心逃逸衰减。在这两层的周围都有缓冲层，是一层塑料外

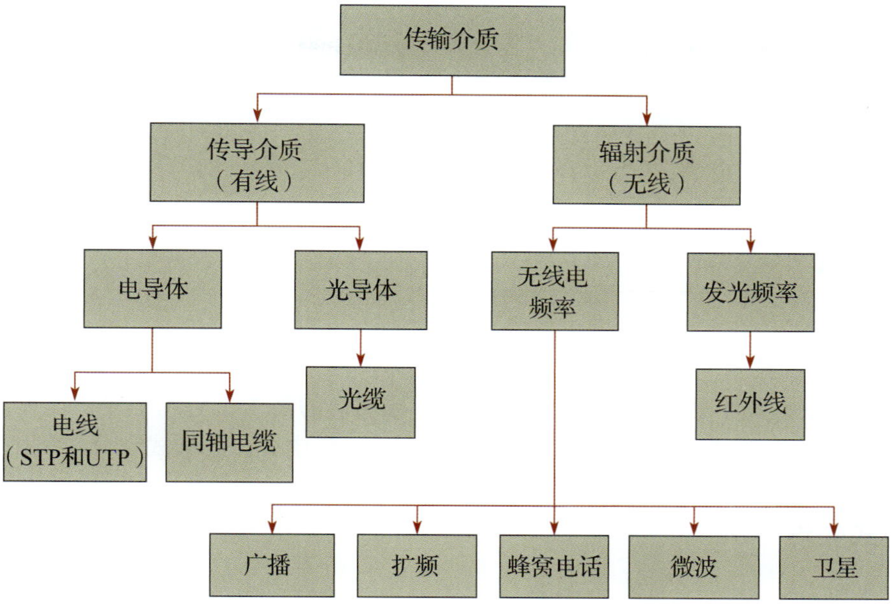

图 6-1 通信介质的类型

层，提供保护和保持光波强度。与其他电缆相比，光缆具有容量大、体积小、重量轻、衰减小和安全性高的特点。在所有通信介质中，光缆的带宽也是最高的。

辐射介质（radiated media）使用天线通过空气或水传送数据。其中一些媒体是基于“视线关系”（发送和接收设备或天线之间没有障碍物，能够实现直接通信），包括广播电台、地面微波和卫星。卫星连接地面微波发射器/接收器，即地球站，通常用于长途电话传输和电视信号。地面微波系统使用地面发射器和接收器，通常用于建筑物之间的点对点连接。

通信媒介可以是点对点系统，也可以是多点系统。在点对点信息系统中，一次只有一个设备使用介质。在多点系统中，多个设备共享相同的介质，一个设备的传输可以发送到共享链路的所有其他设备。下面的小贴士讲述了谷歌对通信介质的投资，特别是对卫星投资的事例。

小贴士

谷歌对数据传输设备的投资

截至 2014 年，全球仍有近三分之二的人口无法上网。卫星和无人机是到达世界偏远地区的两个极具吸引力的选择。谷歌的 Loon 项目利用高空气球向偏远地区提供无线宽带服务。谷歌也为偏远地区部署了太阳能无人机。这些项目可以使数以亿计的人连接到互联网。

无人机和卫星是两种互补技术。无人机可以在更小的区域内提供更好的上网服务，而卫星可以提供更广泛的网络覆盖。另外，卫星提供了更多的灵活性和更大的容量。近年来，卫星成本也大幅下降。[4] 脸谱也在进行着自己的无人机项目。[5]

谷歌已与 5 家东亚公司合作，并正在建造一条 6 000 英里长的水下光缆。这条光缆横跨太平洋，连接美国东海岸和日本的两个城市。传输速度预计为每秒 60TB，比一般的电缆调制解调器快一千万倍左右。[6]

通信介质或称为通道，连接发送方和接收方设备，进行有线的（传导方式）或无线的（辐射方式）连接。

传导介质提供传输信号的物理路径，可以是双绞线铜缆、同轴电缆或者光缆。
辐射介质使用天线通过空气或水传送数据。

6-3 处理配置

数据通信系统可以使用多种不同的处理配置，需要根据用户的需求、应用程序的类型和系统的响应性进行选择。在过去的 60 年中，出现了三种类型的处理配置方式：集中式、分散式和分布式。

6-3a 集中式处理

在**集中式处理**（centralized processing）系统中，所有的处理都在一台中央计算机上完成。在计算机出现的早期，这种类型的处理是合理的，由于数据处理人员短缺并且硬件和软件昂贵，只有大型组织才能买得起计算机。这种配置的主要优点是能够严格控制系统操作和应用程序；主要缺点是缺乏对用户需求的响应能力，原因在于系统和用户可能相距很远。这种配置现在很少使用。

在集中式处理系统中，所有的处理都在一台中央计算机上完成。

6-3b 分散式处理

在**分散式处理**（decentralized processing）中每个用户、部门或分公司使用各自的计算机（有时称为组织单元）来执行处理任务。分散式处理系统当然比集中式处理系统对用户的响应能力更强。然而，分散的系统也有一些缺点：组织单位之间缺乏协调、系统的费用很高、工作重复。

在分散式处理中每个用户、部门或分公司使用各自的计算机（有时称为组织单元）来执行处理任务。

6-3c 分布式处理

分布式处理（distributed processing）通过集中控制和分散操作解决了集中式处理缺乏响应性和分散式处理缺乏协调性这两个主要问题。分布式处理将处理能力分布在多个位置。例如，在零售业中，每个商店的网络都有各自的处理系统，但都在商店总部的集中控制之下。同时，数据库和输入/输出设备也可以进行分布式配置。

分布式处理的优点包括：

- 可以最大限度地利用系统处理能力。
- 模块化设计实现了根据需要添加或删除计算机。

- 对于距离和位置没有限制。
- 与企业发展更兼容，易于添加新的工作站。
- 发挥冗余资源的可用性，提高系统容错能力。
- 共享企业资源，如高质量的激光打印机，降低企业成本。
- 可以将系统的故障限制在一个站点上，提高系统整体的可靠性。
- 系统对用户需求的响应能力更强。

分布式处理的缺点包括：

- 会面对更多安全和隐私方面的挑战。
- 各种设备之间会有更多不兼容的地方。
- 网络管理更具有挑战性。

> **分布式处理**通过集中控制和分散操作解决了集中式处理缺乏响应性和分散式处理缺乏协调性这两个主要问题。分布式处理将处理能力分布在多个位置。

6-3d 开放式系统互联模型

开放式系统互联（open systems interconnection，OSI）模型是一个七层架构，用于定义计算机之间数据的传输方式，标准化网络计算机之间的信息交互。体系结构中的每一层都执行特定的任务（参见图 6-2）：

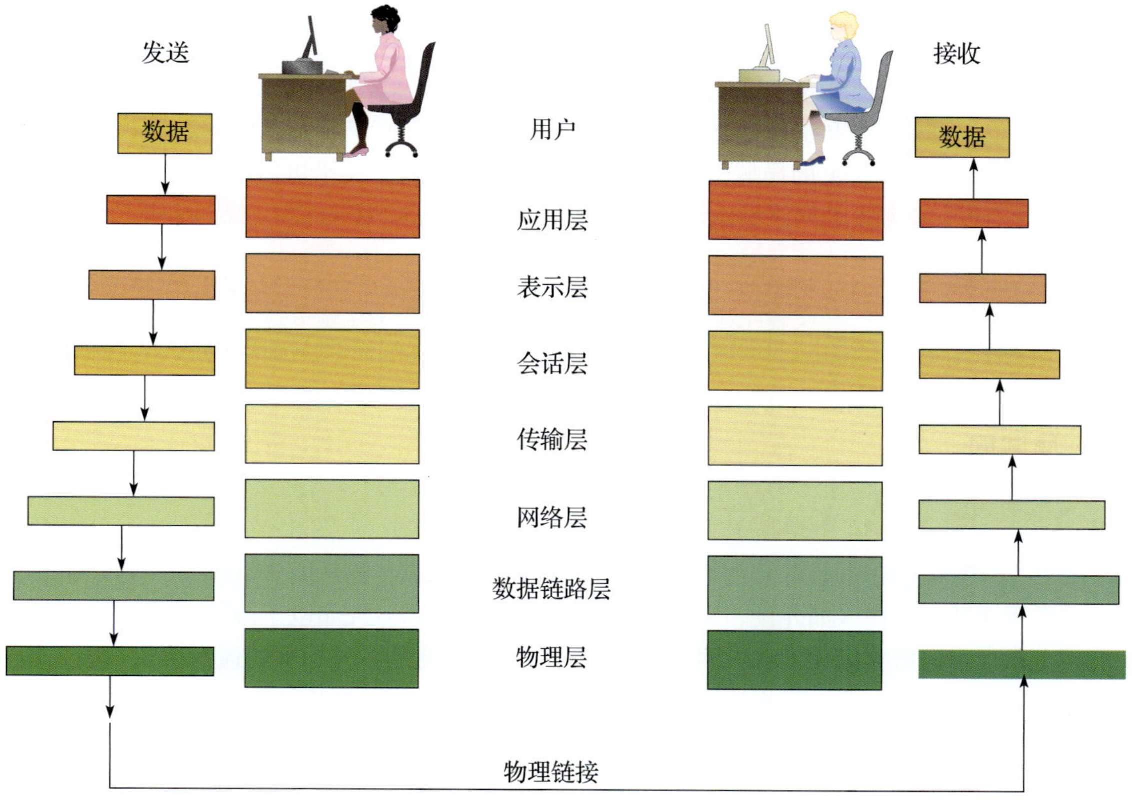

图 6-2　七层 OSI 模型

- 应用层——是应用程序访问网络的接口。根据应用程序的需求执行不同的任务，例如传输文件、访问数据库以及发送与接收电子邮件。
- 表示层——格式化数据（消息）包。
- 会话层——建立计算机之间的通信会话。
- 传输层——生成接收者的地址并确保数据包按顺序无误地传送，并且没有丢失或重复。包括控制数据流、对接收到的数据排序、确认接收数据的方法。
- 网络层——提供路由信息。
- 数据链路层——监督通信链路的建立和通信控制。
- 物理层——指定计算机与传输介质之间的物理链接，定义用于通信的物理介质。这一层主要负责在通信网络上传输二进制数据。

> **开放系统互连（OSI）模型**是一个七层架构，用于定义计算机之间数据的传输方式，标准化网络计算机之间的信息交互。

6-4 网络类型

目前，有三种主要的网络类型：局域网、广域网和城域网。在所有这些网络中，计算机都是通过**网络接口卡**（network interface card，NIC）连接到网络。网络接口卡又称为“适配器卡”，是一种硬件设备，使计算机能够通过网络进行通信。也是网络和工作站之间的物理链路，因此它在 OSI 模型的物理层和数据链路层上运行。许多厂商都提供了 NIC，而最常见的局域网类型是以太网和令牌环网，几乎可以使用任何厂商的 NIC。此外，服务器要在网络中运行，必须安装网络操作系统（NOS），如 Windows Server 2012 或 Novell Enterprise Server。

> **网络接口卡**（NIC）是一种硬件设备，使计算机能够通过网络进行通信。

6-4a 局域网

局域网（local area network，LAN）连接邻近的工作站和外围设备（见图 6-3）。通常，局域网覆盖有限的地理区域（比如一栋建筑或校园），并且由某家公司或组织拥有。数据传输速度从 100Mbps 到 10Gbps 不等。

局域网通常用于共享资源（如外设、文件和软件）、提供集成服务（如电子邮件和文件共享）。在局域网环境中，有两个基本术语需要记住：以太网和以太网电缆。以太网是一种标准的通信协议，嵌入用于构建局域网的软硬件设备。以太网电缆用于将计算机、集线器、交换机和路由器连接到网络。在建立局域网时，评估网络需求并进行详细规划是很重要的。

> **局域网**（LAN）连接邻近的工作站和外围设备。

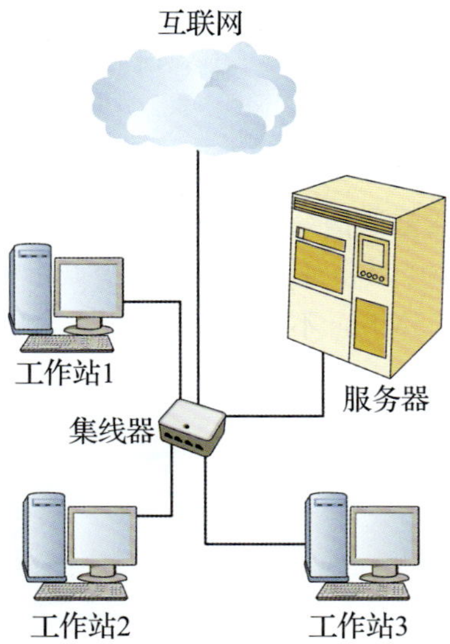

图 6-3　局域网

6-4b　广域网

广域网（wide area network，WAN）可以跨越多个城市、州甚至国家，通常由多个不同的组织或机构拥有（见图 6-4）。数据传输速度取决于其互连（称为链接）的速度，可以从 28.8 Kbps 到 155 Mbps 不等。例如，总部位于华盛顿特区的公司在 30 个州设有 30 个分支机构，广域网对该公司非常有用，使所有分支机构都能与总部通信，随时发送和接收信息。

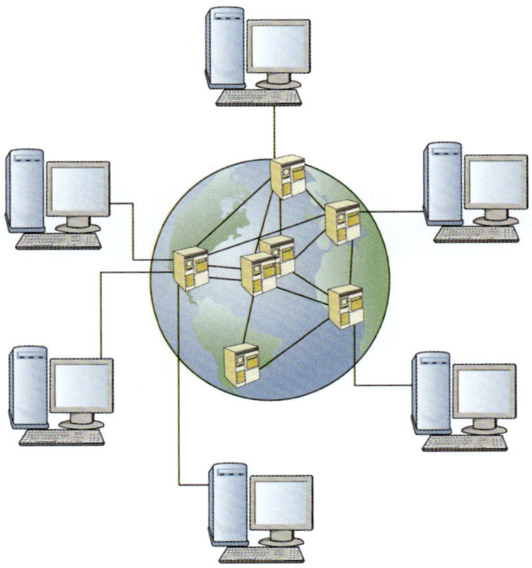

图 6-4　广域网

广域网可以使用多种不同的通信介质（同轴电缆、卫星和光纤）以及不同大小和复杂程度的终端（PC、工作站和大型机），也可以连接到其他网络。

广域网（WAN）可以跨越多个城市、州甚至国家，通常由多个不同的组织或机构拥有。

6-4c 城域网

电气和电子工程师协会（Institute of Electrical and Electronics Engineers，IEEE）开发了一个公共、独立的高速网络规范，该网络能连接各种数据通信系统，包括局域网和广域网。这个网络称为**城域网**（metropolitan area network，MAN），旨在为一个城市或者邻近的几个城市中的多个企业或组织提供数据通信（见图 6-5）。数据传输速度从 34Mbps 到 155Mbps 不等。

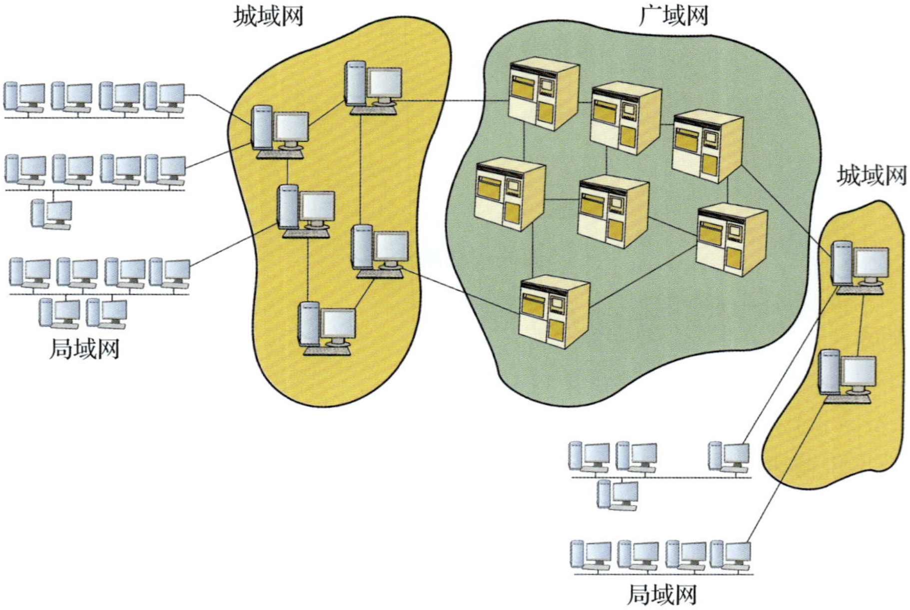

图 6-5 城域网

表 6-1 比较了这三种类型的网络。

表 6-1 局域网、广域网和城域网的比较

网络类型	所有权归属	数据传输速度	范围
局域网	通常一方	100Mbps 到 10Gbps	建筑物或校园
广域网	多方	28.8Kbps 到 155Mbps	城际
城域网	一方或多方	34Mbps 到 155Mbps	从一个城市到几个相邻的城市

城域网（MAN）旨在为一个城市或邻近的几个城市中的多个企业或组织处理数据通信。

6-5 网络拓扑

网络拓扑（network topology）表示网络的物理布局，包括计算机和电缆的布置。下面将讨论五种常见拓扑结构：星形拓扑、环形拓扑、总线拓扑、层次拓扑和网状拓扑。

> **网络拓扑**表示网络的物理布局，包括计算机和电缆的布置。

6-5a 星形拓扑

星形拓扑（star topology）通常由一台中央计算机（主机，通常是一台服务器）和一系列节点（通常是工作站或外围设备）组成。中央计算机提供主要的处理能力。如果一个节点发生故障，那么不会影响网络的运行，但是如果主机发生故障，整个网络就会崩溃。

星形拓扑的优点包括：

- 网络线路易于修改。
- 集中控制，更容易检测故障。
- 网络中添加新节点更便利。
- 在处理短时间内突发流量且传输任务繁重的情况时更有效。

星形拓扑的缺点包括：

- 如果中央主机发生故障，整个网络将无法运行。
- 需要许多电缆，从而增加了成本。

> **星形拓扑**通常由中央计算机（主机，通常是一台服务器）和一系列节点（通常是工作站或外围设备）组成。

6-5b 环形拓扑

在**环形拓扑**（ring topclogy）中，不需要主机，节点间的通信由节点自己管理。计算机和设备被连接成一个圆形，因此每个节点都连接到另外两个节点（被称为上游邻居和下游邻居）。如果节点之间的任何连接被切断，整个网络就都会受到影响，单个节点的故障会破坏整个网络。令牌环网是环形拓扑的一种常见实现。它是IEEE 802.5中规定的一种LAN协议，其中所有节点都连接在一个环中，每个节点都只能直接从它的近邻那里接收传输。传输的权限由环绕的消息（令牌）授予。如果环形拓扑选用光纤分布式数据接口（fiber distributed data interface，FDDI），那么网络可以实现双向传输（顺时针和逆时针），避免了单节点故障造成的问题。

> 在环形拓扑中，如果节点之间的任何链接被切断，整个网络都会受到影响，单个节点的故障会破坏整个网络。

环形拓扑比星形拓扑节省建设成本，更适合处理短时间内突发流量且传输任务繁重的情况。但是，与星形拓扑相比较，环形拓扑故障诊断较困难，并且网络线路不易修改。

> 在**环形拓扑**中，不需要主机，节点间的通信由节点自己管理。

6－5c　总线拓扑

总线拓扑（bus topology），也称为“线性总线”，沿着整个网络连接节点，但电缆的两端不连接，这和环形拓扑不同。在电缆的每一端使用称为终结器的硬件设备来吸收信号。如果没有终结器，信号将沿着电缆的长度来回反弹，会妨碍网络通信。

单个节点的故障对任何其他节点都没有影响。

总线拓扑的优点包括：

- 易于扩展。
- 可靠性高。
- 布线简单，使用电缆少，降低了成本。
- 能很好地处理稳定（均匀）的流量。

总线拓扑的缺点包括：

- 故障诊断困难。
- 在网络流量大的情况下，争用线路现象比较严重，总线电缆是一个瓶颈。

> **总线拓扑**，也称为“线性总线”。沿着整个网络连接节点，但电缆的两端不连接，这和环形拓扑不同。

6－5d　层次拓扑

层次拓扑（hierarchical topology），又称为“树”，将不同组织级别中具有不同处理能力的计算机组合在一起。例如，底层由工作站组成，微型计算机位于中间，服务器位于顶部。地理位置分散、管理层次分明的公司适合这种类型的网络。底层节点的故障对网络性能影响不大，但中间节点和尤其是控制整个网络的顶层节点对网络的运行至关重要。

传统的大型机网络也使用层次拓扑结构。主机位于顶层，前端处理器（front-end processors，FEP）位于下一层，控制器和多路复用器位于第三层，终端和工作站位于底层。**控制器**（controller）是控制从计算机到外围设备（例如显示器、打印机或键盘）的数据传输的软硬件设备。**多路复用器**（multiplexer）是允许多个节点共享一个通信通道的硬件设备。中间层设备（前端处理器和控制器）通过从终端和工作站收集数据来减少主机的处理负载。

与星形拓扑结构相比，层次拓扑结构具有更好的网络控制能力和更低的成本。缺点在于网络扩展不方便。另外，在根节点和较高层次的节点处容易出现流量阻塞。

> **层次拓扑**，又称为“树”，将不同组织级别中具有不同处理能力的计算机组合在一起。
> **控制器**是控制从计算机到外围设备（例如显示器、打印机或键盘）的数据传输的软硬件设备。
> **多路复用器**是允许多个节点共享一个通信通道的硬件设备。

6－5e　网状拓扑

在**网状拓扑**（mesh topology）[也称为丛拓扑或互连拓扑] 中每个节点（大小和配置可能不同）都连接

到网络中其他所有节点。这种拓扑结构非常可靠。一个或几个节点的故障通常不会在网络系统中造成重大问题。然而，这种拓扑结构造价高，并且难于维护和扩展。

> 在网状拓扑［也称为丛拓扑或互连拓扑］中每个节点（大小和配置可能不同）都连接到网络中其他所有节点。

6-6 网络中的主要概念

以下部分将解释网络中的重要概念，包括协议、TCP/IP、路由、路由器和客户机/服务器模型。

6-6a 协议

如前所述，协议是电子设备用来交换信息的协定方法和规则。人需要一种共同的语言来交流，计算机和其他电子设备也是如此。一些协议用于处理硬件连接，另一些则用于处理数据传输和文件传输。协议还指定了在计算机之间发送消息包的格式。在当今的网络中，因为网络需要支持运行不同操作系统的计算机，所以多协议支持变得越来越重要。下一节讲述最广泛使用的网络协议 TCP/IP。

6-6b 传输控制协议/网际协议

传输控制协议/网际协议（Transmission Control Protocol/Internet Protocol，TCP/IP）是一套标准的通信协议。TCP/IP 的主要优点是支持互操作性，换句话说，允许网络连接运行在不同平台的设备上。TCP/IP 最初是用于互联网通信的，但是由于解决了可移植性等问题，所以也成为 UNIX 网络通信的标准协议。

> 传输控制协议/网际协议（TCP/IP）是一套标准的通信协议，支持互操作性。

传输控制协议（TCP）运行在 OSI 模型的传输层上，网际协议（IP）运行在 OSI 模型的网络层上。TCP 的主要功能是在主机之间建立连接，确保消息的完整性，对数据包的发送进行排序和确认，同时调节源节点和目标节点之间的数据流。

IP 负责包的转发。要执行这项任务，必须知道可用的数据链路协议和每个包的最佳大小。当识别出每个数据包的大小后，将数据划分为数据包。IP 地址由 IPv4（32 位）或 IPv6（128 位）组成，分为网络地址和节点地址两个部分。IP 网络将网络地址和节点地址合并为一个 IP 地址。例如，131.255.0.0 是一个有效的 IP 地址。

6-6c 路由

为了更好地理解路由，首先要介绍数据包交换技术，又称为分组交换技术，是一种将数据分成小数据包并传输到另一个地址并在该地址上重新组合数据包的一种网络通信技术。**数据包**（packet）是一组二进制数字的集合，包括消息数据以及用于格式化和通过网络在计算机间传输的控制字符。数据包按照发送方和接收方之间可用的最佳路由进行传输（见图 6-6）。任何分组交换网络都可以处理多媒体数据，例如文本、图形、音频和视频。

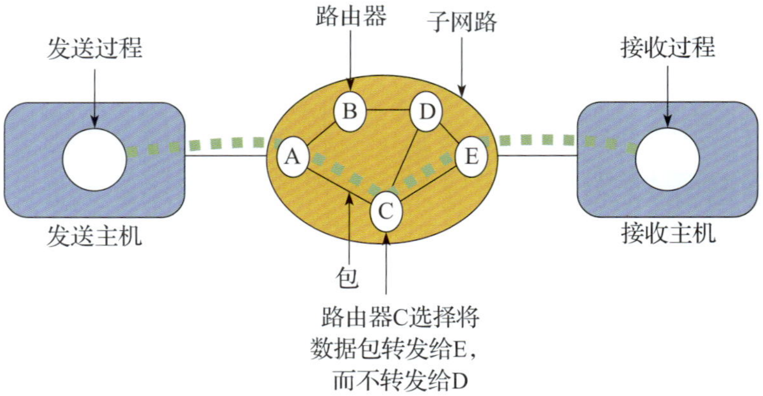

图 6-6　分组交换网络

数据在网络上的传输路径取决于网络的类型和用于传输数据的软件。决定数据在网络上采用哪条路径传输的过程称为**路由**（routing）。路由类似于一个人从家到工作场所的路径。虽然可能大部分时间都走同一条路，但有时不得不改变路线，这取决于道路、天气条件和时间等因素。集中式路由和分布式路由是目前可以选择的两种路由类型。在大多数情况下，由软件自动生成的**路由表**（routing table）来确定数据包的最佳可能路由。路由表列出了网络上节点之间的路径，以及备用路由和现有路由的速度。

在**集中式路由**（centralized routing）中，一个节点负责为所有数据包选择路径。此节点被视为网络路由管理器，用于存储路由表。对路由的任何更改都必须在此节点上进行。所有网络节点定期转发关于网络路由管理器的入站、出站和处理数据量的信息。因此，网络路由管理器对网络有一个总览，汇总网络中节点的使用程度。但是集中式路由也有缺点。例如，如果网络路由管理器位于远离网络中心的位置，那么组成网络的许多节点都会远离中心节点。这就会导致路由表更改的延迟并降低网络性能。此外，如果控制节点故障，则没有可用的路由信息，数据在网络上的传输会瘫痪。

分布式路由（distributed routing）依赖于每个节点来计算可能的最佳路由。每个节点都保存自己的路由表，其中包含关于相邻节点状态的当前信息，因此数据包可以遵循最佳路径进行传输。每个节点还定期发送状态消息，以便相邻节点可以更新其路由表。分布式路由消除了将路由表放在集中站点上所造成的问题。如果某个节点无法正常运行，则更新其他节点上的路由表，使数据包沿着其他路径发送。

> **数据包**是一组二进制数字的集合，包括消息数据以及用于格式化和通过网络在计算机间传输的控制字符。
>
> **路由**是决定数据在网络上采用哪条路径传输的过程，取决于网络的类型和用于传输数据的软件。
>
> **路由表**由软件自动生成，用于确定数据包的最佳可能路由。
>
> 在**集中式路由**中，一个节点负责为所有数据包选择路径。此节点被视为网络路由管理器，用于存储路由表。对路由的任何更改都必须在此节点上进行。
>
> **分布式路由**依赖于每个节点来计算可能的最佳路由。每个节点都保存自己的路由表，其中包含关于相邻节点状态的当前信息，因此数据包可以遵循最佳路径进行传输。

6-6d 路由器

路由器（router）是一种网络连接设备，包含连接网络系统并控制它们之间流量的软件。被连接的网络可以在不同的协议上运行，但是必须使用一个公共路由协议。路由器在 OSI 模型的网络层操作，并在网络上处理路由包。思科公司和瞻博网络公司是两家主要的路由器供应商。

路由器的功能与网桥相同，但网桥更复杂。网桥使用相同的协议连接两个局域网，并且两个局域网可以采用不同的传输介质。

路由器也可以根据距离或成本为数据包选择最佳路径，可以防止网络阻塞与包的延迟交付，并且可以处理大小不同的包。路由器还可用于将局域网的一部分与网络的其余部分隔离，这个过程叫作“分段”。例如，出于保密的原因，用户可能希望将用于处理新产品开发或工资单的信息与网络中的其他信息隔离。

路由器有两种类型：静态路由器和动态路由器。**静态路由器**（static router）需要网络管理员手工配置路由信息，决定哪个地址位于哪个网络上。**动态路由器**（dynamic router）能够自动地建立路由表，并且能够根据实际情况的变化适时地进行调整。动态路由器现在使用得越来越多，特别是在互联网上。

> **路由器**是一种网络连接设备，包含连接网络系统并控制它们之间流量的软件。
> **静态路由器**需要网络管理员手工配置路由信息，决定哪个地址位于哪个网络上。
> **动态路由器**能够自动地建立路由表，并且能够根据实际情况的变化适时地进行调整。

6-6e 客户机/服务器模型

在**客户机/服务器模型**（client/server model）中，软件运行在本地计算机（客户机）上，并与远程服务器（网络上的远程计算机）通信以请求信息或服务。例如，在客户端计算机上，用户提出这样的请求：“显示所有营销类课程 GPA 高于 3.8 的学生的姓名”。数据库服务器接收这个请求后，经过处理返回以下姓名：“Alan Bidgoli”、“Moury Jones”和“Jasmine Thomas”。

基本的客户机/服务器处理流程如下：

1. 用户运行客户端软件来创建查询。
2. 客户机接受请求并对其进行格式化，以便服务器能够理解。
3. 客户机通过网络向服务器发送请求。
4. 服务器接收并处理查询。
5. 发送结果到客户端。
6. 格式化结果并以可理解的格式显示给用户。

客户机/服务器体系结构的主要优点在于可以水平扩展或垂直扩展。水平扩展意味着可以添加更多工作站，垂直扩展意味着可以将网络迁移到更大、更快的服务器上。

为了更好地理解客户机/服务器体系结构，可以从三个层次的逻辑来考虑：

- 表示逻辑；
- 应用逻辑；
- 数据管理逻辑。

表示逻辑是顶层逻辑，关注的是如何将数据返回给客户机。例如，Windows 图形用户界面（GUI）的主要功能是将任务转换成用户能够理解的内容。应用逻辑处理用户的有关请求。数据管理逻辑涉及数据管理和存储操作。客户机/服务器体系结构中要挑战的是如何在客户机和服务器之间划分这三种逻辑。下面描述了一些用于此目的的典型架构。

两层架构

在**两层架构**（two-tier architecture）中客户机（第 1 层）直接与服务器（第 2 层）通信，如图 6－7 所示。表示逻辑始终位于客户机上，数据管理逻辑位于服务器上。应用逻辑可以在客户机或者服务器上，通常位于客户机端。

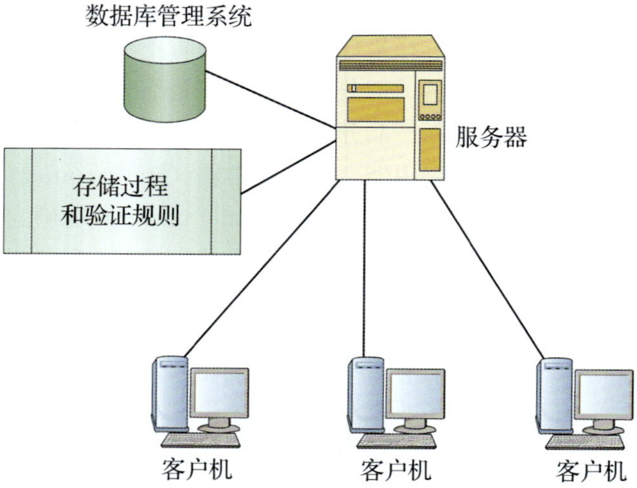

图 6－7　两层客户机/服务器架构

这种架构在小型工作组（即 50 个或更少的客户机组）中是有效的。由于应用逻辑通常位于客户机端，所以两层架构具有应用程序开发速度快、配置简单、功能强大等优点。缺点是应用逻辑的任何更改都需要对客户机进行重大修改，从而加大升级和改造成本。当然，是否选用取决于应用程序的需要。

n 层架构

在两层架构中，如果修改了应用程序逻辑，则会影响处理工作负载。例如，如果应用程序软件放在客户机上，则更改数据管理软件需要修改所有客户机上的软件。**n 层架构**（n-tier architectures）试图通过从客户机和服务器上删除应用程序，并将其放置在中间层服务器上来平衡客户机和服务器之间的工作负载，如图 6－8 所示。最常见的 n 层架构是三层架构。这种安排将表示逻辑留在客户机端，将数据管理逻辑留在服务器端（参见图 6－9）。

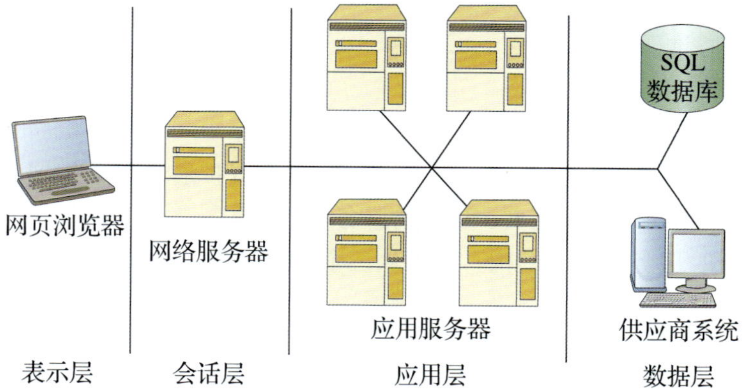

图 6－8　n 层架构

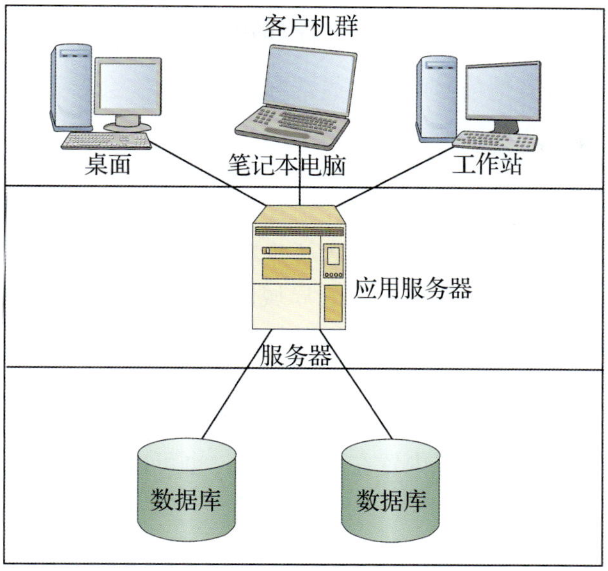

图 6-9　三层架构

高网络性能是该架构的主要优势。但是，因为网络流量更多，同时需要更多设备响应用户的请求，所以在 n 层架构中进行软件设置比较困难，这对网络管理提出了更高的挑战。

在**客户机/服务器模型**中，软件运行在本地计算机（客户机）上，并与远程服务器（网络上的远程计算机）通信以请求信息或服务。

在**两层架构**（最通用的结构）中客户机（第 1 层）直接与服务器（第 2 层）通信。

n 层架构试图通过从客户机和服务器上删除应用程序，并将其放在中间层服务器上来平衡客户机和服务器之间的工作负载。

6-7　无线网络和移动网络

无线网络（wireless network）是使用无线技术而不是有线技术的网络。**移动网络**（mobile network）也称为蜂窝网络，是基于射频（RF）信号运行的网络，由无线电单元组成，每个单元由一个固定的发射机提供服务，称为单元站点或基站（本章稍后讨论）。这些站点被用来在更大范围内提供无线电覆盖。

无线网站和移动网络具有灵活、易于安装和低成本等优点。这些系统在没有基础设施（如已有通信线路或已建立有线网络）的情况下非常有效，这在许多发展中国家和没有网络布线的老建筑中很常见。移动网络和无线网络的主要缺点是：

- 吞吐量有限——**吞吐量**（throughput）类似于带宽，是在指定的时间内（通常为一秒）传输或处理的数据量。与无线的其他缺点不同，吞吐量问题在未来会越来越严重。
- 范围有限——在移动网络和无线网络中，信号在不损失强度的情况下可以传输的距离更为有限。例如，Wi-Fi 网络在室内可以传输 120 英尺，在室外可以传输 300 英尺。第 14 章将详细地介绍移动网络和无线网络的范围规范。

- 室内渗透问题——无线信号可能无法穿过某些建筑材料，或者可能难以穿过墙壁。
- 易受频率噪声影响——来自其他信号的干扰通常称为噪声。它会导致传输问题。常见的噪声源包括雷暴和闪电、变压器、高压电缆和荧光灯。
- 安全性较低——无线网络流量可以用嗅探器捕获。(本章稍后将更详细地讨论无线网络的安全性。)

移动计算和无线计算有多种多样的解释。移动计算有时只是指使用远离办公室的笔记本电脑或使用调制解调器从客户机的办公室访问公司网络。其实这些活动并不真正需要无线技术。无线局域网主要是指专用局域网，指某机构使用某厂商的规范（比如苹果电脑的局域网协议）来连接 Macintosh* 设备。无线局域网同时也可以被用来描述任何无线网络。无线局域网的特性与有线局域网相同，但它们使用无线介质，如红外线(infrared ray，IR）或射频。

图 6－10 显示了一个无线笔记本接入有线局域网。笔记本电脑上的收发器与有线局域网建立无线电联系(图中没有显示整个有线网络)。收发器可以内置在笔记本上，也可以安装在墙上，或者放在笔记本旁边的书桌上。

图 6－10　无线笔记本接入有线局域网

无线网络有很多优点。例如，使用具有无线功能的掌上电脑、笔记本电脑或平板电脑（如 iPad）的医护人员能够快速获取患者信息。他们还可以直接把信息输入手持设备，而不是把病人的病情写在纸上，然后录入计算机。利用无线网络可以随时将相关信息发送到远端的数据库系统中。同时，其他工作人员可以立即获得这些信息。另外，医护人员利用手持设备直接输入信息可防止在转录过程中出现的错误，从而提高信息质量。

下面的小贴士讨论了移动应用，此应用进一步提高了移动计算的普及程度。

小贴士

移动计算和移动应用

由于应用程序（APP）的普及，移动计算已经成为一个广为人知的术语。APP 为执行特定任务而设计，可以在智能手机、平板电脑和其他手持设备上运行。目前，在游戏、社交媒体、零售、银行、金融和

* Macintosh 是最早成功使用图形界面的一款台式个人电脑。——译者注

医药等领域已经开发出了大量APP。许多APP是免费的，有些则需要购买。

苹果公司在2008年开设了App Store。截至2014年6月，App Store中APP的下载次数高达750亿次。同时，iTunes App Store目前拥有120多万个APP。[7] 谷歌宣布，到2013年初，Google Play已经拥有48亿次的APP下载量。[8]

Flurry公司是一家APP分析公司。该公司的统计显示，2013年全球有由10万个开发人员开发的30多万个APP投入使用。该公司还表示，每月不同的APP被使用的次数大概超过1.3万亿次。[9]

以下是一些流行的APP：

- EPOCRATES（Epocrates Inc.）——为医生提供关于药物的基本信息，包括成人和儿童的正确剂量，以及警告可能存在的有害行为。[10]
- ALIVECOR（AliveCor Inc.）——当患者将手指放在传感器上时，会产生心电图。
- Google Shopper——为数百万种产品提供价格、评论和视频等信息。[11]
- 苏格兰皇家银行（Citizens Bank）——提供各种网上银行服务。[12]
- 声田（Spotify）——从互联网上传送数百万首歌曲。[13]

无线网络是使用无线技术而不是有线技术的网络。

移动网络也称为蜂窝网络，是基于射频（RF）信号运行的网络，由无线电单元组成，每个单元由一个固定的发射机提供服务，称为单元站点或基站。

吞吐量类似于带宽，是在指定的时间内（通常为一秒）传输或处理的数据量。

6-7a 无线技术

无线设备和移动设备的使用正在逐步增加。2011年10月，美国无线通信和互联网协会（CTIA）报告称，美国的无线设备数量首次超过了人口数量。[14]

2011年10月，美国的无线设备数量超过了人口数量。

在无线环境中，便携式计算机使用小型天线与周围地区的无线电发射塔通信。近地轨道卫星接收来自移动和便携式网络设备的低功率信号。无线通信行业有许多供应商，而且发展迅速。目前的无线技术通常分为两类：

- 无线局域网（wireless LAN，WLAN）——这些网络正在成为许多公司有线局域网的替代品。与有线局域网一样，WLAN的特点是只属于一个组织，并且覆盖有限的区域。
- 无线广域网（wireless WAN，WWAN）——这些网络的覆盖范围比WLAN更广，设备包括：蜂窝网络、蜂窝数字分组数据（CDPD）、传呼网络、个人通信系统（PCS）、分组无线网络、宽带个人通信系统（BPCS）、微波网络和卫星网络。

WLAN和WWAN依赖于RF频谱作为通信介质，如表6-2所示。

表6-2 无线局域网与无线广域网

	无线局域网（WLAN）	无线广域网（WWAN）
覆盖范围	约100米	能覆盖的面积比广域网大得多，甚至可以扩展到国际范围

续表

	无线局域网（WLAN）	无线广域网（WWAN）
速度	采用 802.11b 无线标准，数据传输速率高达 11Mbps；采用 802.11a 无线标准，数据传输速率为 54Mbps；采用 802.11n 无线标准，数据传输速率为 100Mbps	根据技术的不同，速率从 115Kbps 到 14Mbps 不等
数据安全性	通常比 WWAN 低	通常比 WLAN 高

请注意，802.11a 和 802.11b 已被当前的无线标准 802.11g 和 802.11n 取代。802.11g 标准采用 2.4GHz 频率，数据传输速率为 54Mbps；802.11n 使用相同的频率，但将数据传输速率提高到了 100Mbps。

6－7b　移动网络

移动网络通常由三部分组成，如图 6－11 所示：

- 基站向用户发送信号和接收用户发送的信号。
- 移动电话交换站（mobile telephone switching offices，MTSO）在国家或全球的电话网络和基站之间传输电话。
- 订阅者（用户）通过移动通信设备连接到基站。

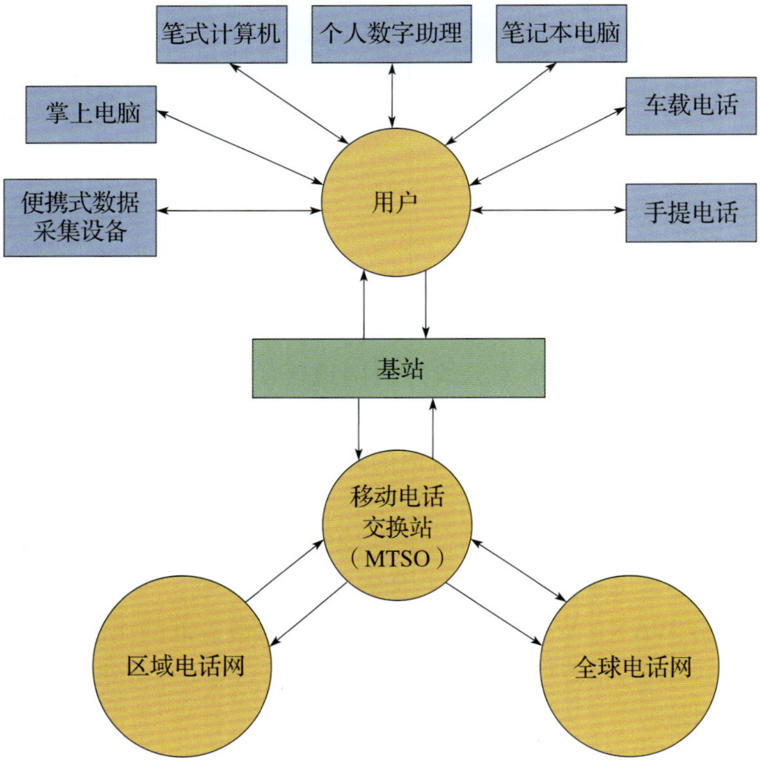

图 6－11　移动网络架构

移动设备通过某些地理区域的服务运营商（提供商）来进行许可注册。当移动设备不在其提供商的覆盖范围内时，就会漫游。漫游是在运营商有限的服务区外使用移动电话。通过漫游，用户可以在与首次注册服务不同的位置扩展连接性服务。

为了提高数字通信的效率和质量，开发了时分多址和码分多址两种技术。**时分多址**（Time Division

Multiple Access，TDMA）把每个通道划分为六个时隙。每个用户分配两个时隙：一个用于发送，一个用于接收。这种方法允许在一个通道上加载三个调用，将通信效率提高了 300%。**码分多址**（Code Division Multiple Access，CDMA）可以在较宽的频率上传输多个编码信息，然后在接收端对其解码。

高级移动电话系统（Advanced Mobile Phone System，AMPS）是贝尔实验室于 1983 年推出的模拟移动电话传输标准。然而，由于后来出现的数字技术具有高容量、良好的语音质量和加密功能，所以从 2008 年 2 月 18 日起，美国航空公司、美国电话电报公司（AT&T）和威瑞森（Verizon）等公司永久停止了 AMPS 这项服务。表 6－3 描述了不同时代的蜂窝网络。（蓝牙是一种无线网络技术，将在第 14 章进行讨论。）

表 6－3　蜂窝网络

发展阶段	描述
1G	有限带宽的模拟传输
2G	增加了对语音、数据、呼叫和传真服务的支持
2.5G	增加包交换技术，通过无线电信号传输数据包；不同于电话系统的电路交换技术，它以连续的比特流传输数据
3G	支持传输高质量的多媒体数据，包括数据、语音和视频
4G	提供宽带、大容量、高速数据传输和高质量的交互式多媒体服务

为了提高数字通信的效率和质量，**时分多址（TDMA）**把每个通道划分为六个时隙。每个用户分配两个时隙：一个用于发送，一个用于接收。这种方法允许在一个通道上加载三个调用，将通信效率提高了 300%。

为了提高数字通信的效率和质量，**码分多址（CDMA）**可以在较宽的频率上传输多个编码信息，然后在接收端对其解码。

许多企业使用无线和移动网络来改善客户服务和降低运营成本。下面的小贴士概述了苹果公司的 iPhone 及其商业应用程序。

小贴士

iPhone——行动中的移动计算

苹果公司于 2007 年发布了第一代 iPhone。2008 年推出了 3G 版本，支持快速 3G 网络。2009 年，iPhone 3GS 问世，这款手机比之前的版本要快得多，而且可以录像。2010 年，iPhone 4 发布，支持视频会议、增加了电子邮件服务与多任务管理等。2011 年，iPhone 4S 发布了先进的语音功能。2012 年，iPhone 5 推出了超薄设计、4 英寸视网膜显示屏和更快的处理芯片。2013 年，苹果推出了 iPhone 5s 和 5c。iPhone 5s 速度更快，配备了新的摄像头并配有指纹识别器（iPhone 5c 基本上是重新包装的 iPhone 5，具有不同的颜色）。2014 年推出 iPhone 6 和 iPhone 6 Plus。iPhone 6 的屏幕为 4.7 英寸，而 iPhone 5s 的屏幕为 4 英寸。iPhone 6 变得更轻薄，而且许多功能也得到了改进。iPhone 6 Plus 配有 5.5 英寸显示屏、更大的内存和许多其他增强功能（更多信息请访问 https://www.apple.com/iphone-6/）。iPhone 有许多商业应用程序。以下是 iPhone 的一些特色应用程序[15]：

- 与 Microsoft Exchange 集成，因此用户无论身在何处，都可以随时查看最新的电子邮件、联系人和日历等。
- Safari 浏览器允许用户随时随地访问公司的资源。
- 大量创新的应用程序，如地图、语音备忘录和语音控制。

- 用户可以向多个收件人发送 SMS 消息。
- 在用户出差时，可以在任何地方查看库存，或者得到一个快速的天气预报。

6-8 无线安全

安全性在任何类型的网络中都很重要，但在无线网络中尤其重要，因为任何在接入点（access point，AP）范围内行走或驾驶的人，即使在家或办公室之外，也可以使用网络。AP 是 WLAN 的一部分，可将其连接到其他网络。找到 WLAN 是一项容易的任务。用户只需使用装有无线局域网的电脑，无论在办公楼或家中，无论是走动或开车，都可以尝试接收信号。无线信号也可以被截获，与有线网络相同，它们也易受 DoS 攻击（在第 5 章中讨论过）。

以下几种技术可以提高无线网络的安全性：

- 服务集标识符（service set identifier，SSID）——所有试图访问 AP 的客户端计算机都必须在其所有数据包中包含一个 SSID。没有 SSID 的数据包不会被 AP 处理。使用 SSID 的主要缺点是，只要使用特殊的软件，它就可以被范围内的其他设备获得。
- 有线等效隐私（wired equivalent privacy，WEP）——密钥必须被手动输入 AP 和客户端计算机。在传输前利用密钥对消息进行加密。由于手工处理过程复杂且耗时，因此 WEP 技术不适用于大型网络。
- 可扩展身份验证协议（extensible authentication protocol，EAP）——EAP 密钥是根据用户 ID 和密码动态生成的。当用户退出系统时密钥被丢弃。当用户重新登录网络时，将生成一个新密钥。
- Wi-Fi 保护访问（Wi-Fi protected access，WPA）——该技术结合了 WEP 和 EAP 最强大的特性。密钥是固定的，不像 WEP 和 EAP。然而，WPA 密码比 WEP 密码长，因此，更难以破解。此外，在传输之前，每个帧（一个不同的、可识别的数据集）的密钥都要更改。
- WPA2 或 802.11i——该技术使用 EAP 获取主键。有了这个主键，用户的计算机和 AP 就可以协商一个会话使用的密钥。会话终止后，将丢弃密钥。该技术采用了先进的加密标准，比 WPA 复杂得多，破解难度也大得多。

下面的小贴士讲述了与无线设备相关的隐私和伦理问题。

小贴士

无线设备的隐私问题和伦理问题

一些无线设备，包括 iPhone、iPad 和 Android 设备，可以跟踪用户的位置。位置信息要么保存在设备上，要么保存在其他计算机或网络上。虽然这些设备的用户能够关闭 GPS 功能，但很多人却没有这样做。事实上，拥有 GPS 功能可能是许多人购买这些设备的首要原因之一。然而，位置跟踪可能涉及用户的隐私问题和 IT 人员的道德问题。如今，许多公司向员工发放这些设备，以帮助他们更有效地完成工作。当然，雇主有监督员工如何使用这些设备的合法权利，包括监控员工访问的 Web 站点、发送或接收的电子邮件以及电话对话等。许多公司要求员工在任何时候都要携带公司发行的设备，这意味着员工下班后的行踪也会被跟踪。雇主以这种方式监视雇员的行动合乎道德吗？[16,17]

6-9 语音、视频和数据的融合

在数据通信中，**融合**（convergence）是指语音、视频和数据的聚合，使多媒体信息可以用于决策。在过去，人们用单独的网络传输语音、视频和数据，但是随着对综合服务的需求增加，已经开发了融合技术来满足这种需求。

> 在过去，单独的网络用于传输数据、语音和视频，但是随着对综合服务需求的增加，已经开发出多种技术来满足这种需求。

网络融合需要的是升级主体网络，因为视频需要更多带宽。然而，随着诸如异步传输模式（asynchronous transfer mode，ATM）、千兆以太网、3G 和 4G 网络等高速技术的出现，以及应用程序对这些技术需求的增加，升级主体网络的诉求已经发生了变化。千兆以太网是一种 LAN 传输标准，可以达到 1Gbps 和 10Gbps 的数据传输速度。ATM 是一种包交换服务，运行速度为 25Mbps 和 622Mbps，最大速度可达 10Gbps。如前所述，3G 网络是第三代移动网络，具有比 2G 网络更广泛的服务范围和更大的网络容量。3G 网络不但提高了信息传输速度和质量，还提升了互联网电话的质量。3G 网络强大的上传和下载速度使得流媒体视频成为现实。4G 网络在 3G 网络的基础上取得了进一步的发展。

> 3G 网络上传和下载速度大大加快。这使得流媒体视频成为可能。

越来越多的网络运营商、电信公司和广播网络公司都在朝着融合的方向迈进。甚至有些小公司现在也在利用这种快速发展的技术提供多媒体产品展示，并利用互联网进行多媒体演示和协作。网络融合的常见应用有：

- 电子商务；
- 随着电视频道数量的大幅增加以及电影和视频点播的普及，人们有了更多娱乐选择；
- 提高视频和计算机会议的可用性和经济性；
- 消费产品和服务，如虚拟教室、远程办公和虚拟现实。

> 在数据通信中，**融合**是指语音、视频和数据的聚合，使多媒体信息可以用于决策。

作为一种提供服务的工具，互联网是导致融合现象的重要因素。数字技术的进步有助于推动融合技术的发展。当数据收集、处理和传输方面的标准变得更加可用和可接受时，对它们的融合使用会进一步增加。请参阅下面的“远程呈现”小贴士。

小贴士

远程呈现：数据通信和融合的一种新技术

最近，远程呈现（telepresence）* 吸引了很多人的注意。特别是由于经济衰退，公司发现它们可以利用该技术减少商务出行和商务会议开支。这种技术将音频和视频会议集成到单一的平台中，而且最近

* 远程呈现又称为遥现或临场感，是一种虚拟实在，能够使人实时地以远程的方式于某处出场（即虚拟出场）。此时，出场相当于“在场”，即你能够在现场之外实时地感知现场，并有效地进行某种操作。——译者注

该技术的不断改进已经带来了更高的质量、更方便的使用性和更好的可靠性。

远程呈现系统还可用于记录会议，以供以后使用。同时可以将多媒体技术集成到演示文稿中。它们还可以提供即插即用的协作应用程序。该类产品提供了一个远程呈现室，有定制的灯光和音响，可以配置最多 20 个用户的高密度（HD）大屏幕。其他产品则规模较小，只有一个高清屏幕。远程呈现产品的主要供应商包括思科、宝利通（Polycom）、思科腾博（Tandberg）、Teliris 和 HP。[18]

本章的“行业链接”重点介绍了思科系统公司，该公司提供了许多用于数据通信系统的产品和服务。

行业链接

思科系统公司[19]

思科系统公司是最大的网络设备供应商，其主要目标是让不同电脑之间的连接变得更容易。思科提供各种各样的产品，包括路由器、交换机、网络管理工具、光电网络、安全软件、虚拟专用网络、防火墙、协作和远程呈现产品。各种产品使企业或组织能够从思科获得网络解决方案所需的一切。思科的产品和服务如下所示：

PIX 防火墙系列（PIX Firewall Series）：保护其内部网络免受外部入侵者的攻击。

网络管理工具（Network Management Tools）：帮助网络管理人员方便地集成组织的网络，以降低运营成本，提高生产效率。

身份管理工具（Identity Management Tools）：通过身份策略、访问控制和合规性检查来保护信息资源。

远程呈现网络管理（TelePresence Network Management）：集成了音频、高清视频和交互功能，提供面对面的协作功能。

思科 800 系列路由器（Cisco 800 Series Routers）：能够将并发数据、安全性和无线服务扩展到企业分支机构、远程工作人员和小型企业，以提高它们的生产率并简化运营流程。2010 年发布的路由系统 CRS-3 可提供高达每秒 322 太比特的互联网访问速度，这比其竞争对手快了近 12 倍。

回顾与讨论

1. 列出管理者应该了解数据通信的三个原因。
2. 数据通信系统中调制解调器是必需的吗？
3. 处理配置的三种类型是什么？
4. 五种类型的网络拓扑结构分别是什么？
5. 在三种类型的网络（LAN、WAN 和 MAN）中，哪一种是最快的？
6. 路由器的功能是什么？
7. 数据通信环境中的协议是什么？为什么需要它们？
8. 什么是双层客户机服务器架构？

专题研究

1. 一家新成立的有 40 名员工的互联网公司需要你的建议。它正在寻找一种协作工具，并将选择范围缩小到 GoToMeeting、WebEx 和 My Web Conferences 会议系统。阅读本章及其他资料后，写一篇两页的论文，其中包括每种工具的两个优点和两个缺点。最终的建议是哪一个？为什么选择这个工具而不是其他两个？

2. 思科和 Polycom 是远程呈现产品的两大供应商。阅读本章和其他资料后，写一篇单页论文，列出每家公司的一款顶级产品。对于问题 1 中提到的公司应该推荐哪种产品？推荐的依据是什么？与面对面的会议相比，使用远程呈现系统的两个优点是什么？两个缺点是什么？

3. 移动设备和无线设备正越来越多地用于医疗保健行业。阅读本章及其他资料后，写一篇两页的论文，概述这些设备在这个行业中的五种应用。此外，确定可以被医疗人员用来提高生产力的三个移动应用程序。

4. 阅读本章及其他资料后，写一篇两页的论文，确定五个可以在银行业使用的移动应用程序。这些应用程序如何提高银行员工的工作效率？使用这些应用程序有什么缺点？

5. 阅读本章及其他资料后，写一篇单页论文，其中包括一份六项内容的清单，以提高个人智能手机的隐私安全性。一般来说，iOS 设备是否比 Android 设备更安全？

6. 阅读本章及其他资料后，写一篇两页的论文，描述五个具有融合特性的商务应用程序。哪些行业有望从这一网络融合趋势中获益最大？

牛刀小试

1. 带宽是指在一秒内可以从一个点传输到另一个点的数据量。对或错？

2. 通信介质（通道）连接发送设备和接收设备。对或错？

3. 开放系统互连（OSI）模型是一个八层架构，用于定义数据如何在网络中从一台计算机传输到另一台计算机。对或错？

4. 以下不是总线拓扑的优点的是：

   a. 易于扩展

   b. 可靠性强

   c. 可以很好地处理稳定（均匀）的流量

   d. 故障诊断很容易

5. 下面不是无线和移动网络的优点的是：

   a. 有限的吞吐量

   b. 移动性

   c. 灵活性

   d. 易于安装

6. 下列哪种网络拓扑结构是最可靠的？

   a. 星形拓扑

b. 环形拓扑
c. 网形拓扑
d. 总线拓扑

个案讨论 6-1

沃尔玛的数据通信

沃尔玛对其数据通信系统做了一些改变，以改善供应商对销售和库存数据的访问。例如，该公司为其供应商，例如美泰公司（Mattel）、宝洁公司（Procter&Gamble）和华纳-兰伯特公司（Warner-Lambert），添加了定制的网站。借助这些定制网站，沃尔玛提高了工作效率。在保持较低的采购价格的基础上，提高了针对供应商的服务水平。为了确保数据的机密性，公司实施了一套先进的安全保障系统，以防止供应商访问彼此产品的数据。

沃尔玛还为其系统添加了基于 Web 的访问，以便供应商可以在使用浏览器访问数据库中信息的同时，进行电子数据交换（EDI）业务。[20,21]

沃尔玛在仓库管理系统（WMS）中使用了最新的无线技术，方便其跟踪和管理货物流动。同时，无线技术还用于控制和监控在其配送中心内移动商品的叉车和工业车辆。另外，沃尔玛开发了车辆管理系统（VMS），包括一个双向文本消息系统，使管理层能够有效地将物料资源转移到最需要的地方（VMS 可与 RFID 系统有效配合）。沃尔玛表示，VMS 显著提高了运营效率。[22]

回答以下问题：

1. 沃尔玛如何为供应商改进数据通信系统？
2. 沃尔玛有哪些典型的数据通信应用程序？
3. 沃尔玛的无线技术有哪些应用？
4. VMS 的特性和功能是什么？

个案讨论 6-2

保护移动设备的安全和隐私

随着智能手机和平板电脑设备的数量的增加，黑客和计算机犯罪分子将这些设备作为目标的风险也相应增加。这些移动设备很容易受到窃听。此外，许多智能产品的用户会被跟踪位置。[23]

与移动设备相关的主要安全风险包括[24]：

恶意软件——Android 应用程序尤其容易受到恶意软件的攻击，因为该平台是开放的。为了防范恶意软件的威胁，用户必须安装最新版本的操作系统，并使用移动安全保护工具。

高级短信计费——智能手机不但容易受到恶意软件的攻击，而且面临着订阅付费短信服务的额外风险。但是，大多数手机运营商都允许用户阻止 SMS 短信。

电子邮件和短信钓鱼——因为在移动设备上建立链接的合法性保护比较困难，所以当移动用户点击非法链接时，网络钓鱼者就梦想成真了。在移动设备上使用电子邮件时，用户应该非常谨慎。

间谍软件——入侵者使用非法软件来跟踪用户的移动活动。

恶意网站——主要针对具有浏览器漏洞的智能手机。

在第 4 章和第 5 章中讨论的许多建议在这里都适用。永远不要让个人的移动设备解锁；永远不要让它无人看管；一定要设置密码保护。

回答以下问题：

1. 与移动设备相关的安全风险有哪些？
2. 这些设备如何自动跟踪用户的位置？
3. 对于保护个人的移动设备免受安全威胁有什么建议？

7

互联网、内联网和外联网

本章学习目标：

7-1　描述互联网和万维网的组成

7-2　讨论导航工具、搜索引擎和目录

7-3　描述常见的互联网服务

7-4　总结广泛使用的 Web 应用程序

7-5　阐述内联网的目的

7-6　阐述外联网的目的

7-7　总结 Web 2.0、Web 3.0 时代和 Internet2 的发展趋势

7-8　描述万物互联

本章介绍了互联网（Internet）和万维网（Web）技术，提供了域名系统和各种类型的互联网连接的概述；然后讨论了如何在互联网上使用导航工具、搜索引擎和目录，并简要介绍了常见的互联网服务和 Web 应用程序；接着介绍了内联网（Intranet）和外联网（Extranet）及其使用方法；最后，介绍了 Web 2.0 和 Web 3.0 时代、Internet2 以及万物互联的趋势。

7-1 互联网和万维网

在大学生中，55%的人表示没有互联网就无法正常学习。**互联网**（Internet）是全球数百万台各种规模的计算机和网络的集合。互联网一词源自网络互联（internetworking），意思是连接网络。简而言之，互联网是一个由网络形成的网状系统。没有人真正拥有或经营互联网，每个网络都是在本地管理和资助的。

> 在大学生中，55%的人表示没有互联网就无法正常学习。

思科系统公司针对 20 多岁人群的一项国际调查显示，三分之一的受访者表示他们认为互联网是生活必需品之一。在大学生中，55%的人表示没有互联网就无法正常学习。在已工作的应届毕业生中，有 62%的人持相同观点。在大学生和应届毕业生中，超过 30%的人表示没有网络他们可以生活，但这将是一件很艰难的事情。[1]

> 互联网始于 1969 年美国国防部的一个项目。

互联网于 1969 年开始，为美国国防部**高级研究计划署网络**（Advanced Research Projects Agency Network，ARPANET，简称阿帕网）项目，连接了四个节点：美国加州大学洛杉矶分校，美国加州大学圣巴巴拉分校，美国加州斯坦福大学斯坦福研究院和盐湖城犹他大学。后来，大学

和政府实验室组成的计算机网络节点不断添加到网络中。这些连接以三级分层结构链接：主干网，区域网和局域网。

1987 年，阿帕网发展成为美国国家科学基金会网络（NSFNET），被认为是第一个互联网主干网。美国国家科学基金会最初限制互联网仅用于研究和教育机构，不允许商业用途。最终，由于需求增加，其他主干网被允许连接到 NSFNET。

互联网主干网（Internet backbone）是与光纤电缆相连的基础网络，可以支持非常高的带宽。它被称为主干，因为它支持构成互联网的所有网络，就像人类脊柱是神经系统的基础一样。互联网主干网由许多相互关联的政府、学术、商业和其他大容量数据路由器组成。

一些私营公司运营自己的互联网主干网，这些主干网在网络接入点（network access points，NAP）互连。读者可以在 http://www.nthelp.com/maps.htm 上找到位于美国的互联网主干网列表。图 7－1 显示了 IBM 公司的主干网。NAP 通过互联网确定路由路径。正如在第 6 章中了解到的，局域网（LAN）用作小范围的互联网连接，并使用网络接入点连接到互联网主干网。

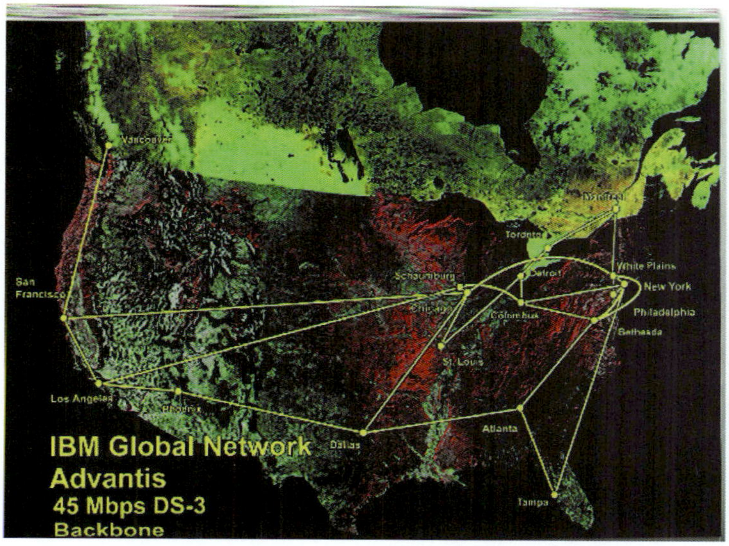

Courtesy of International Business Machines Corporation, © International Business Machines Corporation

图 7－1　IBM 公司的主干网

1989 年，万维网（WWW 或“the Web”）通过在基于文本的互联网上引入图形界面而改变了互联网。万维网由世界上最大的粒子物理中心，即欧洲核子研究组织（European Organization for Nuclear Research，CERN）的蒂姆·伯纳斯·李于 1989 年提出（CERN 代表 Conseil Europeen pour la Recherche Nucleaire）。

万维网使用**超媒体**（hypermedia）来组织信息，即文档以嵌入方式引用音频、文本、图像、视频或其他文本。互联网的很大一部分是由万维网构成的，而万维网又是由数十亿的超媒体文档组成的。超媒体文档中的嵌入式引用称为**超文本**（hypertext），由用户单击后跟踪特定线程（主题）的链接组成。通过使用超文本链接，用户可以按照他们喜欢的顺序访问文件、应用程序和其他计算机（这与纸质文档不同），只需单击按钮即可检索信息。本质上，超文本是一种数据管理方法，文本中数据存储在由链接连接的节点网络中。这些节点中的数据是通过交互式浏览系统访问的，这就意味着用户可以确定信息的访问顺序。

互联网是全球数百万台各种规模的计算机和网络的集合，是一个由网络形成的网状系统。

高级研究计划署网络（ARPANET，简称阿帕网）是美国国防部于 1969 年启动的一个项目，是互联网的开端。

互联网主干网是与光纤电缆相连的基础网络，可以支持非常高的带宽。由许多相互关联的政府、学术、商业和其他大容量数据路由器组成。

利用**超媒体**，文档以嵌入方式引用音频、文本、图像、视频或其他文本。

超媒体文档中的嵌入式引用称为**超文本**，由用户单击后跟踪特定线程（主题）的链接组成。

存储超媒体文档并将超媒体文档提供给互联网上其他用户使用的计算机称为服务器或 Web 服务器，请求这些文档的计算机称为客户端。客户端可以是家用计算机或组织的局域网中的节点。网络最令人兴奋的功能是超媒体文档可以存储在世界任何地方，因此用户可以在几毫秒内从美国的网站跳到法国巴黎的网站。下面的小贴士总结了互联网发展中的重大事件。

小贴士

互联网发展中的重大事件

1969 年 9 月：阿帕网诞生了。

1971 年：美国 BBN 科技公司的雷·汤姆林森发明了一种通过网络发送消息的电子邮件程序。

1983 年 1 月：从网络控制协议（NCP）过渡到传输控制协议/网际协议（TCP/IP），即发送和接收数据包的协议。

1987 年：美国国家科学基金会为美国国家研究和教育网络创建了主干网，被称为 NSFNET；它标志着互联网的诞生。

1988 年 11 月：蠕虫病毒攻击了 6 000 多台计算机，包括美国国防部的计算机。

1989 年：欧洲核子研究组织（CERN）开发了万维网。

1991 年 2 月：布什政府批准了参议员戈尔提出的建设高速国家网络的构想，并创造了“信息高速公路”一词。

1993 年 11 月：美国太平洋贝尔公司（Pacific Bell）宣布计划在“信息高速公路”上投入 160 亿美元。

1994 年 1 月：美国 MCI 公司宣布了一项为期六年的计划，将斥资 200 亿美元建立国际通信网络。

1995 年 4 月：网景浏览器（Netscape）成为最受欢迎的图形浏览器。

1995 年 8 月：微软公司发布了 IE 浏览器的第一个版本。

1996 年 4 月：雅虎上市。

1998 年 6 月：美国上诉法院裁定，微软可以将浏览器与操作系统集成，允许该公司将所有应用程序集成到微软操作系统中。

2000 年 2 月：拒绝服务（DoS）攻击关闭了几个网站（包括雅虎、Ameritrade 和亚马逊）数小时。

2004 年：名为“SCO 炸弹”（MyDoom）或“诺维格”（Novarg）的蠕虫病毒通过 Web 服务器传播，每 12 封电子邮件中就有 1 封被感染。

2005 年：视频网站 YouTube 被推出。

2008 年：微软提出以 446 亿美元的价格收购雅虎，旧金山联邦法官杰弗里·S. 怀特下令禁用维基揭秘网（Wikileaks. org），这是一个披露机密信息的网站。

2009 年：每月全球互联网用户数量超过 10 亿。[2]

2013 年：全球社交网络服务网站脸谱用户数量超过 11. 1 亿。

2014 年：互联网用户突破 30 亿大关。

7-1a 域名系统

域名，例如 IBM. com 或 whitehouse. gov，是互联网上计算机或网络地址的唯一标识符。同时，每台计算机或网络还具有互联网协议（internet protocol，IP）地址，例如 208. 77. 188. 166，该地址由互联网名称与数字地址分配机构（Internet Corporation for Assigned Names and Numbers，ICANN）分配。但是，这些数字很难记住，因此基于语言的域名在访问网站时更常用。当信息从一个网络传输到另一个网络时，域名将通过**域名系统**（domain name system，DNS）协议转换为 IP 地址。使用此协议的服务器（称为 DNS 服务器）维护计算机地址、网站地址以及相关 IP 地址的列表。DNS 服务器会将所有域名转换为 IP 地址。

统一资源定位符（uniform resource locators，URL）中使用的域名，也称为通用资源定位符，用于标识网页。URL 是互联网上文档或站点的地址。例如，在 URL http://www. csub. edu 中，域名是 csub. edu。每个域名都有一个后缀，表示它所属的顶级域名（top-level domain，TLD）。在这个例子中，后缀是“. edu”，代表教育机构。域名中可以使用字母、数字 0 到 9 以及连字符的组合，但不允许使用空格。

顶级域名表示地址指定的组织或国家/地区类型。顶级域名分为组织域名，即通用顶级域名（gTLD，generic TLD）和地理域名，即国家代码顶级域名（ccTLD，country code TLD）。表 7-1 列出了常见的通用顶级域名的含义。

最近出现了许多新的通用顶级域名，包括“. aero（航空业）”、“. museum”、“. law”和“. store”。有些已经在使用中，例如“. info”用于提供信息服务的组织，“. biz”用于企业，以及“. news”用于新闻相关网站。

此外，大部分国家都有地理域名，例如“. au”是澳大利亚，“. ca”是加拿大，“. fr”是法国，“. jp”是日本，“. uk”是英国。完整的国家代码顶级域名列表可以在 www. thrall. org/domains. htm 上找到。

从 2012 年 1 月开始，公司和个人能够从 2011 年 6 月 ICANN 批准的扩展 TLD 列表中进行选择。在此之前，只有 22 个通用顶级域名，例如“. com”“. edu”等。现在，互联网地址名称几乎可以用任何语言的任何单词结尾，从而为世界各地的组织提供了以新颖的方式营销其品牌、产品或事业的机会。顶级域名可以是任何语言或字符集，可以包含任何短语，包括公司或品牌名称。新通用顶级域名分为四类[3,4]：

- 通用顶级域名（例如，“. company”或“. TV”）；
- 企业域名（例如，“. Microsoft”或“. Intel”），由公司拥有以控制其品牌的使用；
- 社区顶级域名（例如，“. Spanish”或“. Persian”），仅限于已定义社区的成员；
- 地理顶级域名（例如，“. London”或“. Madrid”），由城市和地理区域拥有，用于促进商业和旅游业。

表 7-1 通用顶级域名

通用顶级域名	用途
. com	商业组织（例如微软）
. edu	教育机构（例如加州州立大学）
. int	国际组织（例如联合国）
. mil	美国军事组织（例如美国陆军）
. gov	美国政府机构（例如美国国税局）
. net	主干网络、区域网络和商业网络（例如，国家科学基金会互联网信息中心）
. org	其他组织，如研究和非营利组织（例如互联网市政厅）

以 http://www.csub.edu/~hbidgoli/books.html 为例，以下是对 URL 每个部分的简要说明：

- **http**——代表超文本传输协议，用于访问大部分网站的协议。
- **www.csub.edu**——www 代表 WWW，即万维网或 Web。csub 代表贝克斯菲尔德的加利福尼亚州立大学。而“.edu”是教育机构的后缀。csub.edu 共同唯一标识此网站。
- **/~hbidgoli**——这部分是目录的名称，其中存储了与作者撰写的书籍有关的文件。可以将服务器划分为多个目录，以实现更好的存储结构。
- **/books.html**——这部分是文档本身。“.html”扩展名表示它是超文本标记语言（HTML）文档。（有关 HTML 的更多信息，请参阅下面的小贴士。）不支持长扩展名的服务器只显示“.htm”，其他服务器显示“.html”。

小贴士

什么是 HTML？

超文本标记语言（Hypertext Markup Language，HTML）是用于创建网页的语言。它使用标签和属性定义页面的布局和外观。标签描述页面的一部分，例如标题或正文；属性指定页面组件的值，例如字体颜色。（请注意，HTML 代码不区分大小写。）最新版本是与 Adobe Flash 二维动画软件竞争的 HTML6。Flash 是一个多媒体平台，用于为网页添加动画、视频和交互式信息。HTML 文档的典型结构如下：

```
<HTML>
<HEAD>
（输入页面描述）
</HEAD>
<BODY>
（输入页面内容）
</BODY>
</HTML>
```

当信息从一个网络传输到另一个网络时，域名将通过**域名系统（DNS）**协议转换为 IP 地址。使用此协议的服务器（称为 DNS 服务器）维护计算机地址、网站地址以及相关联 IP 地址的列表。

统一资源定位符（URL）也称为通用资源定位符，用于标识网页。URL 是互联网上文档或站点的地址。

超文本标记语言（HTML）是用于创建网页的语言。它使用标签和属性定义页面的布局和外观。标签描述页面的一部分，例如标题或正文；属性指定页面组件的值，例如字体颜色。

7-1b 互联网连接类型

正如在第 6 章中了解的那样，接入网络（包括接入互联网）的方法很多。方法包括：拨号接入、电缆调制解调器接入和数字用户线路（digital subscriber line，DSL）接入。可用的数字用户线路服务类型有：

- 对称数字用户线路（symmetric DSL，SDSL）——对称数字用户线路与电话网络之间的数据传输速率相同（称为上游和下游），通常双向传输速率高达 1.5Mbps（百万比特/秒）。

- 非对称数字用户线路（asymmetric DSL，ADSL）——非对称数字用户线路上行传输速率（3.5Mbps）低于下行传输速率（通常为 24Mbps），例如 ITU G.992.5 Annex M 标准。
- 超高速数字用户线路（very high-speed DSL，VDSL）——超高速数字用户线路在短距离内的上行/下行传输速率高达 100Mbps，例如，ITU G.993.2 标准。

组织机构通常使用 T1 或 T3 线路。这些是由电话公司提供的，并且仅使用两对铜线就能够传输相当于 24 条传统电话线的信号。T1 使用两对铜线，最多可同时进行 24 个对话（称为信道），传输速率为 1.544Mbps；它比 T3 用途更广泛（在其他国家/地区，T1 称为 E1，传输速率为 2.048Mbps）。T3 线路是支持 43～45Mbps 传输速率的数字通信链路。T3 线路实际上由 672 个信道组成，每个信道支持 64Kbps 的速率。互联网连接最快的 10 个国家/地区是中国香港、韩国、罗马尼亚、爱尔兰、捷克共和国、比利时、瑞士、保加利亚、以色列和新加坡。[5]

7-2 导航工具、搜索引擎和目录

已经知道了互联网是什么以及如何连接到互联网，接下来需要使用工具来浏览互联网并找到所需的东西。这些工具可分为三类：

- **导航工具**（navigational tools）——用于从一个网站到另一个网站"旅行"（即"浏览"互联网）。
- **搜索引擎**（search engines）——通过输入与感兴趣的主题相关的关键字，在互联网上查找信息。
- **目录**（directories）——即基于文档中嵌入的关键字而形成的信息索引，使搜索引擎可以找到用户要查找的内容。一些网站也使用目录将内容分门别类（例如雅虎）。

最初，互联网用户使用基于文本的命令来完成简单任务，例如下载文件或发送电子邮件。但是，在命令行键入命令很烦琐，并且用户还必须具有一定的编程技能才能使用这些系统。图形浏览器提供了菜单和基于图形的工具，允许用户通过点击进行操作，从而改变了所有情况。这些系统使用户系统界面更易于使用，图形浏览器还支持多媒体信息，例如图像和声音。

以下章节将更详细地介绍这三种用于浏览互联网和查找信息的工具。

> **导航工具**用于从一个网站到另一个网站"旅行"（即"浏览"互联网）。
> **搜索引擎**是一种信息系统（例如谷歌、Ask 动画），用户可以利用搜索词从网络中检索数据。
> **目录**是基于文档中嵌入的关键字而形成的信息索引，使搜索引擎可以找到用户要查找的内容。

7-2a 导航工具

常用的 Web 浏览器有微软 IE、火狐（Mozilla Firefox）、谷歌 Chrome、苹果 Safari 和欧朋（Opera）等。这些浏览器除了具有在字处理软件中常见到的菜单选项（如文件、编辑和帮助）外，还包括专门设置在网页中，用于查看浏览历史记录、为喜欢的网站添加书签、设置查看首选项以及前后移动浏览页面的导航按钮。对于某些浏览器，还可以设置专门的工具栏来进入经常访问的网站或执行搜索。

7-2b 搜索引擎和目录

搜索引擎（search engine，SE）是一种信息系统（例如谷歌搜索引擎、必应搜索引擎、DuckDuckGo 搜索引擎或 Ask 动画），使用户可以使用搜索词从网络中检索数据。所有搜索引擎都遵循三个步骤：

1. 在网络上爬数据——搜索引擎利用称为爬虫、蜘蛛、机器人或其他类似名称的软件。这些自动化模块不断在网络上搜索新数据。当发布新网页时，爬虫会找到新网页（如果网页是公开的）；当网页被更新时，爬虫也会找到新数据。爬虫还会检查网页上的链接并确保其有效。如果链接断开，就会被爬虫识别并将此信息作为该页面相关数据的一部分。此外，只要有指向这些页面的网站链接，爬虫就可以浏览该网站的其他页面。所有收集的数据都会发送回搜索引擎的数据中心，因此搜索引擎始终拥有网络上的最新信息。

2. 索引——在服务器集群中，搜索引擎使用关键字对来自爬虫的数据建立索引。每个关键字都有一个索引条目，该条目链接到包含该关键字的所有网页。例如，一家销售相框的公司网站上包含很多个“相框”一词。索引过程识别使用频率，并为术语“相框”创建索引条目。此索引条目链接到公司的网站，以及包含术语“相框”的所有其他网站。索引使搜索引擎可以在输入搜索词时检索所有相关网页。

3. 搜索——输入搜索词时，搜索引擎将使用在步骤 2 中创建的索引来查找该词。如果该词存在于索引中，则搜索引擎将链接指向包含该词的所有网页。但是，需要根据每个网页与搜索词的接近程度来确定网页排序的优先级别。例如，假设艾玛姨妈使用“相框”作为网页小型文本文件，并且有一个销售网站。当有人搜索“相框”一词时，在搜索列表中也会出现艾玛姨妈的网站。由于搜索引擎程序具有区分不同类型的搜索请求的功能，因此可以使用其他术语（例如海报、照片和图像）对包含这些附加术语的网页以及搜索词“相框”赋予更高优先级，而对包含饼干、烘焙食品或图片框等术语的网页赋予较低优先级。搜索引擎的智能各不相同，这就是使用相同的搜索词在两个不同的搜索引擎上会获得不同结果的原因。

近年来，两种新型搜索越来越受欢迎：图谱搜索（Graph Search，脸谱于 2013 年推出）和知识图谱（Knowledge Graph，谷歌于 2012 年推出）。图谱搜索允许脸谱用户查找与其相关的人物、照片、地点和兴趣。使用此方法的示例搜索包括[6]：

- 喜欢香肠的人住在我居住的城市的西南部。
- 2005 年以后我的一位朋友的照片。
- 住在洛杉矶的我的所有朋友的照片。
- 我的朋友喜欢的波士顿中餐馆。
- 我的朋友参观了法国南部的旅游景点。

在传统的谷歌搜索中，用户键入关键字，谷歌主要基于网页链接的次数显示最相关的网页。使用脸谱的图谱搜索，用户搜索的对象不是网页而是真实世界物体的虚拟表示形式：人物、地点、照片等。决定搜索结果的是 Facebook Likes 功能。[7]

据谷歌称，知识图谱不仅提供链接，而且提供答案。因此，除了常规的结果之外，现在还有一些操作面板，其包含有关人物、地点和事物的重要事实。目的是返回与关键词引起的实体或概念匹配的页面。谷歌的数据库包含超过 35 亿个事实，约 5 亿个对象，包括城市、国家、运动队等多个类别。[8]

目录用来将信息分类。网络上有两种目录。第一种是搜索引擎使用的自动目录或基于爬虫程序的目录。它创建搜索词的索引，并使用爬虫程序自动收集这些词。谷歌、雅虎、Ask 动画和其他搜索引擎都属于这一类。例如，当网页发生更改时，这些目录会自动更新其索引和数据库。第二种目录是人工目录。如果想在搜索引擎的结果中列出某网页，则必须手动将该网页的关键词提交到人工目录中。这种目录不使用爬虫程度收集数据，而是依赖于用户提供数据。用户提交关键词后，会被搜索引擎编入索引，然后可以在搜索结果中列出。这种目录与前一种的主要区别在于，如果网页发生更改，那么在用户向目录提交更改之前，该目录不会更新内容。Open Directory 搜索引擎是人工目录的一个示例。目前，谷歌已经使许多目录过时了，而且总的来说，目录也不像以前那样有意义了。

基于爬虫的目录是基于索引项的，就像电话簿的白页是基于人的姓氏和名字一样。一些搜索引擎除了基于索引词的目录之外，还提供基于热门类别的目录，例如商业、体育、娱乐、旅游和餐饮。每个类别都可以有子类别；例如，“娱乐”类别包含“电影”、“音乐”和“剧院”子类别。雅虎旅游（Yahoo！Travel）、雅虎商务（Yahoo！Business）和雅虎房产（Yahoo！RealEstate）是雅虎目录（Yahoo！directory）类别的一部分，用户和专家都认为雅虎目录是最重要的目录。

7-3 互联网服务

通过互联网可以获得许多服务，而且大多数服务都可以通过应用程序层中的 TCP 协议套件实现（在第 6 章中介绍过）。例如，TCP/IP 提供了几种有用的电子邮件协议，如用于发送电子邮件的简单邮件传输协议（Simple Message Transfer Protocol，SMTP）和用于检索信息的邮局协议（Post Office Protocol，POP）。受欢迎的服务包括电子邮件、新闻组和讨论组；互联网中继聊天（Internet Relay Chat，IRC）、即时消息和网络电话。所有内容都将在以下章节中讨论。

7-3a 电子邮件

电子邮件是互联网上使用最广泛的服务之一。除个人使用外，许多公司还使用电子邮件发送产品公告、付款确认和新闻通讯。目前，企业也开始通过电子邮件发送客户购买物品的收据。与使用纸张相比，这有助于降低成本并且更环保。

电子邮件有两种主要类型。一种是基于网络的电子邮件，用户可以从任何计算机访问电子邮件账户，并且在某些情况下，可以将电子邮件存储在网络服务器上。MSN Hotmail 和 Google Gmail 是两个基于网络的免费电子邮件服务软件。另一种类型的电子邮件是基于客户端的电子邮件，在计算机上安装相应的电子邮件程序，电子邮件将下载并存储在计算机本地。基于客户端的电子邮件程序有：Microsoft Outlook、Mozilla Thunderbird 和 Apple Mail。

大多数电子邮件程序包括用于组织电子邮件的文件夹系统和用于存储电子邮件地址的通信录。许多通信录都包含自动完成功能，因此只需键入收件人的姓名即可自动填写电子邮件地址。用户还可以设置通信组，以便同时向多个人发送电子邮件。拼写检查和传送通知是电子邮件的常用功能，用户还可以将文档和多媒体文件附加到电子邮件中。

7-3b 新闻组和讨论组

互联网为数百万具有不同背景和兴趣的人服务。新闻组和讨论组是一个让志趣相投的人找到彼此的好方法。尽管新闻组和讨论组在很多方面都是相似的，但**讨论组**（discussion groups）通常用于交换对特定主题的观点和想法，通常是技术或学术性质的。群组成员发布群组中其他人可以阅读的消息或文章。**新闻组**（newsgroups）通常更具一般性，可以涵盖任何主题，允许人们为了娱乐或商业目的聚在一起。例如，用户可以加入一个对古代文明感兴趣的新闻组，或者用于帮助人们编写和调试计算机程序的新闻组。新闻组还可以用作电子商务中的有效广告媒介。

> **讨论组**通常用于交换对特定主题的观点和想法，通常是技术或学术性质的。群组成员发布群组中其他人可以阅读的消息或文章。
> **新闻组**通常更具一般性，可以涵盖任何主题，允许人们为了娱乐或商业目的聚在一起。

7-3c 即时消息

互联网中继聊天（Internet Relay Chat，IRC）使聊天室中的用户能够与处于其他地方的人实时交换文本信息。可以将互联网中继聊天想象成一个咖啡店，人们围坐在桌子旁边聊天，但每个人可能都在不同的国家。此外，整个会话都被“记录”下来，供回滚查看错过的内容。用户可以在各种主题上找到聊天室，例如园艺、视频游戏和人际关系。

即时消息（instant messaging，IM）是一种通过互联网上的私人“聊天室”与他人通信的服务。可用的即时消息应用程序有：Windows Messenger、Yahoo! Messenger 和 Google Chat，其功能因应用程序的差异而截然不同。例如，当聊天列表中的某人联机时，有一些即时消息应用程序会通知用户；有一些即时消息应用程序具有音频或视频对话的功能。

名为色拉布（Snapchat）的移动应用程序提供了一种消息传递的新形式。在这里，用户将图片、视频、文本和图形组合成“快照”，然后发送给其他色拉布用户。这些快照会在几秒钟内自毁，不留下任何痕迹。但是，当快照在屏幕上时，可以被人们捕获，或者可以为其拍照。最近开发的工具还具有取消删除并恢复的功能。有些人一直在使用色拉布把色情内容或自己的裸照发送给他人，这可能会导致法律问题。[9]此外，色拉布网站在 2013 年 12 月底遭到黑客入侵，此后黑客在网络上发布了超过 400 万用户的电话号码以及其他信息。[10]WhatsApp Messenger（由脸谱拥有）和 Facebook Messenger 是另外两个用于即时消息传递的平台。

> **互联网中继聊天（IRC）**使聊天室中的用户能够与处于其他地方的人实时交换文本信息。
> **即时消息（IM）**是一种通过互联网上的私人“聊天室”与他人通信的服务。

7-3d 网络电话

互联网电话（Internet telephony）使用互联网而不是电话网络来交流。用于此功能的协议是**互联网协议语音**（Voice over Internet Protocol，VoIP）。要使用 VoIP，需要高速互联网连接，通常还需要麦克风或耳机。有些公司有特殊的适配器可以连接到高速调制解调器，并允许使用普通电话。由于可以以本地电话连接速率访问互联网，因此国际和其他长途电话费用要便宜得多。许多企业使用 VoIP 来提供热线、服务台和其他服务，其成本远低于电话网络的成本。

> 许多企业使用 VoIP 来提供热线、服务台和其他服务，其成本远低于电话网络的成本。

互联网协议语音还用于在传统公共交换电话网络（public switched telephone network，PSTN）上利用路由开展电话业务。唯一的缺点是通话质量不如普通电话，目前通话质量一直也在稳步提升。除节约成本外，互联网协议语音还具有以下优势：

- 用户不会遇到忙线。
- 可以在计算机上接收语音邮件。

- 即使呼叫者的来电显示被阻止，用户也可以进行网络呼叫。
- 用户可以从世界任何地方转接呼叫。
- 用户可以将呼叫定向到目标部门并自动执行。

互联网电话使用互联网而不是电话网络来交流。
互联网协议语音（VoIP）是用于互联网电话的协议。

7-4 Web 应用程序

一些服务行业使用互联网及其支持技术，以更具竞争力的价格和更好的便利性向广大客户提供服务和产品。Web 应用程序使用成本较低，因此互联网在帮助组织开源节流方面发挥着重要作用。以下各小节描述了各服务行业如何使用 Web 应用程序。

7-4a 旅行与旅游

旅游业已从电子商务 Web 应用程序中受益。例如，在用户回答了有关他们想参加的度假类问题后，热带岛屿度假（www. tropicalislandvacation. com）主页将潜在的度假者引导到在线手册页面。用户可以点击吸引人的照片或文字进一步查看。许多旅游网站允许客户预订飞机票和游轮票、预订酒店、租赁汽车。在某些网站上，例如 InfoHub. com，提供特色旅游探险活动，包括艺术家工作坊、瑜伽静修、狩猎、水肺潜水等活动。还有很多提供旅游和旅游服务的网站，例如，Expedia. com、Travel. com、Travelocity. com、Priceline. com、Hotels. com、Google. com/flights/以及雅虎旅游。再介绍一个旅行网站猫途鹰（www. tripadvisor. com），该网站提供酒店、度假村、航班、度假租赁、度假套餐、旅行指南等相关建议和评论。

7-4b 出版

美国和欧洲的许多主要出版商都有网站，这些网站提供即将出版的书籍的说明、样章、在线订购以及用于查找某些主题或特定作者的搜索功能。一些出版商甚至提供可以在线免费阅读 90 天的书籍，或者允许购买电子书，甚至允许只购买某些章节。图 7-2 显示了本书英文版出版商圣智学习出版公司（Cengage Learning）的主页 http://www. cengage. com。

7-4c 高等教育

很多大学都有网站，其中包含有关部门、项目、院系和学术资源的信息。有些网站甚至为未来的学生提供校园虚拟参观，更多的大学正在创建虚拟部门，通过互联网提供全程学位课程。在线学位课程可以帮助高校应对入学率下降的问题，使原本无法上学的学生可以参加课程。通过在线课程，大学也可以让知名专家通过以较低的成本举办讲座或研讨会，使旅行费用不再是一个影响因素。另外，许多专业认证计划通过互联网提供课程安排，方便了居住在偏远地区或无法参加常规课程的人们。

图 7－2　圣智学习出版公司英文网站主页

由于越来越多的学院、大学和第三方提供在线课程，因此提出了一个有趣的问题：慕课（MOOC）能否取代传统的大学系统？答案很简单，“不能”。慕课肯定会降低成本并提供灵活性，但代价是失去个人接触和基于校园学习的互动。慕课适用于再培训、提供与工作相关的证书和技能更新。最有可能使用的是混合型教学模式。使用这种模式，一些课程将在线讲授，一些课程将在校园内讲授，再过几年，校园课程和在线课程之间的界限会变得模糊。[11]

7－4d　房地产

房地产网站提供了数百万个待售房屋的最新列表。买家可以查看社区、学校和当地房地产价格，客户可以使用这些网站查找房地产经纪人和经纪公司，并学习购房技巧。有些网站对要出售的房屋进行虚拟游览，这对于远距离购房的买家会很便利（第 14 章介绍虚拟现实技术）。网站上的其他服务还包括房屋评估、社区与学校概况、融资选择和住房改善建议。主要的房地产网站包括 www.remax.com、www.century21.com、www.prudential.com、www.era.com 和 www.zillow.com。Zillow 是免费提供房地产估价服务的网站，协助其用户做出与家庭有关的决定。适用于苹果手机和安卓设备的应用程序可以简化房地产决策。一个流行的例子是名为 HomeSnap 的免费的苹果手机应用程序，该应用程序使用多重上市服务（Multiple Listing Service，MLS）和公共记录数据来提供房屋价格以及市场内外房屋的其他信息。[12]

7－4e　就业

在互联网上可以广泛开展就业服务。例如，我们熟悉的网站 Monster.com。这些网站为求职者提供全面的服务，包括以下内容：

- 专家建议和管理职业生涯的工具；
- 简历助手，包括用于创建具有专业外观简历的工具；
- 职位搜索教程；
- 简历发布和分发；
- 按公司、行业、地区或类别进行搜索；
- 招聘会公告；
- 职业测试，了解哪种职业适合用户；

- 薪资计算器。

7-4f 金融机构

美国和加拿大的绝大多数银行和信用社，以及全球的许多其他银行都提供在线银行服务，并使用电子邮件发送账户报表、财务报告，并且与客户沟通。电子邮件可帮助银行减少通过电话（特别是长途电话）和邮政通信的时间和成本。客户可以在任意时间获取更多最新的账户信息并查看余额。尽管有这些优点，但消费者的接受程度仍然很低。目前，正在采取措施以确保建立安全的全国性电子银行系统，这将有助于缓解消费者的担忧。例如，数字签名（在第5章中讨论过）就是一项关键技术，因为它们提供了一种电子手段，可以保证相关方的真实性，并验证加密文档在传输过程中是否被更改。

以下列表描述了互联网提供的一些银行服务：

- 通过电子邮件实现全天候客户访问服务；
- 查看当前和过去的交易；
- 在线申请抵押贷款；
- 提供交互式工具用于设计储蓄计划、选择抵押贷款或在线获取保险报价；
- 在线查找贷款状态和信用卡账户信息；
- 支付账单和信用卡账户还款；
- 资金转账；
- 查看支票的数字副本。

7-4g 软件发布

许多供应商在互联网上提供软件、驱动程序和补丁。例如，大多数防病毒供应商都提供可供下载的更新，以跟上新病毒和蠕虫的变化。通常，补丁程序、更新和小程序（如新版浏览器）可以快速且轻松地下载。下载大型程序（如 Microsoft Office Suite）花费的时间太长，因此这类程序通常不通过互联网发布。

开发在线版权保护计划始终是一项挑战。如果用户需要加密代码来"解锁"已下载的软件，则可能无法进行备份。尽管存在这些挑战，但在线软件发布仍被认为是一种廉价、方便、快捷的软件销售方式。[13]

7-4h 医疗保健

通过将患者记录存储在互联网上，医护人员可以更轻松地开具实验室检查和处方、将患者送入医院，并将患者转诊给其他医生。此外，检查和咨询结果可以自动正确地定向到患者记录。可以从一个中心位置访问所有患者信息，更快、更高效地查找关键健康信息，尤其在患者外出后生病的情况下。但是，这些系统存在涉及信息隐私、准确性和流通性的潜在问题。受欢迎的健康相关网站包括：

- 雅虎健康（http://health.yahoo.net）；
- 美国国立卫生研究院（www.nih.gov）；
- 美国互联网医疗健康信息服务平台（www.webmd.com）；
- 医药信息网（www.medicinenet.com/script/main/hp.asp）。

医疗保健网站还有其他用途。例如，远程医疗使医疗专业人员能够进行远程咨询、诊断、召开会议，从而节省办公费用和差旅费用。此外，个人健康信息系统（personal health information systems，PHIS）可以向公众提供交互式医疗工具与服务。这些系统利用部署了可连接互联网的计算机的公共信息亭（通常在大型购物中心），通过诊断程序向患者提出一系列问题，通过反馈来检测疾病的早期症状。[14]

互联网上的虚拟医院使大型医院的专家能够远程对患者进行手术。

此外，互联网上的虚拟医院使大型医院的专家能够远程对患者进行手术。这就是所谓的远程手术，外科医生可在世界各地进行手术，而无须实际到场。机器人根据外科医生通过互联网发送的数字化信息进行手术。通过手术机器人的立体摄像机，可以将手术场景、位置等信息发送到外科医生的虚拟现实护目镜和操作传感器上，创建三维图像。下面的小贴士讨论了美国凯撒健康计划和医疗集团（Kaiser Permanente）成功实施电子健康记录的情况。

小贴士

电子健康记录为美国凯撒健康计划和医疗集团带来回报

根据美国传媒集团 InfoWorld 科技网站的一篇文章，2009 年只有 9%的美国医院使用基本形式的电子健康记录（electronic health records，EHR），现在情况有所改观。例如，拥有超过 900 万会员的管理式医疗联盟美国凯撒健康计划和医疗集团实施了 EHR 系统，该系统于 2010 年全面投入运营。该集团用了 10 年时间实施该系统，总成本为 40 亿美元（每位会员 444 美元）。

此系统称为 HealthConnect，覆盖了每个部门和每个患者，使用数据挖掘和分析功能来改善患者服务并降低费用。例如，该系统提醒患者有关特定检查或需要补充处方的信息。该集团表示，重复检查大约占总医疗费用的 15%～17%，HealthConnect 通过整合所有患者的医疗记录（包括 X 光片和急诊就诊报告）来消除这一费用。该系统还允许患者使用 iOS 和安卓设备访问他们的医疗记录（包括实验室结果），并且患者可以通过系统直接向医生发送电子邮件。EHR 的第二代系统，即 Health360，采用了最新的移动技术，目前已经启动。[15]

7－4i　政治

现在，大多数政治候选人都在竞选活动中使用网站。这些网站是一个有用的工具，可以是宣传候选人的平台，公开其投票记录，可以发布即将举行的演出和辩论的通知，甚至可以为竞选筹集资金。美国总统巴拉克·奥巴马（Barack Obama）在其第一次和第二次总统竞选活动中的资金筹集就是一个很好的例子，证明了网站在这一领域的成功。

一些人声称，互联网帮助选民获得了权力，并使民主进程重新焕发活力。例如，通过网站轻松了解候选人在政治问题上的立场，在线投票可以使过去无法进入投票站点的人更容易进行投票。此外，立法者还可以留在当地，接近选民，通过在线系统对法案投票。但是，这一应用必须具备严格的身份识别系统，最好能使用生物安全措施。目前，美国众议院正试图将所有未决立法公布在网上；总统文件、行政命令和其他材料也可在白宫网站上找到。另外，还可以找到演讲、宣言、新闻发布会、每日日程表、拟议的联邦预算、医疗改革文件和《总统经济报告》的全文版本。下面的小贴士强调了 2020 年互联网的一些功能。

小贴士

2020 年的互联网

对于互联网的未来有一些全新的预测，这些预测与架构变更、IP 地址、DNS 和路由表有关。但是，大多数专家认为，2020 年的互联网将具有以下特点[16]：

1. 会有更多人使用互联网——2014年底为30亿，2020年多达50亿。[17]
2. 在地理上更加分散，延伸到全球更偏远的角落（将支持更多语言）。
3. 与计算机网络相比，未来将是一个设备网络——例如，建筑物上用于监控安全性的传感器也会是网络的一员。
4. 将传输更多内容——一个名副其实的“数字洪水”（exaflood），这是研究人员为涌动的艾字节流量创造的术语。
5. 是无线的。
6. 云将提供更多互联网服务。
7. 得益于更加节能的技术，互联网将变得更加环保。
8. 网络管理将更加自动化。
9. 由于可以容忍从一个用户到另一个用户的延迟或转发通信的技术，连接性将变得不那么重要。
10. 将会有更多黑客。

7-5 内联网

通过建立内联网，可以将互联网带来的许多应用程序和服务提供给组织的用户。**内联网**（Intranet）是组织内的网络，使用互联网协议和技术［例如，传输控制协议/网际协议（TCP/IP）（包括文件传输协议（FTP）、简单邮件传输协议（SMTP）等协议)］。内联网用于收集、存储和传播支持业务活动的有用信息，例如销售、客户服务、人力资源和营销信息。内联网也称为企业门户网站。那么公司的网站与其内联网之间到底有什么区别呢？区别主要在于公司网站是公开的，内联网则仅供员工内部使用。有时公司会允许值得信赖的业务合作伙伴访问其内联网，通常使用密码或其他身份验证方法来保护机密信息。

内联网使用互联网技术来解决过去由专有数据库、群件、线程调度和工作流控制程序解决的组织问题。内联网和局域网（LAN）使用相同的物理连接，但存在区别。内联网提供位于组织内计算机网络之上的应用程序或服务，虽然内联网在物理上位于组织内，但其上的服务却可以跨越全球，允许远程用户访问内联网上的信息。出于对安全的考虑，仔细定义和限制访问权限非常重要，因此内联网通常设置在防火墙之后。

在典型的内联网配置中（见图7-3），组织中的用户可以访问所有Web服务器，但系统管理员必须定义每个用户的访问级别。员工可以相互通信，并在其部门网络服务器上发布信息。

部门网络服务器可用于托管网站。例如，人力资源部可能有一个单独的网站，其中包含员工需要经常访问的信息，例如福利信息或401K退休计划。同样，营销部门可以拥有一个包含最新产品信息的网站。员工还可以在内联网中为重要站点添加书签。

内联网是组织内的网络，使用互联网协议和技术［例如，传输控制协议/网际协议（TCP/IP）（包括文件传输协议（FTP）、简单邮件传输协议（SMTP）等协议)］。内联网用于收集、存储和传播支持业务活动的有用信息，例如销售、客户服务、人力资源和营销信息。

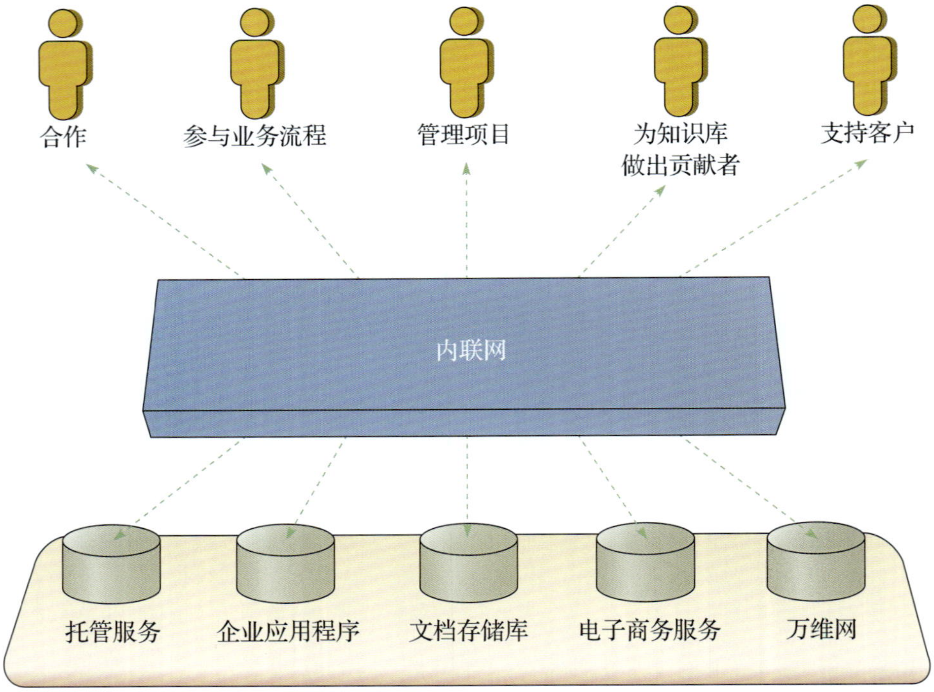

图 7－3　简单的内联网架构

7－5a　互联网与内联网的比较

互联网是一个公共网络，内联网是一个专用网络。任何用户都可以访问互联网，但是只有特定用户才能访问内联网，并且必须获得批准。表 7－2 总结了互联网和内联网之间的主要区别。

表 7－2　互联网与内联网的比较

主要特点	互联网	内联网
用户	所有人	仅限批准的用户
地理范围	不限制	限制或不限制
速率	慢	快
安全性	小	大，用户访问更受限制

尽管存在这些差异，但二者都使用相同的 TCP/IP 协议，并且都使用浏览器来访问信息。它们还使用相同的语言来开发应用程序（例如 Java），并以相似的格式提供文件。

内联网的优点在于，由于组织可以控制使用哪个浏览器，因此可以指定支持组织所用的技术（例如互联网电话或视频会议）的浏览器。此外，内联网中文档将以相同的方式显示在所有用户的浏览器中；而在互联网上，不能保证每个用户都会以相同的方式查看同一网页。内联网还使组织能够共享软件，例如办公套件或数据库管理系统（DBMS）。

7－5b　内联网的应用

设计良好的内联网可以为整个组织提供以下类型的信息，以提高组织的效率和效力[18]：

- 人力资源管理——401K 计划、即将举行的活动、公司的使命声明和政策、职位发布、医疗福利、入门资料、在线培训课程和材料、会议纪要、休假时间。
- 销售和营销——呼叫跟踪、竞争对手信息、客户信息、订单跟踪和安排、产品信息。
- 生产和运营——设备库存、设施管理、行业新闻、产品目录、项目信息。
- 会计和财务——预算计划、费用报告。

内联网还可以帮助组织从实施基于日历或日程表的文档发布策略转变为实施基于事件或需求的策略。例如，在过去，公司通常每年发布一次员工手册，直到第二年才更新，即使发生了需要更新的重大变更，例如企业重组。公司可能会偶尔更新单个页面，而员工则不得不将这些页面插入活页夹中。毋庸置疑，粘贴功能容易过时且使用困难。对于内联网，公司可以在需要时立即进行更新而不是根据固定的时间表进行更新，以响应公司事件。

内联网也减少了文档制作的成本和时间。过去，文档制作要经过多个步骤，例如创建内容、制作和修改草稿、将内容迁移到桌面发布、复制和分发。内联网取消了复制和分发步骤，简化了应用程序从迁移到发布的步骤。

7-6 外联网

外联网（Extranet）是使用互联网和网络技术连接业务合作伙伴的安全网络，方便组织之间或消费者之间进行通信。外联网被认为是一种组织间系统（interorganizational system，IOS）。这些系统促进了业务合作伙伴之间的信息交换。其中，如电子资金转账（electronic funds transfer，EFT）和电子邮件，已经在传统业务和电子商务中使用。电子数据交换（electronic data interchange，EDI）是另一种常见的 IOS。

如前所述，某些组织允许客户和业务合作伙伴出于特定目的访问其内联网。例如，供应商想要查看库存状态，或者客户想要查看账户余额。通常，组织将其内联网的一部分作为外联网接受访问。必须采用全面的安全措施来确保仅将访问权限授予授权用户和受信任的业务合作伙伴。图 7－4 显示了一个简单的外联网。在图 7－4 中，DMZ 指的是非军事区，是与组织的局域网分开的网络区域，外网服务器位于该区域。表 7－3 对互联网、内联网和外联网进行了比较。[19]

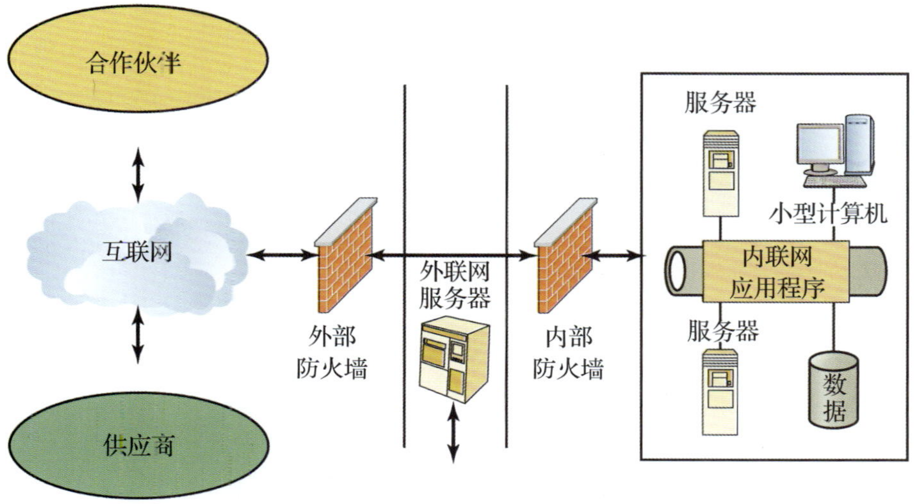

图 7－4　简单的外联网架构

表 7-3　互联网、内联网和外联网的比较

	互联网	内联网	外联网
访问权限	公共	私人	私人
信息	公开	通常是保密的	通常是保密的
用户	每个人	组织内部成员	密切相关的公司、用户或组织

外联网有很多成功的应用。例如，东芝美国公司（Toshiba America，Inc.）设计了用于及时处理订单输入的外联网。使用此外联网，300 多家经销商可以在下午 5 点之前下订单，次日发货。经销商还可以查看应收账款余额和定价安排、阅读新闻稿等。安全的外联网既降低了成本，又改善了客户服务。[20]

外联网的另一个例子是联邦快递跟踪系统（www.fedex.com）。联邦快递使用其外联网收集信息，并通过互联网向客户提供信息。客户可以通过输入包裹的跟踪号，找到运输中的任何包裹、准备和打印运输表格、获取跟踪号码并安排取件。

> 外联网不仅可以使企业降低网络互联成本，还可以使企业获得竞争优势，从而提高利润。

外联网不仅可以使企业降低网络互连成本，还可以使企业获得竞争优势，从而提高利润。成功的外联网需要全面的安全系统和管理控制。安全系统的功能应包括访问控制、基于用户的身份验证、加密以及审计和报告。

外联网除了能为组织提供与内联网相同的功能外，还具有其他优势，例如[21]：

- 协调——改善业务合作伙伴（如供应商、分销商和客户）之间的协调状况。可以快速提供关键信息，因此可以毫不拖延地做出决策。例如，制造商可以通过查看库存状态来协调生产。
- 反馈——收集来自客户和其他业务合作伙伴的即时反馈，使消费者有机会在新产品或服务推向市场之前表达对新产品或服务的意见。
- 客户满意度——将客户链接到组织，以便他们可以获得有关产品和服务的更多信息。客户还可以在线订购产品，从而加快 B2B（企业对企业）的发展。电子商务是外联网的主要受益者。
- 降低成本——通过向供销网络的参与者提供信息来降低库存成本。例如，美孚公司设计了一个外联网，允许其分销商提交采购订单，从而提高了效率并加快了商品和服务的交付。
- 加速通信——通过链接内联网以访问关键信息来改善通信。例如，出差途中的销售人员可以在参加销售会议之前远程获取最新的产品信息。

> **外联网**是使用互联网和网络技术连接业务合作伙伴的安全网络，方便组织之间或消费者之间进行通信。

7-7　新趋势：Web 2.0 和 Web 3.0 时代

Web 2.0 是指网络应用程序比传统网络应用更具交互性的趋势。协作或电子协作是 Web 2.0 的关键组件之一。表 7-4 比较了各种 Web 1.0 和 Web 2.0 应用程序[22]，下面将详细介绍 Web 2.0 的一些应用程序。

表 7-4 Web 1.0 与 Web 2.0 的比较

Web 1.0	Web 2.0
美国 DoubleClick 网络广告服务商（用于在线营销）	谷歌广告联盟
Ofoto 共享图库（分享数字照片）	雅虎网络相册（Flickr，网络图片分享社群平台）
美国阿卡迈公司（Akamai，流媒体服务）	BitTorrent 协议（内容分发协议，采用高效的软件分发系统和点对点技术共享大体积文件）
mp3.com（免费在线试听的音乐网站）	iTunes（供苹果电子产品使用的一款免费数字媒体播放应用程序）
Britannica Online（大英百科全书网络版，网络上第一部百科全书）	维基百科（Wikipedia，基于维基技术用多种语言编写的网络百科全书）
个人网站	博客
eVite（一种社交规划和电子邀请服务）	Upcoming.org 社交网站、事件和场馆数据库（EVBD）
域名猜测	搜索引擎优化
页面视图	CPC（cost per click，按照广告点击数计费）
内容管理系统	维基
ERoom 和 Groove（协同软件）	协作平台，如 IBM Quickr 和 Microsoft Sharepoint
在个人网页上发布电影文件	YouTube

大多数专家更倾向于 Web 3.0（也称为“语义 Web”），它能提供个性化服务，使用户更智能地访问 Web。用户不用操作，计算机便会自动执行查找、组合和处理网络信息等烦琐的工作。例如，如果用户在句子中搜索单词“spring”，搜索引擎会确定用户是在搜索“季节”、“线圈”还是“跳转”，然后提供最相关的搜索结果。

Web 2.0 的主要焦点是社交网络和协作，Web 3.0 则侧重于使用各种人工智能技术的“智能”网络应用程序（在第 13 章中讨论）。其中包括自然语言处理、人工神经网络和智能代理。目的是根据用户的特定搜索模式、偏好、需求来定制在线搜索和请求。

Web 3.0 的一部分是万维网发明人蒂姆·伯纳斯·李提出的语义 Web。他认为，使用 Web 3.0 中的一些方法（例如内容标签）可以使网络变得更有用，这些方法将使计算机能够理解它们正在显示的内容并且使彼此之间更有效地通信。使用语义 Web，计算机将能够像人们一样轻松地阅读网站。诺瓦斯皮万克设计的 Twine 搜索引擎（www.slideshare.net/novaspivack/web-evolution-nova-spivack-twine）是首批使用 Web 3.0 技术的在线服务之一。Twine 搜索引擎会自动整理信息，了解用户的特定兴趣和搜索模式，并根据这些信息提出建议。[23]

必应搜索引擎和谷歌搜索引擎已经提供了许多 Web 3.0 功能。

Web 2.0 是指网络应用程序比传统网络应用更具交互性的趋势。协作或电子协作是 Web 2.0 的关键组件之一。

7-7a 博客

博客（blog，Weblog 的简称）是一种期刊或时事简讯，经常更新并面向公众。博客反映作者的个性，包含作者对相关社会、政治问题的哲学思考与观点。有时，博客仅仅被用作家庭或朋友团体彼此保持联系的一种方式。自动化工具使创建和维护博客变得容易，因此即使是技术背景很少的人也可以拥有博客。此外，许多网站（如 Blogger. com）都为博客提供免费空间，甚至允许博主发布照片。流行的博客网站汤博乐（www. tumblr. com）允许用户通过浏览器、手机、台式机、电子邮件等方式发布任何内容，包括文本、照片、报价、链接、音乐和视频等。另一个受欢迎的是美国拼趣（Pinterest）图片社交网站（http://pinterest. com）。

网站上还有专门讨论特定主题或组织的博客；信息会定期更新，以提供最新的新闻和观点。例如，在美国有线电视新闻网（CNN）网站上，可以找到由安德森·库珀和沃尔夫·布利策撰写的博客。博客也正成为在线出版物的热门来源，特别是对于政治信息、观点和其他新闻报道；www. huffingtonpost. com 和 www. slate. com 上有许多这样的例子。微博（microblogs）是传统博客的新版本，使用户可以创建较小版本的博客帖子（称为微博）。微博可以采用短句、单个图像与链接形成帖子。

> **博客**是一种期刊或时事简讯，经常更新并面向公众。博客反映作者的个性，包含作者对相关社会、政治问题的哲学思考与观点。

7-7b 维基

维基（Wiki）是一种允许用户添加、删除和修改内容的网站。最著名的例子之一是在线百科全书维基百科（Wikipedia）。维基百科的独特之处在于，信息的使用者也可以成为信息的提供者。维基百科最严重的问题是信息质量，因为允许任何人修改内容就会影响内容的准确性。由于过去存在有的信息提供者伪造信息的问题，维基百科目前正致力于研究验证该网站用户的信息提供凭据的方法。

维基百科吸引了许多公司。例如，英特尔员工开发了 Intelpedia，作为全球员工共享公司历史、项目进展等信息的一种方式。但是，有些员工不喜欢他们的内容被其他人编辑，因此，出现了“社团维基”，设置了严格的安全性和访问控制权限，能实现发布产品开发新闻等功能。目前有许多创建维基的开源程序包，例如全球最著名的 MediaWiki 程序和 TWiki 程序。公司创建维基向客户提供信息。例如，摩托罗拉和德国电信子公司 T-Mobile 建立了关于其产品的维基，这些维基可以作为不断更新的用户指南使用，eBay 已经形成了 eBay 维基，买卖双方可以在这里分享更加广泛的话题。[24]

> **维基**是一种允许用户添加、删除和修改内容的网站。

7-7c 社交网站

社交网络（social networking）是指广泛的网站和服务，允许用户在线与朋友、家人和同事联系，以及与具有相似兴趣或爱好的人会面。根据益百利营销服务公司（Experian Marketing Services）进行的一项研究，美国人上网花费的每小时中有 16 分钟用于社交网络。[25] 互联网上有超过 100 个社交网络。最受欢迎的两个社交网络是脸谱和推特。此外，领英是一个专业的社交网络，与专业的联系人建立联络，并与庞大的专业人士群在线交流想法和寻找工作机会。现在，许多人同时使用领英和脸谱来分别保持他们的专业和社交联系。下面的小贴士讨论了领英的一些其他功能。

小贴士

领英：专业的社交网站

领英（LinkedIn）是全球最大的专业社交网站，拥有来自世界各地的 2.59 亿多会员。领英允许其成员与专业合作伙伴联系，以交流思想、机会和知识。[26]作为未来的知识工作者，用户可以使用领英与行业专业人士建立联系，维持当前的专业关系的同时建立新的关系，形成属于个人的行业专家网络，以获取技术信息、完成搜索工作、为想申请的工作添加书签、增加职业发展机会。用户可以使用领英的搜索工具寻找工作和专业知识，也可以加入领英群组以获得特定兴趣的相关内容。超过 200 万家公司在领英上拥有公司简介。企业可以使用领英来获取新客户，与现有客户保持联系，找到合适的供应商，建立行业网络，列出工作职位，搜索潜在求职者，获得技术问题的答案，筹集资金等。[27]

社交网站也很受商业应用的欢迎。例如，许多公司使用推特来跟踪客户对其产品的看法。（请参阅下面的小贴士。）例如，美国康卡斯特电信公司（Comcast）、美国戴尔股份有限公司（Dell）、美国通用汽车公司（General Motors）和美国 H&R Block 代账公司等。[28]公司也可以使用社交网站进行广告投放，比如通过指向其公司网站的链接或使用点击付费（pay-per-click，PPC）功能。点击付费是一种在网站上使用的互联网广告方式，只有当广告被点击后广告主才需要向社交网站支付广告费用。

小贴士

推特：与你的粉丝实时连接

推特是一个社交网络，可以帮用户找到最新的经历和用户想要关注的人。截至 2015 年 1 月，全球每月活跃用户超过 2.84 亿。[29]每条推文的长度不超过 140 个字符；用户还可以直接在推文中查看照片、视频和对话。这样一来，用户就能获得完整的图像。企业使用推特与客户建立联系，个人使用推特与关注者进行实时联系。企业可以使用推特收集实时的市场信息和反馈，并与客户建立联系。[30]

下面重点介绍一些使用推特与客户保持联系并推广其产品和服务的组织[31]：

- 美国商会使用推特吸引了有影响力的受众。
- 全球音乐电视台（MTV）将推特纳入其“视频音乐奖”。
- 美国福克斯有线电视网（Fox）在其电视广告中集成了一个实时推特订阅。
- 职业足球队洛杉矶银河队（LA Galaxy）使用推特引导言论并建立知名度。
- 红十字会利用推特获得捐助者支持，并在需要时动员社区。
- 联合国基金会通过推特扩大其全球活动范围。

推特（Twitter）非常受欢迎，推文通常是 140 个字符以内的响应或评论，这是推特帖子允许的最大长度。此书英文版也有推特账号，可在 twitter.com/4LTRPress_MIS 上关注。

社交网络是指广泛的网站和服务，允许用户在线与朋友、家人和同事联系，以及与具有相似兴趣或爱好的人会面。

7－7d 社交网站的商业应用

前边介绍了社交网络的一些商业应用。由于此主题的重要性，下面提供一个简短的摘要，说明特定社交媒体如何帮助企业。

根据美国高德纳咨询公司（Gartner）的调查，截至 2014 年，近 20 亿消费者使用了脸谱、推特、拼趣和汤博乐等社交网络，而且这一数字每天都在增加。[32]

类似于互联网，社交网络通过提供与客户交互并销售产品和服务的廉价平台，使小型企业与大型组织处于平等的地位。

以下示例说明了企业如何使用社交网络来推广其产品和服务：

- 脸谱——企业可以创建脸谱企业粉丝页面。
- 推特——企业可以实时与客户建立联系。
- 拼趣——企业可以展示其产品。
- 领英群组——企业与同行业人士进行专业对话的绝佳场所。群组提供了与具有相同兴趣的人和企业共享内容的场所。
- YouTube——使用此平台，企业可以制作视频内容和“操作方法”视频。
- Yelp（美国点评网站）、FourSquare（美国用户地理位置信息手机服务网站）和 Level Up 等社交媒体平台非常适合实体企业。企业需要在这些网站上注册，提供奖励（例如入驻奖励或特别折扣）。这些网站上的客户评论对吸引新客户非常有帮助。

7－7e RSS 源

RSS 源［RSS（Really Simple Syndication，简易信息聚合）feeds］是一种以可扩展标记语言（XML）格式分发网络内容的快速、简便的方法。RSS 是一种订阅服务，选中网站的新内容通过订阅源的提要阅读器提供。所有新内容都可以在一个方便的位置阅读“头条新闻”。使用此服务，用户无须持续检查网站是否有更新。

可扩展标记语言是标准通用标记语言（SGML）的一个子集，是一种创建信息通用格式的灵活方法。与指定布局和外观的超级文本标记语言（HTML）标签不同，可扩展标记语言标签表示要发布和传输的内容类型。尽管超级文本标记语言包含一些布局和外观功能，但万维网联盟（W3C）不推荐使用这些“表示属性”，即超级文本标记语言仅用于通过标记创建结构化文档，而网页的布局和外观应由 CSS（级联样式表）处理。

没有通过上下文理解数据，数据可能毫无意义。例如，请考虑以下内容：

“Information Systems，Smith，John，357，2014，Cengage，45.00，02-139-4467-X.”

从这串数据中，读者可能会做出这样的猜测：这是指一本书，包括标题、作者姓名、页数、出版年份、出版商、价格和国际标准书号（ISBN）。然而，计算机会将这一串相同的数据解释为，“约翰·史密斯（Smith John）在 2014 年由圣智（Cengage）组织的一次会议上讲授了 357 分钟的信息系统，并获得了 45 欧元的酬劳，交易账号为 02-139-4467-X.”

可扩展标记语言通过使用上下文定义数据来防止这种混淆。因此，将按照以下方式格式化前面的数据字符串：

```
<book>
<title>Information Systems</title>
```

```
<authorlastname>Smith</authorlastname>
<authorfirstname>John</authorfirstname>
<pages>357</pages>
<yearofpub>2014</yearofpub>
<publisher>Cengage</publisher>
<pricein $ >45.00</pricein $ >
<isbn>02-139-4467-X</isbn>
</book>
```

如文中所见，每个数据都通过标记来定义其上下文，这使得数据更容易解释。虽然超级文本标记语言和可扩展标记语言都是基于标记的语言，但它们有不同的用途。可扩展标记语言旨在改善不同系统之间数据的互操作性和共享性，这就是简易信息聚合源是可扩展标记语言格式的原因。任何系统都可以以简易信息聚合源的方式正确地解释数据，因为是基于数据的含义，而不是基于数据的格式和布局。

> **RRS（简易信息聚合）源**是一种以可扩展标记语言（XML）格式分发网络内容的快速、简便的方法。RSS 是一种订阅服务，选中网站的新内容通过订阅源的提要阅读器传递到一个方便的位置。

7-7f 播客

播客（podcast）是一种电子音频文件，例如 MP3 文件，发布在网络上，供用户下载到他们的移动设备或计算机上。用户也可以通过网络收听。播客具有特定的 URL，并使用 XML 项目标记定义。

播客通常由“聚合器”收集，例如 iTunes 或 iPodder。用户可以订阅各种播客。美国国家公共广播电台（National Public Radio，NPR）、《经济学人》（*The Economist*）以及美国娱乐与体育节目电视网（Entertainment and Sports Programming Network，ESPN）都提供播客订阅。播客与常规音频文件的区别在于用户可以订阅。每次有新播客可用时，聚合器都会使用 URL 自动收集，并将其提供给订阅者。然后，订阅者可以将播客与他们的移动设备“同步”，并随时收听。

此订阅模式使播客更加有用和流行，并增加了其可访问性。联合供稿是宣布播客可用性的一种方式。组织使用播客来更新人们的产品和服务、新趋势、组织结构的变化以及合并/收购新闻。例如，金融机构提供播客，以告知客户有关投资策略、市场表现和交易的信息。涉及多媒体信息时，有时使用播客、视频广播或视频播客这些术语。

> 金融机构提供播客，以告知客户有关投资策略、市场表现和交易的信息。

> **播客**是一种电子音频文件，例如 MP3 文件，发布在网络上，供用户下载到他们的移动设备（例如 iPhone、iPod 和 iPad）或计算机上。

7-7g 第二代互联网

第二代互联网（Internet2，I2）是一项涉及 200 多所美国大学和企业（包括美国电话电报公司、IBM、微软和思科系统公司）的最新的合作项目，旨在为高等教育和学术研究开发先进的互联网技术和应用程序。

I2 项目始于 1987 年，计划在一个分散的网络中将位于同一地理区域的大学结成联盟，创建一个称为 gigapop 的本地连接点。**区域性网络连接节点**（gigapops）连接各种高性能网络，其主要功能是以指定带宽交换 I2 流量。I2 项目的一个主要目标是开发新的应用程序，以增强研究人员协作和进行科学实验的能力。

I2 依赖于美国国家科学基金会网络（NSFNET）和媒体控制接口（MCI）的高速主干网络服务（very-high backbone network service，VBNS），该服务于 1995 年设计为用于研究应用程序的高带宽网络。此网络覆盖全国，采用媒体控制接口的先进的交换和光纤传输技术，运行速率为 622Mbps。基于 I2 的应用程序包括：

- 学习软件——这套应用程序旨在使教育资源更容易获得，以远程学习和自我教育为目标。教学管理系统（Instructional Management System，IMS）提供了环境，使学生能够“随时随地”学习。该技术还使教师能够访问在线课程的各种教学材料、软件，例如思科网讯（WebEx）和 Elluminate Live。
- 数字图书馆——该计划始于 20 世纪 90 年代，旨在创建一个电子资源库，用于存储教科书和期刊等教育资源。目标是收集罕见的书籍和文件，如《死海古卷》和《大宪章》，尽管这个目标尚未实现。最重要的是，研究人员可以在不离开办公室的情况下访问所需的一切，包括访问可以指导他们工作的专家。想象一下，例如，直接从爱因斯坦那里学习相对论。
- Teleimmersion——Teleimmersion 系统允许不同位置的人共享在网络上创建的虚拟环境。虚拟现实在教育、科学、制造和协作决策方面具有重要的应用。例如，洛杉矶的儿科心脏病专家可以与印度的外科医生合作，解释如何对出生异常的婴儿进行肺动脉和静脉移位手术。心脏病专家可以用假想的婴儿在虚拟现实环境中培训外科医生。这项技术可以用于许多其他培训环境，例如扑灭石油钻塔火灾、修复复杂机械甚至是虚拟课堂的共同教学。石油公司利用这项技术进行了勘探性挖掘，并对附近的高压天然气或挖掘中的水过多等情况进行了评估。在虚拟现实的支持下，企业建立了自己的远程信息中心，所有参与者可以同时工作。
- **虚拟实验室**——建立专为科学和工程应用程序而设计的环境，允许一群与 I2 相关的研究人员参与联合项目，例如大规模模拟和全球数据库。

> **第二代互联网（I2）**是一项涉及 200 多所美国大学和企业的最新的合作项目，旨在为高等教育和学术研究开发先进的互联网技术和应用程序。
>
> **区域性网络连接节点**连接各种高性能网络，其主要功能是以指定带宽交换 I2 流量。

7-8 万物互联：下一个大网络

万物互联（Internet of Everything，IoE）是指基于网络的开发，其中人、进程、数据和事物通过互联网使用各种方式互连，例如 RFID 设备、条形码、无线系统（使用蓝牙和 Wi-Fi）和二维码。它是一个基于网络的网络，数十亿个连接在其中创造了无与伦比的机会和挑战。

“IoE”指的是所有将要建立的连接，而**物联网**（Internet of Things，IoT）是指连接到互联网的所有物理对象。例如，智能冰箱，它可以提示牛奶的食用期限。据估计，到 2020 年，将有超过 500 亿个物体连接到互联网。[33,34] 这些物体很可能是通过 IP 地址、RFID、二维码或传感器进行唯一识别的智能设备。

万物互联背后的技术将优化零售业中的自动化库存系统、家庭中的自动化和可编程设备，以及道路和桥梁系统，能够在问题发生时立即检测到并通知相关部门。当消费者和企业可以通过智能设备在现场或远程控制室温时，既能通过节省能源来节约资金，同时也会因自动化而节省时间和劳动力成本。

总的来说，万物互联可以帮助解决 21 世纪的许多社会问题，例如饥饿、水污染、不利的气候变化和不断增加的能源成本。更具体的例子还有，人们能够通过穿着嵌入了测量生命体征的传感器的服装，采取更有效的预防措施来保证健康，同时，产生的数据也可以安全且快速地传送给医生。[35]

目前市场上有许多智能物品，例如：94Fifty 智能蓝牙篮球，可以感知运球力度和射门角度；耐克 Hyperdunk Plus 篮球鞋，可以告诉使用者其跑步速度和跳跃高度；安德玛 Armour39 衬衫，可以告诉用户其心率和肺活量。但是，目前这些智能对象不能相互连接。因此，如果这三样产品同时使用在一个人身上，那么是不会意识到彼此的存在的。万物互联将通过创建连接和通信来改变这一点。[36]

万物互联（IoE）是指基于网络的开发，其中人、进程、数据和事物通过互联网使用各种方式互连，例如 RFID 设备、条形码、无线系统（使用蓝牙和 Wi-Fi）和二维码。

物联网（IoT）是指连接到互联网的所有物理对象。

全球的个人、企业和政府将受益于万物互联技术；安全性、隐私性和可靠性将在这项技术的成功中发挥重要作用，这三个主要特性之间需要密切协调和沟通，以保护在全球网络上共享信息的隐私和完整性。下面的小贴士介绍了当今存在的两个万物互联现实示例。

小贴士

现实中的万物互联

在非洲的一些地区，人们为了获得饮用水，从一口井徒步到另一口井。人们经常徒步数英里后，才发现井里并没有水。德国泵制造商格兰富（Grundfos）在这些井中安装了传感器并开发了一款应用程序，以便人们使用智能手机，在到达井之前检查井的状况。[37]

在其他地方，City24/7 项目旨在通过收集和分享有用信息来使城市生活更加便捷，这些信息可通过多种设备随处获取。该项目与思科 IBSG 和纽约市合作，推出了互动平台。所收集的信息显示在公共场所（如公交车站、地铁站和电话亭）的大屏幕上。信息是基于位置的，一旦可用就会显示，以便市民可以访问。警察和消防部门也可以使用这些信息并采取相应的响应措施。下一阶段是将此项目扩展到其他大城市。[38]

本章的“行业链接”重点介绍了谷歌公司作为搜索技术和网络广告平台领导者的作用。

行业链接

谷歌公司[39]

谷歌公司（Google）成立于 1998 年，除了拥有世界上使用最广泛的搜索引擎之一外，还提供以下类别的产品和服务：

搜索：有超过20个搜索类别，包括网络、博客（通过博客名称、特定主题的帖子、特定日期范围等）、目录（对于邮购目录、许多以前不可用的联机目录）、图像、书籍（搜索谷歌已扫描的书籍和杂志的全文）和地图。还有Google Earth，具有一项令人兴奋的功能，将搜索与查看卫星图像、地形图和三维模型。

广告：谷歌广告（AdSense）、关键词广告（AdWords）和谷歌分析（Google Analytics）用于在网站或谷歌搜索结果中展示广告。例如，使用AdWords可以制作广告并选择与业务相关的关键字。当用户使用其中某个关键字搜索谷歌时，该广告就会显示在搜索结果旁边，这样就可以接触到对产品或服务感兴趣的受众了。

应用程序：谷歌为账户持有者提供了许多应用程序，例如Gmail（谷歌的免费网络邮件服务）、Google Talk（即时消息和语音通话）、Google Groups（谷歌论坛）、YouTube、博客、Google Checkout（只需登录谷歌即可在线购物）和Google Docs（谷歌文档，免费的基于网络的文字处理和电子表格程序）。

YouTube：一个视频共享网站，用户可以上传、共享和查看视频。

企业：谷歌拥有适用于组织的应用程序，例如企业版谷歌地图（Google Maps for Enterprise），这对于规划运营和物流特别有用；草图大师（SketchUp Pro），这是一种3D建模工具，适用于建筑师、城市规划者、游戏开发人员，也可在演示文稿和文档中使用。

移动设备：谷歌的许多服务和应用程序（如博客、YouTube和Gmail）均可在移动设备上使用。还可以使用短信从谷歌获取有关各种主题的实时信息，包括天气预报、体育时讯和航班最新信息。谷歌还为智能手机和移动设备提供安卓操作系统。

Google Wave：是一个协作和通信工具，旨在整合电子邮件、即时消息、博客、维基和文档共享等功能，同时提供各种社交网络功能。

Google Plus：与脸谱竞争的社交网络功能，Google Plus基于圈子的概念，因此用户可以创建一个名为“大学朋友”的圈子、一个名为“工作朋友”的圈子，依此类推。这可以使用户更好地控制可以看到谁。

Google Now：可在智能手机和平板电脑上使用，可作为个人助手，提供天气、运动、交通等方面的相关信息。

回顾与讨论

1. 阿帕网是从什么时候开始的？
2. 什么是网络电话？
3. 什么是URL？
4. 三种流行的搜索引擎是什么？
5. 两个与健康相关的网站是什么？
6. 互联网和外联网之间的两点不同之处是什么？
7. Web 2.0的三个主要功能是什么？
8. 什么是万物互联和物联网？

专题研究

1. 正确设计的外联网使公司能够降低网络互联成本，并使参与公司提高竞争优势，从而提高利润。阅读本章和其他资料后，写一篇单页论文，确定三家使用外联网作为网络互联平台的公司。列出每家公司中该平台的两个应用程序。设计成功的外联网必须克服哪两个挑战？

2. AskMD 是一款流行的医疗应用程序。阅读本章及其他资料后，写一篇单页论文，总结该应用程序的某些功能。IOS 和安卓设备中还有其他医疗应用吗？请举三个例子。

3. 许多组织的人力资源部门都在创建内联网，以提高部门运营的效率和效力。阅读本章及其他资料后，写一篇单页论文，总结内联网在人力资源运营中的应用。说明设计和使用此类应用程序会遇到哪些挑战。商业公司的其他哪些部门、哪些应用程序可以使用内联网？

4. 大型企业、小型企业都可以使用社交网络来提高效率并帮助其盈利。阅读本章及其他资料后，写一篇两页的论文，从推特、脸谱、拼趣和 Yelp 中，确定两个可以在小型企业中运营的应用程序。

5. 脸谱的图谱搜索和谷歌的知识图谱提供了传统搜索引擎所不具备的功能。阅读本章及其他资料后，写一篇单页论文，概述每种搜索方法的两个业务应用程序，阐述这些新的搜索方法如何帮助企业创造更多收益。

6. 万物互联在商业世界中引起轰动。阅读本章及其他资料后，写一篇单页论文，列出该新平台的五个业务应用程序。与万物互联网有关的法律和社会问题还有哪些？

牛刀小试

1. HTML 是用于创建网页的语言。对或错？
2. 电子邮件主要有两种类型。对或错？
3. 一般来说，内联网不如互联网安全。对或错？
4. 以下哪一项不是搜索引擎的示例？
   a. 谷歌
   b. 必应
   c. Apple Safari
   d. DuckDuckGo
5. 以下哪个是最受欢迎的专业社交网络？
   a. 谷歌+
   b. 领英
   c. 脸谱
   d. 推特
6. 以下哪项不属于互联网提供的服务？
   a. 电子邮件
   b. 即时通信

c. 网络电话
d. 以上都是

个案讨论 7－1

美国园艺公司的内联网："The Garden"

美国园艺公司 Scotts Miracle-Gro 是草坪、花园以及户外生活产品和服务的主要供应商。其总部位于俄亥俄州马里斯维尔，拥有 8 000 多名员工。[40] 2012 年，该公司的内联网"The Garden"被尼尔森诺曼集团选为 2012 年十大最佳内联网之一。自 2011 年推出以来，"The Garden"一直是公司员工有效的内部沟通工具。每天都有大约 2 250 名员工访问该网站，以获取有关该公司的最新消息。

事实上，该系统是根据员工需求并通过员工与 IT 部门之间的密切沟通而开发的。[41] 据公司电子通信经理泰勒·克尔（Tyler Kerr）介绍，在系统的开发过程中，公司进行了调查，让利益相关者参与了讨论，提出了他们的需求和意见。因此，"The Garden"非常人性化，并且不断询问员工他们想要添加的功能。

"The Garden"让公司的员工可以快速访问重要的且经常使用的文件，例如旅行费用和人力资源表格。员工还可以将重要链接归到"我的收藏夹"列表中。2011 年 10 月，公司通过设计内部社交媒体网站"The Vine"进一步增强了"The Garden"的功能。借助"The Vine"，员工可以通过个人所属的类别进行相互沟通，例如职务、工作地点、工作年限和其他相关信息。[42]

回答以下问题：

1. "The Garden"是何时推出的？
2. "The Garden"的一些主要特色是什么？
3. 为什么"The Garden"如此成功？
4. "The Vine"的目的是什么？

个案讨论 7－2

社交网络对小企业的支持

互联网通过提供廉价的平台与客户互动以及销售产品和服务，使小型企业与大型企业处于平等的地位。凭借其全球影响力，社交网站是互联网如何平衡竞争环境的一个很好的例子。以下是小型企业可以利用这些网站的五种方式：

- 创建本地社交网络——小型企业可以利用美国 Yelp 点评网站（www. yelp. com）等，帮助人们找到当地餐馆、牙医、发型师、机械师等。人们还使用这些网站来了解即将举办的活动，享受优惠，并与其他客户交谈。
- 创建博客或社交中心——使小型企业可以通过创建有用的内容（如操作列表或行业见解）来吸引客户。
- 使用推特——允许小型企业实时与消费者建立联系。

- 创建脸谱粉丝页面——允许小型企业建立可视化社区，可以通过添加地图、优惠券等功能自定义个人页面。
- 使用自定义维基——维基可以用作公共论坛，以提醒客户有关公司产品和服务的问题及疑虑，通过及时解决问题或回答问题来保持客户参与度。[43]

回答以下问题：

1. 互联网如何使小型企业与大型组织处于平等的地位？
2. 诸如推特之类的社交网站可以通过哪两种方式帮助小型企业？
3. 美国 Yelp 点评网站等是如何帮助小型企业的？

8

电子商务

本章学习目标：

8－1　定义电子商务并描述其优势、劣势和商业模式

8－2　阐述电子商务的主要类别

8－3　描述企业对消费者模式下的电子商务周期

8－4　总结企业对企业电子商务的主要模式

8－5　描述基于移动和基于语音的电子商务

8－6　阐述电子商务的四种支持技术

8－7　阐述社交商务及其受欢迎的原因

本章概述了电子商务和价值链分析，然后将电子商务与传统商业进行了比较；阐述了电子商务的商业模式和电子商务的主要类别；展示了企业对消费者电子商务周期中的主要活动，企业对企业电子商务以及基于移动和基于语音的电子商务的主要模式；概述了电子商务运营的四项支持技术：电子支付系统、网络营销、移动营销和搜索引擎优化；最后，描述了社交商务及其受欢迎的原因。

8－1　定义电子商务

电子商业和电子商务都表示商务活动的电子化，但它们略有不同。**电子商业**（e-business）包括公司使用计算机和通信技术实现销售与购买产品和服务时所执行的所有活动。电子商务意义更为广泛，包括若干相关活动，如在线购物、销售人员自动化、供应链管理、电子采购（e-procurement）、电子支付系统、网络广告和订单管理。**电子商务**（e-commerce）通过互联网购买与销售商品和服务。换句话说，电子商务是电子商业的一部分。但是，这两个术语经常被交换使用。

电子商业不仅包括以买卖商品和服务为中心能产生收益的交易，还包括对商品和服务的需求、提供销售支持和客户服务，以及促进商业伙伴之间沟通的活动。

电子商务建立在传统贸易的基础上，增加了网络提供的灵活性以及互联网的可用性。使用互联网的常见业务内容如下：

- 购买和销售产品以及服务；
- 与其他公司合作；
- 与业务合作伙伴沟通；
- 收集客户和竞争对手的商业情报；

- 提供客户服务；
- 提供软件更新和修补程序；
- 提供供应商支持；
- 发布和传播信息。

电子商业包括公司使用计算机和通信技术实现销售与购买产品和服务时所执行的所有活动。
电子商务通过互联网购买与销售商品和服务。

8-1a 价值链与电子商务

价值链分析是分析电子商务及其在商业世界中的作用的一种方法。1985年，迈克尔·波特提出了**价值链**（value chain）概念。[1]价值链由一系列活动组成，旨在通过在流程的每个阶段增加价值（或成本）来满足业务需求。通常，企业内部的不同部门负责设计、生产、营销、递送以及支持产品和服务，每项活动都会增加将产品或服务递送至客户的成本和价值（见图8-1）。

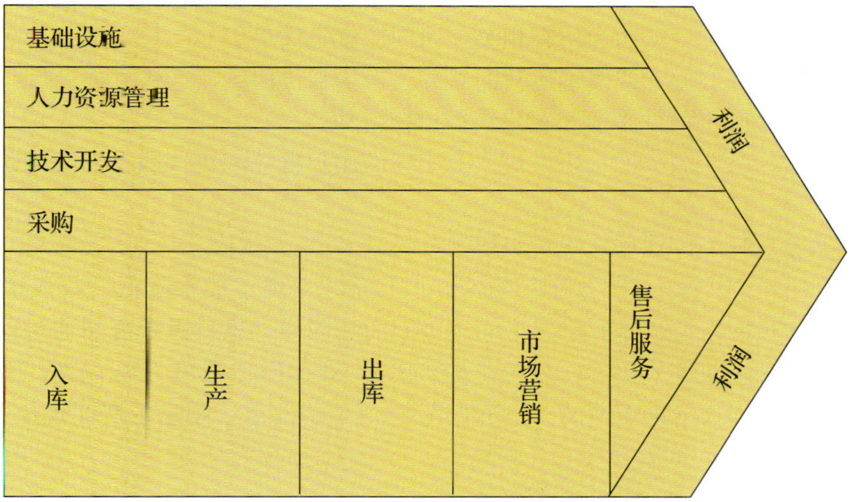

图8-1 迈克尔·波特的价值链

在图8-1中，组织中的基础设施、人力资源管理、技术开发、采购（收集投入）是支持活动的四大组成部分。“利润”表示通过支持主要活动（如图8-1底部的各部分）而增加的价值。以下描述了主要活动：

- 入库——将物料和零件从供应商处转移到生产线或仓储；包括接收、存储和分发物料等。
- 生产——将原材料加工成成品以及相关服务。
- 出库——将产品从生产线末端移动并存储到配送中心或最终用户手中。
- 营销和销售——用于确定客户需求并产生销售的活动。
- 售后服务——在销售产品后服务客户的活动。

价值链由一系列活动组成，旨在通过在流程的每个阶段增加价值（或成本）来满足业务需求。

例如，通过与供应商建立良好的关系（通过及时付款、电子订购、忠诚度等），公司可以确保及时交货，并保证高质量的原材料。从而，以较低的成本提供高质量的产品，为客户增加价值。如果优质和低成本是客户的首要需求，公司就会知道价值链的哪些部分需要关注（例如，利用较强的供应商、优质的运营、合理的分配、更好的售后服务在确保质量的同时降低成本）。因此，价值链实际上是要了解组织业务的哪些方面为客户增加价值，然后将其最大化。

价值链实际上是要了解组织业务的哪些方面为客户增加价值，然后将其最大化。

例如，家具制造公司从伐木公司购买原材料（木材），将原材料转化为成品（椅子），将成品运送到零售商、分销商或客户那里，并销售这些产品。将椅子交付给家具店后，公司通过提供其他产品和服务来延续价值链。价值链分析还可以帮助家具公司找到大客户。例如，如果木材公司与旧家具回收公司建立合作伙伴关系，就可以削减原材料成本。在任何行业中，当一家公司从供应商处购买商品或服务，添加功能以增加价值，并将商品或服务出售给客户时，公司就是价值链的一部分。再举一个例子，计算机供应商可以从其他供应商处购买部件，然后将它们组装成完整的个人电脑。供应商通过组装部件增加了价值，因此可以收取比部件的成本更高的价格。

如本章所述，电子商务的应用程序及其支持技术是使用波特价值链概念的一个示例。互联网可以提高供应商、分销商和客户之间的通信速度和准确性。此外，互联网的低成本意味着任何规模的公司都可以通过价值链进行资源整合，这是共享市场中多家公司共同规划和管理从制造商到消费者的商品、服务和信息流的过程。此过程可优化价值链的效率，从而为所有相关公司创造竞争优势。

电子商务可以通过提供降低成本或改善运营的新方法来增强价值链，这些方法包括：

- 使用电子邮件而不是邮寄信件来通知客户销售折扣活动。
- 通过公司网站实现产品或服务的销售，可以产生新的用户群体和更多收益，特别是离公司总部或实体店距离较远的客户。
- 提供在线客户服务，使产品或服务更具吸引力。

在学习本书的过程中，许多公司已经利用网络和电子商务实现了成本降低、收入增加并改善了客户服务。例如，戴尔计算机通过网络增加盈利，并排除了中间商。同样，思科系统公司通过网络销售网络硬件和软件，客户可以使用联合邮包服务公司（UPS）和联邦快递（FedEx）在线跟踪包裹。下面的小贴士描述了一个流行的社交网站推特是如何帮助企业的。下面的另一则小贴士重点阐述了展厅现象（showrooming）和反展厅现象（webrooming）之间的差异。

小贴士

推特帮助企业找到客户

除了个人和社交应用程序之外，推特也可以被企业用作促销和查找销售线索的工具。墨西哥 Boloco 餐饮连锁店的首席执行官兼联合创始人约翰·白波（John Pepper）在推特上发布了一张优惠券的照片，并邀请客户带着优惠券的任何图像（影印本、打印件或手机图像）以获取折扣。促销活动取得了巨大成功，因为有 900 位客户兑换了优惠券。同样，戴尔电脑宣布，两年内通过在推特上的戴尔直销店上张贴打折优惠券号码，创造了 300 万美元的销售额。不久之后，该公司的推特账号，@DellOutlet，吸引了超过 70 万粉丝。推特还帮助企业找到正在寻找其产品或服务的客户，并允许企业快速受理客户投诉。[2]

小贴士

展厅现象与反展厅现象

实体店和虚实结合的电子商务公司必须同时管理实体店和网络空间，以增加总销售额。展厅现象是指消费者在实体店中对产品进行实际查看以获知外观和其他感觉，然后从在线商店购买，因为这样做更便宜。反展厅现象与展厅现象相反：消费者在网上看到产品，在线做所有研究，但最终去实体店查看并购买。为了应对这种趋势，零售商创建了全渠道的商业模式，将在线模式、社交媒体、移动技术和实体商店进行整合。这样一来，无论客户想通过什么方式购买商品，零售商都可以灵活应对。[3]

8-1b 电子商务与传统商业

尽管电子商务和传统商业的目标是相同的，即销售产品和服务来产生利润，但做法却完全不同。在电子商务中，网络和电信技术发挥着重要作用，通常，没有实体店，买卖双方互不相见。然而，许多公司现在将传统商业和电子商务混合在一起进行运营，形成了新形式的电子商务。这些被称为**虚实结合的电子商务**（click-and-brick e-commerce）的公司利用了与客户进行在线互动的优势，同时保留了拥有实体店的好处。例如，客户可以从公司的网站上购买商品，但如果他们需要退货，则可以将商品带到实体店。表 8-1 比较了电子商务和传统商业中各种活动的形式之间的区别。

表 8-1 电子商务与传统商业的对比

活动	传统商业	电子商务
产品信息	杂志，传单	网站，线上目录
商业通信	邮寄信件、电话	电子邮件
检查产品的可用性	电话、传真和信件	电子邮件、网站和外联网
订单生成状态	纸质打印版	电子邮件、网站
产品确认	电话、传真	电子邮件、网站和电子数据交换（EDI）
发票生成状态	纸质打印版	网站

虚实结合的电子商务将传统商务与电子商务相结合，利用了与客户进行在线互动的优势，同时保留了拥有实体店的好处。

8-1c 电子商务的优缺点

各种规模的企业都使用互联网和电子商务应用程序来获得竞争优势。例如，IBM 通过网络与超过 12 000 家供应商进行业务往来，并使用网络发送采购订单、接收发票、给供应商付款等。此外，IBM 还将互联网技术用于其事务处理。

与传统业务一样，电子商务有许多优点和不足。如果电子商务基于健全的商业模式（在下一节中讨论），其优势会大于劣势。电子商务的优势包括：

- 与供应商、客户和业务合作伙伴建立更好的关系；
- 形成“价格透明”，所有市场参与者都可以以相同的价格进行交易；
- 能够全天候全球运营；
- 收集有关潜在客户的更多信息；
- 增加客户参与度（例如，在公司网站上提供反馈问卷）；
- 改善客户服务；
- 提高灵活性和购物便利性；
- 增加客户数量；
- 增加与业务合作伙伴协作的机会；
- 减少库存需求，提高投资回报率；
- 提供个性化服务和产品定制；
- 降低管理和交易成本。

尽管电子商务的许多缺点应在不久的将来消除或减少，但仍有如下缺点：

- 带宽容量问题（在全球某些地区）；
- 安全和隐私问题；
- 可访问性（尚未将每个人都连接到网络）；
- 接受度（并非每个人都接受此技术）。

下面的小贴士叙述了一家实体公司如何将电子商务整合到运营中。

小贴士

美国家得宝公司进入电子商务

2014 年美国家得宝公司开设首家配送中心，主要原因是客户购物习惯的改变和开设新店的收益递减。该公司在 2014 年开设了两个配送中心和一家传统实体店。作为家居装饰产品和服务的主要供应商，这与其历史形成鲜明对比。家得宝实体店中提供了 3.5 万多种商品，其网站上则提供了超过 60 万种商品，为在线客户提供了更广泛的产品选择。该公司还允许客户在线订购商品并在附近的商店取货。家得宝希望其线上商店除了吸引客户外，还能吸引承包商和建筑商，因为它们占其总销售额的 35%。由于许多产品的种类、尺寸和重量各不相同，因此物流在销售中起着重要作用。公司必须能够及时向客户交付订单商品。

为了改善物流，2014 年家得宝公司在供应链和技术改进方面投入了 15 亿美元，以便更好地连接其商店和互联网业务。其中包括一个新的线上执行中心。2013 年，虽然互联网销售仅占公司总销售额 788 亿美元的 3.5%，但是，该细分市场的增长速度明显超过了传统销售。[4]

8－1d　电子商务的商业模型

互联网提高了许多组织的生产力，但这种改进必须转化为盈利能力。

互联网提高了许多组织的生产力，但这种改进必须转化为盈利能力。2000 年和 2001 年许多商业网站公司的失败说明仅仅提高生产力是不够的。生存下来的公司拥有完善的商业模式，这支配着它们如何计划盈利和维持业务以促进未来增长。

为了实现盈利，如前所述，电子商务公司将其业务重点放在价值链的一些环节上。例如，为了盈利，电子商务公司可能决定仅销售产品或服务，或者削减供应商和消费者之间的中间环节。企业对消费者（B2C）商业模式中通过使用网络向客户提供产品和服务来削减中间环节，以降低价格并改善客户服务。正如第 1 章所述，对迈克尔·波特的差异化策略的讨论指出，这种方式使自己从竞争对手中脱颖而出，这些公司可以增加市场份额，提高客户忠诚度。

电子商务公司销售的产品可以是传统产品（如书籍和服装），也可以是数字产品（如歌曲、软件和电子书）。同样，电子商务模型可以是传统的或“数字化的”。有的传统企业（如广告主或商家）可以通过扩展或修订传统商业模式，实现商务模型的电子化，有的则需要实施适用于网络的新型模型，例如信息媒体。以下是电子商务中使用最广泛的商业模式[5]：

- **商家模式**（merchant model）使用互联网媒介将传统零售模式转移到电子商务世界。在最常见的商家模式中，电子商务公司使用互联网技术和网络服务通过网络销售商品和服务。遵循此模式的公司提供良好的客户服务和较低的价格，从而在网络上建立业务。亚马逊使用这种模式，传统企业也开始采用这种模式来消除中间商并吸引新客户，如戴尔、思科和惠普。
- **网络经纪模式**（brokerage model）使用网络将卖家和买家聚集在一起，并收取交易佣金。此模式的最佳示例是在线拍卖网站，例如 www.ebay.com、www.dealdash.com 和 www.quibids.com。拍卖网站可以通过销售网页广告产生额外收入。网络经纪模式的其他例子是在线股票经纪，例如美国德美利证券公司（TDAmeritrade.com）和美国嘉信理财（Schwab.com）通过向证券买卖双方收取佣金来创收。
- **广告模式**（advertising model）是传统广告媒体的延伸，如广播和电视。雅虎目录等免费为用户提供内容（类似于广播和电视）。通过使用这种免费内容创建更多流量，它们可以向公司收取在其网站上放置横幅广告或租赁广告的费用。例如，谷歌可以从关键词广告（AdWords）中获得收入，AdWords 为文字广告和横幅广告提供按点击付费（PPC）广告和网站定位广告。
- **混合模式**（mixed model）是指从多种方式中获取收入。例如，美国在线（America Online，AOL）是互联网服务提供商，通过广告和互联网访问的订阅费盈利。拍卖网站可以从买家和卖家的成交中收取佣金并投放广告以获得收入。
- 使用**信息媒体模式**（infomediary model）的电子商务网站收集有关消费者和企业的信息，然后将这些信息出售给其他公司用于营销。例如，美国比较购物网站（bizrate.com）收集有关其他网站性能的信息，并将此信息出售给广告商。
- 在**订阅模式**（subscription model）下，电子商务网站向客户销售数字产品或服务。例如，《华尔街日报》和《消费者报告》提供在线订阅，防病毒供应商使用此模式来发布其软件和更新。下面的小贴士预测了 2020 年的电子商务。

小贴士

2020 年的电子商务

据美国跨国投资银行高盛（Goldman Sachs）称，到 2020 年，美国电子商务总交易额将达到 6 241.7 亿美元，将占美国零售额的 1[illegible]%左右。而 2011 年，电子商务交易额只占美国零售额的 5%～6%。同行评议和其他购物者在社交媒体上发布的意见将对顾客的购买决策产生越来越大的影响。智能手机也将在这一趋势中发挥重要作用。诸如脸谱、推特、Foursquare 和 Groupon 等社交网站将继续影响购物决策。谷歌通过移动设备进行的搜索也将继续影响在线购物者。[5]

另一家零售研究公司 Conlumino 预测，到 2020 年，无论是通过比价还是直接购买，移动商务（mobile commerce）都将在 25%的在线销售中发挥作用。[6]

中国最大的电子商务公司阿里巴巴集团的研究小组预测，到2020年，中国电子商务的总销售额将达到8.15万亿美元。[7]

新的在线购物模式，如“闪购”和“团购”服务将变得更受欢迎。闪购的创立时间较短，仅邀请名牌商品参与活动。[8]

商家模式使用互联网媒介将传统零售模式转移到电子商务世界。

网络经纪模式使用网络将卖家和买家聚集在一起，并收取交易佣金。

广告模式是传统广告媒体的延伸，如广播和电视。雅虎目录等免费为用户提供内容（类似于广播和电视）。通过使用这种免费内容创建更多流量，它们可以向公司收取在其网站上放置横幅广告或租赁广告的费用。

混合模式是指从多种方式中获取收入。

使用**信息媒体模式**的电子商务网站收集有关消费者和企业的信息，然后将这些信息出售给其他公司用于营销。

在**订阅模式**下，电子商务网站向客户销售数字产品或服务。

8-2 电子商务的主要类别

电子商务交易发生在消费者、企业和政府之间，分为九大类，表8-2总结了这些类型。下面分别进行介绍。

表8-2 电子商务的主要类别

	消费者	企业	政府
消费者	C2C	C2B	C2G
企业	B2C	B2B	B2G
政府	G2C	G2B	G2G

8-2a 企业对消费者电子商务

企业对消费者（business-to-consumer，B2C）电子商务企业直接向消费者销售产品及服务。例如亚马逊、美国巴诺书店（Barnesandnoble.com）和Onsale.com。正如本章的“行业链接”中所讨论的，亚马逊及其商业合作伙伴销售各种各样产品和服务，包括书籍、DVD、处方药、服装和家用产品。亚马逊也是纯电商企业的一个例子，这意味着它完全依赖网络来分销产品。近年来，以前只有实体店的公司（称为实体公司）通过建立网站和虚拟店铺进入虚拟市场。沃尔玛、Gap和Staples就是这方面的例子。这些公司通过电子商务补充其传统贸易。一些专家认为，这些公司可能比纯电商企业更成功，因为实体店具有不可替代的优势，例如客户能够通过实体店看商品并进行退货。

企业对消费者（B2C）电子商务企业直接向消费者销售产品及服务。

8-2b 企业对企业电子商务

企业对企业（business-to-business，B2B）电子商务涉及企业之间的电子交易。这些交易已经以电子数据交换（EDI）和电子资金转账（EFT）的形式存在多年。近年来，互联网 B2B 交易数量的增加使 B2B 成为电子商务增长最快的部分。如第 7 章所述，由于公司依赖其他公司来提供物资、公用事业和服务，因此外联网已经有效地用于 B2B 运营。公司使用 B2B 应用程序，通过在线与合作公司确认采购订单、开具发票、沟通库存状态、传递货运物流信息、签署业务合同等操作，加快交易速度、减少错误、消除手工任务，为买卖双方节省了数百万美元。沃尔玛是 B2B 电子商务的主要参与者，其供应商如宝洁、强生等公司通过电子方式向沃尔玛销售产品并查看销售信息，便于检查商家库存状态并及时补充产品。

企业对企业（B2B）电子商务涉及企业之间的电子交易。

8-2c 消费者对消费者电子商务

消费者对消费者（consumer-to-consumer，C2C）电子商务涉及用户之间的商业交易，例如个体通过互联网向其他个体销售产品与服务。人们使用的在线分类广告网站（例如，Craigslist）或在线拍卖网站（例如，eBay）就是 C2C 电子商务平台。人们还可以在企业的内联网上宣传产品和服务（在第 7 章中讨论过），并将其出售给其他员工。

消费者对消费者（C2C）电子商务涉及用户之间的商业交易，例如个体通过互联网向其他个体销售产品和服务。

8-2d 消费者对企业的电子商务

消费者对企业（consumer-to-business，C2B）电子商务涉及个体向企业销售产品或服务，例如消费者创建供公司使用的在线调查。另一个例子是，企业通过众筹的方式要求消费者付费来执行服务（例如向网站捐款）。

消费者对企业（C2B）电子商务涉及个体向企业销售产品或服务，例如消费者创建供公司使用的在线调查。

8-2e 政府与非企业的电子商务

许多政府和其他非商业组织都使用电子商务应用程序，包括国防部、国税局和财政部。这些应用程序通常被称为**电子政务**（e-government 或 e-gov），主要分为以下几类：

- 政府对公民（government-to-citizen，G2C）——税务备案和付款、下载表格、填写表格、提交表格、记录请求、在线选民登记；
- 政府对企业（government-to-business，G2B）——联邦资产的销售、许可证申请和续签；
- 政府对政府（government-to-government，G2G）——灾害援助和危机应对；
- 政府对员工（government-to-employee，G2E）——电子培训。

请参阅电子政务的小贴士。图 8－2 显示了 USA.gov 的主页，这是一个向用户传递政府相关信息的网站。

United States Government

图 8－2　美国政府网站主页

大学属于使用电子商务应用程序的非商业组织。例如，许多大学将网络技术用于在线课程、注册和成绩报告。此外，非营利组织、政治组织和社会组织也将电子商务应用程序用于诸如筹款、政治论坛和采购等活动。

小贴士

现实中的电子政务：肯塔基州路易斯维尔市

2012 年，《政府技术》杂志的 CIO 和分析师将肯塔基州路易斯维尔市的网站 LouisvilleKy.gov 评为最佳城市网站。[9]在这场历时很久、包括州网站和地方网站的竞争中，确定获胜者的主要因素是创新、可用性、功能和对政府效率的贡献。获胜网站都具备以下功能：

- 通过移动设备访问——使用移动设备访问城市网站的人越来越多，因此，网站的内容适用于较小的屏幕尺寸，更好地支持用手机 APP 轻松访问网站。
- 位置感知——城市网站知道访问者的位置，以便为他们提供最适合当前需求的建议。
- 实时帮助——对于不熟悉在线服务复杂性的用户，城市网站应提供与在线客服聊天或向城市工作人员发短信寻求帮助的功能。
- 通知服务——城市网站应提供电子邮件或基于文本的提醒和警报，以了解恶劣天气、犯罪数据、失踪警报等情况。[10]

浏览网站 LouisvilleKy.gov 会发现一些有趣且非常有用的功能。该网站能够进行 G2C 和 G2B 等操作，提供部门和服务的完整清单。访客可以注册后通过电子邮件、短信或 RSS 源接收电子新闻、通知和提醒。该网站还提供移动应用程序，以便轻松访问网站提供的服务和功能。

电子政务可以包括政府对公民、政府对企业、政府对政府以及政府对员工的交易。服务包括税务申报、在线选民登记、灾难援助和政府雇员的电子培训。

8-2f 组织或企业内电子商务

组织（企业内）电子商务（organizational/intrabusiness e-commerce）涉及组织内部发生的电子商务活动，通常通过组织内联网（在第7章中讨论过）实现。这些电子商务活动虽然不属于刚才讨论的九大主要类别，但是支持企业的电子商务交易活动。这些活动既包括员工之间的产品、服务或信息交换（例如之前讨论的C2C电子商务），也包括开展企业内部培训计划、企业内部人力资源服务。其中有一些虽然不是专门的销售和购买活动，但被认为是波特价值链中的支持活动。例如，人力资源部门为生产和分销公司的人员提供服务。

组织（企业内）电子商务涉及组织内部发生的电子商务活动，通常通过组织内联网实现。这些活动包括员工之间的产品、服务或信息交换。

8-3 B2C电子商务周期

如图8-3所示，进行B2C电子商务涉及五项主要活动：

1. 信息共享——B2C电子商务公司可以使用各种方法与客户共享信息，例如公司网站、在线目录、电子邮件、在线广告、视频会议、留言板和新闻组。

2. 订购——客户可以使用电子表格或电子邮件从B2C网站订购产品。

3. 付款——客户有多种付款方式，例如信用卡、电子支票和电子钱包。电子支付系统在“8-6 电子商务支持技术”中讨论。

4. 产品交付——向客户提供产品或服务的方式各不相同，具体取决于要交付的是实体产品（书籍、视频、CD）还是数字产品（软件、音乐、电子文档）。例如，实体产品的交付可以通过空运、海运或陆运，以不同的成本和不同的选择进行。数字产品的交付更为直接，通常只涉及下载，尽管产品通常使用数字签名进行验证（请参阅第5章）。产品交付情况也取决于公司是处理自己的产品交付业务还是将其外包。产品交付通常包括交付地址验证和数字仓库，在数字产品交付之前，数字产品一直保存在存储介质上。有几家第三方公司可以处理电子商务网站的产品交付职能。

5. 服务和支持——电子商务中的服务和支持比传统商务更重要，因为电子商务公司没有实际位置来帮助维持现有客户。由于保持当前客户比吸

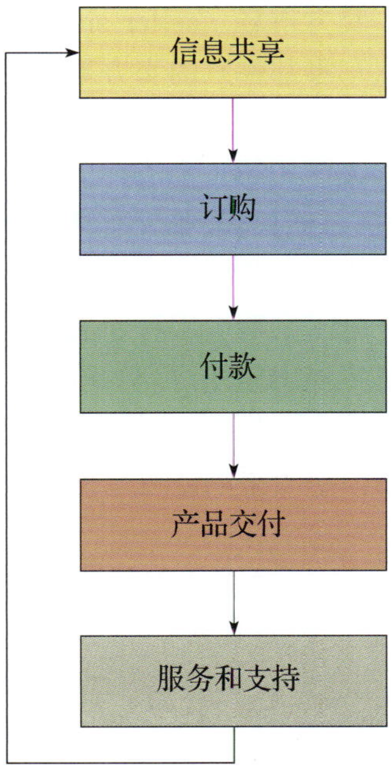

图8-3 B2C电子商务的主要活动

引新客户便宜，所以电子商务公司应使用以下一些方法来努力改善客户服务和支持：电子邮件确认和产品更新、在线调查、服务台和有安全保证的交易。

图 8－3 中列出的活动与传统商业中的过程是相同的，并且也可能以相同的顺序发生。但是，每个阶段都已经被 Web 技术和互联网所改变。

8－4 B2B 电子商务：回顾

B2B 电子商务包括图 8－3 中显示的活动，广泛使用的技术包括：内联网，外联网，虚拟专用网，EDI 和 EFT。B2B 电子商务缩短了交付时间，降低了库存要求和价格，并帮助业务合作伙伴共享相关的、准确的和及时的信息。最终结果是改善了业务合作伙伴之间的供应链管理。

B2B 电子商务消除了许多劳动密集型任务，例如手动创建发票和跟踪付款，从而降低了生产成本并提高了准确性。此外，通过在供应链网络中创建直接在线连接，改善了业务合作伙伴之间的信息流，从而缩短了交付时间。换句话说，原材料收到的速度更快，与客户需求相关的信息传递得也会更快。改进业务合作伙伴之间的电子通信可改善整体沟通，从而实现更好的库存管理和控制。

8－4a B2B 电子商务的主要模式

基于市场控制者的不同——卖方、买方或中介（第三方），B2B 电子商务可以分为三种模式：卖方市场、买方市场和第三方交易市场。第四种市场模式，即贸易伙伴协议，促进了商业伙伴之间合同的订立和谈判，也越来越受欢迎。以下分别讨论这些模式。

卖方市场

卖方市场（seller-side marketplace）模式最常出现。在此模式中，提供特殊产品（如化学品、电子产品和汽车零部件）的卖方聚集在一起，为买方创造了一个共同的市场——一站式购物模式。卖方可以集中它们的市场力量，并且简化了买方对替代来源的搜索过程。

该模式的一个流行应用是**电子采购**（e-procurement），它使组织中的员工能够直接从供应商处订购以及接收原材料与服务。通常情况下，公司会提前与供应商协商降价。电子采购简化了传统的采购流程，从而降低了成本，节省了时间，并且改善了供应商与参与企业之间的关系。

电子采购应用程序通常具有采购批准程序，仅允许用户连接到公司批准的电子采购目录，这些电子目录为员工提供预先协商的价格。电子采购的主要目标是防止从获准卖家名单以外的供应商处采购并消除采购的处理成本。如果不遵循此流程而接受新合作伙伴，可能会付出高昂的成本，因为这可能导致支付更高的耗材价格。电子采购还可以使客户有资格获得批量折扣或特别优惠。

> 电子采购的主要目标是防止从获准卖家名单以外的供应商处采购并消除采购的处理成本。

电子采购应用程序可以自动执行一些采购和销售活动，从而降低成本并提高处理速度。使用这些应用程序的公司希望更有效地控制库存，降低采购开销并改善制造生产周期。随着计算机化供应链管理的发展，电子采购可能会集成到标准业务系统中（将在第 11 章中讨论）。

电子商务和 B2B 解决方案的主要供应商包括 I2 Technologies、IBM、Oracle 和 SAP。下面的小贴士阐述了斯伦贝谢公司的电子采购应用程序。

小贴士

斯伦贝谢公司的电子采购

油田服务提供商斯伦贝谢（Schlumberger）开发了用于订单处理的电子采购系统，该系统降低了每笔订单的成本。新系统通过简化批准采购订单和其他管理任务所需的文书工作来降低成本。旧的集中式电子数据交换（EDI）采购系统被基于Web的系统所取代，该系统使员工能够直接从工作站上联系任何已获准的供应商。该系统具有易于使用且灵活的界面，使斯伦贝谢能够与更多样化的供应商开展业务。系统的互联网连接价格便宜且快捷，而其开放平台则是系统的最大优势。[11]

买方市场

大公司（如通用电气或波音公司）以及大公司的财团使用**买方市场**（buyer-side marketplace）模式。该模式的工作原理为：买家开启电子市场并邀请卖方对已公布的产品进行投标或提出询价（request for quotation，RFQ）。使用此模式，买方可以更有效地管理采购流程，降低管理成本并实施统一定价。公司投资于买方市场，目标是建立新的销售渠道，以提高其市场占有率并降低每笔销售的成本。通过参与买方市场，卖方可以实现：

- 进行销售交易；
- 自动化订单管理流程；
- 进行售后分析；
- 自动实施交付功能；
- 提高对采购行为的理解；
- 提供替代销售渠道；
- 减少订单配额和交付时间。

第三方交易市场

第三方交易市场（third-party exchange marketplace）模式不受买卖双方控制。它由第三方控制，并从买卖双方达成的交易额中收取佣金。**垂直市场**（vertical market）专注于特定行业或市场的销售，例如公用事业、牛肉和乳制品行业、医疗产品等。**横向市场**（horizontal market）专注于特定功能或业务流程，并为不同行业自动执行交易功能或流程。员工福利管理和媒体购买就是横向市场的例子。

该模式为供应商提供在线店铺，直接实现与买家的沟通。第三方交易市场的交互程序的特色包括产品目录、信息请求（requests for information，RFI）、折扣和促销、经纪人联系人和产品样本请求等。

贸易伙伴协议

贸易伙伴协议（trading partner agreements）的主要目标是使协商过程自动化并执行参与企业之间的合同。使用此模式，业务合作伙伴可以发送/接收标书及合同，提供购买产品/服务时所需的其他信息。随着电子商务可扩展标记语言（electronic business Extensible Markup Language，ebXML）的发展，该模式将变得越来越普遍。电子商务可扩展标记语言是一个全球性项目，致力于使用可扩展标记语言（XML）来标准化电子商务数据交换，包括电子合同和贸易伙伴协议。

利用此模式，客户可以通过互联网提交以前需要带签名的复印件的电子文档。1999年的《数字签名法》赋予数字签名与手写签名相同的法律效力。接受电子交易协议对双方的所有条款和条件具有约束力。

利用电子商务可扩展标记语言，可以通过电子方式传输合同，贸易伙伴之间的许多流程可以通过电子方式执行，包括库存状态采取、货运物流跟踪、采购订单下达、货物预订和电子支付。电子商务可扩展标记语言或可扩展标记语言相对于超文本标记语言的主要优点是可以将数据的类型分配给页面，以便Web浏览器仅选择搜索中请求的数据。此功能简化了数据传输，仅传输特定情况下所需的数据而非所有数据。这在移动商务（mobile commerce，m-commerce）中特别有用，因为在浏览器中只加载必要的数据可以大幅提高搜索效率。此过程可以减少互联网上的数据流量，有助于避免高峰时段的数据延迟。

卖方市场模式最常出现。在此模型中，提供特殊产品（例如化学品、电子产品和汽车零部件）的卖方聚集在一起，为买方创造了一个共同的市场——一站式购物模式。

电子采购使组织中的员工能够直接从供应商处订购以及接收原材料与服务。

在**买方市场模式**中，买方开启电子市场并邀请卖方对已公布的产品进行投标或提出询价（RFQ）。使用此模式，买方可以更有效地管理采购流程，降低管理成本并实施统一定价。

第三方交易市场模式不受买卖双方控制。它由第三方控制，并从买卖双方达成的交易额中收取佣金。

垂直市场专注于特定行业或市场的销售，例如公用事业、牛肉和乳制品行业、医疗产品等。

横向市场专注于特定功能或业务流程，并为不同行业自动执行交易功能或流程。

贸易伙伴协议使协商过程自动化并执行参与企业之间的合同。

8-5 基于移动和语音的电子商务

基于无线应用协议（Wireless Application Protocol，WAP）的移动商务已存在多年，特别是在欧洲国家。**移动商务**（mobile commerce，m-commerce）使用手持设备（如智能手机、PDA）进行商业交易，例如与在线经纪公司进行股票交易。移动商务应用的支持技术包括无线广域网（wireless wide area networks，WWAN）、3G和4G网络（在第6章中讨论过）以及短距离无线通信技术［如Wi-Fi、WiMAX、蓝牙和RFID（在第14章中讨论）］。

许多电信公司都提供具有上网功能的手机。此外，还有各种各样的移动商务应用程序，其中最受欢迎的是iPhone应用程序，包括游戏、娱乐、新闻和旅游信息，其中有一些是免费的，其他的则必须通过iTunes购买。

微软IE浏览器的无线版名为IEM（Internet Explorer Mobile）。许多电子商务公司正在开发当前手机所需的基于文本的简单界面。例如，谷歌为移动互联网用户提供搜索、新闻、地图和Gmail（www.google.com/mobile）等功能。MSN Mobile（http://mobile.msn.com）提供了一个特殊的浏览器，用于访问电子邮件、新闻、体育、娱乐、地图和Windows Live服务，例如微软Hotmail和Windows Live Messenger。移动商务的其他应用包括银行业务、交通更新、旅游服务、购物和视频会议。移动用户应用程序（例如共享游戏和图片）也很受欢迎。下面的小贴士阐述了移动商务在快餐店中的应用。

小贴士

现实中的移动商务：快餐店

移动商务通过将订购、付款和取货组合成一个简单的任务，可以使快餐更快。墨式烧烤公司（Chipotle Mexican Grill）使用应用程序让顾客不限地点地订购他/她最喜欢的食物，然后在餐厅领取。顾客甚至可以收藏他/她喜欢的食物，以便将来重新订购。在过去的几年中，达美乐比萨（Domino's）、棒约翰比萨（Papa John's）、必胜客和星巴克也一直在使用移动应用程序。星巴克是使用移动支付的先行者之一。根据星巴克的调查，2014 年六分之一的付款都是移动支付。[12]

塔可钟（Taco Bell，世界上规模最大的提供墨西哥式食品的连锁餐饮品牌）提供移动订餐应用程序，使顾客可以使用移动设备先点餐、付款，然后在餐厅或直通车窗口取货。该应用程序显示顾客在餐厅所能看到的所有菜单，而且允许顾客个性化定制。例如，顾客可以在订单上注明不需要泡菜或番茄。智能手机上的 GPS 会向餐厅提醒顾客的位置，以便餐厅知道何时准备订单。

准备这些食品的自动化机器以及移动应用程序使快餐店的员工更少。因此，运营成本下降。麦当劳、福来鸡（Chick-fil-A）和肯德基也正在启用移动订购应用程序。[13]

现在已经可以使用手机访问网站并实现产品订购了。下一步则是发展**基于语音的电子商务**（voice-based e-commerce），该技术依赖于语音识别和文本转语音技术，这些技术在过去十年中得到了显著改进。[14,15,16]例如，用户快速简单地说出要访问的网站或服务的名称，就可以通过语音命令按产品名称搜索数据库并找到价格最具竞争力的商家。基于语音的电子商务适用于诸如进行股票交易、查找体育比分、预订电影票以及获取餐馆指示等应用。

当今，iPhone 3GS 及更高版本支持基于语音的谷歌搜索。iPhone 4S 及更高版本配备了苹果语音助手（Siri），可让用户使用自己的声音发送消息、拨打电话、设置提醒以及执行其他任务。例如，Android 设备使用谷歌之音（Google Voice）进行基于语音的电子商务，使用电子/虚拟钱包完成交易（在下一节中讨论）。除了存储财务信息外，电子/虚拟钱包还可以存储客户地址和驾驶证号码等信息。基于语音的电子商务安全功能应该包括以下内容：

- 呼叫识别，必须从特定移动设备拨打电话；
- 语音识别，授权必须与特定语音模式匹配；
- 传送到无法通过语音命令更改的设置地址。

一些语音门户网站已经可用，包括纽昂斯通信公司（nuance.com）、Internet Speech（internetspeech.com）和谷歌之音（www.google.com/googlevoice /about.html）。通过访问这些网站，可以了解最新的基于语音的电子商务。

> **移动商务**使用手持设备（如智能手机、PDA）进行商业交易。
> **基于语音的电子商务**依赖于语音识别和文本转语音技术。

8-6 电子商务支持技术

支持电子商务活动的技术和应用程序有：电子支付系统、网络营销、移动营销和搜索引擎优化。下面分别进行讨论。

8-1a 电子支付系统

电子支付（electronic payment）指以电子方式交换货币或票据。这通常涉及互联网、其他计算机网络和数字储值系统的使用。支付卡（包括信用卡、借记卡、记账卡和智能卡）是最受欢迎的电子支付交易工具。

智能卡（smart card）已在欧洲、亚洲和澳大利亚使用多年，并且由于其多功能性而在美国逐渐被接受。

智能卡的大小与信用卡相当，并且包含一个嵌入式微处理器芯片，用于存储重要的财务和个人信息。芯片可以加载信息并定期更新。

支付卡（包括信用卡、借记卡、记账卡、智能卡）是最受欢迎的电子支付交易工具。

电子现金（e-cash）是账单和货币的安全且便捷的替代品，可补充信用卡、借记卡和记账卡，并为日常现金交易增添便利性和控制力。电子现金通常与智能卡一起使用，存储在芯片上的现金数量可以通过电子方式“充值”。

电子支票（e-check）是纸质支票的电子版，为在线交易提供了安全性、高效性和便利性。许多公用事业公司为客户提供了使用电子支票进行付款的机会，并且大多数银行接受电子支票来进行在线账单支付。当其他电子支付系统风险太大或不合适时，电子支票是一个很好的解决方案。

电子钱包/虚拟钱包（e-wallets/virtual wallets）适用于大多数手持设备，为在线购物提供了安全、方便和便携式的工具。其中存储了个人和财务信息，例如信用卡号、密码和个人识别码（personal identification number，PIN）。电子钱包可用于小额支付（本节稍后讨论），在线购物者会觉得很便捷，因为不必在每次下订单时都重新输入个人和财务信息。

PayPal 是人们熟悉的、用于许多在线拍卖网站的在线支付系统。拥有有效电子邮件地址的用户就可以设置 PayPal 账户，并使用其信用卡或银行账户进行在线交易的安全付款。

2014 年 9 月 9 日，苹果公司推出手机支付功能 Apple Pay，这是一种基于近距离无线通信（near field communication，NFC）技术的移动支付服务。客户可以使用 iPhone 6 及以上版本、Apple Watch 或 iPad 在线或在支持 Apple Pay 的实体店中为产品和服务付款。[17]

微支付（micropayments）是网上涉及非常少量资金的交易。最初这是广告客户为每次观看或每次点击支付费用的一种方式，通常是十分之一美分。使用传统的货币方法难以处理这种小金额，并且电子小额支付降低了金融机构的处理成本。客户的支付金额被累计，直到它们大到可以抵消交易费用，然后从账户扣除或将费用提交给银行。当然，微支付系统会收取跟踪和处理交易的费用。但是，定义 Web 相关技术标准的万维网联盟（W3C；www. w3c. org）已取消了对微支付的支持，并且不再为其制定标准。

下面的小贴士阐述了使用移动支付系统的一些挑战。

小贴士

使用移动支付系统的挑战

信用卡和借记卡的致命缺点是，容易丢失、容易被黑客攻击和易于复制，而且它们很难更换。此外，每个银行账户都有自己的信用卡。因此，如果您有 12 个账户，则需要 12 张单独的信用卡。尽管存在这些缺点，信用卡仍然非常受欢迎，并且在电子商务和传统商务中广为使用，因为信用卡涉及的银行、商店和用户，都同意标准和统一界面。

移动支付环境中有许多参与者，并且他们的数量还在增加。主要参与者包括 PayPal、谷歌、苹果、美国 Square 移动支付公司、脸谱、高朋、科学基金网络信息系统（Isis）、Dwolla 电子商务公司、LevelUp 电视游戏综合资讯/资料站点和 Venmo 小额支付款项的软件。移动运营商和信用卡公司也参与移动支付。但是，大多数客户仍然使用信用卡作为主要支付方式，因为许多商家仍然不接受移动支付，并且界面不通用。

由于缺乏移动支付系统的标准，出现了新的解决方案来提高传统信用卡的可用性。旧金山的一家初创公司 Coin 提供了这样的解决方案。Coin 公司将客户的所有信用卡组合成一张信用卡，通过移动应用程序增强了这一功能，该应用程序允许用户从拥有的其他信用卡中加载信息，或逐个刷卡（使用 Coin 应用程序附带的设备）将这些信用卡中的信息复制到 Coin 应用程序。这样就不必在钱包里携带多张卡片。尽管如此，Coin 公司仍然面临着诸多挑战。[18]

电子支付指以电子方式交换货币或票据。这通常涉及互联网、其他计算机网络和数字储值系统的使用。支付卡包括信用卡、借记卡、记账卡和智能卡。

智能卡的大小与信用卡相当，并且包含一个嵌入式微处理器芯片，用于存储重要的财务和个人信息。芯片可以加载信息并定期更新。

电子现金是账单和货币的安全且便捷的替代品，可补充信用卡、借记卡和记账卡，并为日常现金交易增添便利性和控制力。

电子支票是纸质支票的电子版，为在线交易提供了安全性、高效性和便利性。

电子钱包/虚拟钱包适用于大多数手持设备，为在线购物提供安全、方便和便携式的工具。其中存储了个人和财务信息，例如信用卡号、密码和个人识别码（PIN）。

PayPal 是人们熟悉的、用于许多在线拍卖网站的在线支付系统。拥有有效电子邮件地址的用户就可以设置 PayPal 账户，并使用其信用卡或银行账户进行在线交易的安全付款。

微支付是网上涉及非常少量资金的交易。最初这是广告客户为每次观看或每次点击支付费用的一种方式。

8-6b 网络营销

网络营销（Web marketing）使用网络及其支持技术来推广产品和服务。虽然传统媒体（如广播和电视）仍然用于营销，但网络提供了更多独特的功能，例如客户发布问题的留言板和向客户发送信息的新闻组。要更好地了解网络营销，请回顾以下术语：

- 广告展示——针对不同的用户投放不同的广告。
- 横幅广告——通常放置在访问量较大的网站上，这些广告相当小（约 468×60 像素），并采用简单的动画。单击横幅广告会显示简短的营销消息或将用户转移到另一个网站。
- 单击——当用户单击 URL 或横幅广告时，它们将被转移到其他网站或显示营销消息，并由网络服务器记录。例如，每当一个用于搜索的特定关键字将用户带到特定的网页时，拥有该网站的广告商就会向搜索引擎支付点击成本（在此列表中，稍后讨论）。雅虎、微软、谷歌和互动广告局组成的联盟组建了点击测量工作组，该工作组试图定义什么是“合法且有效”的点击。
- 千人成本（cost per thousand，CPM）——大多数网络和电子邮件广告的定价基于每千次广告展示费用。（M 代表 mille，意思是千。）例如，125 美元的 CPM 表示每 1 000 次广告展示费用为 125 美元。
- 点击成本（cost per click，CPC）——指按点击支付的广告费用。例如，1.25 美元的 CPC 表示，广告每被客户点击一次，广告主就需要向网站支付 1.25 美元的广告费。投放在 MIVA（www.miva.com）网站上的广告采用这种收费方式。
- 点击率（click-through rate，CTR）——指网页上的某广告获得的点击次数除以购买次数的值。例如，如果某广告获得 20 000 次点击，并引发了 100 000 次购买，则该广告的 CTR 为 20%（=20 000/100 000）。
- Cookie——网站将用户在网站上的访问路径历史存储在用户的硬盘里，用于日后跟踪。例如，通过名称来跟踪访问者。此信息还能记录用户偏好和浏览习惯。
- 点击——单击网页的任何元素（包括文本、图形和交互项）都视为对服务器的点击。点击率不是网站流量的首选度量单位，因为不同页面的点击次数可能会有很大差异，具体取决于图形数量、使用的浏览器类型和页面大小。
- Meta 标签——是提供有关网页信息的 HTML 标记，并不影响网页的显示方式，例如页面内容的关键字、网络设计器和页面更新的频率。搜索引擎使用此信息（尤其是其中的关键字）来创建索引。

- 页面视图（page view，PV）——指一个用户查看一个网页。
- 弹出广告（pop-up ads）——广告显示在浏览器窗口的顶部，阻止用户查看网页。
- 隐藏式弹出广告（pop-under ads）——广告显示在浏览器窗口下方。这类广告比弹出广告的侵入性弱。
- 启动界面（splash screen）——用户首次访问网站时显示的网页；旨在吸引用户的注意力并激励用户浏览网站。启动界面显示公司的徽标以及查看网站的相关提示消息，例如，提示所需安装的插件信息。
- 场地租赁（spot leasing）——是搜索引擎和电子目录网站为企业提供的网页空间，公司可以购买用于广告。与横幅广告相比，场地租赁的优势在于它们的位置是永久性的，而横幅广告的位置会随着访问的不同而变化。其不足在于租用费用比横幅广告高，尤其是在雅虎等高流量网站上。

智能代理（intelligent agents）（在第13章中讨论）和推技术（push technology）（在第14章中讨论）也可用作网络营销工具。智能代理是可用于网络营销的人工智能应用程序。例如，产品代理商可以提醒客户有关新产品的信息。推技术与拉技术是相反的，在拉技术中，用户在网上搜索信息，所需信息才能被传送过来。利用推技术，可以根据用户之前的查询、兴趣或规格向用户自动发送信息，此技术可用于发送和更新营销信息、产品和价格表以及产品更新。下面的小贴士讨论了使用数字广告时所面临的一些挑战。

> 网络营销使用网络及其支持技术来推广产品和服务。

小贴士

使用数字营销的挑战

广告商每年因网站的虚假成交量造成的损失多达数十亿美元。伪造的成交量是全世界受bots（一种能执行外部命令的自动运行型木马程序）控制的个人电脑产生的。利用验证码投放替代广告的创业公司Solve Media估计，目前有29%的广告成交量是由这些bots木马程序驱动的。

根据美国网络广告反作弊技术提供商White Ops公司的说法，songsrpeople.com是一个通过bots木马程序产生大量成交量的网站。有趣的是，很多大型公司，像泛欧实时全额自动清算系统（Target）、亚马逊和美国州立农业保险公司（State Farm）等都在该网站上投放了广告。事实上，该网站的大多数访问者都是由计算机生成的，而不是人类。该网站给人一种网站接收流量大的印象，这就使其可以向想要投放广告的客户收取更高的费用。有些bots木马程序非常复杂，可以模仿购物者，能逐个“点击”站点、“观看”视频，甚至向购物车中添加商品。根据政府当局和互联网安全专家的说法，互联网上有数千个这样的网站，专家们正试图识别这些网站并将其列入黑名单。同时，客户需要在投资数字广告之前区分合法流量和虚假流量。[19]

8-6c　移动营销

根据最近的一项调查，大约60%的互联网接入是通过移动设备进行的[20]，例如智能手机和平板电脑。在线企业需要制定移动营销策略，以保持竞争力。流行的移动营销策略包括以下内容[21]：

1. 基于应用程序的营销：此策略需要使用移动应用程序，但并不是说在线业务一定要开发自己的应用程序。诸如Google AdMob之类的服务可帮助广告商制作在第三方移动应用程序中显示的移动广告。脸谱帮助广告客户制作可与其移动应用集成的移动广告，将手机广告与其新闻源集成在一起，这是一种强有力的信息传播方式。

2. 游戏内移动营销：此策略使用的移动端广告会出现在流行的移动端游戏中，并且可以采用多种形式，例如横幅弹出窗口、整页图片广告或视频广告，这些形式都会在加载屏幕时出现。

3. 基于位置的营销：此策略会根据用户相对于特定营业地点的位置（例如，在企业 2 英里半径范围内），让广告显示在用户的移动设备上。

4. QR 码（快速响应码，在第 14 章中讨论）：该策略允许用户扫描 QR 码；然后，将用户转移到显示产品（或服务）营销消息的网站。

5. 移动搜索广告：这种策略使用移动设备上基本的搜索引擎，如谷歌或必应。这些广告通常包含其他功能，例如点击通话或点击地图。

6. 移动图片广告：此策略使用移动设备上显示的基于图片的广告，例如横幅广告。由于屏幕尺寸的限制，这些图像必须专门为移动设备设计。

7. 短消息服务（short message service，SMS）和多媒体消息服务（multimedia messaging service，MMS）：该策略向移动设备用户发送包含优惠信息的短消息。SMS 仅传送文本，MMS 传递的内容是结合了文本、声音和视频的多媒体。

下面的小贴士讲述了星巴克的移动营销。

小贴士

星巴克的移动营销

自 2007 年以来，星巴克一直在使用移动技术，从移动支付到移动订购。首席数字官亚当·布洛特曼（Adam Brotman）负责监管 60 个国家 18 000 个零售点的数字战略，他表示，移动技术是该公司整体数字战略的一部分。星巴克整合了移动、互联网和社交媒体等数字技术，有针对性地联系客户、实现互动，以改善客户关系。[22]

移动消息营销（SMS 和 MMS）允许星巴克与客户沟通并进行销售。2014 年夏天，星巴克使用这项技术对广受欢迎的星冰乐饮料进行了宣传。星巴克最受欢迎的营销应用之一是其商务应用程序，它允许客户通过其移动设备获得奖励并支付所购物品的费用。[23]

8-6d 搜索引擎优化

搜索引擎优化（search engine optimization，SEO）是一种用于改善网站流量或质量的方法。它有助于网站在搜索结果中获得高排名，这往往会为网站带来更多收入。对于搜索中使用的平均关键字，搜索引擎可能会列出数百或数千个网站，但大多数人只访问前 5 或 10 个网站而忽略其余网站。因此，重要的是成为排列在顶部的网站之一。

全面的网络营销活动应该使用各种方法，而搜索引擎优化是另一种有助于改善业务的方法。一些公司提供搜索引擎优化服务。与网络营销方法不同，搜索引擎优化旨在以自然（和免费）的方式增加网站在搜索引擎上的性能。正如在第 7 章中所了解到的，典型的搜索引擎（如谷歌或必应）使用爬虫程序或蜘蛛程序来查找网站，然后根据网站的内容和相关性对其进行索引并给出排名。优化网站需要编辑网站的内容和超文本标记语言代码，以提高其与特定关键字的相关性。搜索引擎优化技术使搜索引擎更容易为某些关键字和索引查找网站。以下是优化网站流量的一些常用方法：

- 关键字——确定最能描述网站的几个关键字，并在整个网站的内容中始终如一地使用它们。

- 页面标题——确保页面标题准确反映网站及其内容。
- 入站链接——使用网站的一个顶级关键字让人们对你的网站发表评论。
- 内容——定期更新网站的网络内容。
- 与他人的链接——与其他网站建立关系。

搜索引擎优化（SEO）是一种用于改善网站流量或质量的方法。搜索结果中较高的排名会为网站带来更多收入。

8-7 电子商务与超越：社交商务

近 20 亿的消费者正在使用脸谱、推特、拼趣和汤博乐等社交网络，并且这一数字每天都在增加。[24] 这些社交网络的用户通过向其朋友推荐某些产品或服务来影响客户的购买决策。一些社交网络还提供直接链接，使用户能够直接购买产品和服务。根据高德纳咨询公司的调查，74%的消费者依靠社交网络来指导他们的购买决策。[25] 在脸谱之类的流行社交网络出现之前，易贝（eBay）等点对点网站就实现了个体用户之间的相互沟通，并进行电子商务交易。

为兴趣相似的人提供社区服务的社交媒体，是基于客户洞察和产品发现实现的。拼趣和 Wanelo 购物网站等类似于虚拟购物中心和数字目录。客户能够浏览并与具有相似兴趣的人建立联系。[26]

什么是社交商务？不同的在线网站和电子商务专家提供了不同的定义。[27] 在本书中，**社交商务**（social commerce）是电子商务中受社交网络和其他在线媒体影响的一个子集，而其他在线媒体随智能手机的性能的提升也在日益强大。

不同种类的社交网络和在线媒体共同构成了社交商务。以下是具体分类[28,29]：

1. 社交网站：网站的用户向朋友推荐产品或服务，或者该网站提供直接购物链接，例如脸谱中的“商店”选项卡或推特中的“购买”按钮（处于测试阶段）。这类网站中比较流行的是脸谱和推特。

2. 团购平台：如果一定数量的买家同意在给定的时间段内（例如 24 小时内）购买产品或服务，网站就会提供大幅折扣。例如，美国 Groupon 团购网和美国 LivingSocial 购物网站。

3. 点对点电子商务平台：网站是基于社区的市场，使个人能够直接相互通信并进行电子商务操作。例如亚马逊电子商务销售市场和美国 Etsy 手工艺成品网络商店平台。

4. 推荐网站：网站汇总了客户对所购产品或服务的意见，然后客户将其推荐给具有相同兴趣的人。有些网站还鼓励个人通过社交媒体与朋友分享购买的商品。热门的网站包括英国 JustBoughtIt 购物网站（将推特变成移动购物世界的应用）和美国 Yelp 点评网站。

5. 参与式电子商务：网站允许用户参与生产过程，并以协作方式向网站提供产品或服务。例如 CutOnYourBias 公司和美国 Kickstarter 众筹网站平台。

6. 社交建议网站：网站通过聊天和论坛提供购物建议和意见。例如美国 GoTryItOn 着装搭配分享社交网站和意大利 Motilo 时尚风格趋势展示网。

7. 用户策划的购物：网站为用户提供了一个创建实际产品或生成其他人可以选择的产品清单的平台。例如美国 Lyst 社会化购物及商品书签网和美国 Polyvore 用户时尚 DIY 分享网站。

社交商务是电子商务中受社交网络和其他在线媒体影响的一个子集。

本章的“行业链接”重点介绍了电子商务的领军者之一亚马逊。

行业链接

亚马逊[30]

作为B2C电子商务的领军者，亚马逊（Amazon）提供各种产品和服务，包括书籍、CD、视频、游戏、免费电子贺卡、在线拍卖以及其他购物服务和合作机会。亚马逊通过客户账户、购物车及其一键式功能，使购物变得快速便捷，并使用电子邮件来确认订单、根据客户的购物习惯制定新品的推荐通知。此外，亚马逊通过发布客户的书评和产品评论，允许客户以1到5星的等级对产品进行评分，从而与客户建立了开放式论坛。最近，亚马逊已成为云计算环境中的主要参与者之一。以下是客户可以在亚马逊进行的一些活动：

- 搜索书籍、音乐以及许多其他产品和服务。
- 浏览数百种产品类别，从有声读物、爵士乐和视频纪录片，到可供拍卖的硬币和邮票。
- 根据以前的购买记录获取个性化推荐。
- 注册电子邮件订阅服务，以获取感兴趣的类别中新产品的最新评论。
- 创建可以保存以供日后查看的愿望清单。
- 搜索特定关键字的书籍内容，并查看某些书籍中的选定页面。

亚马逊以其个性化系统（用于推荐商品）和协作过滤（用于改善客户服务）而闻名。（这两个特性将在第11章中进行讨论。）亚马逊还通过亚马逊市场（Amazon Marketplace）与商业伙伴进行合作，允许其他商家通过亚马逊市场销售产品。

回顾与讨论

1. 什么是展厅现象和反展厅现象？企业应如何管理这些购买模式？
2. 请举两个B2C电子商务模式的示例。
3. 信息媒体模式是如何工作的？
4. 与传统采购相比，电子采购的两个优势是什么？
5. 连锁餐厅如何使用移动商务？
6. 请举三个网络营销的例子。
7. 什么是移动营销？请举两个移动营销策略的例子。
8. 什么是社交商务？构成社交商务的社交网络和在线媒体有哪两类？
9. 什么是Apple Pay？

专题研究

1. 地方、州和联邦政府机构正在建立电子政务站点，以提高其运营效率和效力。阅读本章及其他资料后，写一篇单页论文，总结使用电子政务应用程序管理城市的六大优势，以及面临的挑战。

2. 美国 Yelp 点评网站是一个成功的社交网站。阅读本章及其他资料后，写一篇单页论文，描述 Yelp 的商业模式。Yelp 如何产生收入？企业如何从 Yelp 中获益？

3. 推特已成为非常受欢迎的个人和商业社交网站。阅读本章及其他资料后，写一篇单页论文，概述企业使用推特来增加收入的五种方式。推特上的“趋势”是什么意思？什么是消息推广？

4. 一家在南加州拥有超过 25 家餐厅的地中海连锁餐厅正试图扩大其业务。阅读本章及其他资料后，写一篇两页的论文，概述该公司的移动营销计划。你为该公司推荐的三种移动营销策略是什么？对于以适中的成本接触最大数量的潜在客户，你的建议的依据是什么？

5. 移动商务的未来似乎非常有希望。阅读本章及其他资料后，写一篇两页的论文，确定有助于移动商务的未来发展的四个因素，以及必须克服的挑战。

6. 搜索引擎优化应当成为所有成功的网络营销策略的一部分。阅读本章及其他资料后，写一篇单页论文，为改进电子商务网站的搜索引擎优化提供七条建议。

牛刀小试

1. 价值链是通过在电子商务过程的每个阶段增加价值（或成本）来满足业务需求的一系列活动。对或错？
2. 安全和隐私问题是电子商务的优势之一。对或错？
3. Groupon 之类的团购平台是社交商务的一部分。对或错？
4. 以下不是社交商务的组成部分的是？
   a. 社交网站
   b. 点对点电子商务平台
   c. 推荐网站
   d. 以上都是
5. 流行的移动营销策略不包括的内容是？
   a. 基于应用程序的营销
   b. 场地租赁
   c. 基于位置的营销
   d. SMS 和 MMS
6. SEO 是使搜索引擎更容易根据某些关键字找到网站并为其建立索引的技术。以下不是优化网站流量的常用方法的是？
   a. 关键词
   b. 页面标题
   c. 链接到其他网站
   d. 以上都是

个案讨论 8－1

在线旅游中电子商务的运用

人们使用在线旅行社（online travel agents，OTA）预订酒店、机票、邮轮等。目前，美国 Expedia 在线旅游公司、Travelocity、美国 Priceline 旅游服务网站和旅程网（Orbitz）是排名前四的在线旅行社，它们已经将传统的旅行社模式转移到互联网上，利用网络功能和技术销售旅行服务。在线旅行社被认为是第一代旅行服务。大多数在线旅行社为提供这些服务收取费用，客户会得到确认的旅行安排以及航班取消时的担保等。但旅行供应商，如航空公司、酒店和租车公司等，更希望客户通过供应商自己的网站进行预订，因为它们通常需要支付高昂的费用才能加入在线旅行社。例如，捷蓝航空和洲际酒店都没有加盟在线旅行社。

第二代旅行服务以旅行搜索引擎为代表，该搜索引擎使用网络技术帮助客户快速、高效地安排旅行；主要的工具包括美国 SideStep、Kayak 和 Mobissimo 旅游搜索引擎。客户可以使用旅行搜索引擎搜索最优惠的价格，然后直接点击旅行供应商，进行机票、酒店和汽车的预订。使用这些服务比使用在线旅行社便宜，但比较麻烦。[31]

回答以下问题：

1. 在线旅行社（例如 Orbitz）和旅行搜索引擎（例如 Mobissimo）之间有什么区别？
2. 美国 Priceline 旅游服务网站与其他在线旅行社的商业模式之间有何区别？
3. 从旅行供应商的角度来看，旅行搜索引擎的优势是什么？

个案讨论 8－2

缩小电子商务与传统商务之间的差距

各种工具和技术正在帮助弥合电子商务与传统商务之间的鸿沟，包括移动设备和社交媒体。潜在的买家通常会在购买商品之前就查看他们的社交网络的朋友对产品有何评价。透明度是关键，因为买家现在可以知道几乎任何地方（包括实体店）的价格。

当顾客在商店内时，将引入跟踪顾客的新技术。与近场通信（near field communication，NFC）竞争的苹果必肯（iBeacon）就是其中一种技术。它是一种小型的无线设备，使用蓝牙来检测运行 iOS7 及更高版本的新一代 iPhone 和 iPad 并与之通信。[32] GPS 可以将顾客引导至商店。然后，必肯技术跟踪商店内的顾客。例如，美国高通公司（Qualcomm）已经开发了自己的必肯版本，即 Gimbal 万向近距离信标，可与 iOS 或 Android 一起使用。

该技术有许多潜在的应用。例如，零售商一旦检测到顾客已经走到特定的通道并正在查看特定的产品，就会立即发送优惠券。另一个例子是，在苹果商店里，只要顾客走到苹果手机展桌旁，他/她就会收到升级通知。美国职业棒球大联盟（Major League Baseball）已经宣布，它将通过其“At The Ballpark”应用程序定制球迷在球场上的体验。一些企业已经在使用 iPad 作为收银机，苹果可能会跟踪这些顾客。此外，凭借苹果庞大的用户群，这项技术具有巨大的发展潜力。[33,34]

随着这些工具和技术的推出，隐私问题可能会成为一个关注点，因为客户将在配备了这项技术的商店中被跟踪。不过，只要其中有适合客户的东西，他们可能不介意这种跟踪。

回答以下问题：

1. 苹果必肯技术的功能是什么？
2. 必肯技术和 GPS 有什么区别？
3. 零售业务如何从必肯技术中受益？
4. 顾客对必肯技术可能会有哪些担忧？

9

全球信息系统

本章学习目标：

9-1 讨论信息全球化和使用全球信息系统的原因，包括电子商务和互联网的发展。

9-2 描述全球信息系统及其要求和组成部分。

9-3 说明使用全球信息系统的组织的结构类型。

9-4 讨论使用全球信息系统的障碍。

本章介绍了组织结构走向全球化并采用全球信息系统的原因，包括电子商务的兴起和互联网的发展；全球信息系统是一种通信和网络不断改进的应用，本章说明了该系统的要求和组件以及使用该系统的组织的结构类型；接着讨论了全球信息系统的受益企业；最后，探讨了使用全球信息系统的一些障碍。

9-1 为什么要走向全球

全球经济正在孕育着具有综合的全球服务需求的客户，全球市场的扩大是开发全球信息系统来处理这些综合服务的主要原因。为了理解对全球一体化服务的需求问题，先思考一家美国制鞋公司的例子，该公司在意大利采购皮革并生产鞋子的鞋面部分，因为那里有高质量的皮革和剪裁缝制方面的专门技术。然后将鞋面运输到中国，利用中国的廉价劳动力，将鞋面固定在鞋底上。由于爱尔兰拥有大量高科技设备，这些鞋子随后被运往爱尔兰进行测试。最后，鞋子被运往美国的各个零售店销售。从意大利到中国到爱尔兰的整个供应链物流由美国总部进行管理和协调。这个例子说明了公司选择不同国家进行不同制造流程的原因，以及集成对于确保所有流程的协调性的重要性。

许多公司已经进入国际化进程。例如，美国高通公司设计并销售无线通信产品与服务，2014 年该公司 97%的收入来自美国以外的地区。[1]其他使用全球信息系统的公司还有：宝洁、IBM、惠普、麦当劳、联合利华、雀巢和摩托罗拉。由于当今的跨国公司在各种各样的市场和文化中开展业务，因此清晰地理解当地的习俗、法律、技术问题、商业需求等因素是全球信息系统成功的先决条件。

> 美国高通公司设计并销售无线通信产品与服务，2014 年该公司 97% 的收入来自美国以外的地区。

航空公司预订系统被认为是第一个大规模的互动全球系统；酒店、汽车租赁公司和信用卡服务需要利用全球数据库更有效地为客户服务。[2]全球产品（符合全球市场的标准化的产品或服务）在国际营销工作中变得越来越重要。此外，由于某些地区的优势，制造商可能会实行“区域化”运营，即将生产转移到另一个国家/地区。例如，印度尼西亚的原材料比新加坡便宜，印度具备生产所需的专业技能而巴西没有，那么可以选择在印度尼西亚采购，在印度生产。

全球化客户和全球化产品的增长趋势意味着全球化已经成为采购和供应链的重要因素，全球化采购使供应商有动力同时考虑到国内外的竞争。此外，大型全球型组织可以降低采购、制造和分销成本，因为它们可以获得廉价的劳动力，并且可以在当地和全球销售产品和服务。[3,4]下面的小贴士阐述了美国罗门哈斯公司的全球信息系统的使用情况。

小贴士

罗门哈斯公司的全球信息系统

美国陶氏化学（Dow Chemical）旗下的罗门哈斯公司（Rohm & Haas）在许多国家设有生产部门。在过去，每个国家的网站都是独立运作的，有自己的库存系统。这种设置的主要问题在于单个国家站点可能无法为客户提供他们想要的产品。例如，位于法国的站点向客户报告某个产品已经售完的时候，没有一个简单的方法检查位于该站点 20 英里之外的德国站点是否还有该产品。为了解决这些问题，罗门哈斯公司对其全球信息系统进行了完善，升级了订单录入系统，并安装了全公司范围的物料管理系统。这些系统与全球需求规划系统相结合。现在罗门哈斯公司可以为客户提供更好的服务，并根据客户需要从其他网站发货。这些改进使罗门哈斯公司在全球市场上更具竞争优势。[5]

9－1a　电子商务：驱动的力量

电子商务是全球信息系统广泛化的一个主要因素。如第 8 章所述，电子商务包括支持创收的交易以及专注于买卖产品和服务的交易。这些创收交易包括对产品和服务的需求、提供销售支持和客户服务，以及促进业务合作伙伴之间的沟通。一个有效的全球信息系统可以支持所有这些活动。

电子商务建立在传统业务的优势和结构之上，增加了网络提供的灵活性。电子商务通过在网络支持下及时生成和传递相关信息，为开展商业活动创造了新的机遇。例如，通过将在线信息用于商业活动，电子商务使不同的团体更容易合作。跨国公司的分支机构可以共享信息来策划新的营销活动，不同的公司可以合作设计新产品或提供新服务，企业可以与客户共享信息来改善客户关系。

互联网可以简化沟通，改善业务关系，并为消费者和企业提供新的机会。例如，随着电子商务的成熟和越来越多的公司在网上开展业务，消费者的比价购物更加容易。尽管买卖双方的直接沟通有所增加，但中间商仍有新的机会。例如，一些企业可以成为跟踪特殊市场的中介或经纪人，通知客户特价或市场情况的变化，定位难以找到的商品，甚至为客户进行特殊产品的搜索。

显然，互联网成就了电子商务。小公司发现它们不仅可以像大公司那样在线开展业务，而且可以通过用互联网取代内部网络来降低成本。下面将讨论互联网的发展如何促进电子商务的发展。

9－1b　互联网的增长

今天，互联网已成为世界大部分地区日常生活的一部分。根据 Miniwatts 营销集团的数据显示，从 2001 年至 2014 年全球互联网快速增长，增长率最高的是非洲，最低的是北美。截至 2014 年 6 月 30 日，全球互联网用户约为 30.3 亿，亚洲有 13.9 亿，欧洲有 5.82 亿，北美有 3.1 亿，拉丁美洲和加勒比地区有 3.2 亿，非洲有 2.98 亿，中东有 5.82 亿，澳大利亚和大洋洲有 270 万。[6]

随着互联网和电子商务的爆炸式增长，活跃于全球市场的企业需要使它们的网站对全球客户更具吸引力。一些公司为开展业务的每个国家/地区创建单独的网站。这就是所谓的“网站本地化”。在这种情况下，公司的主要网站最好通过下拉菜单对这些额外的网站进行明确和具体的说明。但是，一些全球客户可能只使用公司的主网站。下面的小贴士为公司网站的全球化提供了一些实用的建议。

小贴士

公司网站全球化[7]

以下是使公司网站全球化的一些建议：

- 语言——网站以七种最常用的语言呈现：英语、法语、意大利语、德语、西班牙语、日语或中文。
- 字体——根据选择的字体，确保网站的主要功能在不同的语言中是可读的。
- 文化差异——牢记文化差异。例如，虽然白色在美国是纯洁的颜色，但在东方文化中却是哀悼的颜色。再比如，在日本，不掩嘴微笑的女性会被认为是在进行性暗示。
- 货币——确保网站包含货币转换功能。
- 日期格式——世界各地不尽相同。许多国家用日/月/年来代替月/日/年。
- 少量使用图形和动画功能——由于世界上许多地方的带宽限制，要求网站相对简单。
- 电子邮件——发送和接收外语电子邮件。
- 付款——并非所有人都使用信用卡。例如，在德国，银行转账很受欢迎，而在日本，货到付款和银行转账都很受欢迎。
- 国际物流——要想将货物运往世界各地，必须遵守与每个国家/地区相关的各项法规。
- 国际列表——使用国际搜索引擎和索引列出网站。
- 本地参与——在将网站推向全球市场之前，邀请本地用户对网站进行评估。
- 国际营销——以特定的语言推广网站。

9-2 全球信息系统：概述

全球信息系统（global information system，GIS）是跨越国界的信息系统，为总部和其他国家的子公司之间提供便利的通信并整合典型信息系统中的所有技术和应用，跨文化、跨地理边界地收集、存储、操作和传输数据。[8] 换句话说，GIS 是一个管理全球业务、支持跨国公司决策过程、处理全球业务和决策制定中复杂变量的信息系统。

有了 GIS，跨国公司可以加强对子公司的控制，更好地协调其活动，从而进入新的全球市场。[9] 战略规划也是 GIS 的核心功能。通过在子公司之间有效地共享信息，跨国公司可以跟踪管理组织绩效、生产计划、运输备选方案和财务项目。

> 有了 GIS，国际公司可以加强对子公司的控制，更好地协调其活动，从而进入新的全球市场。

GIS 可以从两个维度进行定义：控制和协调。控制包括使用管理权力，以确保完成组织的目标。协调是管理组织内部不同业务部门的活动之间交互的过程。实现控制，需要集中架构的数据、跨组织标准化定义的数据使用规则、报告的标准化格式、定义不同流程的标准行为（例如当客户有投诉时如何响应）和业绩跟踪系统。实现协调，则需要分散的数据架构、部门内部的标准化、将这些标准传达到其他部门的能力、协作系统、支持非正式通信和社会化的技术。通过权衡需要控制的部分和需要协调的部分，确定组织的全球化战略。全球性组织可以采用高控制高协调、高控制低协调、低控制高协调、低控制低协调的组合。[10]

高协调性具有以下优势[11]：

- 灵活应对不同国家和市场的竞争对手；
- 具有在一个国家/地区应对另一个国家/地区变化的能力；
- 具有保持对全球市场需求的控制能力；
- 具有在部门和国际分支机构之间共享和传递知识的能力；
- 提高满足客户需求的效率和有效性；
- 降低运营成本。

全球信息系统（GIS）是跨越国界的信息系统，为总部和其他国家的子公司之间提供便利的通信并整合典型信息系统中的所有技术和应用，跨文化、跨地理边界地收集、存储、操作和传输数据。

9－2a　全球信息系统的组成

虽然根据公司的规模和业务需求，GIS之间有很大差异，但大多数GIS都有两个基本组件：

- 全球数据库；
- 信息共享技术。

全球数据库

设计和实现全球数据库是一项技术挑战，例如人名和地名需要不同的字符集，电话号码和邮政编码需要不同的格式。货币转换也是数据库开发中的一个挑战，尽管有些软件可以完成这项任务。例如，SAP（源于Systems Applications and Products in Data Processing）为GIS提供了有价值的特性和功能。

信息共享技术

跨国公司可以使用多种技术来实现综合的GIS。小企业可以通过外包实现对企业内部不具备的专业知识的使用。另外，拥有资源和技术专长的大企业可以开发跨国界共享的自定义应用程序。根据系统的使用情况，GIS可以包括用于电子邮件、远程数据输入、音频、视频、计算机会议和分布式数据库的网络。小企业可以使用现有的公共网络，如互联网或增值网络，进行多国通信。[12]增值网络是由第三方管理并由组织在订阅基础上使用的私有多点网络。它们提供电子数据交换标准、加密、安全电子邮件、数据同步和其他服务。今天，随着互联网的普及，各种规模的企业使用互联网进行国际业务，增值网络的应用已不像以前那么普遍了。无论企业组织的规模或范围如何，一个对组织资源实现全球控制的集成网络是所有GIS的基础。（参见下面的小贴士。）

小贴士

现实中的互联网与全球化

互联网允许发展中国家的企业家在不进行大规模投资的情况下创业和拓展业务。例如，穆罕默德·哈桑·汗（Muhammad Hassaan Khan）是一位年轻的企业家，他在巴基斯坦费萨拉巴德创办了一家名为

Zuha Innovation 的设计和咨询公司。互联网降低了世界各地小企业的壁垒，印度、中国、墨西哥和巴西等国的企业家纷纷响应。无论创始人身在何处，都可以创建在线业务，所需要的只是互联网接入。从销售本地产品的电子商务网站到从广告中获取收入的博主，从事的活动千差万别。正如 YoungEntrepreneur.com 总裁亚当·托伦（Adam Toren）所说："互联网将各大洲、不同种族、众多的城市和村庄聚集在一起，形成一个全球贸易和通信网络。"[13]

信息系统管理人员在开发全球网络时会面临系统设计和系统实现的问题。除了网络的组件之外，全球网络还需要网桥、路由器和网关等设备，实现多个网络在全球范围内的互联。此外，全球网络必须有交换节点来引导信息包到达它们的目的地。[14]（第 6 章讨论过这些组件。）

信息系统管理人员必须确定最佳通信媒体，以满足全球性能和流量需求，如光纤、卫星、微波或传统电话线。需要考虑的因素包括带宽、范围、噪声和成本。第 6 章中讲述了带宽和范围。SprintLink、AT&T 和 MCI 等全球供应商可以为企业提供有关范围规范的信息。噪声因素涉及介质对外界电子干扰的免疫程度。一如既往，组件、安装和租赁成本必须与这些因素相平衡。

此外，信息系统管理人员必须根据全球网络的需要选择最佳的传输技术。没有可靠的传输，网络就没有价值。目前的传输技术有同步、异步、多路复用、数字（基带）和模拟（宽带）。使用同步传输，双方同时连接，就像在电话中一样。有了异步传输，双方不必同时连接，就像电子邮件一样。但是，跨国公司能使用的传输技术受限于其子公司所在国家的电信基础设施所支持的传输技术种类。信息系统管理人员必须选择恰当的网络和协议来管理连接，并将错误率降到最低。

在确定网络体系结构时，信息系统管理人员还必须考虑企业的目标。例如，如果企业的国际通信需求只包含简单的文件共享，并且响应时间不是一个关键因素，那么与增值网络一样使用半双工传输（一次一个方向）就足够了。如果企业除了正常的文件和数据库共享之外，还使用多媒体应用程序（如视频会议和电子会议系统），则全双工传输（两个方向同时进行）效率更高。此外，在电信基础设施不足的情况下，专用网络或租用线路提供了传输协议的稳定性，这在发展中国家很常见。

网络的主要功能是允许用户共享信息。因此，在全球网络部署完成之后，跨国公司必须确定使用哪种类型的信息共享技术，例如电子会议系统或视频会议、群体支持系统、FTP、数据同步和应用程序共享等。（参阅下面的视频会议小贴士。）

小贴士

视频会议系统对组织全球化的支持

到 2018 年，全球视频会议系统的市场将达到 45 亿美元。这种增长背后的驱动力是贸易全球化和劳动力流动性的增加。视频会议是仅次于面对面商务会议的最佳选择，而且成本很低，可以在世界各地的不同时区和地点使用。由于过去几年的经济衰退，此方式已变得越来越受欢迎。

与电子邮件和电话交谈相比，视频会议系统为商务会议提供了更有效的环境。因此，跨国公司越来越多地使用它们来维持遍布全球的总部和区域办事处之间的业务关系。近年来，桌面视频会议的功能得到了显著改善，成本比传统视频会议系统更低。通过桌面视频会议，参与者可以同时打开多个视频窗口。他们可以在自己的工作站上安装会议接口，简化了员工的使用程序。成本的降低使得小规模的企业也能负担得起系统的费用。

视频会议市场的主要参与者包括思科系统、Polycom、Avaya 和 Sprint。[15]

在做出这些决定时，信息系统管理员需要注意，标准化的软件和硬件是理想的，但并不总是可行的。例如，想要在另一个国家/地区使用相同的硬件，并不像将系统运送到其他国家并插上电源那么简单。供应商可能不会在该国家/地区提供技术支持，或者其他国家/地区的电气标准可能不同。同样，由于语言、业务方法和**跨境数据流**（transborder data flow，TDF）的差异，在不同国家使用相同的软件变得非常复杂。TDF包括关于隐私保护和数据安全的国家法律和国际协议，使数据的捕获与传输受到限制。不过，随着各国之间合作与协调的加深，这些问题变得越来越容易处理。[16]

跨境数据流（TDF）限制了可以从国外捕获和传输的数据的类型。

9－2b　全球信息系统的需求

什么使信息系统全球化？GIS必须能够支持复杂的全球决策。这种复杂性源于**跨国公司**（multinational corporations，MNC）所处的全球环境。跨国公司是在其本国以外的至少一个国家拥有资产和运营的组织。它们跨国界提供产品和服务，通常由总部集中管理。全球环境包括四种因素：法律（知识产权法、专利、商标法、TDF法规等）、文化（语言、道德问题和宗教信仰）、经济（货币、税收结构、利率、货币和财政政策）和政治（政府类型和稳定性，对跨国公司的政策等）。[17]

在国际商业规划中，了解跨国公司的运营风险是至关重要的，特别是政治、外汇和市场风险。政治风险包括政府不稳定造成的问题，鉴于近年来的许多政治动乱，这是一个重要的考虑因素。不稳定的政府可能导致货币汇率波动、权力迅速而不可预测地转手，以及其他影响公司运营的问题。例如，考虑到政治风险的公司不希望在中东或非洲的许多地方设立办事处，因为它们的政治局势不稳定，尽管在这些国家开设分支机构的成本很低。此外，管理跨国公司需要考虑公司所在国政府（母公司政府）与子公司所在国政府（东道国政府）之间的潜在冲突。

与其他信息系统一样，可以按系统对不同层次管理活动的支持，将GIS分为：运营GIS、战术GIS、战略GIS。

与其他信息系统一样，可以按系统对不同层次管理活动的支持，将GIS分为：运营GIS、战术GIS、战略GIS。战略GIS支持公司广泛、长期目标的制定和实施；战术GIS侧重于推动实现长期目标的中期活动；运营GIS则支持日常活动。基于此分类，GIS应该收集、处理和生成适合每种支持类型的不同格式的信息。

全球决策的复杂性意味着GIS具有不同于国内信息系统的功能需求。此外，运营管理和战术管理之间的界线已经越来越模糊。

以下需求中的前四项归类为运营需求，其余属于战略需求：

- 全球数据访问——在线访问来自世界各地的信息，管理层可以监控公司总部的全球运营。在理想情况下，全球网络通过集成语音、数据、视频为全球子公司提供实时通信链接。惠普、通用电气、德州仪器和IBM等几家跨国公司都在全球范围内建立了企业数据库。
- 全球统一报告——这是管理海外子公司的重要工具。这些报告应包括会计与财务数据、生产制造数据更新、库存清单等，并使管理层能够比较所有子公司的财务信息。由于会计程序和监管标准的差异，这些比较可能很困难，全球统一报告可以帮助减少这些困难。
- 总部与子公司之间的沟通——为规划流程、促进决策，GIS应提供跨国公司总部与其子公司之间的有效沟通方式。
- 短期外汇风险管理——自由浮动（无政府干预）、管理浮动和固定汇率的组合是当今国际货币体系的特征。货币汇率每天都在变化，因此管理层必须尽量减少母公司和子公司所在国家货币波动的影响。为了管理外汇风险，许多公司开发了专家系统和决策支持系统（在第 12 章和第 13 章中讨论）。近年来，一个令人深思的现象是美元相对于其他货币的升值。美元的显著升值对跨国公司的收入和利润产生了负面影响。

- 战略规划支持——这是所有 GIS 的核心，强调更有效地进行资源区域化，应对快速的环境变化，如政治和外汇风险的增加以及竞争的全球化。
- 全球税务风险管理——设计税务风险管理系统需要对国际金融、国际货币体系和国际税法有详细的了解。

跨国公司（MNC）是在其本国以外的至少一个国家拥有资产和运营的组织。它们跨国界提供产品和服务，通常由总部集中管理。

9-2c 全球信息系统的实施

全球信息系统的实施具有较大的困难，因为各国在文化、政治、社会、经济基础设施以及商业方法等方面存在差异。国际政策也可能不同，这会影响公司内部的沟通和流程标准化。此外，一些人认为不存在真正的全球性公司，更不用说支持其运营的 GIS。在实施全球信息系统之前必须解决几个问题，包括[18,19]：

- 组织必须在全球市场中识别其商机。
- 决策者必须证明组织在 GIS 中的投资是合理的，因为必须提前几年投入必要的资源。
- 需要筛选同时具备技术能力和业务专业知识的人员来实施 GIS，因为实施 GIS 比实施国内信息系统更具挑战性。
- 向 GIS 迁移时需要仔细协调，以帮助人员从熟悉的旧系统迁移到新系统。

在全球范围内使用信息系统比在本地范围内使用信息系统更具挑战性。本章后面将详细讨论这些挑战，其中涉及基础设施、语言、时区和文化等因素。为了设计一个成功的 GIS，管理层必须首先确定公司需要共享的信息类型。此外，管理层不能限定公司的产品或服务将继续以相同的方式销售，因为客户的需求与偏好会发生变化，全球竞争也会发生变化。[20]协调国际商务活动的重要目标是保证和提高整个组织的运营效率，因此公司需要改变其生产和营销策略，努力适应全球市场。下面的小贴士讲述了一家全球性公司——阿里巴巴。

> 决策者必须证明该组织在 GIS 中的投资是合理的，因为必须提前数年投入必要的资源。

小贴士

现实中的全球化：阿里巴巴

阿里巴巴网（www.alibaba.com）是贸易全球化和互联网技术的主要受益者之一。阿里巴巴网成立于 1999 年，是阿里巴巴集团的一部分，是一个全球平台，从事批发贸易，拥有超过 2.2 万名员工，为全球数以百万计的买家和供应商服务。

阿里巴巴网的零售额占中国在线零售总额的 80%。它的大部分收入来自网站上的各种广告，网站每年处理超过 145 亿笔交易。

利用这个网站平台，小企业可以将它们的产品销售到全世界 190 多个国家。阿里巴巴网上的卖家是来自中国、美国、印度、巴基斯坦等国家的制造商和分销商。例如，通过这个平台，德国企业可以在中国找到一家制造商来生产和运输其产品。整个过程由阿里巴巴网管理。

该平台由阿里巴巴集团的其他网站支持，如 Taobao. com（中国最大的购物网站）、Tmall. com（品牌商品网站）、Alipay. com（类似 PayPal 的电子支付）等。[21,22]

9-3 组织结构和全球信息系统

跨国经营的组织有四种类型：

- 跨国组织；
- 全球组织；
- 国际组织；
- 多国组织。

组织的结构通常决定其 GIS 的体系结构，下面将讨论这些结构类型。

9-3a 跨国结构

在采用**跨国结构**（multinational structure）的组织中（见图 9-1），生产、销售和营销是分散的，财务管理由总部负责。泰科公司（Tyco Corporation）就是一家跨国公司。[23] 泰科的重点是本地化——在子公司所在地满足客户的需求。因此，泰科的各子公司自主运营，定期向总部汇报。雀巢（Nestlé）也是一家跨国公司，其全球子公司使用的金融系统多达 140 种。跨国机构的优势在于，减少了子公司和总部之间的沟通需求，允许子公司自己做出许多决定。[24]

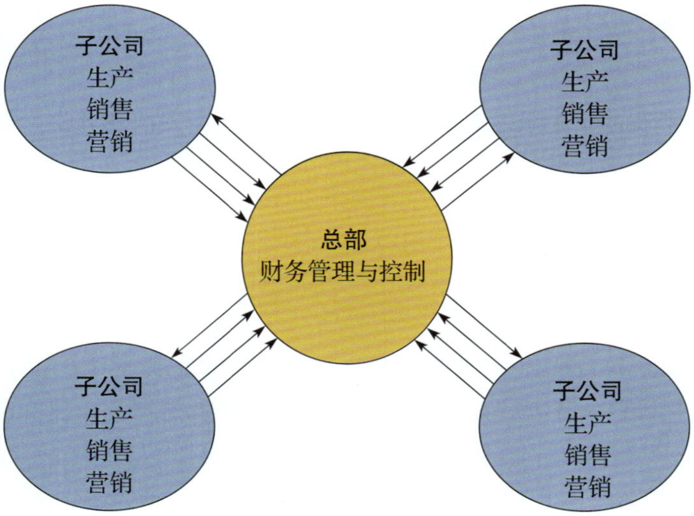

图 9-1 跨国结构

本地化的软硬件供应商会限制跨国机构对应用程序的选择，使得各子公司不可避免地需要在不同的平台上进行经营管理，若想将它们统一连接起来，从经济上讲就是不切实际的。

在采用**跨国结构**的组织中，生产、销售和营销是分散的，财务管理由总部负责。

9-3b 全球结构

采用**全球结构**（global structure）的组织（有时称为“特许人”）使用高度集中的信息系统。[25]子公司几乎没有自主权，所有流程、决策以及系统设计和实施都依赖于总部。因此，需要广泛的通信网络来管理这种类型的组织，GIS很适合这种结构。

遗憾的是，由于严重依赖总部，因此在全球机构中很难实现生产、营销和人力资源的有效整合。为了实现组织效率，全球机构必须重复开发信息系统。[26]全球机构通常在总部所在国家融资，并创造和生产产品，子公司负责根据所在国家的要求和品味销售、营销和定制产品。例如，麦当劳为了迎合印度当地的口味，添加了土豆、豌豆、胡萝卜和一些印度香料，将其在印度制作和售卖的汉堡改为100%的素食产品。

除了麦当劳之外，菲尔斯曲奇（Mrs. Field's Cookies）、肯德基都是全球公司。[27]再比如通用汽车公司，使用GIS整合来自世界各地的库存信息，使用电子会议系统来协调其全球研究与开发工作。[28]

图9-2展示了这种结构，实现了产品、服务、信息和其他资源的单向流动。

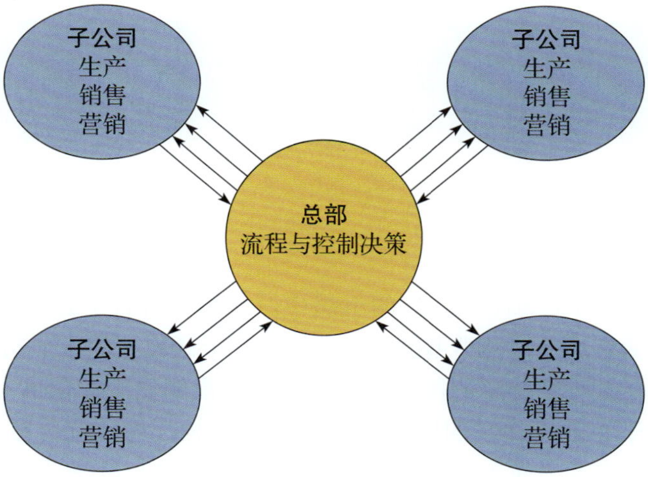

图9-2 全球结构

采用**全球结构**的组织（也称为“特许人”）使用高度集中的信息系统。子公司几乎没有自主权，所有流程、控制以及系统设计和实施都依赖于总部。

9-3c 国际结构

采用**国际结构**（international structure）的组织，其运作方式与跨国公司非常相似，但子公司更多地依赖总部进行流程和生产决策。信息系统人员定期在各地之间进行交流，实现营销、财务和生产系统的联合开发。这种交流鼓励在地理上分散的人员间建立合作文化，同时这种合作性质使GIS支持国际机构更为可行。子公司的GIS可以集中也可以分散，具体取决于它们合作的程度。

图 9－3 显示了使用双向通信的国际结构。例如，专业知识信息从总部流向子公司，财务信息从子公司流向总部。像卡特彼勒公司这样的重型设备制造商通常采用这种结构。

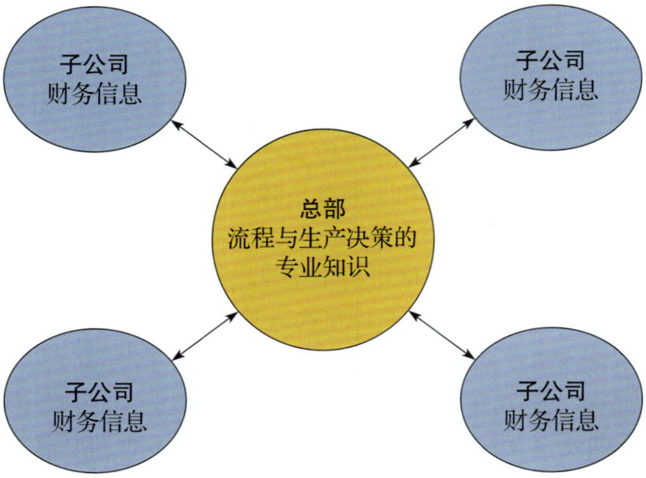

图 9－3 国际结构

> 采用**国际结构**的组织，其运作方式与跨国公司非常相似，但子公司更多地依赖总部进行流程和生产决策。

9－3d 多国结构

在采用**多国结构**（transnational structure）的组织中，总部与所有子公司共同设计政策、程序和物流，以便将产品和服务送达正确的市场。这种类型的组织可能有几个区域型的子公司，它们分担权力和责任，总的来说，它的总部并不设置在某一个特定的国家。多国机构通常侧重于优化供应来源和利用子公司的优势。当许多公司在劳动力成本低于总部所在国的国家找到制造设施时，它们就会在那里开设子公司。例如，中国、印度、越南和其他国家的劳动力成本比美国低，就在这些国家开设子公司。GIS 能很好地适应这一结构，实现总部与子公司之间、子公司与子公司之间的政策与流程的共享，将全球活动整合在一起。

架构多国机构的 GIS 需要更高水平的标准化和统一性，以提高全球效率，同时保证本地响应能力。例如，通用数据字典和标准数据库能增强 GIS 的集成。

多国机构所需要的合作和全球协调水平在当今的全球环境中并不完全存在。但是，随着各国之间合作的增加，这种结构将变得更加可行。仅举几例，花旗集团、索尼和福特一直在努力采用多国结构。事实上，全球化趋势迫使许多组织倾向于采用这种结构，将生产分布在更多的地方，提高生产效率，降低成本，以应对自身与已实现跨国界共享创新的公司之间的竞争，持续满足本地化的需求。[29] 图 9－4 显示了这种组织结构，总部和子公司之间、子公司与子公司之间更注重合作关系。例如，外汇系统是一个支持这种结构的 GIS 系统，允许来自世界各地的交易者和经纪人进行交互。下面的小贴士阐述了 GIS 在联邦快递中的应用。

> 在采用**多国结构**的组织中，总部和所有子公司共同设计政策、流程和物流，以便将产品和服务送达正确的市场。

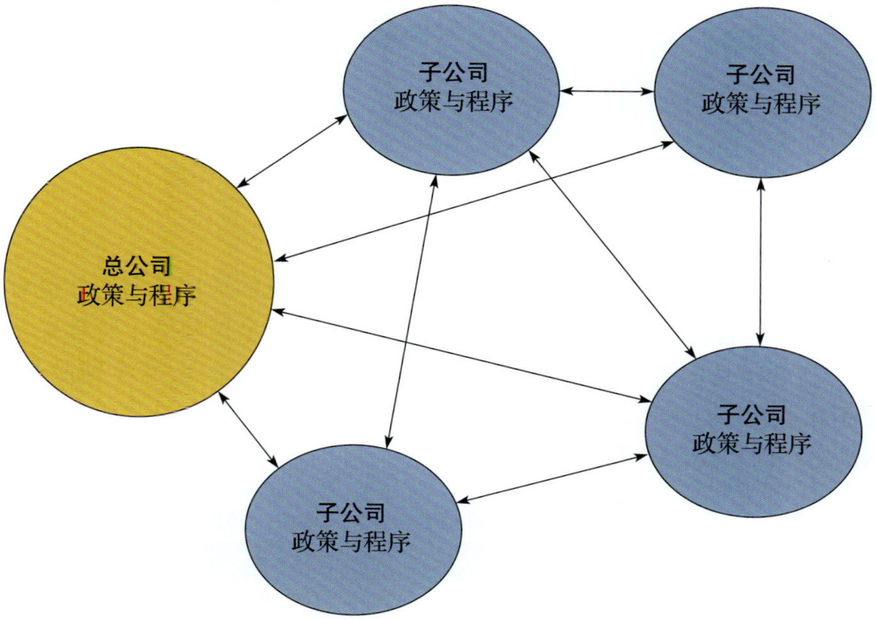

图 9-4 多国结构

小贴士

联邦快递的全球信息系统

为了支持在全球 220 多个国家和地区的业务，联邦快递（FedEx）使用了先进的 GIS。除了互联网和移动网络之外，联邦快递系统还有几个额外的组件。以下是四个主要组成部分：

- 客户运营服务在线系统（Customer Operations Service Master Online System，COSMOS）——该组件是一个计算机化的包裹跟踪系统，可以全程监控每个包裹从接收到送达目的地期间的所有过程。[30]
- 风雨无阻的指挥与控制系统——这是一个位于田纳西州孟菲斯的卫星—地面操作系统。它可以作为天气助手，使联邦快递在任何天气条件下都能够以最有效的方式配送包裹。该组件的核心部分是一个关系数据库，负责协调全球的联邦快递物流。[31]
- 联邦快递全球贸易经理系统——通过 www.fedex.com，客户可以访问此组件以获得国际航运协助。[32]
- 贸易商信息交换系统（FedEx INTrade）——该组件连接联邦快递和经纪人社区。该系统替代了过去手动完成的许多任务和功能，包括摘要表生成、通知报告发布、电子商业发票签发等，并以电子方式提供这些文件。[33]

9-3e 支持离岸外包的全球信息系统

离岸外包（offshore outsourcing）是代替开发信息系统的一种选择。通过这种方法，组织选择在另一个国家的外包公司来提供所需的产品和服务。最初，离岸外包主要用于制造业以寻找廉价劳动力，目前被用于完成许多信息技术任务，包括以下内容：

- 医疗诊断；
- 税务准备；
- 编程；
- 应用程序开发；
- 网站开发；
- 服务台/用户支持；
- 质量保证/软件测试。

互联网的广泛使用、电信系统的改进、通信成本的降低以及带宽的增加使离岸外包对所有类型的组织更具吸引力。GIS 在支持离岸外包方面发挥着重要作用，它提供了一个全球网络，所有参与者都可以使用这个网络来协调开发活动（比如产品设计和全球营销活动）。表 9－1 列出了 2014 年全球最适合软件外包的 37 个国家（地区）。[34]衡量指标包括语言水平、地方政府对离岸业务的支持、潜在的劳动力资源、现有的基础设施（公路、铁路服务和机场）以及教育体系的质量。

表 9－1　2014 年全球最适合外包的国家（地区）

亚太地区	中美洲和南美洲	欧洲	中东和非洲
印度	哥斯达黎加	波兰	南非
菲律宾	巴西	爱尔兰	加纳
中国	智利	捷克共和国	摩洛哥
越南	阿根廷	匈牙利	土耳其
马来西亚	乌拉圭	俄罗斯	埃及
斯里兰卡	哥伦比亚	罗马尼亚	毛里求斯
新加坡	秘鲁	英国	肯尼亚
印度尼西亚	波多黎各	斯洛伐克	
中国台湾	尼加拉瓜	乌克兰	
韩国	危地马拉	保加利亚	

通过离岸外包，组织选择在另一个国家的外包公司来提供所需的产品和服务。

9－4　使用全球信息系统的障碍

全球信息系统通过支持组织的战略规划，帮助组织改善其全球协调，管理促进全球化的因素，并保持竞争优势。然而，与其他信息系统项目一样，实现和维护 GIS 存在潜在问题。计划使用 GIS 的企业应该分析这些问题并尝试解决这些问题，采取积极主动的方法，增加成功使用该技术的机会。以下因素可能会阻碍 GIS 的成功，其中一些因素将在接下来的内容中详细讨论[35,36]：

- 缺乏标准化（包括时区、税收、语言和工作习惯的差异）；
- 文化差异；
- 多元化的监管行为；

- 薄弱的电信基础设施；
- 缺乏熟练的分析师和程序员。

全球信息系统发展的一个比较微妙的障碍是组织不愿意将信息系统的控制委托给东道国。实际上，为了实现国际范围内的真正一体化，组织必须赋予其他国家的关键人员以权力，并信赖他们的反馈，共享他们的信息技术。

为了实现国际范围内的真正一体化，组织必须赋予其他国家的关键人员以权力，并信赖他们的反馈，共享他们的信息技术。

9－4a 缺乏标准化

GIS具有超强的跨境共享信息资源的结合能力，缺乏标准化可能会阻碍其发展。世界各地拥有不相同的电子数据交换、电子邮件和电信标准，试图使用所有这些不同标准是不切实际的。虽然开源系统越来越受欢迎，连接不同系统的技术也越来越多，但很少有组织能够负担集成不同平台的成本。

标准太多同时会带来很多问题，甚至仅仅是时间差异都会降低组织响应本地偏好的灵活性。例如，组织不应坚持其所有子公司都使用相同的度量系统。应该允许子公司使用它们熟悉的度量系统，如果必要，可以从一个系统转换到另一个系统。

时区也会给管理GIS带来困难。例如，按照国际标准管理集中式GIS并跨时区共享信息资源的信息系统人员可能很难找到合适的时间使系统脱机来进行备份和维护。[37]因此，在国际系统的开发中，需要在各项指标与标准中取得平衡，以便更好地实现系统的集成化、模块化、定制化和本地化。

考虑到这些因素，共享软件是困难且不切实际的。公司只有5%～15%的应用程序是真正全球化的。大多数应用程序都是本地的，无法集成到GIS基础结构中。即使软件可以实现全球集成，也会带来支持和维护问题。比如网络出现故障，谁负责将系统重新联机？再比如，给服务台打电话的员工与服务台人员说的语言都可能不同。因此，协调和规划当地需求的变化对于使用GIS至关重要。[38]

9－4b 文化差异

价值观、态度和行为上的文化差异在使用GIS的过程中发挥着重要作用。例如，在某些国家的文化中，使用技术被认为是一项枯燥乏味的低级任务；而在另一些国家，技术和知识却被视为社会进步的重要标志。

在某些国家的文化中，使用技术被认为是一项枯燥乏味的低级任务；而在另一些国家，技术和知识却被视为社会进步的重要标志。

以旅行网站为例，在英国，客户可在旅行开始之前的最后时刻以较低价格进行预订，反响良好。但在其他国家，如德国，效果并不好。在德国，旅行需要提前规划，最后一分钟的预订不会得到低价格的“奖励”。[39]

组织可能还需要随时检查其网站上不断更新的内容与图像。例如，女性以某种方式着装的照片在西方世界是可以接受的，而在中东地区是不可接受的。解决文化问题最好的途径是教育和培训。

9－4c 多样化的监管行为

各种各样的法律法规和制度规章也会阻碍一体化进程。这些制度可能不会限定跨境数据流（transborder data flow，TDF）的传递与管理，但会限定商业惯例和技术使用的规范。许多国家还会限制进口及使用的软硬件的类型，使得一个组织的常规供应商有可能无法为该组织在某些国家提供产品和服务。[40]例如，2010年8月，阿拉伯联合酋长国以安全问题为由，宣布不允许黑莓手机访问电子邮件和网络。[41]

采用开源系统可以解决部分问题。但是，如前所述，能够采用开源系统的组织为数不多。

关于GIS内容的管辖权问题也具有挑战性。企业的ISP（互联网服务提供商）、内容提供商、服务器托管商和企业自己的经营机构可能分散在世界各地，并根据不同的规则和法规运营。例如，法国法院起诉雅虎，因为其拍卖网站上出售纳粹纪念品，这在法国是非法活动。迄今为止，法国和美国法院尚未就该决议达成一致，甚至尚未就哪个法院具有管辖权达成一致。[42]目前，在涉及网络空间的案件中确定管辖权仍然是个难题。

知识产权法的类型以及执行方式在不同国家也各不相同。软件盗版在所有国家都是一个问题，有个别国家的盗版率甚至高于 90%。据估计，这个问题导致全球损失了 400 亿美元。[43]其他法律问题还包括隐私问题、网络犯罪法、审查制度和政府管控等，这些问题因国家而异。

9－4d　薄弱的电信基础设施

如前所述，在实施 GIS 之前，跨国机构必须考虑子公司所在国家的电信基础设施。企业可能有资源和技能来实现一个全球综合系统，但不能改变不同国家现有的电信基础设施。此外，电信系统的差异使得各子公司的系统难以合并。例如，当每个国家有不同的电信服务产品、价格体系和政策制度时，实现包含 25 个国家的 GIS 会既昂贵又烦琐。

在互联网访问速度较慢或成本较高的国家/地区，网页不应包含大量需要更多带宽的图形和动画内容。但是，在韩国等高速上网很普遍的国家，人们期望具有许多图形功能的复杂网站。

另外，即使两个国家的电信基础设施相当，标准的差异也会造成问题。例如，在美国和埃及设有分支机构的公司面临不同的互联网协议，这会使得成本变高、速度变慢和可靠性变低。

9－4e　缺乏熟练的分析师和程序员

拥有实现 GIS 知识的熟练的分析师和顾问，对跨国组织来说是至关重要的，特别是在美国和西欧严重缺乏合格的信息系统专业人员的情况下。在组建综合性的实施团队时，企业必须考虑每种文化的性质和各个国家之间的技能差异。[44]例如，来自新加坡和韩国的专家因其职业道德和广泛的技能基础而被视为亚洲最佳顾问，德国专家以其项目管理技能而闻名，日本专家以其质量过程控制和全面质量管理而闻名。在理想情况下，企业应该把不同国家的专家的技能联系起来，组成一个“梦之队”。然而，文化和政治差异始终会影响全球一体化所需的合作环境。许多通过互联网提供的培训和认证计划是缩小发展中国家与发达国家之间技能差距的一种可行的解决方案。

本章的“行业链接”重点介绍了作为企业计算和全球信息系统领导者的 SAP 公司。

行业链接

SAP 公司[45]

SAP 是由 5 名前 IBM 员工于 1972 年创建的，是商业软件的领先提供商之一。其软件可用于管理财务、资产、生产操作和人力资源。其最新版本的企业资源计划系统，SAP ERP 7.0，包括全面支持 Web 应用的产品。SAP 为客户提供了名为 www.mySAP.com 的网络界面和包括了 CRM（客户关系管理）系统、SCM（供应链管理）系统的电子商务应用程序。从一开始，SAP 的产品就设计为多语种、多货币系统，这对于需要支持全球运营的公司来说特别有用。此外，SAP 支持信息系统的全球化升级，比如从欧洲货币向欧元转换。除了用于 ERP 系统和 SCM 系统的产品（均在第 11 章中讨论）外，SAP 还提供以下软件：

- **SAP 供应商关系管理**（SAP Supplier Relationship Management）**软件**——通过自动化采购流程管理供

应链，并在公司与供应商之间创建协作环境，协助管理公司与供应商的关系。

- **SAP 产品生命周期管理**（Product Lifecycle Management，PLM）**软件**——提供协调各项生产过程的服务，从开发产品原型到生产最终产品，以确保符合行业标准和法规。
- **SAP-HANA**——用于实现内存化商务分析、流线化程序、实时预测分析。因为是基于内存的计算，所以软件可以提供极快的响应速度，可以在站点或云中使用。

回顾与讨论

1. 全球化趋势背后的两个原因是什么？
2. 互联网如何影响全球化趋势？
3. 使网站对全球受众更具吸引力的三条建议是什么？
4. 国内信息系统和全球信息系统的两个不同之处是什么？
5. 全球信息系统的两个主要组成部分是什么？
6. 全球信息系统的四种组织结构是什么？
7. 全球信息系统对外包的影响是什么？
8. 使用全球信息系统的四个障碍是什么？

专题研究

1. 与联邦快递一样，联合邮包服务公司也是全球物流的主要参与者。阅读本章及其他资料后，写一篇单页论文，介绍 UPS 在其全球物流中使用的三种 IT 工具。全球物流与国内物流的两个不同之处是什么？
2. 互联网连接的可用性和速度在 GIS 的成功中起着重要作用。阅读本章及其他资料后，写一篇单页论文，列出 10 个互联网连接速度最快的国家。美国跻身前十名吗？
3. 离岸外包随着 GIS 的使用而增加。阅读本章及其他资料后，写一篇单页论文，描述公司在寻找一个国家为其提供 IT 服务时应考虑的四个因素。使印度成为世界顶级 IT 外包国家的两个原因是什么？
4. 信息共享技术是成功的 GIS 的主要组成部分。阅读本章及其他资料后，写一篇单页论文，列出三种这样的技术，以及每种技术提供的具体任务和决策支持。
5. 理解文化差异可以在 GIS 的成功中发挥重要作用。阅读本章及其他资料后，写一篇两页的论文，确定美国和沙特阿拉伯之间的五种差异。你会如何解决这些分歧？
6. 阅读本章及其他资料后，写一篇单页论文，描述各种规模的企业应全球化的四个原因。小企业如何参与全球化趋势？

牛刀小试

1. 全球数据库和信息共享技术是地理信息系统的两个主要组成部分。对或错？

2. 跨国公司（MNC）是在其本国以外的至少一个国家拥有资产和业务的组织。对或错？
3. 在设计全球网站时，文化差异无关紧要。对或错？
4. 哪个洲的互联网用户数量最少？
   a. 亚洲　b. 北美　c. 欧洲　d. 非洲
5. 在设计全球网站时，以下哪项不是重要考虑因素？
   a. 语言　b. 支付系统　c. 文化差异　d. 以上都是
6. 以下哪项不是使用 GIS 的障碍？
   a. 缺乏标准化　b. 快速上网　c. 文化差异　d. 多元化的监管实行

个案讨论 9－1

丰田公司的全球信息系统

丰田汽车公司是一家全球汽车制造商，业务遍及五大洲。在美国，丰田经营着五个主要的装配厂。为了实现全球范围内的有效管理与运营，丰田使用了几种类型的信息系统。它利用互联网和全球网络与全球各地的办事处、工厂、经销商进行沟通。[46]

丰田系统是丰田生产系统的基础部分，也是准时制生产方式（just in time，JIT）库存系统的早期版本。[47]该系统允许丰田随时知道拥有的生产所需组件的确切数量，以便继续运营，因为库存零件在存储过程中经常会存在消耗。丰田公司要想在自己和其供应商的生产车间内共同使用准时制生产方式库存系统，就必须具有能够管理实时库存的 GIS。正因为如此，丰田要求所有供应商都使用能够与丰田系统接轨的系统。

丰田与戴尔、微软和世通公司合作开发了“Dealer Daily”系统，为美国 1 100 多家丰田和雷克萨斯经销商提供集中数据。该系统允许经销商将更多时间用于销售汽车，减少文书工作时间。例如，该系统能够在 15 秒内提供对融资申请的响应。[48]

2011 年，丰田汽车欧洲公司（TME）利用 Oracle E-Business Suite 12.1 实施了车辆订单管理（Vehicle Order Management，VOM）系统。该系统覆盖 13 个国家，通过缩短交货时间和有效地管理库存，降低了运营成本，改善了 TME 的欧洲业务。[49]

回答以下问题：

1. 全球网络在有效实施 JIT 方面发挥什么作用？
2. “Dealer Daily”系统在丰田实施 GIS 的过程中起什么作用？
3. 车辆订单管理（VOM）的功能是什么？
4. VOM 会影响多少个国家以及世界的哪个部分？

个案讨论 9－2

信息技术支持全球供应链

高效的供应链在跨国公司的成功中起着重要作用。跨国公司需要处理各种各样的问题，例如制药行业需要解决原材料的质量、紧缺、成分、产地或制造地等问题，还包括伪造材料问题。跨国公司还面临着环境挑战，例如菲律宾的海啸、泰国的季风和印度尼西亚的火山。盗版和知识产权盗窃是跨国公司必须处理的另一类问题。[50]

由于供应链在很多情况下都是外包和分包的，因此控制供应链的每个环节都成为一项挑战。虽然 IT 无法解决所有这些问题，但可以提供及时的信息，跨国公司的管理人员可以利用这些信息来快速响应问题。跨国公司正在使用数据仓库和分析工具来分析、定位和快速传递与供应链相关的关键信息。RFID、GPS 和 QR 码极大地提高了供应链的效率。

例如，美国港口公司（Ports America）使用 OCR 摄像头扫描每个集装箱，使用 RFID 标签将货物与卡车相匹配，使用 GPS 传感器识别设备位置和货物移动。利用计算机网络和互联网在全世界建立了无与伦比的联系。联合邮包服务公司和联邦快递等大型物流公司正在使用最先进的信息技术在全球范围内高效地提供产品和服务。[51]

回答以下问题：

1. 就知识产权而言，跨国公司面临哪些挑战？
2. 跨国公司面临的一些环境挑战是什么？
3. 信息技术如何协助解决假冒问题？
4. 信息技术如何协助物流？

第 3 部分

信息系统的发展、企业级系统、管理支持系统和新兴趋势

10

构建成功的信息系统

本章学习目标：

10－1　描述开发信息系统的系统开发生命周期法

10－2　解释规划阶段的任务

10－3　解释需求收集和分析阶段的任务

10－4　解释设计阶段的任务

10－5　解释实施阶段的任务

10－6　解释维护阶段的任务

10－7　描述系统分析和设计的新趋势，包括面向服务的架构、快速应用程序开发、极限编程和敏捷方法

本章介绍了系统开发生命周期（SDLC），这是一个用于开发系统或项目的模型。该周期通常分为五个阶段，本章解释了每个阶段涉及的任务。例如，在阶段1的规划中，通常进行可行性研究，并成立SDLC特别工作组。然后，本章了解了SDLC模型的两种替代方案：自主开发和外包。最后，本章回顾了系统分析和设计的新趋势，例如面向服务的架构、快速应用程序开发、极限编程和敏捷方法。

10－1　系统开发生命周期：概述

在信息系统领域，系统故障的发生有多种原因，包括错过最后期限、用户的需求没有得到满足、客户的不满、缺乏来自最高管理层的支持以及超出预算。使用系统开发方法可以帮助防止这些故障。设计一个成功的信息系统需要集成人员、软件和硬件。为了实现这种集成，设计人员经常遵循**系统开发生命周期**（systems development life cycle，SDLC），也称为“瀑布模型”。它将系统的开发过程定义成一系列明确的按顺序执行的阶段，是开发系统或项目的框架。图10－1显示了SDLC的各个阶段，本章将对此进行说明，在此模型中每个阶段的输出（结果）将成为下一阶段的输入（起点）。遵循此模型时，请记住，信息系统的主要目标是及时地向正确的决策者提供有用的信息。

系统规划是在现有系统的情况下，评估有实施需求的潜在系统。系统规划需要对每个系统的要求进行初步分析，并对每个系统进行可行性研究，然后组织决定“执行”哪些，并进入下一阶段。

信息系统的开发通常是对现有系统的扩充，或用新技术替换旧技术，但有时也需要从头开始设计信息系统，SDLC模型适用于从头开发的情况。扩充现有的信息系统也可以使用SDLC模型，但某些阶段可能不适用。此外，在设计信息系统时，预测组织的增长率很重要，否则，系统设计后不久就会变得效率低下。

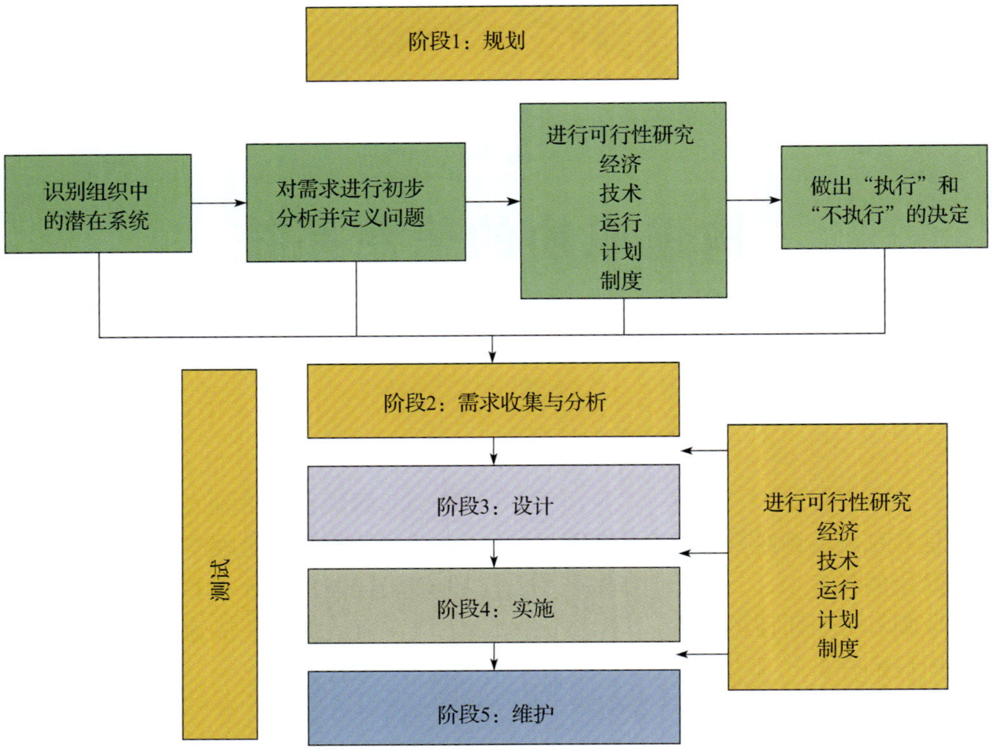

图 10－1　SDLC 的阶段

> **系统开发生命周期（SDLC）**，也称为“瀑布模型”，将系统的开发过程定义成一系列明确的按顺序执行的阶段，是开发系统或项目的框架。

10－2　阶段 1：规划

规划阶段（planning phase）是 SDLC 模型最关键的阶段之一，系统设计者必须明确组织所要面临的问题，关注潜在问题而不是界定症状。识别问题源于内部还是外部。内部问题如管理层表达了对组织缺乏市场竞争优势的担忧。外部问题如供应商注意到库存控制程序效率低的问题。

在确定问题后，分析人员或分析团队通过回答以下问题来评估组织或特定用户群体的当前需求与未来需求：

- 为什么要开发这个信息系统？
- 系统当前用户和未来用户是谁？
- 系统需要重新开发，还是在现有系统的基础上升级或扩展？
- 哪些职能区域（部门）将使用该系统？

作为评估的一部分，分析人员必须检视组织的战略目标、拟议系统如何支持这些目标、哪些因素对拟议系统的成功至关重要，以及评估拟议系统绩效的标准。建立评估标准可确保整个 SDLC 流程的客观性。

此外，分析人员必须从用户那里获得相关问题和信息系统需求的反馈。在此阶段，他们需要确保用户了解四个 W：

- Why——为什么要设计系统？哪些决定会影响系统设计？
- Who——谁将使用该系统？是由一个决策者使用还是一组决策者使用？这个问题也与用户类型有关。例如，营销部门是否会使用该系统？制造部门会将系统用作信息的提供者还是消费者？
- When——系统何时运行？在哪些业务流程中（在什么阶段）将使用系统？
- What——系统能提供哪些功能？这些功能将如何使用？

这一阶段的最终结果应该让用户和高层管理人员清楚地了解问题是什么以及信息系统将如何解决问题。例如，ABC 家具公司规划利用信息系统来解决库存预测不准确的问题。目前，ABC 家具公司从 New England Wood（NEW）公司购买木材。

- Why——ABC 家具公司需要一个信息系统来跟踪库存数据，生成更准确的产品需求预测，并跟踪从 NEW 公司订购的木材。显然，更准确的库存数据将有助于降低库存成本，改善 ABC 家具公司与 NEW 公司和分销商的关系，确保公司的产品可供零售商使用，并改善 ABC 在市场中的形象。
- Who——信息系统的主要用户是负责下订单的采购部门、负责跟踪库存并确保满足成品需求的制造部门、从分销商处接受订单的销售人员，以及可能接受零售商订单的经销商。
- When——系统必须在未来 4 个月内投入运行，因为该公司的主要竞争对手计划在 6 个月内开设新店。此外，系统必须为公司的材料订购、生产计划和制造过程中的装运环节提供数据支持。它还必须为 ABC 家具公司计划在 5 个月内开展的营销活动提供信息，并为 ABC 公司在新地区的业务扩张提供数据支持。
- What——在输入端，系统必须跟踪 ABC 公司所有供应商（包括 NEW 公司）的未完成交货、已完成交货、原材料数量、原材料订单和原材料的质量等级等信息。在操作端，系统必须提供关于所有产品的库存水平、原材料、生产中每个阶段的工作进度、原材料质量、成品质量检查和不合格产品的信息。在出库端，系统必须跟踪每个成品的已下订单、未履行订单、已完成订单以及每个分销商和零售商的订单历史记录。

> 规划阶段是 SDLC 模型最关键的阶段之一，系统设计者必须明确组织所要面临的问题，关注潜在问题而不是界定症状。

10-2a 项目小组的组成

为了确保信息系统的成功，在系统规划、需求收集与分析、系统设计和系统实施阶段必须有用户的介入。为此需要成立由来自不同部门（包括 IT）、系统分析人员、技术顾问和最高管理层的代表组成的项目小组。这个小组负责收集用户反馈，并从系统开发之初就努力让用户参与进来。

系统设计人员和分析人员应该解释新系统的目标和优势，以便项目小组知道用户需要什么。一般来说，一个信息系统有两类用户：内部和外部。项目小组应该从两类用户中收集反馈信息。**内部用户**（internal users）指定期使用系统的员工，可以对系统的优缺点提供重要反馈信息。**外部用户**（external users）指使用该系统的组织外人员，包括客户、承包商、供应商和其他业务合作伙伴。虽然外部用户不是项目小组的组成部分，但他们的意见是必不可少的。

使用项目小组来设计信息系统类似于使用联合应用程序设计方法。**联合应用程序设计**（joint application

design，JAD）是一项涉及用户、高级管理人员和IT专业人员的集体活动。用户和系统专业人员通过有条理的研讨会（称为JAD会议）聚集在一起开发应用程序，参加研讨会的人员还包括主持会议的领导者和记录详情的抄写员。通过制定详细的议程、使用视觉辅助工具，研讨会最终会生成一个文档，其中包含对数据元素、工作流、输出格式、报告和常规系统规范的定义。JAD方法的一个优点是能够汇总来自组织不同职能部门的观点，以确保对应用程序的需求收集不会过于狭窄和单一。[1]

内部用户指定期使用系统的员工，可以对系统的优缺点提供重要反馈信息。

外部用户指使用该系统的组织外人员，包括客户、承包商、供应商和其他业务合作伙伴。虽然外部用户通常不是项目小组的组成部分，但他们的意见是必不可少的。

联合应用程序设计（JAD）是一项涉及用户、高级管理人员和IT专业人员的集体活动。用户和系统专业人员通过有条理的研讨会（称为JAD会议）聚集在一起开发应用程序。

10-2b 可行性研究

可行性是衡量一个信息系统对组织的有益性或实用性的标准，需要在整个SDLC过程中进行持续的测定。

可行性是衡量一个信息系统对组织的有益性或实用性的标准，需要在整个SDLC过程中进行持续的测定。（参见下面的小贴士。）高层管理人员经常对与组织战略目标无关或收益不足的信息系统感到沮丧，原因是系统用户和设计人员之间缺乏沟通，设计人员缺乏对用户偏好和工作习惯的考虑。专注于这些因素的详细可行性研究有助于简化管理层对信息系统投资的挫败感。[2]

小贴士

一个可行的项目变得不可行

位于卡尔加里的加拿大折扣航空公司西捷航空（WestJet Airlines）在2007年7月宣布，将停止开发名为AiRES的新机票预订系统，尽管公司已经在这个项目上投资了3 000万美元。问题不在于开发该系统的Travelport公司，而在于西捷航空的增长速度超出了预期，预订系统的最初设计指标无法应对这种快速增长的情况。管理层希望增加一些功能，比如与国际航空公司合作的功能，但该系统只适用于小型折扣航空公司，并不适用于大型国际航空公司，因此西捷航空暂停了150名内部IT专家和大约50名外部顾问的工作。这个例子说明了在项目的整个生命周期中进行可行性研究的必要性。如果西捷航空继续这个项目，潜在的损失将超过3 000万美元。[3]

在规划阶段，分析人员调查拟议系统的可行性，并确定如何最好地向管理层提出解决方案以获得资金。用于此目的的工具是**可行性研究**（feasibility study），通常有五个主要维度（在下面讨论）：经济可行性、技术可行性、运行可行性、计划可行性和制度可行性。

经济可行性

经济可行性（economic feasibility）评估系统的成本和收益。简单地说，如果实施该系统后净收益为250 000美元但系统成本为500 000美元，则该系统在经济上不可行。要进行经济可行性研究，系统分析团队必须确定拟议系统的所有成本和收益，包括有形的和无形的。团队还必须了解与信息系统相关的机会成本。机会成本衡量在没有系统或功能的情况下会损失什么。例如，如果你的竞争对手有一个网站，而你没有，假设你真的不需要网站，那么没有网站节省的成本是多少？你又可能会失去哪些市场份额？

为了评估经济可行性，项目小组记录系统的实际开发和运营成本，并将其与系统的预期财务收益进行比较。开发成本包括以下内容：

- 硬件和软件成本。
- 办理软件租赁或许可的成本。
- 用于编程、测试和原型设计的计算机时间成本。
- 监控设备和软件的维护成本。
- 人员成本——顾问、系统分析员、网络专家、程序员、数据录入员、计算机操作员、秘书和技师的成本。
- 物料及其他设备成本。
- 将使用该系统的员工的培训成本。

虽然一些销售公司和供应商可以提供一些数据，但通常该系统的经济成本是估算出来的。这些成本可以是固定的，也可以是可变的（取决于使用率）。在逐项列出这些成本之后，项目小组来编制预算。许多项目的预算不足以支付开发成本，尤其是用于技术专家（程序员、设计人员和管理人员）的费用，因此许多信息系统项目都会超出预算。

在系统分析或系统设计阶段之后，信息系统的范围和复杂性可能会发生变化，因此团队应该了解，一开始可行的项目可能在以后变得不可行。将可行性检查点集成到 SDLC 流程的各个阶段中是确保系统成功的好方法。如果需要，可以在任何一个可行性检查点上取消或修改项目。

为了进行经济可行性研究，团队必须确定信息系统的价值收益，包括有形的和无形的。有形价值可以按每月或每年节省的费用来量化，例如新系统允许组织以三名员工而不是五名员工运行，或者新系统可以增加利润。真正的挑战是准确评估无形成本和收益，因为这些因素带来的附加货币价值很难测量。

无形收益很难用金额来量化，但如果它们没有被确定，许多信息系统项目就不能被证明是正确的。系统能带来的无形收益包括提高员工士气、提高客户满意度、更有效地使用人力资源、增加业务操作的灵活性和改进沟通等。例如，可以将客户服务量化为在当前总销售额的基础上提高 10%，以提高净利润。评估无形资产的其他措施还包括，用上班的准时率或加班来量化员工士气。客户满意度虽然是无形的，但可以通过满意度调查来评估，互联网使这些评估变得更易于实现。

在收集了成本和收益信息之后，项目小组进行成本效益分析。这种分析基于计算今天 1 美元的价值是否会超过一年后 1 美元的价值。如果系统不能产生足够的投资回报，那么这笔钱应当用于其他更好的地方。最常见的分析方法是投资回收期、净现值（NPV）、投资回报率（ROI）和内部收益率（IRR）。经济可行性评估的最终结果是编写成本效益分析（CBA）报告，用于将系统出售给最高管理层。该报告的格式可以不同，但应包括关于系统的综合报告、功能介绍、应用范围和目的、可行性研究的分析方法、建议、理由、实施计划、摘要和附录等，还应包括支持性文档。重要的支持性文档包括组织结构图、工作流计划、平面图、统计信息、项目序列图、时间轴或里程碑图。

技术可行性

技术可行性（technical feasibility）涉及将在系统中使用的技术。项目小组需要评估支持拟议系统的技术是否可用或可行。例如，功能齐全的语音激活监控系统目前在技术上是不可行的。然而，鉴于技术发展的步伐，这些问题最终都会被解决。缺乏技术可行性也可能源于组织缺乏实施拟议系统的专业知识、时间或人员，这个问题也被称为“缺乏组织准备”。在这种情况下，组织可以先采取措施解决其缺点，之后再考虑开发或实施新系统，广泛深入的培训是解决此问题的一种方法。

运行可行性

运行可行性（operational feasibility）衡量的是拟议系统在组织中的运作情况以及内外部用户的反应，主要评估信息系统是否值得实施。为此，项目小组需要解决以下问题：

- 系统在做它该做的吗？例如，ABC 家具公司的信息系统是否会通过更准确地跟踪库存来减少原材料订单？
- 信息系统会被使用吗？
- 会遇到用户的阻力吗？
- 高层管理人员支持信息系统项目吗？
- 拟议信息系统是否有益于组织？
- 拟议信息系统是否会以积极的方式影响内外部客户？

在进行运行可行性评估时要回答的主要问题是信息系统是否值得实施。

计划可行性

计划可行性（scheduling feasibility）涉及新系统是否能够按时完成。例如，由于灾难破坏了现有网络，组织可能需要立即建立无线网络。但是，如果新系统无法及时交付，那么客户流失可能会迫使组织停业。在这种情况下，从计划的角度来看，拟议系统是不可行的。错过交付期限在信息系统开发中是很常见的问题，设计人员通常可以使用项目管理工具（本章稍后讨论）来最小化这个问题。

制度可行性

制度可行性（legal feasibility）涉及法律问题，通常解决以下问题：

- 系统是否会违反使用国家/地区的法律问题？
- 使用该系统是否有任何政治影响？
- 拟议系统与法律要求之间是否存在冲突？例如，系统是否考虑了《信息隐私法》（Information Privacy Act）？

下面的小贴士讨论了政府医疗保健网站（HealthCare. gov）的启动过程，其中存在对不同维度的可行性分析不够仔细的现象。

小贴士

政府医疗保健网站：可行性问题

政府医疗保健网站（HealthCare. gov）于 2013 年 10 月 1 日推出时，由于《平价医疗法案》（Affordable Care Act），很快就面临了一些技术问题。该系统旨在为数百万希望与保险销售商建立联系的美国人提供保险信息。值得注意的是，在 2013 年 12 月 1 日重新启动网站之前，许多初始问题已得到解决。[4,5,6,7]

应用本章所涉及的知识，很容易发现在本项目的第一阶段，SDLC 和可行性研究没有得到认真应用。当时项目尚不具备计划可行性、技术可行性和运行可行性。虽然我们没有所有数据，但该项目的初步预算被证明是不充分的。

从 SDLC 的角度来看，有些事情没有经过仔细考虑。该项目的工期未正确估算，晚了三个月才开工；开始时没有分配足够的时间来处理意外的问题；用户和系统规范没有明确定义；没有设置如何处理峰值问题，导致每当数百名用户同时登录系统时，系统就会频繁地宕机。

另外，系统也没有进行全面测试。虽然大多数独立模块都工作正常，但系统无法与其他模块交互。没有建立明确的清晰定义的里程碑来监控系统在整个生命周期中的进展。当项目没有按照最初设定的期限完成时，政府指派了多个开发商参与这个项目，然而这并没有加快项目的完成，甚至推迟了项目的完成，因为需要重新按顺序完成大部分系统组件。[8]对于一个全面运行的网站而言，下一个重大挑战是保护所有参与者的安全和隐私，并防止黑客入侵。[9]

可行性研究分析拟议系统的可行性，并确定如何最好地向管理层提出解决方案以获得资金。通常有五个主要维度：经济可行性、技术可行性、运行可行性、计划可行性和制度可行性。

经济可行性评估系统的成本和收益。

技术可行性涉及系统中使用的技术。项目小组需要评估支持拟议系统的技术是否可用或可行。

运行可行性衡量的是拟议系统在组织中的运作情况以及内外部用户的反应。

计划可行性涉及新系统是否能够按时完成。

制度可行性涉及法律问题，包括是否有政治影响和是否满足《信息隐私法》的要求。

10-3 阶段 2：需求收集与分析

在**需求收集与分析阶段**（requirements-gathering and analysis phase），分析人员定义问题并生成解决方案。在此阶段，团队尝试理解系统需求，分析这些需求以确定当前系统或流程的主要问题，并通过设计新系统寻找解决问题的方法。

这一阶段的第一步是收集需求。有几种技术可供选择，包括访谈、调查、观察以及本章前面所述的 JAD 方法。目的是回答以下问题：

- 用户做什么？
- 用户的工作方式？
- 用户在完成工作时会遇到什么问题？
- 拟议系统如何解决这些问题？
- 用户对系统的期望是什么？
- 用户做出了哪些决定？
- 制定决策需要哪些数据？
- 数据从哪里来？
- 应如何呈现数据？
- 需要什么工具来检查用户决策时所使用的数据？

所有这些信息都需要被记录下来，项目小组根据这些信息来确定拟议系统应该做什么（流程分析），以及执行该流程需要哪些数据（数据分析）。

项目小组使用在需求收集阶段收集的信息来理解主要问题，界定系统的功能范围（包括系统应该做什么和不应该做什么），并创建一个名为“系统规范”的文档。然后将该文档发送给所有关键用户和专项工作组成员进行审批。该文档的形成表明分析阶段的结束和设计阶段的开始。

信息系统的分析和设计有两种主要方法：结构化系统分析和设计（structured systems analysis and design，SSAD）方法和面向对象的设计方法。（第 3 章介绍了面向对象的方法，讨论了面向对象数据库。）后者是基于 Web 的出现以及面向对象语言 Java 的发布形成的一种不同于 SSAD 的方法。要理解这两种方法之间的区别，首先要意识到任何系统都有三个部分：流程、数据和用户界面。分析阶段的需求分析是从流程和数据的角度进行的。SSAD 将流程和数据独立处理，是一种需要在系统设计之前完成系统分析的顺序化的开发方法。面向对象的方法对流程和数据进行封装分析，分析和设计之间的界限比较模糊，似乎是同一阶段，而不是表 10－1 中所示的两个不同的阶段。

这两种方法使用不同的工具来创建分析模型。表 10－1 显示了 SSAD 方法中使用的一些工具。

表 10－1 SSAD 分析模型中使用的工具

建模工具	分析内容	用途
数据流程图（data flow diagram，DFD）	流程分析与设计	将一个复杂的流程分解成更简单、更易于理解和管理的子流程；显示数据在系统中的流动，以及系统中存储了哪些数据；有助于定义系统的范围
流程图	流程分析	说明流程中的逻辑步骤，但不显示数据元素和数据之间的关联；补充 DFD 并帮助分析人员理解和记录流程的工作方式
系统范围图	流程分析与设计	从应用层面展示系统流程，有助于向最高管理层和工作组展示系统的工作方式
概念数据模型（例如实体关系模型）	数据分析	通过定义数据元素并显示它们之间的关联，帮助分析人员理解系统必须满足的数据需求

图 10－2 显示了 ABC 家具公司库存管理系统的数据流程图（DFD），图 10－3 显示了系统范围图。

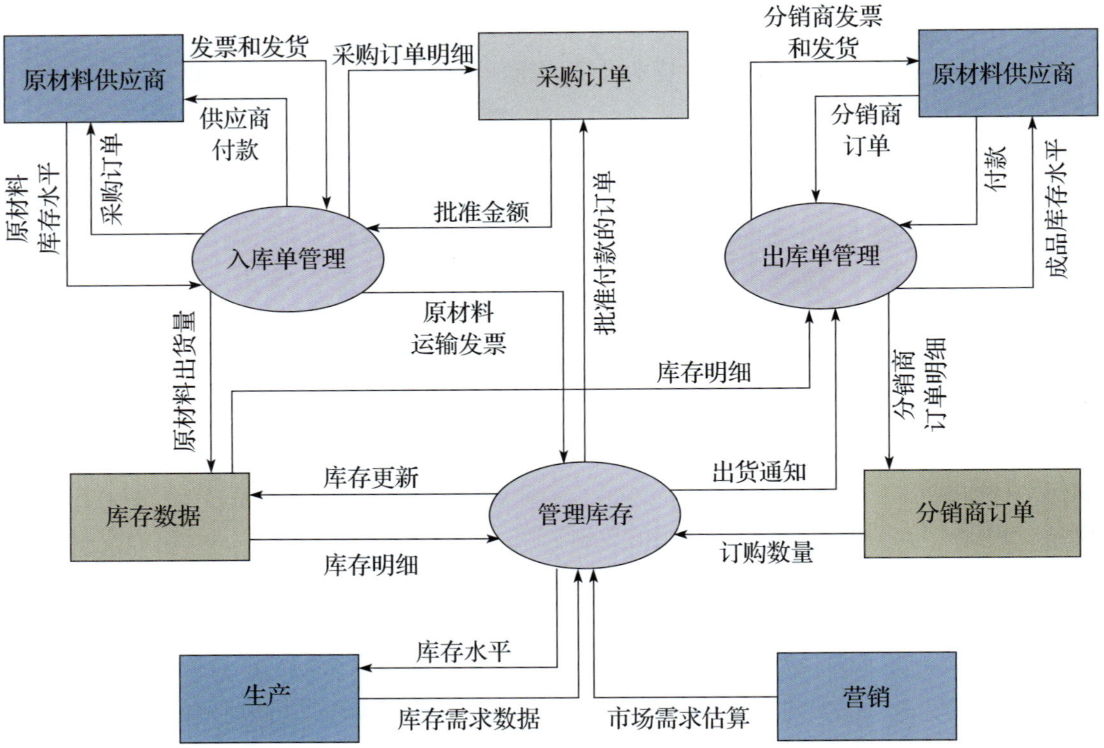

图 10－2 ABC 家具公司库存管理系统的数据流程图

注意，在图 10－2 中，流程用椭圆表示。任何与系统交互但不属于系统的部分都被视为“外部实体”，并显示为蓝色矩形。数据存储（数据库、文件系统甚至实体文件柜）显示为灰色矩形。

在图 10－3 中，DFD 已简化为系统范围图，也称为“0 级图”。此系统范围图中的每个流程都可以分解为一个名为“级别 1”的单独范围图。

这两种建模工具都显示了流程和外部实体之间的数据流，DFD 还显示流程和数据存储之间的数据流。这

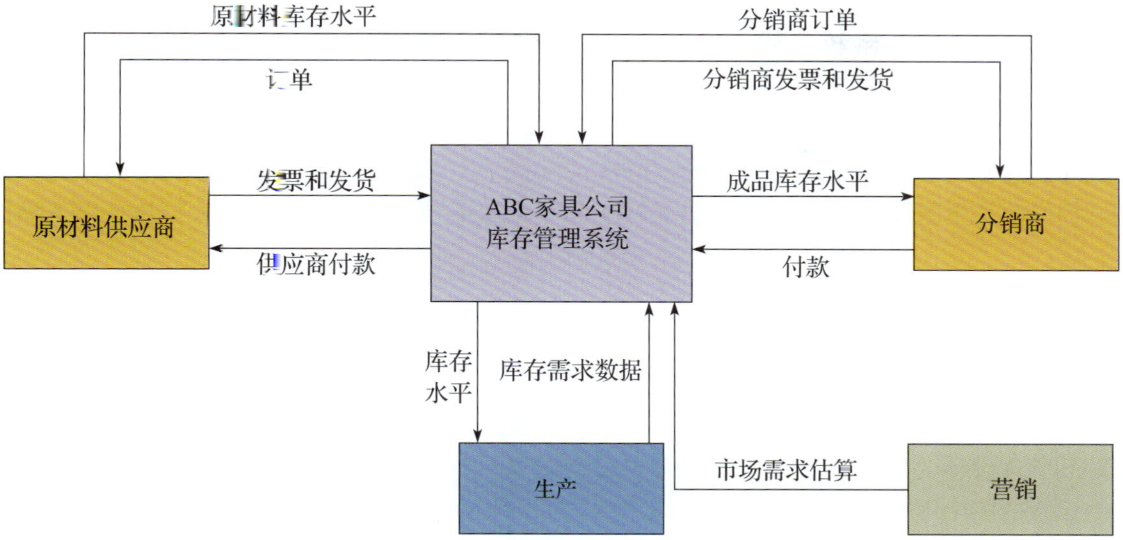

图 10-3 ABC家具公司库存管理系统的系统范围图

些数据流是通用的，因此不显示特定的数据元素。例如，在图 10-2 中只显示“采购订单”这几个字，并不具体显示构成“采购订单”的所有数据项，比如“订单编号”、“订单日期”、“项目编号”和“项目数量”。

在分析阶段创建的模型构成了设计规范。在与用户确认这些规范后，分析人员开始设计系统。

10-4 阶段3：设计

在**设计阶段**（design phase），分析人员会选择最切合实际并为组织提供最高回报的系统解决方案。该阶段描述拟议解决方案的详细情况，其成果是一套精确规范系统实施的文档，详述拟议系统的各个部分，包括系统的文件与数据库、表单与报告、文档、流程、硬件和软件、网络组件、通用系统规范等。CASE 工具（在下一节中讨论）对分析和设计阶段非常有用，特别是对于大型项目。

> 在设计阶段，分析人员会选择最切合实际并为组织提供最高回报的系统解决方案。

设计阶段包括三个部分：概念设计、逻辑设计和物理设计。概念设计不描述系统硬件与软件的选择，是对系统的概述。逻辑设计通过指定硬件和软件使概念设计更具体，例如指定 Linux 服务器、Windows 客户端、面向对象编程语言和关系型 DBMS。这些选择通常需要更改概念设计以适应所选择的平台和编程语言。最后，为特定平台创建物理设计，例如选择运行 Ubuntu Linux 的 Dell 服务器、运行 Windows 8 和 Internet Explorer 的 Dell 笔记本电脑、编程语言 Java、关系型数据库管理系统 SQL Server 2014。

> 在**需求收集与分析阶段**，分析人员定义问题并生成解决方案。
>
> 在**设计阶段**，分析人员会选择最切合实际并为组织提供最高回报的系统解决方案。该阶段描述拟议解决方案的详细情况。其成果是一套精确规范系统实施的文档，详述拟议系统的各个部分，包括系统的文件与数据库、表单与报告、文档、流程、硬件和软件、网络组件、通用系统规范等。

10-4a 计算机辅助系统工程

系统分析人员使用**计算机辅助系统工程**（computer-aided systems engineering，CASE）工具来自动生成部分应用程序。这些工具对大型项目中的调查和分析特别有用，因为它们使设计阶段部分自动化。分析人员可以使用它们修改和更新设计版本，以便选择最佳版本。CASE 工具通过帮助分析人员执行以下操作来支持设计阶段：

- 保持模型彼此一致。
- 生成带有说明和注释的文档模型。
- 确保根据特定规则创建模型。
- 创建与单个系统相关的所有模型的单个存储库，以确保分析和设计规范的一致性。
- 跟踪和管理设计变更。
- 创建设计的多个版本。

CASE 工具类似于建筑师和工程师使用的计算机辅助设计（CAD）工具。虽然功能因产品而异，但通常都包括以下工具：

- 图形工具，例如数据流图，用于说明系统的操作。
- 字典工具，用于记录系统的详细操作。
- 原型工具，用于设计输入和输出的样式、表单和屏幕格式。
- 代码生成器，用于最小化或消除编程语言带来的影响。
- 项目管理工具，辅助控制系统的进度和预算。

可用的几种 CASE 工具包括：

CA ERwin Process Modeler（http://erwin.com）；

Oracle Designer（www.oracle.com/technetwork/developer-tools/designer/overview/index-082236.html）；

Visible System's Visible Analyst（www.visible.com/Products/Analyst/vacorporate.htm）。

CASE 工具通常包括以下输出：

- 规范文档。
- 分析文档，包括模型和说明。
- 设计规范及相关文档。
- 基于概念设计的逻辑设计和物理设计文档。
- 可以整合到系统中的代码模块。

> **计算机辅助系统工程（CASE）**工具自动生成部分应用程序。这些工具对大型项目中的调查和分析特别有用，因为它们使设计阶段部分自动化。

10-4b 原型法

原型法（prototyping）在物理科学领域中已经存在多年，因为构建一个小型可用模型比构建整个系统更容易，成本更低。还可以通过测试原型以检测潜在问题并设计解决方案。

原型法在信息系统的设计中得到了广泛应用，因为企业的管理需求是快速变化的，而如果系统也经常变动、缺乏规范，系统的设计与开发就无法进行。因此，先开发系统的小型版本，该版本的功能足以说明系统的优点并允许用户提供反馈。原型法也是使信息系统投入运营的最快方式。原型法可以实现以下目的：

- 收集系统需求——在规划阶段，设计原型并将其展示给用户，是收集附加信息和改善拟议系统需求的好方法。
- 帮助确定系统需求——如果用户还不能确定他们想要的信息系统的类型，原型是展示系统功能最有效的工具，通过试用原型之后，用户可以提出更为具体的要求。
- 确定系统的技术可行性——如果系统在技术上不可行或似乎不可行，则可以使用原型向用户展示特定任务的完成情况。这类原型被称为**概念验证原型**（proof-of-concept prototype）。
- 向用户和管理层展示拟议系统——原型有时用于向用户和管理层展示拟议系统，通过展示原型系统的一些功能来说明系统对组织的有益程度。这类原型被称为**销售原型**（selling prototype）。

原型法通常分四步完成[10]：

1. 定义初始需求。
2. 开发原型。
3. 审查并评估原型。
4. 修改原型。

定义初始需求首先需要用户和设计人员达成一个共识，即原型是解决问题的最合适的方法。在对方法达成一致之后，用户和设计人员一起收集关于原型组件的信息，以及这些组件如何相互关联。项目小组会决定使用以下方法之一来构建原型：原型外包，使用软件包或使用第四代编程语言，使用其他高级编程语言并从头开始开发原型。

在原型的设计开发阶段，用户和高层管理人员是必不可少的，因为期间出现的一些问题必须由用户或高层管理人员当场解决。例如，高层管理人员必须解决系统的融资问题，用户解决具体模型的处理规范问题。此外，在此阶段，用户和高层管理人员可以更多地了解信息系统能完成什么功能，而用户和设计人员可以更多地了解组织中许多决策制定的过程与依据。

原型完成后，用户开始使用并评估其性能。根据结果，做出以下决策：修改原型、取消信息系统项目、开发新原型或基于原型构建完整系统。无论决定如何，原型都为用户和设计师团队提供了有用的信息。至此，系统开发人员更好地定义了待解决的问题，用户与管理层更清晰地了解了系统的运行情况。

原型开发工具

可以使用许多工具来构建系统原型。广泛使用的工具包括电子表格软件包（如 Microsoft Excel）和数据库管理软件包（如 Microsoft Access），而 Visual Basic 通常用于对进程所需的逻辑编码。CASE 工具和第三代、第四代编程语言均可用于快速开发原型。用于用户界面设计的原型工具包括：

GUImagnets（www.guimagnets.com）；

Designer Vista（http://designervista.com）；

GUI Design Studio（www.carettasoftware.com/guidesignstudio）。

原型法的优点和缺点

如上所述，原型法具有以下优点：

- 在问题定义不明确、信息收集困难的情况下，提供了一种进行系统调查的方法。
- 由于用户参与了系统开发，因此减少了培训信息系统用户的需要。
- 由于构建模型比构建整个系统便宜，因此可以降低成本。如果用户和最高管理层决定不开发该系统，该组织就不会失去用于构建完整系统的所有资金。
- 通过鼓励用户参与，增加系统成功的机会。

- 修改原型比修改完整系统更容易。
- 由于用户和设计人员可以浏览多个版本的系统，因此可以改善文档编制。
- 改善了用户、高层管理人员和信息系统人员之间的沟通，因为能够看到具体模型，这会促使系统的潜在用户提出问题、表达意见、指出优劣势等。

即使具备这些优点，原型法也仍然有一些缺点：

- 可能需要用户和高层管理人员提供比其意愿更多的支持和帮助。
- 原型可能无法反映最终系统的实际操作，因此可能具有误导性。
- 开发原型可能会导致分析人员和设计人员放弃全面的测试和文档资料。如果原型成功了，项目小组可能会确信最终的系统也会成功，而这种假设可能会产生误导。

> 在**原型法**中，开发系统的小型版本，但该版本的功能足以说明系统的优点并允许用户提供反馈信息。
> **概念验证原型**向用户展示如何完成技术上不可行的特定任务。
> **销售原型**用于向用户或管理者展示拟议系统的一些功能，以说服他们。

10-5 阶段 4：实施

在**实施阶段**（implementation phase）解决方案从文档到实现正常运行，项目小组配置系统并为其采购组件。在实施阶段会进行多项工作，包括：

- 购置新设备；
- 招聘新员工；
- 培训员工；
- 规划和设计系统的物理布局；
- 编码；
- 测试；
- 设计安全措施和保障措施；
- 创建灾难恢复计划。

当信息系统实施完成，准备替换旧系统或手工系统时，设计人员有几种选择：

- 并行切换——在**并行切换**（parallel conversion）中，新旧系统同时运行一段时间，以确保新系统正常工作。但是，这种方法成本昂贵，只有在操作系统已经就位的情况下才能使用。
- 逐步替代切换——在**逐步替代切换**（phased-in-phased-out conversion）中，随着新系统的每个模块的切换，旧系统的相应部分被替代。此过程将持续到整个系统切换完成。虽然这种方法并不适用于所有情况，但在财务会计系统的切换中很有效。
- 直接切换——在**直接切换**（direct cutover conversion）中，实施新系统，同时停止旧系统。这种切换方法的不足在于，如果新系统出现问题，就会带来很大风险。其优势在于成本较小，因为不需要同时运行新旧两个系统。
- 试点切换——在**试点切换**（pilot conversion）中，分析人员仅在组织的有限区域（例如某科室或某部门）引入系统。如果系统正常运行，再逐步在组织的其余部门分阶段实施，或者一次性实施。

在**实施阶段**解决方案从文档到实现正常运行，项目小组配置系统并为其采购组件。

在**并行切换**中，新旧系统同时运行一段时间，以确保新系统正常工作。

在**逐步替代切换**中，随着新系统的每个模块的切换，旧系统的相应部分被替代。此过程将持续到整个系统切换完成。

在**直接切换**中，实施新系统，同时停止旧系统。

在**试点切换**中，分析人员仅在组织的有限区域（例如某科室或某部门）引入系统。如果系统正常运行，再逐步在组织的其余部门分阶段实施，或者一次性实施。

10－5a 项目管理工具和技术

信息系统的实施是一项复杂的任务。系统分析人员采用项目管理工具和技术来进行项目管理，并将实施计划控制在预算和进度之内。这些工具和技术帮助系统分析人员解决调度问题、计划和设置目标，并突显潜在的瓶颈问题。项目管理软件（如 Microsoft Project 和 Micro Planning International 的 Micro Planner）使系统分析人员能够研究计划变更的成本、时间和资源影响。项目管理技术包括计划评估审查技术（program evaluation review technique，PERT）、关键路径法（critical path method，CPM）和甘特图。

PERT 和 CPM 技术通过确定完成一系列相关活动的“关键路径”来工作，其中包括所有对项目的完成起重要作用的活动，而且是零延迟的。如果任意活动被延迟，则整个项目将被延迟。不在关键路径上的活动则较为灵活，只要在既定的范围内，即使有一定的延迟，也不会导致项目延迟。

为了建立 PERT 或 CPM 网络，分析人员需确定完成项目所需的所有活动，确定并建立先决条件列表（描述活动之间的先后次序关系），标注并计算关键路径的持续时间。

图 10－4 显示了从项目开始到结束的几条路径。每条路径的持续时间由构成该路径的各项活动的持续时间和决定。这里有些例子：

1 →2 →4 →6 →7＝5＋15＋6＋11＝37

1 →4 →6 →7＝13＋6＋11＝30

1 →4 →5 →6 →7＝13＋9＋10＋11＝43

1 →3 →4 →5 →6 →7＝7＋10＋9＋10＋11＝47

1 →3 →4 →6 →7＝7＋10＋6＋11＝34

1 →2 →4 →5 →6 →7＝5＋15＋9＋10＋11＝50

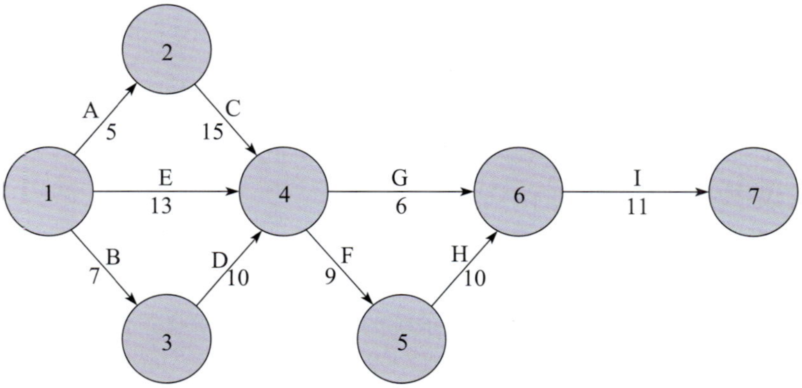

图 10－4 PERT 网络分析法

在这些示例中，最后一条路径是关键路径，因为它花费的时间最长。当此路径完成时，其他路径也能够完成。即便其他路径上的活动有延迟，项目也仍然可以按时完成。当然，如果要按时完成项目，就必须保证关键路径上的所有活动都能按时完成。

利用关键路径，系统分析人员可以建立甘特图。甘特图在 x 轴上列出完成时间（有时称为“里程碑”），在 y 轴上列出所有活动。这使得系统分析人员可以监视项目的进度，并检测项目日常运行中的延迟。如果出现延迟，项目仍需按计划完成，那么系统分析员必须考虑额外资源的投入。图 10－5 显示了甘特图。

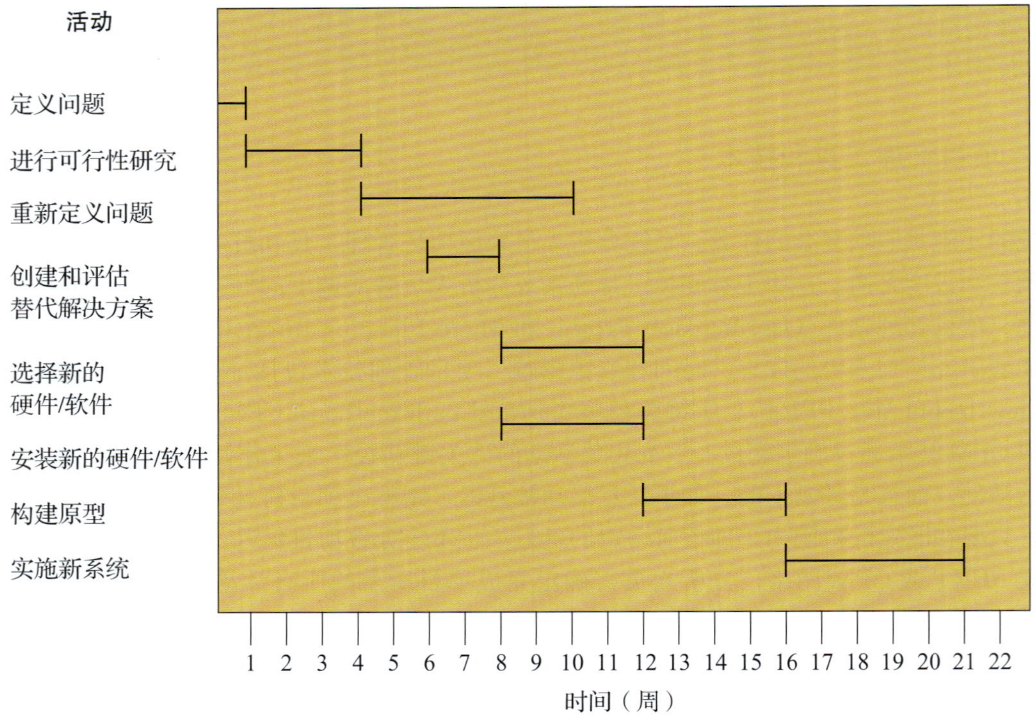

图 10－5　甘特图

以下是成功实施 IT 项目的七项指导原则[11]：

- 为正在开发的信息系统指派一名项目经理。
- 确定每个项目会议的目标。
- 使用电子邮件、备忘录、维基或内部社交媒体记录每个项目会议。
- 定期与项目技术人员进行面对面的会谈。
- 当项目小组成员出现落后情况时，需要有更换的项目经理。
- 为项目建立松弛时间，但不向项目组成员公开。
- 为项目分配最佳的技术人员。

10－5b　需求建议书

需求建议书（request for proposal，RFP）是用于向供应商请求设备、供应或服务的详细信息的书面文件，通常在实施阶段准备。RFP 包含有关拟议信息系统的功能、技术和业务要求的详细信息。起草一份 RFP 需要 6～12 个月的时间，在辅助软件、互联网和其他在线技术的支持下，RFP 文件的起草时间和成本都可以减少。

此过程的关键部分是比较来自单个或多个供应商的系统组件的价格。让一家供应商提供信息系统的所有组件会比较方便，但是能找到同时具备信息系统所有领域的专业知识的供应商则很难。

RFP 的主要优点是所有供应商根据相同的信息和要求提供报价，报价更具有公平性和可比性。此外，所有供应商都有相同的投标截止日期，因此没有供应商可以有更多时间准备报价。RFP 还有助于缩小潜在供应商的范围。

RFP 的主要缺点是花费在撰写和评估提案上的时间过长。随着信息技术的快速变化，冗长的时间框架使 RFP 不那么吸引人。许多公司不能等待 6～12 个月来决定信息系统的供应商。图 10－6 显示了 RFP 的主要组成部分。RFP 的免费模板可以在 Business-in-a-Box（www. biztree. com）、TEC（http:// technologyevaluation. com）和 Klariti（www. klariti. com）上找到。

1.简介
 a. ABC公司的背景和组织目标
2.系统需求
 a.需要解决的问题
 b.初步分析的细节
 c.获得关键见解
3.附加信息
 a.可用硬件
 b.首选软件
 c.现有系统以及集成需求
 d.了解要获得的利益
 e.必要的业务理解（投标人与ABC合作）
 f.必要的技术和专业知识
4. 项目的时间安排
5. 资料之间的联系及提交程序

图 10－6 ABC 家具公司库存系统 RFP 的主要组成部分

鉴于需要尽快完成信息系统项目，通常需要缩短编写和评估提案所需的时间。RFP 的一个替代方案是**信息请求书**（request for information，RFI），在收集供应商信息的基础上，通过聚焦项目需求缩小潜在供应商列表，并形成筛选后的供应商名单。RFI 可以帮助管理供应商的选择。RFI 的局限性在于不适用于复杂的项目，因为它只能在候选列表中选择三到四家最终入围。

需求建议书（RFP）是用于向供应商请求设备、供应或服务的详细信息的书面文件。

信息请求书（RFI）在收集供应商信息的基础上，通过聚焦项目需求缩小潜在供应商列表，并形成筛选后的供应商名单。RFI 可以帮助管理供应商的选择。

10－5c 实施的替代方法

SDLC 方法有时被称为**内包**（insourcing），这意味着项目小组在组织内部开发系统。开发信息系统的另外两种方法是自行开发和外包，下面进行讨论。

自行开发

对及时信息的需求不断增加，这给已经负担维护和修改现有系统的信息系统团队带来了更多压力。在许多组织中，保持现有系统运行的任务占用了大量可用的计算资源和人员，留给开发新系统的资源很少。由此导致的对用户需求的响应能力减弱，增加了员工的不满，并导致了管理良好和管理不善的组织在系统开发方面的积压。因此，近年来，越来越多的终端用户在信息系统团队很少或没有正式协助的情况下开发自己的信息系统。这些用户可能不知道如何编写程序代码，但能够熟练使用现成的软件，例如电子表格和数据库包，用它们来生成自制的应用程序。[12,13]这种趋势称为**自行开发**（self-sourcing）或终端用户开发，是信息系统开发需求长期积压、负担得起的硬软件的可用程度，以及组织对及时信息的日益依赖造成的结果。

> 借助于查询语言、报表生成器和第四代编程语言等开发工具，自行开发已成为信息系统的重要组成部分。

借助查询语言、报表生成器和第四代编程语言等开发工具，自行开发已成为信息系统的重要组成部分。这些小程序还可用于创建唯一可用的应用程序和报表。自行开发有助于减少组织信息系统开发任务的积压，并提高用户信息需求响应的灵活性。实际上，用于记录组织的信息开发需求的“待办事项列表”只是系统开发不足的冰山一角。这是因为，当终端用户发现该列表已经很长时，他们通常会停止申请开发业务所需的新的应用程序，他们认为申请只会使列表更长，而不会被及时开发。所以，实际上组织中“未被请求的应用程序列表”通常比“待办事项列表”更长，形成了所谓的“不可见的待办事项列表”，将组织的信息系统需求隐藏了起来。

虽然自行开发可以解决当前业务中的许多实际问题，但管理者担心，终端用户缺乏足够的系统分析和设计背景会导致系统开发标准的松动。自行开发的其他缺点包括：

- 可能滥用计算资源。
- 无法访问关键数据。
- 自行开发的应用程序的系统文档缺失。
- 自行开发的应用程序的系统的安全性不足。
- 自行开发的应用程序不符合信息系统标准。
- 缺乏高层管理人员的支持。
- 缺乏对潜在用户的培训。

自行开发使终端用户能够在短时间内构建自己的应用程序并创建、访问和修改数据。但是，如果组织不采取控制和安全措施，这种权力可能具有破坏性。例如，必须控制终端用户对计算资源的访问，以防止干扰组织信息处理功能的效率。

为了防止以不适当的系统开发原则为基础开发的信息系统和应用程序的扩散，组织应为终端用户制定程序开发的准则，并且建立程序评估机制、批准开发或拒绝开发的标准，并确定项目的优先级标准。标准可以包括提出诸如“应用程序是否可以生成计划的报告”或“开发单个应用程序是否能满足更多用户的要求”等问题。

组织有必要对现有的应用程序进行分类和编目，以防止终端用户开发的程序与现有应用程序的功能相同，这种冗余可能代价高昂。此外，应加强数据管理，以确保信息的完整性和可靠性。在不过滤信息的情况下，私有数据的创建应尽量最小化。为了进行有效的数据处理，应密切监测冗余数据。但是，由于使用不同数据的终端用户的数量日益增长，这项任务也变得越来越困难。控制公司数据库中无效数据和不一致数据的扩散的最佳方法是控制数据流，例如使用数据库管理员建立的严格的数据输入流程。

外包

通过**外包**（outsourcing）方法，组织雇用了专门提供开发服务的外部供应商或顾问。这种方法可以节省雇用额外员工的成本，同时满足及时开发信息系统项目的需求。提供外包服务的公司包括 IBM 全球服务公司、埃森哲公司、Infosys 技术公司和计算机科学公司。

随着 Web 2.0 的发展，另一种外包形式变得流行起来：**众包**（crowdsourcing）。它指将传统上由雇员或承包商开发软件的过程变为通过公开招募一群人来完成任务的过程。假设某城市市政厅正在开发一个网站，以便更好地服务社区，众包就是邀请该城市的所有人参与网站的设计过程。众包已经越来越受到出版商、记者、编辑和希望利用 Web 2.0 提供的协作功能的企业的欢迎。InnoCentive（www2. innocentive. com）是美国众包领域非常活跃的公司。它充分利用组织内外多元思维的力量，与组织合作来解决问题。

采用 SDLC 方法的组织可以选择以下外包方式：

- 在岸外包——选择与该组织在同一个国家/地区的外包公司。
- 近岸外包——选择与该组织邻国的外包公司，例如美国企业选择加拿大或墨西哥的外包公司。
- 离岸外包——选择世界上任何一个地方（通常是一个比邻国更远的国家）的外包公司，只要它能提供所需的服务。

虽然外包具有成本更低、交付信息系统更快并使组织能够灵活地专注于其核心功能和其他项目的优势，但它确实也存在一些缺点。其中包括：

- 失控——依赖外包公司来控制信息系统功能会导致系统无法完全满足组织的信息需求。
- 依赖性——如果组织过于依赖外包公司，外包公司的财务状况或管理结构的变化会对组织的信息系统产生重大影响。
- 战略信息的脆弱性——由于第三方参与外包，因此泄露机密信息给竞争对手的风险增加。

下面的小贴士说明了未来许多年印度将成为主要的 IT 外包市场的一些原因。

小贴士

2014 年十大外包市场所在地

要选择 IT 外包供应商所在地，必须分析一些变量，例如受教育的劳动力资源、运营成本和外包国家的政府支持。2014 年，美国科尔尼咨询公司（A. T. Kearney）对 51 个具有信息技术外包潜力的国家进行了调查。使用以下三个标准：

- 财务吸引力；
- 人员技能和可用性；
- 商业环境。

调查显示，印度位居榜首，其 IT 服务年出口额超过 400 亿美元。近年来，印度扩大了外包服务，除了传统的 IT 活动之外，还包括研发和产品开发。具有外包竞争力的十大国家是[14]：

1. 印度
2. 中国
3. 马来西亚
4. 墨西哥
5. 印度尼西亚
6. 泰国
7. 菲律宾
8. 巴西
9. 保加利亚
10. 埃及

内包就是项目小组在组织内部开发系统。

自行开发是终端用户在信息系统团队很少或没有正式协助的情况下开发自己的信息系统。这些用户可能不知道如何编写程序代码，但能够熟练使用现成的软件，例如电子表格和数据库包，用它们来生成自制的应用程序。

通过**外包**方法，组织雇用了专门提供开发服务的外部供应商或顾问。

众包指将传统上由雇员或承包商开发软件的过程变为通过公开招募一群人来完成任务的过程。

10-6 阶段 5：维护

在**维护阶段**（maintenance phase），信息系统已经投入运行，系统所需的增强和修改功能已经开发完成并测试完毕，软硬件组件已经完成了添置或替换。此时，维护团队对系统的工作进行整体评估，负责采取措施保持系统正常运行。作为此阶段的一部分，团队通过与用户、客户以及受新系统影响的其他人交谈来收集系统的运行性能数据，以及有关系统是否满足其目标的信息。如果系统的目标未达到，那么团队必须采取纠正措施。在此阶段配备服务人员以支持用户是另一项重要任务。由于 SDLC 方法的持续性，如果团队发现系统无法正常工作，则维护阶段可能会成为下一轮系统开发的开端。

在**维护阶段**，信息系统已经投入运行，系统所需的增强和修改功能已经开发完成并测试完毕，软硬件组件已经完成了添置或替换。

10-7 系统分析与设计的新趋势

SDLC 模型可能不适用于以下情况：

- 问题缺乏规范，即调查中的问题没有明确定义。
- 无法完全识别问题的输入—输出过程。
- 问题是“临时”的，也就是说，是一次性问题，不会再次发生。
- 用户需求不断变化，即系统会随时发生变化。SDLC 模型可能在短期内有效，但从长远来看，并不适合这种情况。

对于这些情况，以下各节中描述了其他更适合的方法。

10-7a 面向服务的架构

面向服务的架构（service-oriented architecture，SOA）是专注于用服务（包括对小型独立代码块的开发、使用和重用）来满足企业软件需求的一种思考方式和一套系统开发方法。SOA 尝试通过识别、接受和利用现有服务来解决软件开发问题。例如，检查运输状态、客户信用或库存状态是此类服务。更具体地说，服务甚至可以是一个数据库表、一组相关数据库表、任何格式的一个或多个数据文件，或者从另一服务获得的数据。

SOA 背后的基本原则是，“代码块”可以在各种不同的应用程序中重用，允许从现有服务池中创建新的业务流程。这些服务被放在一起，以便在需要时通过网络访问它们。SOA 为组织提供了许多潜在的好处，包括减少应用程序开发时间、提高灵活性和投资回报。

在任何商业组织中，都有一些不经常变化的业务，例如订单处理。这些通常代表业务的主要部分，因此被称为核心业务功能。与此同时，还有一些功能和活动是定期变化的，例如税收和营销活动的内容。SOA 主张将核心业务功能和不断变化的动态功能解耦。SOA 允许组织选择那些最有效地响应客户需求和市场需求的服务。服务或“代码块”可以替换、更改甚至组合。

许多组织使用 SOA 作为思考方式和系统开发方法。例如，喜达屋国际酒店集团（Starwood Hotels and Resorts Worldwide）正在用基于 SOA 的系统取代其传统的房间预订系统。通过使用 SOA，可以提供多达 150 个建立在 Web 标准之上基于服务的应用程序。T-Mobile 还采用 SOA，既用于内部集成和重用，也用于外部创收服务。这使得 T-Mobile 能够与时代华纳和贝塔斯曼集团等第三方内容提供商有效合作，为客户提供服务。[15]

> **面向服务的体系结构（SOA）**是专注于用服务（包括对小型独立代码块的开发、使用和重用）来满足企业软件需求的一种思考方式和一套系统开发方法。

10－7b　快速应用开发

快速应用程序开发（rapid application development，RAD）专注于用户参与，以及用户和设计人员之间的持续交互。它将规划和分析阶段合并为一个阶段，并开发系统原型。RAD 使用迭代过程（也称为“增量开发”），根据用户的反馈和系统开发的需要，重复设计、开发和测试步骤。初始原型完成后，对软件库进行审查，从软件库中选择可重用组件并与原型集成，进行测试。在这些步骤完成之后，剩下的阶段与 SDLC 方法类似。RAD 的缺点是焦点过于集中，这可能会限制未来的发展，此外由于应用程序的构建速度很快，因此开发质量可能较低。

> **快速应用程序开发（RAD）**专注于用户参与，以及用户和设计人员之间的持续交互。将规划和分析阶段合并为一个阶段，并开发系统原型。RAD 使用迭代过程（也称为“增量开发”），根据用户的反馈和系统开发的需要，重复设计、开发和测试步骤。

10－7c　极限编程

极限编程（extreme programming，XP）是最近发展起来的一种软件应用程序和信息系统项目开发方法。Kent Beck 在研究克莱斯勒综合薪酬体系的过程中，创建了这种方法，是一种建立具体目标并及时实现目标的方法。XP 将项目划分为更小的功能，开发人员在当前阶段完成之前不能进入下一阶段。分析人员写下了拟议系统应该具备的功能的索引卡片。分析员将拟议系统应该具备的功能（称为“故事”）写在索引卡上。这些卡片上标明了开发这些功能所需的时间和活动，然后组织根据当前的需要，决定哪些功能应该率先实现，其他功能应该以什么顺序实现。[16]整个项目的每个功能都是逐步开发的。起初，它类似于一个拼图游戏；单个图片并没有意义，但当它们组合在一起时，就可以看到完整的图片。XP 方法尽可能早地将系统交付给用户，然后根据用户的建议进行更改。在 XP 环境中，程序员通常被组织成两人一组的团队，共享一个工作站并处理相同的代码。这叫作**结对编程**（pair programming），也称为“共享键盘”，每个程序员执行另一个程序员当前不执行的操作。通过这种方式，他们可以随时发现并纠正编程错误，这比在整个程序编写完成后纠正错误要快。在代码开发期间，程序员之间也有更好的交流。

XP 与传统的软件开发有很大的不同，例如 SDLC 模型，将项目视为一个整体，进行整体开发。XP 则使用增量步骤来改进系统的质量，解决之前未检查过的主要问题。与 RAD 类似，XP 将软件库作为可重用的部件集成到新系统中。IBM、克莱斯勒和微软等公司已成功使用此方法进行了系统开发。其主要特点是：

- 简易；
- 增量流程；
- 响应不断变化的需求和技术；
- 团队合作；
- 主要参与者之间持续沟通；
- 用户的即时反馈。

下面的小贴士说明了 Sabre Holdings 公司和其他公司使用 XP 的情况。

小贴士

现实中的极限编程

Sabre Holdings 公司采用了许多 XP 原则，包括让程序员共享键盘。使用 XP 方法提高了软件的质量，减少了错误数量。据可持续计算协会（Sustainable Computing Consortium）称，有缺陷的软件每年使美国公司损失超过 1 000 亿美元，占计算机停机时间的 45%。IBM 也使用 XP，从一开始就引入了较小的版本并让客户参与测试过程。[17]

极限编程（XP）是一种软件应用程序和信息系统项目开发方法，其中项目被划分为更小的功能，开发人员在当前阶段完成之前不能进入下一阶段。整个项目的每个功能都是逐步开发的。

结对编程是指两个程序员在一个工作站上参与同一项软件开发工作。每个程序员执行对方当前未执行的模块。

10-7d 敏捷方法

敏捷方法（agile methodology）与 XP 类似，侧重于增量开发过程和工作软件的及时交付。对团队编码的重视程度较低，而对项目的限定性边界重视程度较高。敏捷方法的重点是设置需求的最小量，并将其转化为可运行的程序。敏捷联盟组织（www.agilealliance.org）已经为这种方法制定了指导方针，该方法强调程序员和业务专家之间的协作，最好是通过面对面交流和团队合作。这种循序渐进的方法的目标是响应不断变化的需求，而不是坚持既定计划和开发高质量软件。敏捷方法还致力于快速交付软件，以更好地满足客户的需求。

敏捷联盟撰写了一份宣言，其中包括以下原则[18]：

- 通过尽快和持续交付有价值的软件来满足客户。
- 即使是在开发后期，也接收对需求的更改。
- 在整个项目执行过程中，保持业务人员和开发人员每天协同工作。
- 以有想法的个人为中心建立项目。为他们提供所需的环境和支持，并相信他们能够完成工作。
- 始终关注卓越技术。良好的设计能够增强灵活性。
- 团队应定期思考如何提高效率，然后相应地调整其行为。

下面的小贴士讨论了 HomeAway 房屋租赁公司是如何使用敏捷方法的。

小贴士

HomeAway 公司的敏捷方法

HomeAway 公司总部位于得克萨斯州奥斯汀，是全球领先的度假租赁在线市场，其网站代表全球 168 个国家和地区，约有 720 000 个度假租赁住宅。[19]

在 HomeAway 公司，250 名软件开发人员使用敏捷方法作为软件和系统开发方法。过去，个人开发者和系统设计人员一直使用不同的系统开发方法，但在过去的 6 年中，敏捷方法一直是公司范围内的系统开发方法。HomeAway 工程副总裁杨晓冬（Jack Yang）表示，没有人被迫转向敏捷方法，但随着时间的推移，系统设计人员发现这是跟上变化的最佳方法，尤其是对意外变化的快速实施。如果 HomeAway 的经验可以说明问题，那么敏捷方法将继续成为软件和系统开发的主流工具。公司和系统开发人员选择敏捷方法，而不选择刚性的、顺序驱动的 SDLC 方法，是因为其在团队驱动、协作和模块化方面有优势。[20]

敏捷方法与 XP 类似，侧重于增量开发过程和工作软件的及时交付。对团队编码的重视程度较低，而对项目的限定性边界重视程度较高。

本章的“行业链接”重点介绍了 CA Technologies 公司及其提供的多种系统开发工具。

行业链接

CA Technologies[21]

CA Technologies（原 Computer Associates International，Inc.）公司提供多种用于企业 IT 管理的产品和服务，其中包括管理信息系统、网络、安全平台、存储、应用程序和数据库。该公司提供用于企业和家庭的各种软硬件和服务，大致分为以下类别：应用程序开发和数据库；应用程序性能管理；数据库管理；基础设施和运营管理；大型机应用程序；项目、投资组合和财务管理；安全管理；服务管理；存储和恢复管理，还涉及云计算环境的搭建。

CA Technologies 公司的一个产品是 ERwin 流程建模器，它是一个用于各种系统分析和设计活动的 CASE 工具，是一个建模工具，它可以帮助系统分析员可视化具有许多输入、流程和输出的复杂系统，并创建工作流和数据流建模，如 DFD。ERwin 还可以用于创建数据库以及设计、共享与重用物理和逻辑模型。

回顾与讨论

1. 在 SDLC 的规划阶段，有哪两项主要活动？
2. 为什么 SDLC 必须首先完成规划阶段？
3. 可行性研究的五个主要方面是什么？
4. SDLC 设计阶段的成果是什么？
5. RFP 的替代方案是什么？
6. 原型有哪两种主要类型？
7. SDLC 的四种切换方法是什么？
8. 极限编程和敏捷方法作为系统开发方法的两个区别是什么？

专题研究

1. 一家新兴的互联网公司在其 IS 项目的前六年中产生了以下现金余额：－250 000 美元、－180 000 美元、225 000 美元、340 000 美元、410 000 美元和 425 000 美元。使用 Excel 中的 NPV 函数，以 8.5%的利率计算该项目的净现值。这个项目的内部收益率是多少？如果银行以 15%的利率贷款给公司来实施这些项目，公司是否应该接受贷款（假设没有其他条件）？为什么？

2. 问题 1 中所提公司的首席技术官（CTO）已决定购买 CASE 工具，以帮助加快和更好地记录为其公司的电子商务运营而设计的网站。CTO 将这些选择范围缩小到了 CA ERwin Process Modeler 和 Oracle Designer。阅读本章及其他资料后，你会推荐哪种工具？你的建议的三个主要因素是什么？

3. 问题 1 中所提公司的 CTO 也想投资项目管理软件。选择范围已经缩小到 Microsoft Project 和 Micro Planning International 的 Micro Planner。阅读本章及其他资料后，你会推荐哪种软件？你的建议的三个主要因素是什么？典型的项目管理软件执行的三个任务是什么？

4. 阅读本章及其他资料后，写一篇单页论文，确定两个（除了本书提到的）已经使用 SOA 作为系统开发方法的公司。SOA 为这些公司提供了哪些具体的优势？

5. 阅读完本章和其他资料后，写一篇单页论文，找出两家（除了本书提到的）使用众包替代传统系统开发方法的公司。使用众包来开发系统或应用程序的两个优点是什么？两个缺点是什么？

6. 阅读完本章和其他资料后，写一篇单页论文，描述三个最适合进行系统开发项目离岸外包的国家。选择合适的国家时应考虑的三个主要标准是什么？为什么印度成为 IT 外包的首选？

牛刀小试

1. SDLC 的最后一个阶段是维护。对或错？
2. 确定系统技术可行性的原型称为销售原型。对或错？
3. 成对编程是两个程序员在一个工作站上参与同一项目的开发工作。对或错？

4. 以下哪一项不属于可行性研究的范畴?
   a. 经济
   b. 技术
   c. 计划
   d. 程序设计
5. 以下哪一项不是建模的工具?
   a. 敏捷方法
   b. DFD
   c. 流程图
   d. 系统范围
6. 以下内容哪项不是系统分析和设计的新趋势?
   a. RAD
   b. SOA
   c. XP
   d. SDLC

个案讨论 10-1

拉脱维亚 SEB 银行的系统开发

北欧最大的银行集团之一拉脱维亚 SEB 银行（Skandinaviska Enskilda Banken）在多个国家开展业务，包括德国、波兰和俄罗斯。在过去，拉脱维亚 SEB 银行的许多决定都是在传阅纸质文件的审批过程中做出的。此外，重要的数据储存在分散的系统中，只有某些决策者才能使用这些系统。结果出现了延迟和瓶颈，从而影响了客户服务的速度和效率。为了解决这些问题，拉脱维亚 SEB 银行选择了 IBM Lotus Domino 消息传递和协作平台。安装系统之后，Exigen（IBM 的业务合作伙伴）和拉脱维亚 SEB 银行的 IT 团队开始与用户合作，收集需求并自动化流程，以提高效率。Lotus 系统现在通过一个所有决策者都可以使用的 Web 接口提供集中的信息访问。[22]

回答以下问题：

1. Lotus 自动化平台简化了哪些流程?
2. 新的 Web 界面有哪些好处?
3. 本章讨论的哪种开发方法最适合拉脱维亚 SEB 银行?

个案讨论 10-2

获得回报的众包

众包不仅用于相对简单的任务，例如设计网站或为智能手机设计外壳，如今，也越来越多地用于更复杂的设计。Precyse Technologies 公司提供供应链产品和解决方案，以帮助组织使用 RFID 技术跟踪其库存。但在改善专用 RFID 设备性能和电池寿命方面存在困难，公司没有足够的内部资源来解决该问题。因此，Precyse Technologies 公司向众包提供商 InnoCentive 寻求帮助，因为公司通过众包可以迅速获得世界范围内的人才库，并获得更高的投资回报率（ROI）。最终，该公司收到了来自全球专家的 300 多个建议。公司将候选范围缩小到三个最终入围者，从中选出优胜者。整个过程耗时约 4 个月，估计为公司节省了 250 000 美元。[23]

回答以下问题：

1. 众包的一些典型应用有哪些？
2. 众包有哪些优势？
3. 众包如何减少系统设计成本？

11 企业系统

本章学习目标：

11-1 解释如何使用供应链管理

11-2 描述客户关系管理系统

11-3 描述知识管理系统

11-4 描述企业资源计划系统

企业系统（enterprise system）是一种应用程序，应用于企业的所有职能部门，并支持整个组织的决策。例如，企业资源计划系统用于协调制造、生产、营销和人力资源之间的业务活动、资源和决策。正如前几章所介绍的，许多组织使用内联网和 Web 门户来改进部门之间的通信，并提高整体效率。企业系统是另一种使整个组织中的决策者随时可以获得重要信息的方法。

本章介绍了以下企业系统：供应链管理（SCM）系统、客户关系管理（CRM）系统、知识管理（KMS）系统和企业资源计划（ERP）系统。对于每种类型的企业系统，都介绍了该系统的目标、所使用的信息技术以及其他相关问题。

> 企业系统是一种应用程序，应用于企业的所有职能部门，并支持整个组织的决策。

11-1 供应链管理

供应链（supply chain）是一个由组织及其供应商、配送商和零售商组成的一体化网络，用于向客户提供产品和服务。如图 11-1 所示，在一家制造企业的供应链中，原材料从供应商流向制造商（在那里它们被转化为成品），然后流向分销商、零售商，最后流向消费者。目前供应链不但存在于服务业中，也存在于制造业中，尽管供应链的复杂性在不同的组织和行业中有很大差异。在制造业中，供应链中的主要环节是供应商、制造商、配送商、零售商和消费者。在服务业中，例如房地产业、旅游业、劳务服务公司和广告公司等，其供应链包括供应商（服务提供商）、分销中心（如旅行社）和消费者等环节。

供应链管理（supply chain management，SCM）是与供应链中的供应商和其他合作伙伴合作以改进产品和服务交付流程的过程。SCM 系统用于协调以下功能：

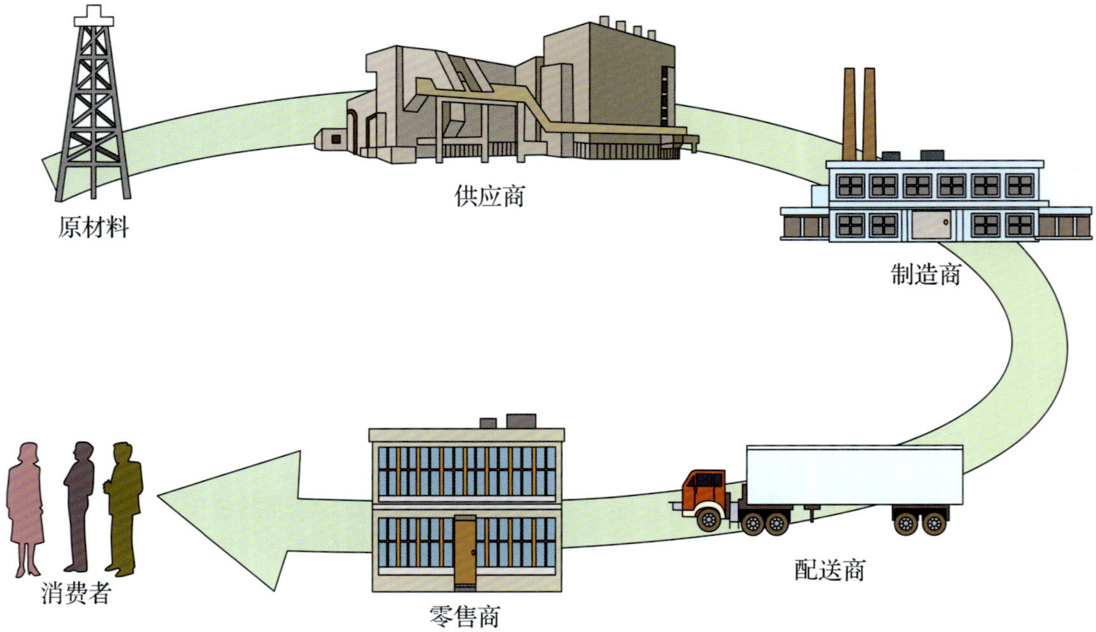

图 11-1 供应链的构成

- 采购材料（在服务业中，材料包括资源和信息）；
- 将材料转化为中间产品、成品或服务；
- 向客户配送成品或服务。

在制造业的供应链管理系统中，信息伴随着以下业务流转而流动：

- 物流——管理从供应商到消费者的所有货物的移动，包括客户服务和支持；
- 信息流——审查整个订单处理周期内的订单传输与交付状态更新；
- 资金流——处理信贷条款、付款时间表、寄售和所有权安排。

作为监督生产流程以及管理库存与交付的一部分，供应链管理系统必须管理所有这些领域的通信。供应链管理中与制造相关的四个关键决策是：

- 位置——生产设施应放置在哪里？
- 库存——何时下订单？应该订多少？
- 生产——应该生产什么？应该生产多少？
- 运输——哪些运输系统能降低成本并加快交付过程？

对于没有内部资源来开发 SCM 系统的组织，有几个提供全面解决方案的供应商可供选择：

SAP 公司（SAP：www. sap. com/solution/lob/scm/software/overview/highlights. html）；

甲骨文公司（Oracle：www. oracle. com/us/solutions/scm/index. htm）；

JDA 软件公司（JDA software：www. jda. com）；

美国 Ariba 公司（Ariba：www. ariba. com）；

曼哈顿联合软件（Manhattan Associates：www. manh. com）。

供应链是一个由组织及其供应商、配送商和零售商组成的一体化网络，用于向客户提供产品和服务。
供应链管理是与供应链中的供应商和其他合作伙伴合作以改进产品和服务交付流程的过程。

此外，托管服务目前也可用于 SCM 系统；这种趋势称为“软件即服务”（SaaS，在第 14 章中讨论），下面的小贴士介绍了可口可乐公司的供应链管理系统。

小贴士

可口可乐公司的供应链管理

可口可乐公司是世界上最大的饮料公司，在 200 多个国家生产并售卖 500 个发泡及非发泡的饮料品牌。[1]该公司需要一个更现代化的供应链管理系统，以便与其他系统更好地协同工作。新的供应链管理系统还需要提供新的功能模块和信息接口，以协助公司的购并业务，并将零售业务信息集成到制造信息中。为了实现这些目标，可口可乐公司决定在其 17 家欧洲工厂实施一个新的供应链管理系统，取代若干现有系统。

主系统采用 SAP 公司的 ERP 系统，部分应用外包给美国计算机科学公司（www.csc.com）。新的 SCM 系统已实施成功，提供了许多自动化操控，并简化了多种供应链管理过程。系统还帮助新收购的公司及时上线，更重要的是，新的供应链管理系统将供需数据链接到同一个系统中。总体而言，新系统为关键决策者提供及时的、高度关联的信息，提高了整个供应链运营的效率和效能。[2]

11-1a SCM 技术

许多公司用电子数据交换（EDI）来替代纸质文件（如采购订单、发票和装运通知）的打印、邮寄和传真。

信息技术和互联网在 SCM 系统的实施过程中起着重要作用，下面分别来解释这些技术。

电子数据交换

电子数据交换（electronic data interchange，EDI）使业务合作伙伴能够发送和接收有关业务事务的信息。许多公司用 EDI 来替代纸质文件（如采购订单、发票和装运通知）的打印、邮寄和传真。利用互联网及已建立的网络协议进行电子信息交换，企业可以提高供应链流程的效率和效能。

电子数据交换加快了业务过程中信息的准确传递，包括：

- 交易确认；
- 财务报告；
- 发票和付款处理；
- 订单状态；
- 采购；
- 装运和接收；
- 库存管理和销售预测。

此外，使用互联网和网络协议进行电子数据交换可以降低传输文档的成本。这种方法被称为“基于 Web 的 EDI”或“开放的 EDI”，它还具有平台独立和易于使用的优点。

然而，与使用专有协议和网络的传统 EDI 相比，跨网络传输确实涉及更多的安全风险。使用 EDI 确实有一些不足。例如，EDI 使用专有标准，一个 EDI 提供程序设置一个 EDI 网络（作为 VPN），各个组织通过注册加入该网络。EDI 网络中公司越多，EDI 越有利，因为当合作伙伴数量较少时，每个合作伙伴的成本会较高。因此，大公司倾向于要求其供应商和分销商加入同一个 EDI 网络，而许多小供应商和分销商则负担不起这一成本。随着 XML 的出现，组织可以使用互联网和开放式 EDI 来执行与 EDI 相同的功能，因此传统的 EDI 已经逐渐衰退。

网络驱动的 SCM

网络驱动下的供应链管理系统改进了整个供应链的信息共享，帮助用户降低信息传输成本、改善客户服务。例如，许多公司使用 POS 系统扫描正在销售的产品并实时收集这些数据。这些信息有助于组织决定如何重新订购以补充库存，并将信息通过互联网发送给供应商，以便它们能够使生产与实际销售同步。网络驱动的 SCM 可以改进以下 SCM 活动：

- 购买/采购——在线采购产品与服务并支付，支持全球采购战略下的询价、议价和期限协商；
- 库存管理——提供实时库存信息，快速高效地补充库存，跟踪缺货项目；
- 运输——允许客户通过互联网使用运输和交付信息；
- 订单处理——检查采购订单和订单状态，提高订单处理的速度和质量，处理退货，向客户发送缺货通知；
- 客户服务——响应客户投诉，发布通知（如产品召回），提供全天候的客户服务；
- 生产计划——与分销商和供应商协调，实现 JIT 库存计划，实现组织与各供应商之间生产计划的协同，进行客户需求分析。

电子市场

电子市场（e-marketplace）是一种第三方交换（B2B 商业模式），它为买卖双方提供了交易平台，达成他们之间的相互交流，并通过网络更有效地进行交易。电子市场通过以下方式帮助企业在供应链中保持竞争优势：

- 为买卖双方建立新的贸易伙伴关系提供机会；
- 为所有参与者提供关于价格、实用性能和库存水平等信息的单一平台；
- 解决国际贸易中的时间约束问题，使全天候开展业务成为可能；
- 提供单一信息来源，便于价格和产品的比较，节省逐个联系卖方的时间；
- 比传统销售渠道更能降低营销成本。

> 电子分销商通常以较低的价格、更快的速度提供多种产品和服务，帮助公司减少寻找货物的时间和费用。

电子分销商是电子市场的常见例子。电子分销商是由提供数字化产品目录的第三方拥有和运营的市场。例如，电子分销商可以提供包含各种硬件和软件产品的目录，以便组织中的网络管理员可以一次性订购组建网络所需的所有设备和应用程序，而不必从许多不同的供应商处购买组件。电子分销商提供的另一个常见服务是维护、维修和运营（maintenance，repair and operations，MRO）服务；公司可以购买一个 MRO 包，其中可以包括来自不同供应商的服务，由电子分销商将它们协调到一个 MRO 包中供客户使用。这种打包是水平市场的一个例子，它集中于协调涉及多个供应商的业务流程或功能。电子分销商通常以较低的价格、更快的速度提供多种产品和服务，帮助公司减少寻找货物的时间和费用。

正如第 8 章中所述，第三方交易平台可以将纵向及横向市场上的买卖双方聚集在一起。买家可以收集产品信息和卖家信息，卖家也可以接触到更多潜在买家。第三方交易平台包括 PowerSource Online（www. powersourceonline. com）和 Farms. com（www. farms. com）。

在线拍卖

当市场上没有固定价格时，拍卖有助于确定产品和服务的价格。**在线拍卖**（online auction）是一个简单而具有革命性的商业概念。通过使用互联网，它将传统拍卖带给了全球各地的客户，使其能够比传统拍卖销售更多的产品和服务。它基于第 8 章讨论的代理人业务模型，将买卖双方聚集在虚拟市场中。通常，主持拍卖的组织收取交易服务费用。在线拍卖对于销售积压库存尤其具有成本效益。一些公司使用**反向拍卖**（reverse auction），邀请卖家提交产品和服务的价格。换句话说，反向拍卖就是有一个买方和多个卖方（一对多关系）。买方可以选择以最低价格提供服务或产品的卖方。

协同规划、预测和补给

协同规划、预测和补给（collaborative planning，forecasting and replenishment，CPFR）通过 POS 数据共享和联合计划协调供应链成员（见图 11－2）。换言之，通过 POS 系统收集的任何数据都能与供应链的所有成员共享，这对于协调生产、制订库存需求计划非常有用。CPFR 的目标是提高运营效率、强化库存管理。例如，通过在供应链成员之间信息共享的结构化流程，零售商可以将自己的客户需求或销售预测与制造商的订单预测进行比较。如果预测之间存在差异，成员可以协同决定要订购的正确数量。阻碍供应链绩效提升的一个主要障碍是，企业对客户的需求知之甚少，这可能会导致零售商和制造商的销售损失和库存积压。CPFR 具有降低所有供应链成员的推销成本、库存成本和物流成本的优势。

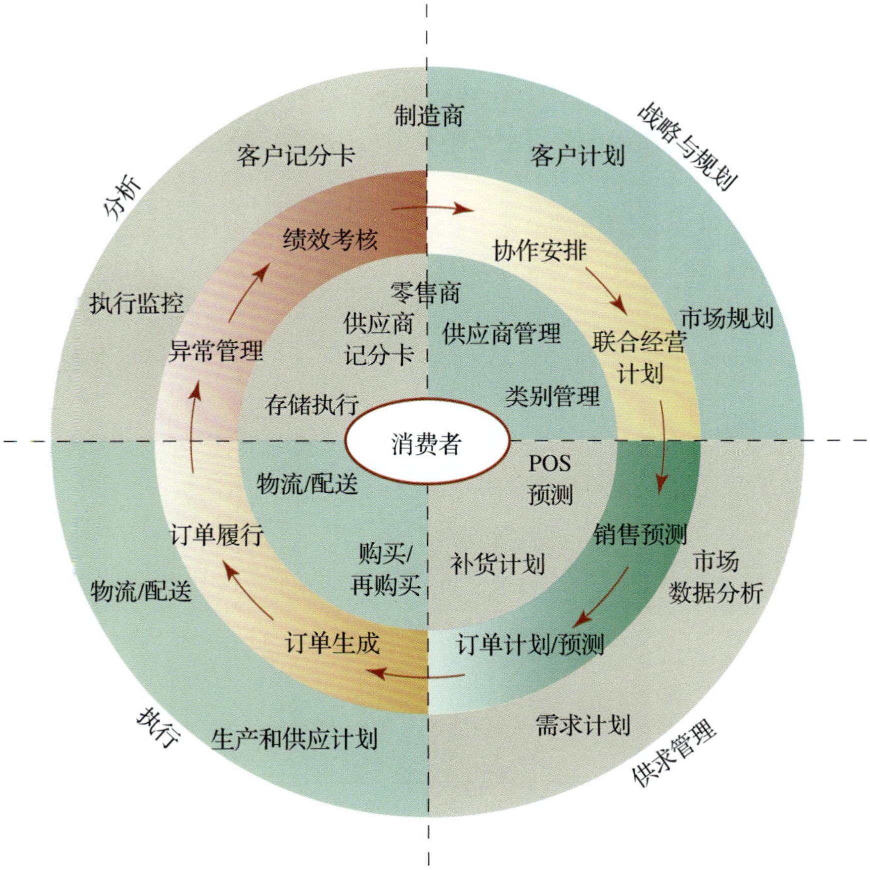

图 11－2　CPFR 的流程

协调供应链具有较大的难度。为了理解其中的问题，我们回顾一下第 10 章中讲到的 ABC 家具公司的例子。ABC 家具公司从新英格兰木材公司购买木材，从佛蒙特五金公司购买硬件（螺母、螺栓等）。ABC 家具公司还利用一个经销商 FDC（家具经销公司）将最终产品发送给零售商。因此，ABC 家具公司的供应链包括新英格兰木材公司和佛蒙特五金公司，即供应链的“上游”侧，以及 FDC、零售商和终端客户，即供应链的“下游”侧。

在这个供应链中，唯一知道到底售出了多少件家具以及库存中有多少件家具的合作伙伴是零售商，如果没有适当的协议，大多数零售商（下游企业）不会与供应链上的其他合作伙伴共享这些信息。经销商 FDC 只知道零售商订购多少件来补充库存，这并不表示确切的销售数量。因此，FDC 根据对零售商订单的预测向 ABC 家具公司下订单。ABC 家具公司不知道 FDC 有多少库存，只知道 FDC 已经下了多少订单。因此，根据经销商的预测，ABC 家具公司从新英格兰木材公司和佛蒙特五金公司订购供应品。

如果零售商得到的产品超过其销售或库存量，它会将产品返还给 FDC，FDC 会吸纳部分成本。接着，FDC 又将一些产品送回 ABC 家具公司，ABC 家具公司则吸纳了这些成本。ABC 家具公司现在库存中的产品太多，必须放慢生产速度。然而，ABC 家具公司却不能将木材退回给新英格兰的木材供应商，所以它最终支付了运送额外原材料的库存费用。因此，ABC 家具公司在供应链中的成本将最高，而零售商的成本则最低。

CPFR 确保库存和销售数据在整个供应链中共享，因此每个人都知道确切的销售和库存水平。该流程的协作部分是所有供应链合作伙伴之间的协议，其中规定了如何共享数据、如何解决积压问题以及如何确保每个合作伙伴的成本共享或最小化。该协议通过向零售商提供更好的折扣来鼓励它们与分销商、制造商共享重要数据。零售商也被激励着销售更多产品，以使自己对制造商，即 ABC 家具公司，有更大的影响力，因为销售 ABC 家具公司的产品越多，它们的利润就越好。

即使达成了协议，无法预见的问题也会突然出现，因此为这些“例外”情况制订计划很重要。处理无法预见的问题称为“异常管理”，在此过程中获得的经验教训可用于制订未来的规划。

电子数据交换（EDI）使业务合作伙伴能够发送和接收有关业务事务的信息。

电子市场是一种第三方交换（B2B 商业模式），它为买卖双方提供了交易平台，达成他们之间的相互交流，并通过网络更有效地进行交易。

通过使用互联网，**在线拍卖**将传统拍卖带给了全球各地的客户，使其能够比传统拍卖销售更多的产品和服务。

反向拍卖邀请卖家提交产品和服务的价格。换句话说，反向拍卖就有一个买方和多个卖方（一对多关系）。买方可以选择以最低价格提供产品或服务的卖方。

协同规划、预测和补给用于通过销售点数据共享和联合规划来协调供应链成员。

协同规划、预测和补给（CPFR）通过 POS 数据共享和联合计划协调供应链成员。

11-2 客户关系管理

客户关系管理（customer relationship management，CRM）系统由公司用来跟踪和管理其与客户的联系的流程组成。CRM 系统的主要目标是改进客户服务，并根据与客户的联系信息进行有针对性的营销。企业知道，保持和维护现有客户的成本低于吸引新客户，有效的 CRM 系统对于实现这一目标很有用。

CRM 系统中的营销策略关注的是与客户的长期关系，而不是交易。

CRM 系统中的营销策略关注的是与客户的长期关系，而不是交易。这些策略包括确定客户细分，改进产品和服务以满足客户的需求，提高客户保留率，以及确定公司最赚钱（和最忠诚）的客户。为了充分利用这些策略，CRM 系统帮助组织更好地利用数据、信息和知识来了解客户。

CRM 系统为销售人员和客户服务代表获取关于客户的交易信息，以便他们能够更有效地执行他们的工作。这些信息可以包括客户的偏好、背景、收入、性别和教育程度。[3]

CRM 不仅仅是跟踪和管理与客户的联系，它还为组织提供了更完整的客户画像。CRM 系统拥有对客户数据进行复杂分析的工具，如第 3 章讨论的数据仓库和数据挖掘工具。使用这些工具，组织可以将人口统计数据与其他外部数据、客户交易数据集成在一起，从而更好地理解客户行为。基于此分析，组织可以更好地将产品定位于客户并解决客户的问题，从而提高客户满意度和保留率。此外，组织可以根据客户对组织的价值对其进行分类，并对其进行相应的管理。

向顾客提供带有折扣的积分卡的商店就是在 CRM 系统中使用交易数据的一个例子。知道一个顾客前一周买了 4 加仑牛奶并不能给杂货店提供太多信息，但是有了积分卡，商店就可以跟踪特定顾客的各种信息。例如，当客户申请积分卡时，可以要求他们提供人口统计信息，如姓名、年龄、婚姻状况和地址。因此，商店可以知道“詹姆斯·史密斯，35 岁，已婚，居住地的邮政编码为 11223，上周买了 4 加仑牛奶”，而不是“49 号顾客上周买了 4 加仑牛奶”。有了这些信息，这家商店就可以假定詹姆斯·史密斯有小孩（或者他显然不是乳糖不耐症患者！）。此外，如果史密斯在同一周没有购买谷类食品，商店可以假设他从另一家商店购买谷类食品（因为购买了那么多牛奶，并且假设他有年幼的孩子，那么他的孩子很可能正在吃谷类食品）。因此，商店决定把麦片打折券寄给史密斯。这种作法被称为“交叉销售”——让客户购买额外的产品。这家商店可能还会给史密斯寄一些优惠券，让他买一种更贵的牛奶，希望他的家人会决定更喜欢哪个牌子，这种作法被称为“追加销售”。

组织还可以向外部机构购买关于潜在客户的额外数据。这些数据可能是公共的，也可能是半私人的，比如他们是否拥有自己的房子、房子的价值以及他们估计的抵押贷款或租金，这为组织提供了更多信息以便进行顾客行为分析。

使用 CRM 系统，一个组织可以进行以下工作[4]：

- 提供满足客户需求的服务和产品。
- 通过多种渠道（传统渠道和互联网渠道）提供更好的客户服务。
- 增加产品的交叉销售和追加销售，增加对现有客户群体的销售收入。
- 通过提供客户背景数据，帮助销售人员更快地完成交易。
- 保留现有客户，吸引新客户。

本书中讨论的几个用于改进客户服务的 IT 工具，例如，电子邮件、互联网、Web 门户和自动化呼叫中心，在 CRM 系统中都发挥了重要作用。电子商务网站使用电子邮件来确认购买的商品、确认运输安排并发送关于新产品和服务的通知。门户网站和外联网（如 FedEx. com）允许客户发起任务，比如检查发货状态和提出取件申请。数据库系统、数据仓库和数据挖掘工具可以有效地跟踪和分析客户的购买模式，从而帮助企业满足客户的需求。这些信息可以同时用来生成预测分析，组织可以使用这些预测分析来规划新产品和服务。大数据和物联网的出现可能会开辟接触客户的新渠道，以便增加收入，改善客户服务。

CRM 系统包括以下活动：

- 销售自动化；
- 订单处理；
- 营销自动化；
- 客户支持；
- 知识管理；
- 个性化技术。

这些由 CRM 软件执行的活动将在下面进行更详细的讨论，而下面的小贴士则介绍了 CRM 系统的实际应用。

小贴士

现实中的 CRM

时代华纳有线电视公司采用美国 Salesforce 软件公司的 CRM 系统来分析业务数据，提高预测的准确性，提高问题解决能力，并监控销售及业务活动。该系统的重要功能包括显示关键业务变量分析的仪表板、信息钻探工具、供员工和客户使用的基于 Web 的知识库，以及供销售人员使用的 Web 通信日志等。总体而言，该系统使生产力提高了 10%，并缩短了业务流程的执行时间，比如将完成调查的时间从 7 天减少到 2 天。[5]

客户关系管理（CRM）系统由公司用来跟踪和管理其与客户的联系的流程组成。它改进客户服务，并根据与客户的联系信息进行有针对性的营销。

11－2a CRM 应用

通常，实现 CRM 应用程序有两种方法：内部 CRM 或基于 Web 的 CRM。已建立 IT 基础设施的组织通常选择内部 CRM，它的实现与其他 IT 系统相似。使用基于 Web 的 CRM 与 Web 托管服务类似，公司无须在自己的计算机上运行应用程序，而是通过 Web 接口访问应用程序，付费使用 CRM 软件即服务（SaaS），并由 SaaS 供应商负责处理技术问题。（SaaS 在第 14 章详细介绍。）可选择的 CRM 系统软件有：

Amdocs 公司的 CRM（www. amdocs. com/About/Pages/default. aspx）；
奥铁马科技的 ExSellence（www. optima-tech. com）；
Infor 公司的 CRM（www. infor. com/solutions/crm）；
SAP 公司的 CRM（http://help. sap. com/CRM）；
甲骨文公司的 CRM（www. oracle. com/us/solutions /crm/overview/index/html）；

虽然这些套装软件的功能各不相同，但它们都具备以下功能：

- 销售自动化——协助控制库存、处理订单、跟踪客户互动、分析销售预测和业绩，协助收集、存储和管理销售联系人和销售线索。
- eCRM 或基于 Web 的 CRM——允许基于 Web 的客户交互，用于自动发送电子邮件、通话记录管理、网站分析和活动管理。公司使用活动管理来定制营销活动，例如为南加州的客户或 18～35 岁年龄段的客户设计一个营销活动。
- 调查管理——自动进行电子调查、民意调查和问卷调查，收集客户偏好信息。
- 客户服务自动化——用于管理呼叫中心和帮助台，有时可以自动回答客户的查询。

11－2b 个性化技术

个性化（personalization）是指通过设计满足顾客偏好的产品和服务，更好地满足顾客需求，建立顾客关系，增加利润的过程。它不仅涉及顾客的需求，还涉及顾客与公司之间的互动。用户可能熟悉根据自己的兴趣和偏好定制内容的站点。例如，亚马逊根据用户过去的浏览和购买习惯，推荐用户可能喜欢的产品。

定制与个性化略有不同，它允许客户修改标准产品，比如每次打开 Web 浏览器时选择要显示的不同主页。

定制（customization）与个性化略有不同，它允许客户修改标准产品，比如每次打开 Web 浏览器时选择要显示的不同主页。另一个例子是，在雅虎注册之后，用户可以通过选择首页的布局、内容和颜色自定义开始页面。定制的例子在零售行业中也可以找到许多，比如在金泰迪工作室（Build-A-Bear），孩子们可以设计自己的泰迪熊；耐克公司可以通过选择款式和颜色来制作自己的鞋子。[5]

由于个性化和定制帮助公司满足客户的偏好和需求，客户通常会体验到一个更高效的购物过程，因此，他们不太可能为了获得类似的产品或服务而转向竞争对手。然而，使用个性化需要收集大量关于客户偏好和购物模式的信息，有些客户对长时间回答关于他们偏好的调查感到不耐烦。此外，收集这些信息可能会影响客户的隐私感。例如，药店的顾客可能会担心药店有他们的处方历史，这些信息可能被滥用，甚至影响他们的保险范围。为了缓解这些担忧，公司应该在其网站上明确列出隐私政策，说明个人信息是如何收集和使用的。

亚马逊以使用个性化向客户推荐产品而闻名。读者可能很熟悉"购买此商品的客户也同时购买"这句话，然后是一个建议列表。亚马逊的推荐系统由一个庞大的数据库和一个推荐算法组成，数据库中包含了顾客以前的购买记录。当客户登录亚马逊时，推荐系统首先检查客户的购买历史和类似客户的购买历史。利用此信息，根据客户的购物历史和具有类似购物历史的客户的购物选择，显示出推荐产品列表。此外，亚马逊还为客户提供了对推荐进行评级的机会。顾客购买的商品越多，推荐率越高，推荐就越适合顾客。[7]

许多其他公司也使用个性化技术来改善客户服务。例如，如果从诺德斯特龙网站（Nordstrom. com）上购买一套西装，该网站可能会推荐与该西装搭配的鞋子或领带，或者同类的西装。如果用户从苹果 iTunes 上购买一首歌曲，它会为这样的听众建议其他歌曲。谷歌还为账户持有人提供个性化服务，用户可以得到个性化的搜索结果，并根据他们的搜索历史进行重新排序。谷歌产品经理阿夫尼·沙阿（Avni Shah）解释说，如果用户在他或她的搜索历史中有"飞钓"，然后在"bass"上搜索，那么更多的权重将被赋予指向关于鱼的网页，而不是指向关于乐器的网页的搜索结果。谷歌还具有书签功能，用户可以保存有用的搜索结果供以后使用。不像雅虎的 MyWeb 保存网页的文本，谷歌的这个功能只是保存网页的链接。[8]

实现系统个性化需要一些 IT 工具，包括互联网、数据库、针对数据仓库/数据集市的数据挖掘工具、移动网络和协作过滤。**协同过滤**（collaborative filtering，CF）使用来自多个数据源和业务伙伴的输入信息，搜索特定的信息和模式。它根据共同的兴趣区分人群，并根据群体成员购买或未购买的东西推荐产品或服务。CF 对于单个产品类别的推荐非常有效，如书籍、计算机等。CF 的一个缺点是它需要大量的用户样本和购买历史数据才能很好地工作。此外，它对于跨类别推荐（例如预测喜欢某张 CD 的客户也会喜欢某台特定的计算机）是没有用的。[9]

协同过滤还可以根据用户的相似度对其偏好和兴趣进行自动预测。例如，如果一个用户对多部电影进行评分，CF 将其添加到包含其他用户评分的数据库中，系统则可以预测该用户对他（或她）未评价的电影的评分。大家可能已经在奈飞电影公司网站（Netflix. com）上看到过这个功能，该网站上会显示出用户有可能喜欢的其他电影列表。最近，奈飞公司向赢得一项竞赛的某团队支付了 100 万美元，该团队提出了提高奈飞推荐系统的准确性的最佳算法。其他使用 CF 系统来改善客户服务的网站包括亚马逊、巴诺书店和 Half. com。下面的小贴士解释了亚马逊如何使用个性化技术来提高其市场的效率和效能。

小贴士

亚马逊个人助手在卖方市场的应用

亚马逊是最早使用数据挖掘工具和个性化技术来实现根据客户购买习惯为客户定制产品和服务的公司之一。自 2009 年以来，该公司还一直在使用其个性化技术，帮助在全球各地的亚马逊市场上提供产品和服务的第三方卖家。Amazon Marketplace 成立于 2000 年 11 月。它允许卖家使用亚马逊的基础设施，在亚马逊自营产品旁边展示新品或二手产品。今天，亚马逊在 10 个国家拥有超过 200 万的卖家，服务于全球超过 2 亿的客户。

亚马逊使用其个性化技术为所有卖家提供基于预测数据驱动的产品推荐功能。个性化技术帮助这些卖家全面管理其库存，包括运送多少货品、运送什么以及如何将产品扩展到新市场或新地区。换季库存管理和节假日产品供应是具有挑战性的任务。亚马逊使用其自有的客户数据以及社交媒体上的可用数据来做出这些推荐。最近，亚马逊开始向卖家推荐可以在国外销售的产品。[10]

个性化是指通过设计满足顾客偏好的产品和服务，更好地满足顾客需求，建立顾客关系，增加利润的过程。

定制允许客户修改标准产品，比如每次打开 Web 浏览器时选择要显示的不同主页。

协同过滤（CF）使用来自多个数据源和业务伙伴的输入信息，搜索特定的信息和模式。它根据共同的兴趣区分人群，并根据群体成员购买或未购买的东西推荐产品或服务。

11-3 知识管理

知识管理（knowledge management，KM）是一种技术，其目的是通过识别、存储和传播“专有技术”（关于如何执行任务的真实情况）来改进 CRM 系统，以及许多其他系统。专有技术可以是显性知识（正式的、书面的知识），也可以是隐性知识（个人的或非正式的知识）。知识是一种资产，应该在整个组织中共享，以生成业务智能，使组织在市场中保持竞争优势。因此，知识管理应当利用组织学习、组织文化和最佳实践的概念，将隐性知识转化为显性知识，在组织中创造知识共享文化，消除知识共享的障碍。在这方面，知识管理与信息管理有许多共同的目标，但范围更广，因为信息管理往往只关注明确的知识。

知识不仅仅是信息和数据，它还与上下文有关。显性知识，比如“如何完成销售”，可以在数据库中获取并共享。专业的销售人员可以记录他们是如何成功地完成销售的，这些记录可以用来培训新销售人员或那些正在努力完成销售的人。隐性知识却并不容易被获取。一个人从经验中获得的知识可能会因其所处的环境不同而有所不同。通常，收集这些信息的最佳方式是交互式的问询，例如询问员工关于他或她是如何处理某个问题的。由于交互是管理隐性知识的关键部分，知识管理系统必须鼓励开放的沟通和思想的交流，通常通过电子邮件、即时消息、公司内部维基、视频会议以及 WebEx 或 GoToMeeting 等工具来创建虚拟的交流学习环境。

通过存储从专家那里获取的知识，可以创建一个知识库供员工在需要时参考，最常见的例子是创建典型客户投诉和解决方案的知识库。戴尔计算机使用了这种类型的知识库，当客户打电话询问他们的计算机存在的问题时，解决问题的步骤就会被记录下来，并且易于被访问，从而缩短了响应时间。

知识库也可以用于新品设计。公司可以存储过去类似产品的设计经验、测试中所犯的错误等，以帮助加快交付进程，避免犯相同的错误。知识库的这种应用在软件类产品和服务设计中非常有用。

> 知识管理系统可以跟踪员工与其他同事的知识共享交互的频率，并跟踪由此带来的绩效改进。

员工可能不愿意分享他们的专业知识，因为一旦其他人都知道自己所知道的，那么员工对组织的自身价值就会降低。为了激励他们分享知识，必须提供奖励。知识管理系统可以跟踪员工与其他同事的知识共享交互的频率，并跟踪由此带来的绩效改进。利用这些信息对分享隐性知识的员工进行奖励。对于显性知识的分享，例如，员工对公司内部 Wiki 的贡献频率，也可以建立系统进行奖励。

简单的知识管理系统包括群件的使用（在第 12 章中讨论），例如使用 IBM Lotus Notes 或 Microsoft SharePoint Server，在组织中创建、管理和分发文档。这些文档包括以前讨论过的信息类型，例如客户服务代表提供的服务程序概要或过去的设计工作报告。其他工具和技术还包括 DBMS、数据挖掘工具和决策支持系统（在第 12 章中讨论）。知识管理在 CRM 系统的成功中扮演着关键角色，因为它帮助企业使用其知识资产来提高客户服务和生产力，降低成本，并增加收入。知识管理系统应该帮助组织完成以下一项或多项工作[11]：

- 鼓励自由交流思想，促进创新。
- 通过缩短响应时间改善客户服务。
- 通过缩短产品和服务的交付时间来增加收入。
- 通过奖励员工的知识，提高员工保留率。

由于知识、知识管理和知识管理系统的重要性，一些组织设立了首席知识执行官（CKO）的职位。这个人负责监督组织内的知识管理，确保关键知识资源在关键决策者中得到适当的收集、存储和传播，并确保组织从知识资源（包括员工、流程和知识产权）中获利。最后，CKO 致力于最大化与知识管理、知识管理系统和流程相关的投资回报率（ROI）。

下面的小贴士介绍了知识管理在古德温·普罗克特（Goodwin Procter）律师事务所中的应用。

小贴士

现实中的知识管理

古德温·普罗克特是一家大型律师事务所，如今面临着一个大问题。该公司有 8 个办事处以及 850 名律师和员工，每年向客户开出的账单高达 6.11 亿美元，但该公司花了太多时间整理文件和从不同来源获取信息。它需要一个系统来管理 2TB 的数据、60 000 个案例和近 1 000 万个文档。该公司使用 Microsoft SharePoint 开发了一个名为“Matter Page System”的知识管理系统，律师可以通过这个系统访问业务数据和客户信息。有了这个平台，8 个办事处的律师可以互相分享他们的工作。在使用这个系统之前，由于必须搜索多个文件和文件系统，他们通常花费数小时回答客户的问题。新系统使他们能够在处理案件时分享过去的经验。[12]

知识管理（KM）利用组织学习、组织文化和最佳实践的概念，将隐性知识转化为显性知识，在组织中创造知识共享文化，消除知识共享的障碍。

11-4 企业资源计划系统

企业资源计划系统（enterprise resource planning，ERP）是一个集成的系统，它收集和处理数据，管理和协调整个组织中的资源、信息和业务职能。一个典型的 ERP 系统有很多组成部分，包括硬件、软件、流程和来自所有功能模块的输入。为了集成整个组织的信息，大多数 ERP 系统使用通用的数据库来存储各种功能的数据（见图 11－3）。表 11－1 总结了这些组件的功能。

图 11－3　ERP 的组件构成

表 11－1　ERP 系统组件的功能总结

组件	功能
通用数据库	收集和分析其他职能部门需要的内外部相关数据和信息
库存管理	提供库存状况和库存预测
供应链	提供关于供应商、制造商、分销商和客户等供应链成员的信息
生产制造	提供有关生产成本和定价的信息
人力资源	提供求职者评估、员工安排与分配、预测未来人员需求等信息
客户关系管理	提供关于客户及其需求和偏好的信息
采购	提供与采购功能相关的信息，包括电子采购
会计	跟踪财务信息，如预算分配、负债及信贷
供应商整合	为供应商集成信息，例如提供关于产品定价、规格型号、适用范围等数据的自动下载功能
电子商务	提供与订单状态相关的 B2C 信息，以及与供应商和业务伙伴相关的 B2B 信息
销售	提供有关销售和市场的信息

精心设计的 ERP 系统具有以下作用：

- 增加集成信息的可用性和及时性；
- 提高数据精度，缩短响应时间；
- 提高客户满意度；
- 提高员工满意度；
- 改进计划和调度；
- 改善供应商关系；
- 提高信息的可靠性；
- 降低库存成本；
- 降低劳动力成本；
- 减少从订货到交货的时间。

除了以上优点，ERP 系统也有缺点，例如成本高、安装困难、需要广泛的培训以及与原有系统的兼容等问题。下面的小贴士总结了纳吉集团（Naghi Group）是如何从 ERP 系统中获得运营效率提升的。

小贴士

ERP 提高纳吉集团的效率

纳吉集团总部位于沙特阿拉伯的吉达，经营着几家公司，为整个中东地区提供广泛的产品和服务。遗憾的是，该公司的原有软件无法与其使用的分销软件、制造软件进行通信和集成。由于缺乏集成，纳吉集团每个月都要花费很多时间协调来自不同来源的数据，然后生成关键的财务管理报告。集团需要一个 ERP 系统来整合其主要业务职能领域，包括财务、销售和供应链管理。集团还需要监测库存状况和采购活动。解决方案就是使用 ERP 软件，具体地说，就是由 VAI（Vormittag Associates Inc.）公司发布的 S2K 分布式套件。现在，公司的管理人员可以查看财务数据，跟踪库存状况，并实时分析客户的购买活动。ERP 系统简化了操作，改善了客户服务，还有助于做出更及时的商业决策。[13]

大多数 ERP 系统都是以模块的形式提供的，因此一个组织可以只购买它需要的组件，在以后需要时再添加其他组件。组件模块化是 ERP 系统得以成功的一个主要因素，因为这样可以降低成本。目前，有 SAP、Oracle、赛捷和微软等 40 多家供应商，提供各种功能的 ERP 软件。如果组织决定使用全功能的 ERP 系统，那么可以使用第 10 章中介绍的系统开发生命周期（SDLC）方法，自行开发。

企业资源计划（ERP）系统是一个集成的系统，它收集和处理数据，管理和协调整个组织中的资源、信息和业务职能。

本章的“行业链接”重点介绍了企业系统的领导者：Salesforce. com。

行业链接

Salesforce. com[14]

Salesforce. com 是 CRM 服务的领导者，能够提供根据企业需求进行定制的应用程序。其产品和服务包括：

CRM 应用程序：CRM 的云平台和 CRM 的云基础设施等产品用于销售自动化、销售管理和联系人管理。

销售分析：销售云使管理层能够发现完成交易最多的销售人员，以及完成任务所需的时间。定制仪表板提供对实时信息的即时访问，允许监视销售、营销、服务和其他业务的关键因素，并从各种数据源中生成综合分析。

聊天工具（Chatter）：与销售云协同工作的社交网络和协作应用程序。Salesforce 的所有用户都可以免费访问聊天工具。与脸谱页面类似，聊天工具为了实现团队的项目协作，支持共享信息和文档，同时为了实现隐私控制，信息只显示给适当的团队成员。

服务与支持：服务云提供客户端口、呼叫中心和知识库。有了这些特征信息，用户可以分析谁在请求支持以及回复需要多长时间、检查员工的表现、确定哪些客户代表处理了大多数客户询问。

营销自动化：包括谷歌 Adwords、活动管理、营销分析和营销仪表板。用户可以跟踪从销售开始到销售完成全过程中多渠道的活动。

应用程序开发工具（Force. com Builder）：允许开发人员创建可集成到 Salesforce. com 上的附加应用程序，并实现由 Salesforce. com 托管。

接口平台（Salesforce1）：这个平台为客户提供了接口，并为移动设备、云端设备和社交网站提供了平台。

数据分析工具（Wave）：一种分析工具，旨在使决策者更容易地探索数据，获得新的见解，并从多种设备上快速采取行动。

回顾与讨论

1. 什么是企业系统？
2. 在制造企业的 SCM 系统中，通信发生在三个主要领域之间，这些领域是什么？
3. 什么是电子市场？
4. 协同规划、预测和补给（CPFR）系统的功能是什么？
5. CRM 系统的三个活动是什么？
6. 知识管理系统的功能是什么？
7. 什么是协同过滤？
8. 通用数据库在 ERP 系统中有哪些功能？

专题研究

1. 联邦快递的 SenseAware 为改善供应链网络的物流部分提供了关键信息。阅读本章及其他资料后，写一篇单页论文，说明本系统的主要功能。目前哪些信息技术正在被使用？

2. 阅读本章及其他资料后，写一篇单页论文，列出已经实现了供应链网络的两家公司（除了本书中提到的公司之外）。这些系统实现了什么功能？SCM 是如何提高利润的？

3. 阅读本章及其他资料后，写一篇单页论文，描述首席知识官（CKO）和首席技术官（CTO）的工作职责。这两份工作有什么不同？

4. 阅读本章及其他资料后，写一篇两页的论文，描述国内供应链和国际供应链之间的差异。为什么国际供应链管理更具挑战性？

5. 除了谷歌、奈飞和亚马逊之外，找到两家使用个性化技术的公司。个性化技术如何帮助它们实现盈利？实施这些系统的挑战有哪些？

6. 大多数专家认为，ERP 系统有很多优点，但也有缺点，如成本高、安装困难、需要广泛的培训以及与原有系统的兼容性问题。阅读本章及其他资料后，写一篇两页的论文，介绍一些减少这些缺点的方法。

牛刀小试

1. 电子数据交换（EDI）使业务伙伴能够发送和接收有关业务事务的信息。对或错？

2. 电子分销商提供多种产品和服务的快速交付，通常价格较低，并且帮助公司减少了搜索商品的时间和费用。对或错？

3. 提高数据精度和缩短响应时间是 ERP 系统的缺点之一。对或错？

4. 下列哪项不是 SCM 技术？

a. EDI　　b. 电子市场

c. 在线拍卖　　d. EDP

5. 以下哪些活动不包括在 CRM 系统中？

a. CPRF 自动化　　b. 销售自动化

c. 订单处理　　d. 营销自动化

6. 设计良好的 ERP 系统不能实现下列哪项任务？

a. 增加整合资料的可用性和及时性　　b. 改进计划和调度

c. 降低实施成本　　d. 提高数据精度，缩短响应时间

个案讨论 11－1

美国约翰斯·霍普金斯学院的 ERP 系统

马里兰州最大的私营机构——约翰斯·霍普金斯学院（Johns Hopkins Institutions，JHI）在约翰斯·霍普金斯医疗卫生系统、约翰斯·霍普金斯大学以及其他几家医院和机构中拥有 4.5 万多名全职员工。为了提高数据和报告的质量，JHI 决定使用集中的 ERP 系统，而不是多个没有完全集成的独立业务系统。使用独立的业务系统，很难全面了解 JHI 的运营和绩效。

约翰斯·霍普金斯学院在实施 ERP 系统时面临了技术难题。为了克服这些难题，约翰斯·霍普金斯学院选择了由毕博管理咨询公司（BearingPoint）实施的 SAP 系统，使用 IBM Power 570 服务器作为硬件平台。约翰斯·霍普金斯学院还决定使用服务器集群来提高系统的容错性，并安装了一个高性能的存储区域网络（SAN）。ERP 系统目前为整个组织提供集中收集信息的方法。[15]

回答以下问题：

1. 约翰斯·霍普金斯学院使用 ERP 系统的主要原因是什么？

2. 约翰斯·霍普金斯学院采用的 ERP 系统如何帮助组织解决技术难题？

3. 约翰斯·霍普金斯学院的 ERP 系统实现了什么功能？

个案讨论 11－2

墨式烧烤公司的 CRM 系统

1993 年墨式烧烤公司（Chipotle Mexican Grill）开设了第一家分店，到 2014 年公司已经有 1 600 多家分店。它的竞争对手都在餐饮业发展最快的“快速休闲”领域。优质的客户服务是公司使命的重要组成部分，也是公司成功的关键。[16]

为了跟上增长的步伐，并与客户保持联系，公司在其 CRM 系统中使用了 Salesforce 的服务云。CRM 允许连锁餐厅管理顾客的反馈。公司从顾客那里收到各种各样的询问、反馈和建议，如新餐馆的位置、食品配料、特定门店的服务质量等。消费者在社交媒体上留下的正面和负面反馈也越来越多。CRM 系统帮助公司管理所有这些。

CRM 系统为公司提供商业洞察，帮助公司及时回答特定的询问、解决社交媒体上提出的问题。客户服务经理 Shannon Kyllo 说：“Salesforce 让我们对客户有了更深入的了解，这样我们就能更好地满足他们的需求，个性化他们在我们餐厅的体验。”该系统还帮助公司发现趋势，在问题形成的过程中做出反应，比如为什么来自特定地区的客户如此积极。是因为地区经理的出色工作吗？或者，如果某些商店的顾客对原料持否定态度，是因为供应商的问题吗？CRM 系统帮助连锁店看到趋势并据此采取行动。[17]

回答以下问题：

1. 墨式烧烤公司的第一家店是什么时候开设的？
2. 墨式烧烤公司部署了 Salesforce 的哪个平台？
3. 墨式烧烤公司从它的顾客那里得到了什么类型的询问？
4. 墨式烧烤公司 CRM 系统的主要目标是什么？

12

管理支持系统

本章学习目标：

12-1 描述一般组织中决策过程的阶段以及所做决策的类型

12-2 描述决策支持系统

12-3 说明高管信息系统在决策中的重要性

12-4 描述群体支持系统，包括群件和电子会议系统

12-5 概述地理信息系统的用途

12-6 描述管理支持系统的设计指南

本章首先总结了组织决策过程的各个阶段以及决策的类型；接下来，介绍了决策支持系统（DSS）的概念、组成和功能，并分析了DSS如何在组织中发挥作用；此外，解释了决策过程中使用的其他管理支持系统：高管信息系统（EIS）、群体支持系统（GSS）和地理信息系统（GIS）；最后概述了设计管理支持系统的指南。

12-1 组织中的决策类型

在一般的组织中，决策分为以下几类：

- **结构化决策**（structured decisions）——又称可程序化任务，此类决策存在可以明确定义的标准化操作过程，所以决策过程可以自动执行。例如，保存记录、计算工资、简单的库存问题属于结构化任务。信息技术是进行结构化决策的主要支持工具。
- **半结构化决策**（semistructured decisions）——指决策过程不能完全用标准化来定义，但问题中包含某些结构化部分，这些部分可以通过信息检索、分析模型和信息系统等技术进行标准化的定义和解决。例如，要编制预算首先需要计算每个部门的可用资金比例，这就是该决策的一个结构化部分，其他部分如销售预测、预算编制、资本获取分析、计算机配置等则是编制预算中的非结构化部分。
- **非结构化决策**（unstructured decisions）——通常是一次性决策，没有与之相关的标准操作程序。决策者的直觉对此类问题起着重要作用，因为信息技术对这些决策提供的支持很少。涉及非结构化决策的领域包括研发、招聘和解雇，以及引入新产品。

半结构化和非结构化决策具有挑战性，因为它们涉及多个标准，而且通常用户必须在相互冲突的目标之间进行选择。例如，一个经理可能想给员工加薪以鼓舞士气并以此增加员工的保留率，但公司会要求他降低

生产的总成本。而这两个目标至少在短期内是冲突的。将来人工智能（在第 13 章中讨论）可能有助于处理定性决策问题，即半结构化问题和非结构化问题。图 12－1 列举了不同组织级别（运营、战术和战略）中各种类型的具体决策问题。

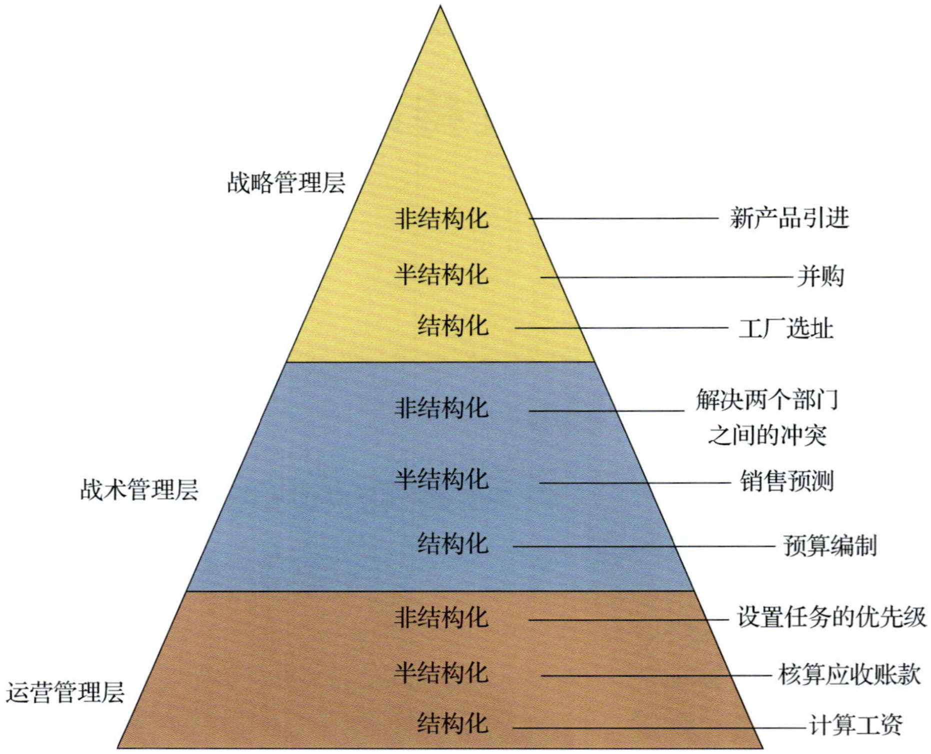

图 12－1　**组织层次与决策类型**

> 半结构化和非结构化决策具有挑战性，因为它们涉及多个标准，而且通常用户必须在相互冲突的目标之间进行选择。

目前系统供应商已经开发了不同类型的信息系统，以实现由信息系统辅助解决不同层次、不同类型的决策问题。这些系统被统称为**管理支持系统**（management support systems，MSS），每类系统都有特定的目标和作用，下面分别进行描述。

> **结构化决策**又称可程序化任务，此类决策存在可以明确定义的标准化操作过程，所以决策过程可以自动执行。
>
> **半结构化决策**包括可以通过信息检索、分析模型和信息系统等技术解决的结构化部分。
>
> **非结构化决策**通常是一次性决策，没有与之相关的标准操作程序。
>
> **管理支持系统（MSS）**实现由信息系统辅助解决不同层次、不同类型的决策问题。每类系统都有特定的目标和作用。

12－1a　决策过程的阶段

1978 年诺贝尔经济学奖获得者赫伯特·西蒙（Herbert Simon）定义了决策过程的三个阶段：情报阶段、

设计阶段和选择阶段。还应该添加第四个阶段：实施阶段。下面分别解释这些阶段。

情报阶段

在**情报阶段**（intelligence phase），决策者（例如，营销经理）检查组织环境是否具备了决策需要的条件、从多种途径（组织内部和外部）收集并处理数据，并且从这些信息中发现解决问题的方法。这个阶段由三部分组成：首先，确定现实，确定实际发生了什么，以便帮助定义问题。其次，了解问题，通过收集数据和信息，更好地了解这个问题。最后，收集解决问题的各种方案所需的数据和信息。

例如，一家公司注意到过去 6 个月的总销售额有所下降。为了查明问题的原因，公司可以从客户、市场和竞争对手方面收集数据。通过对数据的处理，分析并提出可能的补救措施。信息技术，特别是数据库管理系统，可以帮助做出分析。此外，许多第三方供应商，如尼尔森（Nielsen）和道琼斯（Dow Jones），专门收集有关市场、竞争和经济总体状况的数据。这些信息可以对情报阶段提供支持。

设计阶段

设计阶段（design phase）的目标是定义决策的标准，形成满足决策标准的备选方案，并定义决策标准和备选方案之间的关联。标准是决策者为了达到一定的绩效水平而制定的目标。例如，前一个例子中解决"销售下降"问题的标准可能就是增加销售。为了使标准更加具体，可以将其表述为"在接下来的 3 个月内每月增加 3%的销售额"。接下来，可以生成以下备选方案：

- 向目标市场加派更多销售人员；
- 重新培训和激励现有销售人员；
- 重新分配现有销售人员；
- 改造产品以适应消费者不断变化的品味和需求；
- 开展新的广告活动；
- 将现有广告重新分配给其他媒体。

定义备选方案和决策标准之间的关联需要解释每个备选方案对决策标准的影响。例如，增加销售人员如何增加销售额？要实现 3%的销售额增长，需要增加多少销售人员？一般来说，信息技术并不能很好地支持这一阶段的决策，但是本章后面讨论的群体支持系统和电子会议系统会很有用。专家系统（见第 13 章）也有助于产生备选方案。

选择阶段

选择阶段（choice phase）通常不复杂。该阶段从备选方案中选择最佳和最有效的行动方案。首先分析每一种方案及其与决策标准的关系，以确定其是否可行。例如，每增加一个销售人员，销售额预期增加多少？这一结果会带来经济效益吗？经过彻底的分析后，选择阶段为决策者推荐最佳方案并结束决策。对于"销售下降"问题，组织决定使用第一种备选方案，向目标市场加派更多销售人员。决策支持系统（DSS）在这一阶段非常有用。决策支持系统将在本章后面讨论，这些系统有助于对备选方案进行排序，以便为组织选择最佳方案。通常，DSS 包括计算成本效益比等的工具。例如，假设一个组织正在决定从三个运输系统中选择哪一个将其产品运送到零售店。决策支持系统可以评估成本因素，并确定哪个运输系统能使成本最小和利润最大。一般来说，信息技术在情报阶段和选择阶段比在设计阶段更有用。

实施阶段

在**实施阶段**（implementation phase），组织为选择阶段选定的解决方案制订实施计划，并获得所需资源。换句话说，这一阶段将决策思想转化为行动。信息技术，特别是决策支持系统（DSS），在这一阶段也很有用。DSS 还可以对解决方案的执行情况进行后续评估。在前面选择运输系统的示例中，DSS 可能会发现解决方案的性能不如预期，并提出另外的备选方案。

在**情报阶段**，决策者检查组织环境是否具备了决策需要的条件、从多种途径（组织内部和外部）收集并处理数据，并且从这些信息中发现解决问题的方法。

设计阶段的目标是定义决策的标准，形成满足标准的备选方案，并定义决策标准和备选方案之间的关联。

在**选择阶段**，选择最佳和最有效的行动方案。

在**实施阶段**，组织为选择阶段选定的解决方案制订实施计划，并获得所需资源。

12-2 决策支持系统

在本书中，**决策支持系统**（decision support system，DSS）是一个由硬件、软件、数据和模型（数学模型和统计模型）组成的交互式信息系统，旨在帮助组织中的决策者制定科学决策。侧重于解决半结构化和非结构化的决策问题。决策支持系统应满足以下要求：

- 互动；
- 综合考虑硬件因素、软件因素以及人的因素；
- 使用内部及外部数据；
- 系统中包括数学模型和统计模型；
- 支持组织内所有组织级别的决策者；
- 主要完成半结构化和非结构化的决策任务。

决策支持系统（DSS）是一个由硬件、软件、数据和模型（数学模型和统计模型）组成的交互式信息系统，旨在帮助组织中的决策者制定科学决策。它的三个主要组件是数据库、模型库和用户界面。

12-2a 决策支持系统的构成

如图 12-2 所示，DSS 包括三个主要组件：数据库、模型库和用户界面。此外，第四个组件是 DSS 引擎，负责管理和协调这些主要组件。数据库由内部数据和外部数据组成，数据库管理系统（DBMS）用于创建、修改和维护数据库。此组件使 DSS 能够执行数据分析操作。

模型库（model base）包括数学模型和统计模型，这些模型和数据库一起支持 DSS 分析信息。模型库管理系统（MBMS）与 DBMS 类似，负责执行访问、维护和更新模型库中模型的任务。例如，MBMS 中的假设分析（What-if）工具支持预测模型测算，并报告随着某些因素的变化，观测值的变化情况。

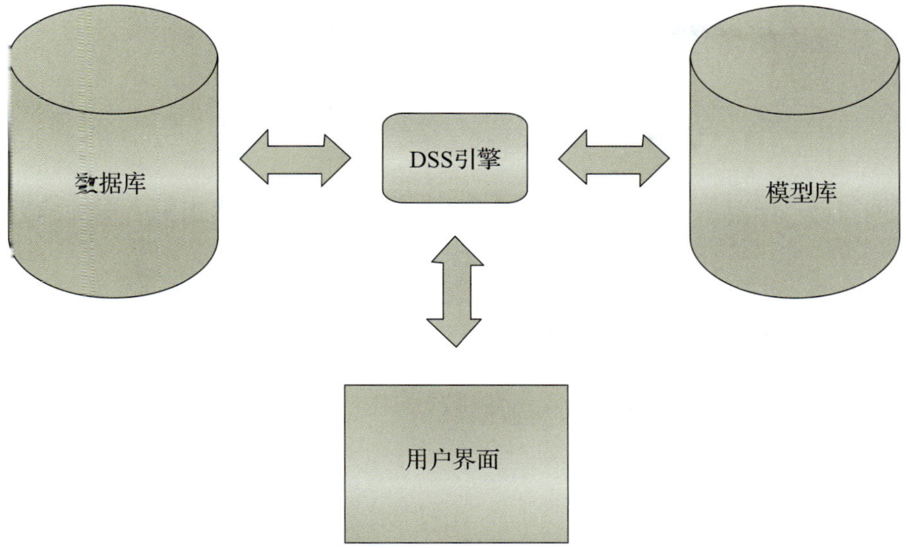

图 12－2　DSS 的构成

最后，用户界面组件是用户访问 DSS 的途径，例如通过交互方式，查询数据库或模型库，以帮助做出决策。从终端用户的角度来看，用户界面是决策支持系统中最重要的部分，必须尽可能灵活和友好。由于大多数决策支持系统的用户都是高级管理人员，很少接受计算机培训，因此在这些系统中，界面友好性至关重要。[2]

由于大多数决策支持系统的用户都是高级管理人员，很少接受计算机培训，因此在这些系统中，界面友好性至关重要。

模型库包括数学模型和统计模型，这些模型和数据库一起支持 DSS 分析信息。

12－2b　DSS 的性能

决策支持系统通过实现以下功能来支持决策：

● 假设（what-if）分析——用于分析单个或多个变量的变化对决策结果的影响，回答了诸如“如果劳动力成本增加 4%，产品的最终成本将受到何种影响”“如果广告预算增加 2%，对总销售额有什么影响”的问题。

● 单变量求解——这与假设分析相反。它询问为了实现一个特定的目标必须做些什么，例如，“每个产品收取多少费用才能产生 20 万美元的利润”，或者“为单个产品做多少广告才能将总销售额增加到 5 000 万美元”。

● 敏感性分析——使决策者能够测算变量的不同值对决策的影响。例如，确定“在保证盈利的前提下，原材料价格的最大值是多少”，或者“在能按时为 10 万美元的房屋支付 700 美元月供的前提下，必须达到的最低利润率是多少”。

● 异常报告分析——监控数值超出规定范围的变量，例如，“总销售额最高的地区的分析”或“超出预算值最多的生产中心的分析”。

典型的决策支持系统具有更多功能，如图形分析、预测、仿真、统计分析和建模分析等。

12－2c　DSS 环境中的角色

要设计、实现和使用 DSS，需要涉及多个群体或角色，其中包括用户、管理设计师、技术设计师和模型构建师。[3]

用户是最重要的角色，因为他们是 DSS 的使用者，系统成功与否取决于是否很好地满足了用户的需求。除了个体用户之外，用户还包括部门或组织单位。

管理设计师（managerial designer）在设计和使用决策支持系统的过程中定义管理问题。这些问题不涉及系统的技术方面，只与管理层的目标和需要有关。管理设计师指定需要什么数据、需要什么模型、如何使用这些模型，并指明用户希望如何查看结果（图形、文本等）。管理设计师处理以下问题：

- 应收集哪些类型的数据，从哪些来源收集数据？
- 收集多长时间以来的数据？
- 应如何组织数据？
- 应如何更新数据？
- 汇总数据（合计总额）和分类数据（分项清单）之间的差额应为多少？

技术设计师（technical designer）关注如何实现 DSS，通常解决以下问题：

- 数据应如何存储（集中式、分散式或分布式）？
- 应该使用哪种类型的文件结构（顺序、随机或索引）？
- 应该使用哪种类型的用户访问？菜单驱动（比如 QBE）还是命令行驱动（比如 SQL）？
- 需要什么级别的时间响应？
- 应安装何种安全措施？

技术设计师可以是计算机专家或组织外部的顾问，可以使用商业 DSS 套件，也可以自行编写代码来开发 DSS 系统。

模型构建师（model builder）是用户和设计人员之间的联络人。例如，起初，在设计阶段，模型构建师会向管理设计师或技术设计师解释用户的需求。稍后，在实现阶段，他会向用户解释回归分析的输出，描述模型的基础假设、优势和局限。模型构建师负责提供有关模型所做的工作、所接受的输入数据、应该如何解释模型的输出以及在创建和使用模型时采用的假设信息。通常，管理设计师确定 DSS 应该做什么，技术设计师负责 DSS 的实现，模型构建师确定 DSS 的规范。同时，模型构建师还负责对 DSS 的新需求和新应用提出建议。

> **管理设计师**在设计和使用决策支持系统的过程中定义管理问题。这些问题不涉及系统的技术方面，只与管理层的目标和需要有关。
>
> **技术设计师**关注如何实现 DSS，通常解决有关数据存储、文件结构、用户访问、响应时间和安全措施的问题。
>
> **模型构建师**是用户和设计人员之间的联络人。负责提供有关模型所做的工作、所接受的输入数据、应该如何解释模型的输出以及在创建和使用模型时采用的假设信息。

12－2d　DSS 的成本与收益

有些决策支持系统可以从组织已有的资源中进行开发，这可以降低成本，但许多决策支持系统需要新的硬件和软件。在进行这项投资之前，组织应该权衡使用决策支持系统的成本和收益。然而，成本和收益很难评估，因为 DSS 的重点是效能而不是效率。此外，决策支持系统有助于改进决策的结果，但改进并不是必然的。例如，如何界定促进了沟通或加快了解决问题的速度的货币价值？

麻省理工学院（MIT）前教授彼得·G. 基恩（Peter G. Keen）对企业如何使用决策支持系统进行了一项有趣的研究，得出的结论是：决定构建 DSS 更多是基于价值而不是成本。他将决策支持系统的好处总结如下[4]：

- 可以扩大待查备选方案的数量；
- 对意外情况快速做出反应；
- 具有做出独特决策的能力；
- 提供新的见解和知识；
- 改善沟通；
- 改进对运营的控制，例如控制生产成本；
- 能够在短时间内做出更好的决策并分析多个场景（What-if），从而节约成本；
- 提出更好的决策；
- 促进更有效的团队合作；
- 节省时间；
- 更好地利用数据资源。

正如这项研究所表明的那样，大多数收益是无形的，难以评估。尽管进行计算的人不同，量化方式可能会有所不同，但系统总是可以实现一定程度的量化。例如，管理者需要花费 2 小时才能找到 DSS 可以立即提供的信息，可以通过测量管理者花费的时间长度来量化所节省时间的价值。当然，可能还会进一步发现，一个不必浪费这么多时间的管理者挫折感更少，效率更高。这些情况的量化很难，至少需要投入更多的工作，比如进行实地测试或实地调查。

例如，管理者需要花费 2 小时才能找到 DSS 可以立即提供的信息，可以通过测量管理者花费的时间长度来量化所节省时间的价值。

改善管理层和员工之间的沟通和互动的好处也许是最难以量化的，但却是最重要的。[5]决策支持系统可以而且正在改进决策者如何看待自己、如何看待他们的工作以及如何评价他们花费时间的方式。因此，改善沟通和加速学习是决策支持系统的主要目标之一。[6,7]

据说，如果员工发现决策支持系统对他们的工作有用，那么它就已经实现了目标。例如，证券投资经理会发现，使用财务决策支持系统在不同情景下分析各种变量（如利率和经济预测值）是很有用的，而且可以通过系统快速、轻松地尝试各个变量的不同值，以确定哪个变量对投资结果的影响最大，并确定哪个投资组合的利润最高。此外，一些决策支持系统节省了办公成本，另一些则改善了决策过程。下面的小贴士描述了美国折扣零售巨头美元树超市（Family Dollar）的 DSS 应用情况。

小贴士

美元树超市的决策支持系统

总部位于北卡罗来纳州夏洛特的美元树超市是一家零售连锁店，在 45 个州拥有 7 000 多家门店。其门店设计允许顾客快速进出。大约五年前，该公司注意到同店销售额增长放缓，营业利润率下降。公司面临的挑战是：如何根据全国各地的客户偏好定制产品。该公司需要一个决策支持系统来确保每家商店都有顾客想要的商品，并确保顾客成为回头客，从而增加销售额。为此，美元树超市采用了 SAS 的集成商品规划平台。该系统为整个企业和本地商店提供优化、规划和分析，并帮助公司减少库存、增加库存周转率。使用该系统，公司高管现在可以向下钻取，以确定哪家商店销售的品牌 A 多于品牌 B；高管甚至可以确切地知道哪个品牌的哪些商品最畅销。商品解决方案部门副总裁乔迪·克罗齐（Jody Crozier）表示，该系统“允许我们以一种快速可行的方式分析数据”。[8]

12-3 高管信息系统

高管信息系统（executive information systems，EIS）是决策支持系统的一个分支，是一种交互式信息系统，方便高层管理者访问组织内外部数据，通常包括“下钻”功能（在第 3 章中解释过）以及用于检查和分析信息的数字仪表板。[尽管有些专家认为高管支持系统（executive support systems，ESS）和高管管理系统（executive management systems，EMS）与高管信息系统（EIS）是有区别的，但本书认为它们都属于 EIS。]

易用性对 EIS 的成功起着重要作用。因为大多数 EIS 用户不是计算机专家，所以系统的简单性是至关重要的，设计人员在开发用户界面时应该更关注简单性。EIS 通常使用图形用户界面（GUI）技术进行系统设计与开发，并添加多媒体、虚拟现实、语音输入和输出等功能来提高系统的易用性。

EIS 有效使用的另一个重要保障是获取组织内外部数据，以便管理人员能够发现趋势、做出预测和进行不同类型的分析。为了使 EIS 更有价值，还应该收集与组织“关键成功因素”相关的数据，这些因素是决定业务成败的关键因素。例如，在银行，利率是一个关键成功因素；对汽车制造商来说，经销商的位置可能是一个关键成功因素。EIS 应当被设计成能够提供与组织关键成功因素相关的信息。

大多数 EIS 包括一个**数字仪表板**（digital dashboard），它集成了来自多个数据源的信息，并以统一的、易于理解的格式（通常是图表）显示出来。数字仪表板和记分卡提供最新的信息快照，帮助决策者识别趋势、发现潜在问题。许多数字仪表板都是基于 Web 的，例如 Microsoft SharePoint 中包含的仪表板。图表 12-3显示了一个数字仪表板的示例。

以下是 EIS 的一些重要功能[9,10]：

- 定制满足管理层需求的信息；
- 能够提取、压缩、过滤和跟踪关键数据；
- 提供在线状态访问报告、趋势分析报告和异常报告；
- 提供图形、表格和文本格式的信息；
- 提供包括总结和构建数据的统计分析技术；
- 检索多种平台和数据格式的数据；
- 包含定制的应用程序开发工具；
- 支持电子邮件和视频会议等电子通信。

高管信息系统（EIS）是决策支持系统的一个分支，是一种交互式信息系统，方便高层管理者访问组织内外部数据，通常包括“下钻”功能以及用于检查和分析信息的数字仪表板。

数字仪表板集成了来自多个来源的信息，并以统一的、易于理解的格式（通常是图表）显示出来。它提供最新的信息快照，帮助决策者识别趋势，发现潜在问题。

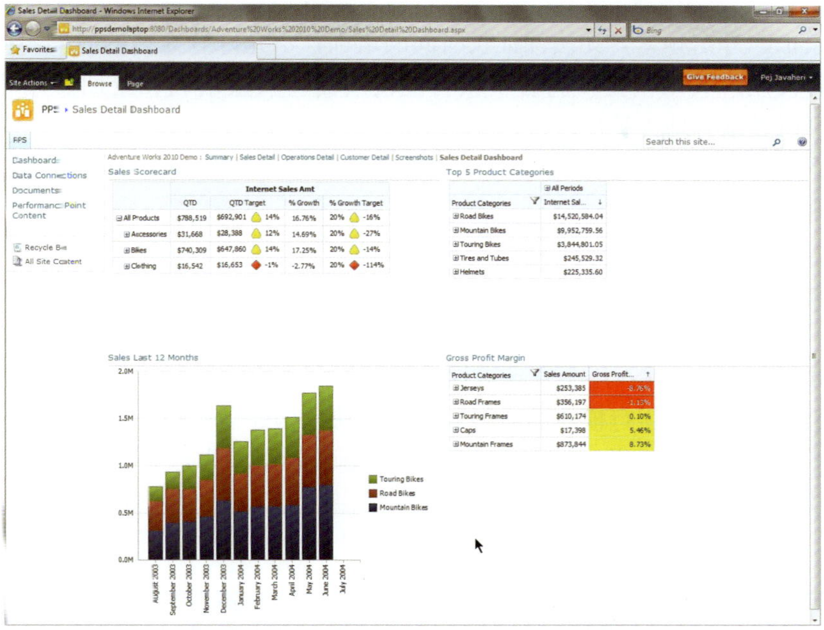

Microsoft product screenshots used with permission from Microsoft Corporation

图 12-3　数字仪表板

12-3a　使用 EIS 的原因

EIS 可以将大量的分析和决策工具放在管理者的指尖，并将辅助管理者做出关键决策的数据用图形表示出来。此外，管理人员可以使用 EIS 更快、更便捷地与其他人共享信息。管理者可以通过以下方式使用这些工具来提高决策的效率和效能：

- 通过提供快速方便的相关信息，提高管理人员的工作效率。
- 将信息转换为其他格式，如条形图或图表，以帮助经理分析不同的业务场景，并查看某些决策对组织的影响。
- 发现趋势并报告例外情况，例如收集工厂盈利能力和生产成本的数据，以确定关闭工厂是否比保持生产更有利。

12-3b　避免 EIS 设计及使用中的故障

与其他管理支持系统一样，有效地设计和实施 EIS 需要高层管理者的支持、用户的参与和正确的技术。以下因素可能导致 EIS 失败[11,12]：

- 企业文化还没有准备好，对项目存在反对意见，或者项目被视为是不重要的。
- 管理层失去兴趣或对项目不尽心尽力。
- 组织的目标和信息需求不能明确定义，或系统不能满足其目标。
- 系统目标与组织成功的关键因素无关。
- 项目成本不合理。
- 开发应用程序耗时太长，或者系统太复杂。
- 供应商支持已停止。
- 现任的一些高管错过了计算机革命，可能会对使用计算机感到不适应。持续的教育和提高计算机意识应该能解决这个问题。

- 行政人员日程繁忙、外出频繁，无法保证长时间的培训，不允许有太多的时间不间断地使用系统，并且经常妨碍 EIS 的日常使用。其结果是，高管不太可能使用需要大量培训和定期使用才能学会的系统。不过，用户友好的界面可以鼓励管理人员更经常地使用 EIS。
- 一些 EIS 不包含高管所需的信息，因为它们对高管的工作内容缺乏了解。设计人员在设计系统之前必须确定系统用户需要哪些类型的信息。

12－3c EIS 套件与工具

EIS 通常设计为两个或三个组件：用于管理数据访问的管理模块、用于开发人员配置数据映射和屏幕排序的构建器模块和用于使用系统的运行模块。有时，管理模块和构建器模块合并为一个模块。一些 EIS 软件包提供数据存储系统，而另一些则简单地将数据打包并传输到数据库中，数据库通常在局域网内。大多数 EIS 包都带有标准的图形用户界面（GUI）。图 12－4 显示了一个 EIS 软件包（SAS Institute 的 BI 系统）的界面。

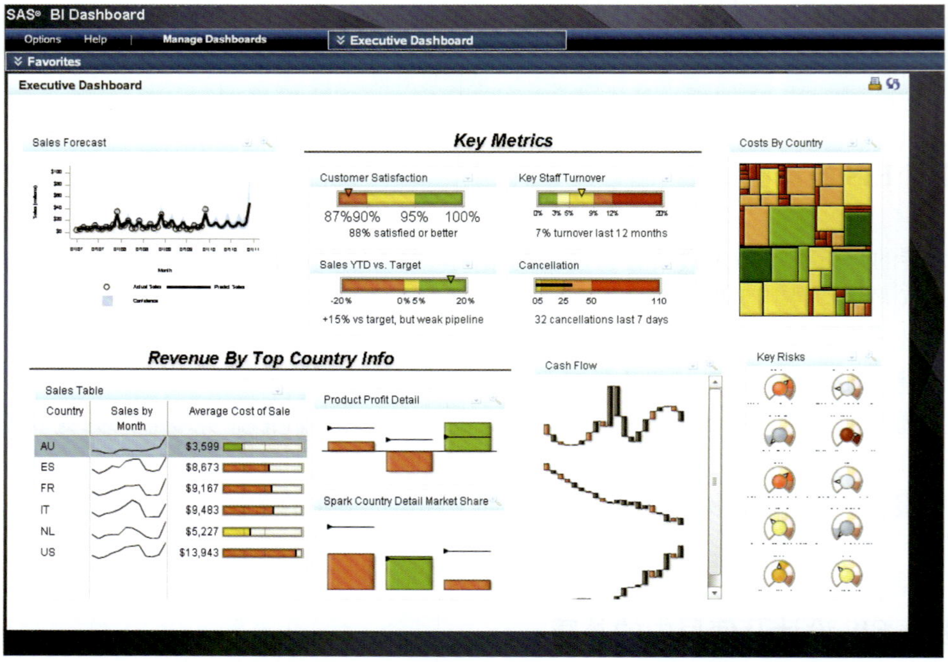

图 12－4　BI 系统界面

通常，管理者利用 EIS 能完成六项有用的任务：业绩跟踪、标记异常、排序、比较、发现趋势和调查/探索。大多数 EIS 套件提供完成这些任务的工具，例如以报表或图表格式显示数据摘要，将屏幕内容排序来生成幻灯片。异常或差异报告是管理者用来标记异常或超出正常边界数据的另一种有用技术。软件可以通过定义异常值和周期性事件来触发视觉提示或激活智能代理来执行特定任务。第 13 章中介绍的智能代理是执行重复任务的“智能”程序，可以根据指定的条件进行决策。目前广泛使用的 EIS 套件有：

SAS Business Intelligence（www.sas.com/technologies/bi）；

Datawatch（www.datawatch.com）；

Cognos PowerPlay（www-01.ibm.com/software/data/cognos/products/series7/powerplay）。

下面的小贴士描述了现代汽车公司的 EIS 应用。

小贴士

韩国现代汽车公司中的 EIS

现代汽车公司（HMC）是世界上最大的汽车制造商之一。它拥有超过 47 000 名员工，在世界各地拥有多家子公司，在首尔、东京、北京、底特律和法兰克福设有制造厂。

现代汽车公司的高管信息系统由 SAS 软件设计，支持并促进整个公司的高层决策。该系统被称为企业信息与管理系统（EIMS），主要由三个部分组成：预警系统、目标导向系统和决策支持系统。预警系统能够提醒高管当前的销售和产量数据，将其与过去的业绩进行比较，并报告所有的偏差。它能让高管注意到那些表现不佳的领域。目标导向系统使管理者了解公司朝着其制定的长期目标所取得的进展。决策支持系统为管理人员提供与决策活动相关的及时、准确的信息。为了提供所需的信息，该系统收集了人力资源数据、国内外销售及生产数据。EIMS 使高层管理者能够以积极的方式而不是被动的方式做出决策。[13]

12-4 群体支持系统

在当今的商业环境中，决策者通常是分组工作的，所以会听到经常使用的术语“组计算”或“协作计算”。各大软件供应商都在竞相进入这个市场，或者在这个快速增长的领域增加它们的市场份额。在这种协作环境中，旨在协助决策者分组工作的**群体支持系统**（group support systems，GSS）有所增加。DSS 通常为某个特定的决策者设计；GSS 为多个决策者共同使用而设计。这些系统使用计算机和通信技术来制定、处理和执行决策方案，可以被视为一种有助于克服群体互动局限性的干预技术。GSS 的干预减少了小组成员之间的沟通障碍，并将秩序和效率引入以往不系统和低效率的工作情况中，如小组会议和头脑风暴会议。GSS 在一位人工推动者的帮助下，通过为小组讨论提供一个明确的焦点，最大限度地减少政治活动并将注意力集中在关键问题上来加强决策。GSS 的成功取决于以下几点：

> GSS 的干预减少了小组成员之间的沟通障碍，并将秩序和效率引入以往不系统和低效率的工作情况中，如小组会议和头脑风暴会议。

- GSS 的水平和成熟度要与团队规模及决策的任务范围相匹配；
- 提供管理支持（特别是 CEO 级别的），保持组织“拥护”使用 GSS 的愿意。

用于群体支持的相关技术，如电子会议系统（electronic meeting systems，EMS）、群件、计算机中介通信（computer-mediated communication，CMC）、计算机支持的协同工作（computer-supported cooperative work，CSCW）和电子协作，由于没有使用决策工具，因此不被视为全功能的 GSS，但它们成本较低，包含有效管理团队的沟通机制和问题解决机制。[14,15]

GSS 对于需要多个决策者投入的委员会、审查小组、董事会会议、特别工作组和决策会议非常有用。它们可以集思广益，用来寻找新工厂的位置、编制新品介绍或广告策划、参与国际竞标，以及其他任务。除了决策支持系统的所有功能外，GSS 还应包括通信功能，以便许多不同地点的决策者能共同参与决策过程。

> **群体支持系统（GSS）** 协助决策者分组工作。这些系统使用计算机和通信技术来制定、处理和执行决策任务，可以被视为一种有助于克服群体互动局限性的干预技术。

12－4a　群件

群件（groupware）的目标是帮助团队沟通、协作和协调他们的活动。它更多地服务于团队合作而不是决策支持。在本书中，群件是通过提供对共享环境和信息的访问来支持决策者的各类应用程序的集合。共享环境可以由电子邮件、备忘录、单个文件甚至整个数据库组成。

群件是帮助一组决策者使用同一个应用程序的软件，无论决策者身处何方。群件工具包括电子邮件、聊天应用程序、视频会议和数据库共享。常见的群件系统有：IBM Lotus Notes、Microsoft SharePoint（请参阅下面的小贴士 Microsoft Office SharePoint Server）和 Novell GroupWise。群件的功能包括：

- 音频和视频会议；
- 自动预约簿；
- 头脑风暴；
- 数据库访问；
- 电子邮件；
- 在线聊天；
- 日程安排；
- 待办事项清单；
- 工作流自动化。

小贴士

Microsoft Office SharePoint Server：新的协同类型

Microsoft Office SharePoint Server 2013 是 Microsoft Office 套件的一部分，用于改进协作、提供内容管理功能、执行业务流程并提供对组织目标至关重要的信息的访问（http://sharepoint.microsoft.com/en-us/pages/default.aspx）。用户可以创建支持内容发布、内容管理、记录管理和商业智能需求的 SharePoint 网站，还可以搜索人员、文档和数据，以及访问和分析大量业务数据。Sharepoint Server 2013 提供了一个单一的集成平台，员工可以在该平台上实现与团队成员的协作、查找组织资源、搜索专家及其信息、管理工作内容和工作流程、使用他们找到的信息做出更好的决策。[16]

第 6 章讨论的局域网、广域网和城域网是群件的网络基础。虽然电子邮件与群件不是一回事，但它提供了群件的主要功能——通过网络传输文本消息。下面的小贴士介绍了群件在医疗行业的应用。

小贴士

群件与医疗 IT

在过去的 25 年里，医院工作人员已经习惯了使用电子健康记录（electronic health records，EHR），但这种技术是以医生为中心设计的，采用客户/服务器模式，并不是很通用。现在，有一种可供替代的 IT 系统，集成和协调医疗团队的每个成员（从医生到患者）所提供的数据。在临床群件（clinical groupware）领域，目前可用的软件产品有：RMD Networks 和 Shared Health。它们是两个基于 Web、可联网和交互式的群件软件，通过更好的沟通和协调来改善医疗保健。临床群件由小组而不是个人使用，患者是该用户组中的重要成员。总体目标是通过收集和分析各种来源的数据和信息，为患者提供统一的数据视图。临床群件还有以下额外的好处[17]：

- 获取和使用的成本低廉；
- 提供循证指导；
- 定期收集质量和性能指标；
- 提供协同工作流程平台。

互联网已经成为群件的重要组成部分。基于 Web 的 GSS 最重要的优点是能够使用开放的网络标准，这意味着 GSS 可以用于任何操作系统或工作站类型。最主要的缺点是速度限制（因为互联网通常比公司的专有网络慢）和安全问题。基于 Web 的 GSS 工具有 Microsoft Office Sharepoint Server 和 IBM Lotus Domino。用于电子协作的另一种软件是电子会议系统，如 Microsoft Live Meeting、Metastorm 和 IBM FileNet。

群件帮助团队沟通、协作和协调他们的活动。它是通过提供对共享环境和信息的访问来支持决策者的各类应用程序的集合。

12-4b 电子会议系统

电子会议系统（electronic meeting system）使处于不同地点的决策者能够参与集体决策过程。电子会议系统有许多类型，但都具备以下功能：

- 实时电脑会议——允许一组人员通过其工作站进行交互并共享文件，如文件和图像。会议通常包括音频链接，但没有视频功能。
- 视频电话会议——最接近面对面的会议，这需要特殊设备，有时还需要经过培训的操作员。摄像机被用来传送现场图片和声音，这使得视频会议比电话会议更有效，但也更昂贵。主要缺点是参与者不能共享文本和图形。
- 桌面会议——结合了视频会议和实时计算机会议的优势。通过桌面会议，参与者可以同时打开多个视频窗口。他们的工作站上还安装了会议接口，因此这些系统更易于员工使用。下面的小贴士介绍了新一代电子会议系统。

小贴士

新一代电子会议系统

越来越多的消费者和商人使用电脑和移动设备进行一对一的视频通话，并且群体视频通话也在增加。这项技术要么免费，要么非常便宜。目前比较流行的选择有：

- 微软的 Skype——提供免费的个人视频通话；集体视频通话每月约需要 10 美元。参加人数最多为 10 人。[18]
- 苹果的 FaceTime——在苹果的 iPhone、iMac、iPad 和 iPod touch 上免费提供。[19]
- 探戈（Tango）视频通话软件——允许在不同设备之间进行视频聊天，包括 Windows 手机、Android 和 iOS 手机、平板电脑和 PC。[20]

- 谷歌的 Hangouts——最多允许 9 人在 Google+上进行视频聊天。[21]
- 来自 ooVoo LLC 的 ooVoo——最多允许 12 名参与者免费进行集体视频聊天。这项服务可以通过 PC、Mac、iPhone 及其他智能手机和平板电脑在互联网上使用。[22]
- Zoom Video Communications 公司的 Zoom. us——最多允许 15 名参与者进行高清群组视频聊天。它可以通过有线和 Wi-Fi 网络连接或者蜂窝式 3G 和 4G 网络进行工作。[23,24]

电子会议系统使处于不同地点的决策者能够参与集体决策过程。

12-4c GSS 的优势与劣势

GSS 的优势包括：

- 由于决策者不必过度旅行（包括支付机票、酒店费和餐费），成本和压力水平都降低了。
- 由于决策者没有长途旅行，他们有更多时间相互交谈和解决问题。
- 在 GSS 会议中，羞怯程度不像面对面会议那样严重。
- 加强合作提高了决策者的有效性。

GSS 的劣势包括：

- 缺乏人与人之间面对面的接触——可能会因丢失手势、握手、眼神交流和其他非语言的暗示，而妨碍会议的有效性。然而，虚拟现实技术的新发展（在第 14 章中讨论）可以解决这个问题。
- 不必要的会议——由于安排 GSS 会议很容易，因此往往安排的会议比必要的多，这会浪费时间和精力。
- 安全问题——GSS 会话与其他数据通信系统具有相同的安全问题，因此可能会有私人组织信息落入未经授权人员的手中。GSS 会话的访问控制和数据传输的严密安全措施至关重要。

12-5 地理信息系统

高管通常需要回答以下问题：

- 为了吸引最多顾客，新店应该设在哪里？
- 新机场位于何处时对环境可能造成的影响最低？
- 送货卡车应选择什么路线来减少驾驶时间？
- 应如何分配执法资源？

一个设计良好的**地理信息系统**（geographic information system，GIS）可以回答这些问题。GIS 捕获、存储、处理和显示地理信息或地理环境中的信息，例如在地图上显示所有城市路灯的位置。GIS 使用空间和非空间数据以及存储复杂地理对象坐标的专门技术，这些技术包括线路网（道路、河流、街道）和报告区（邮政编码、城市、地区、州）。大多数 GIS 也可以将分析结果叠加到地图上。通常，GIS 使用三个层次的地理对象：

- 点——地图上直线的交叉点，如机场或餐厅的位置；
- 线——通常是地图上的一系列点（例如街道或河流）；
- 区域——通常是地图的一部分，例如特定的邮政编码或大型旅游景点。

数字化地图和面向空间的数据库是 GIS 的两个主要组成部分。例如，假设想在俄勒冈州波特兰西南部开一家新店并且想知道有多少人居住在规划地点的步行距离内。使用 GIS，可以从美国地图开始，反复放大，直至到达街道地图级别。然后在地图上标记计划的门店位置，并在其周围画一个圆圈，以表示合理的步行距离。接下来，对圈内每个符合特定条件（如特定收入水平、年龄、婚姻状况等）的美国人口普查数据进行汇总。GIS 可以提供各种信息，使用户能够关注特定的客户。GIS 可以执行以下任务：

> GIS 可以提供各种信息，使用户能够关注特定的客户。

- 将空间属性（如制造厂的平方英尺数）与地图上的点、线和多边形相关联。
- 将地图和数据库数据与查询结合起来，例如查找收入相对较高的老年人口的邮政编码。

GIS 可以支持一些复杂的数据管理操作，例如：

- 显示住在位于 34 街和列克星敦拐角处超级杂货店 5 英里半径范围内的顾客的信息。数据库无法回答此问题，因为它无法确定商店的经纬度坐标，无法以指定位置为中心计算距离，无法识别此圆圈内的所有邮政编码，也无法提取居住在这些邮政编码区域内的客户。
- 显示开车上班及返回路线会经过 34 号街和列克星敦路口的客户的信息。数据库无法处理此查询。在这种情况下，GIS 绘制客户的家和工作地点之间的映射地图，并确定所有可能的路线。然后，它可以缩小客户列表的范围，只选择那些最短路线穿过指定路口的客户。

具有分析能力的 GIS 通过解释空间数据来评估决策的影响。建模工具和统计功能用于预测方案执行后的结果，包括趋势分析和模拟。许多 GIS 提供了多个窗口，便于同时查看映射区域和相关的非空间数据，GIS 可以对点、线和多边形进行颜色编码以表示非空间属性。缩放功能用于实现以不同的详细程度查看地理区域，而地图覆盖对于查看指定区域中的煤气线、公立学校或快餐店等内容非常有用。缓冲功能可以创建突出显示满足特定条件的位置的标位图，例如根据人口密度查找新的商场选址。图 12－5 显示了 GIS 软件的主要供应商环境系统研究所（Environmental Systems Research Institute，ESRI）的输出示例。若要查看不同类型的地图的示例，请访问 www. esri. com。

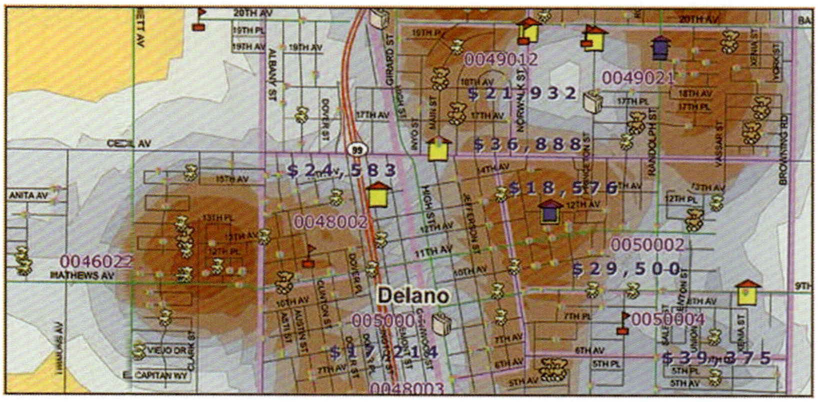

Courtesy of the Community Connection for Child Care

图 12－5 托儿所的位置：一个标位图的例子

从谷歌地图获取驾驶导航是一个已被广泛使用的 GIS 的例子。它是一个交互式地理信息系统，可以识别从起点到终点的路线，在地图上覆盖路线，显示附近地标的位置，并估计距离和驾驶时间。谷歌地图也被当成 DSS 使用，用户可以通过拖动不同的点来更改路线、对备选路线（例如选择小路而不是高速公路）执行假设分析、估计驾驶时间，以帮助用户确定哪条路线最好。谷歌地图有一个友好的用户界面，并实现了路线的可视化，当用户做出决定后，就可以打印驾驶方向和地图。

地理信息系统捕获、存储、处理和显示地理信息或地理环境中的信息，例如在地图上显示所有城市路灯的位置。

12－5a GIS 的应用

GIS 集成和分析各种来源的空间数据。尽管它们主要用于政府和公用事业部门，但越来越多的企业开始使用 GIS，特别是在营销、制造、保险和房地产领域。无论 GIS 属于哪一类，大多数应用程序都要求它能将数据转换为信息、将数据与地图集成并能实现各种不同类型的分析。GIS 的应用可分为以下几类：

- 教育规划——分析人口数据，以改变学区边界或决定在哪里建设新学校。
- 城市规划——跟踪公共交通系统的客流量变化，分析人口统计数据，以确定新的投票区，以及许多其他用途。
- 政府——在预算紧张的情况下，充分利用人员和设备，向犯罪地点、火灾地点派遣人员和设备，并维护系统中的犯罪统计数据。
- 保险——将社区边界、街道地址和邮政编码数据与搜索功能相结合，以查找潜在风险的信息（一些来自联邦和州机构），如自然灾害、自动评级变量和犯罪率指数。[25,26]
- 营销——确定潜在客户最集中的区域，在地理环境中显示销售统计数据，评估人口和生活方式数据以确定新市场，将新产品瞄准特定人群，分析市场份额、人口增长与新店位置的相关性，并根据地理位置评估公司的市场地位。[27,28]例如，百事公司使用 GIS 为必胜客和塔可钟餐厅寻找新店的最佳位置。
- 房地产——综合使用人口普查数据、大量清单文件、抵押贷款信息和买方档案等，查找满足买方偏好和价格范围的房产。GIS 还通过调查整个城市来确定相似社区和平均销售价格，从而帮助确定房屋的销售价格。GIS 可用于评估国家、区域和地方经济趋势，并确定经济趋势与当地房地产需求之间的关系。[29]
- 运输和物流——管理车队，进行交货地址编码，创建用于预测行车时间的街道网络，开发用于安排路线和货物运输的地图。[30]

下面的小贴士讨论了如何使用 GIS 来监测和减少疾病的传播。

小贴士

GIS 用于战胜疾病

全球各地的公共卫生官员和政府机构使用 GIS、人口信息、遥感数据，甚至谷歌地图来帮助抗击禽流感、疟疾、H1N1（猪流感）、SARS 等疾病。通过 GIS，卫生官员可以绘制流行病传播图，并在流行病到达之前确定高危人群地区，这有助于通过追踪传染病的起源来降低死亡率和减少传染病的传播。GIS 在以下任务中也很有用[31,32]：

- 为水传播疾病定位受污染的水源；
- 在地图上绘制确诊和疑似病例；
- 识别现有医疗基础设施；

- 确定人们需要走多远才能到达医疗中心，以及是否有公共交通工具；
- 在病毒爆发期间监测病毒突变及其位置，并协助早期识别受感染的人或动物；
- 确定疾病的地理分布；
- 修订计划和目标；
- 将医护人员、设备和用品运送至偏远地区；
- 找到最近的医疗设施。

12-6 管理支持系统设计指南

在设计任何一个管理支持系统（management support system，MSS）之前，应该明确定义系统的目标，然后遵循第 10 章中讨论的系统开发方法。由于 MSS 的目的与其他信息系统稍有不同，因此设计 MSS 的重要因素如下：

- 来自高层的支持——如果没有高层管理者的全面支持，系统成功的概率很低。
- 明确定义目标和效益——成本总是可以用货币量化的，但效益却是定性的。设计团队应花时间确定所有成本和收益，以便向最高管理层提出令人信服的具体情况。如果利益是无形的，设计团队应该将其与一个可测量的因素联系起来，比如将“改善客户服务”与“增加销售”关联起来。
- 确定高管的信息需求——确定高管正在做出的决策的类型（结构化、半结构化或非结构化）、考察针对各类不同问题的决策过程做出这些决策需要什么类型的信息。
- 保持通信线路畅通——这对于确保关键决策者参与 MSS 的设计非常重要。
- 隐藏系统的复杂性，保持界面简单——在向高管解释系统时避免使用技术术语，因为如果他们认为系统太技术化，他们可能会失去兴趣。例如，高管对平台或软件的选择不感兴趣。他们主要关心的是以最简单的方式获得需要的信息。此外，该系统必须易于管理人员使用，很少或根本不用培训。对大多数管理人员来说，界面就是系统，所以它的易用性是系统成功的关键因素。
- 保持“外观和感觉”的一致性——设计师应在窗口、菜单和对话框中使用标准布局、格式和颜色，以保持一致性和易用性。例如，已经系统地学习了数据库的用户应该能够轻松地切换到报表生成部分，因为界面很熟悉。在 Microsoft Office 中可以看到这一点，它在所有应用程序中都使用类似的功能，如格式化工具栏。例如，熟悉 Word 的用户可以学习如何快速使用 Excel，因为界面很熟悉。
- 设计一个灵活的系统——由于技术和商业环境的快速发展，几乎 MSS 的所有方面，包括用户界面，都会随着时间而变化。一个灵活的 MSS 系统可以很快融入变化。
- 确保快速响应——MSS 设计师必须定期监控系统的响应时间，因为主管很少容忍反应缓慢的系统。此外，当系统功能花费的时间超过几秒时，请确保显示一条消息，说明系统正在处理该请求。使用进度条也有助于减少挫折感。

本章的“行业链接”重点介绍了 SAS 公司提供的软件和服务，SAS 公司是决策支持系统的领导者之一。

行业链接

SAS 公司[33]

SAS 公司成立于 20 世纪 70 年代初，用于分析研究农业数据。最终，它发展成为一个软件供应商，用于进行综合分析，并为各种决策需求提供商业智能信息。SAS 提供的产品和服务包括：

SAS 商业智能（SAS Business Intelligence）：分析过去的数据以预测未来，包括报告、查询、分析、OLAP 和集成分析功能。

数据集成：为组织提供一种灵活、可靠的方式，以降低成本、快速响应数据集成需求。

SAS Analytics：为建模分析提供集成环境，包括数据挖掘、文本挖掘、预测、优化和模拟；为收集、分类、分析和解释数据提供多种技术和程序，以揭示有助于决策的模式和关系。

回顾与讨论

1. 列举非结构化决策的两个例子。
2. 定义 DSS。
3. DSS 模型库的作用是什么？
4. 如何量化 DSS 的无形收益？
5. EIS 失败的两个原因是什么？
6. 群件可以执行的两项任务是什么？
7. 什么是 GIS？
8. 设计一个成功的 MSS 的三点建议是什么？

专题研究

1. 阅读本章及其他资料后，写一篇两页的论文，对比 Microsoft Live Meeting 和 IBM FileNet 这两个领先的电子协作软件应用程序。你会向一家在加州有超过 200 名员工、四个办公地点的公司推荐哪一个软件？推荐的依据是什么？再提出一个能与这两个软件竞争的产品。

2. 阅读本章及其他资料后，写一篇两页的论文，对比 Microsoft Office SharePoint Server 和 IBM Domino。你会向第 1 题中提到的公司推荐哪一个？推荐的依据是什么？再提一个与这两个软件竞争的产品。

3. 阅读本章及其他资料后，写一篇单页论文，介绍 GIS 在保险业中的五个关键应用。这些应用程序如何帮助企业实现盈利？在你居住的城市里，列举三个 GIS 的应用。

4. ESRI（www.esri.com/products）是 GIS 软件的主要供应商之一。列举两个位置分析软件的例子，说明哪些类型的企业将从这种类型的 GIS 中受益最大。Office 的 ESRI 地图有哪些特点？

5. 阅读本章及其他资料后，写一篇单页论文，指出 MSS 在零售业中的五个应用。说明这些应用程序如何帮助企业实现盈利。

6. SAS 商业智能（www.sas.com/technologies/bi）和 Datawatch（www.datawatch.com）是用于设计 EIS 的流行软件包。阅读本章及其他资料后，写一篇两页的论文，确定每个软件包的四个关键功能。哪些类型的企业将从这些套件中受益最大？

牛刀小试

1. 半结构化决策问题中包括可以通过信息检索、分析模型和信息系统技术进行标准化定义和解决的结构化部分。对或错？
2. 在 DSS 环境中，管理设计者定义了设计和使用 DSS 时的管理问题。对或错？
3. 要设计一个成功的管理系统，不需要高层管理人员的支持。对或错？
4. 以下哪项不是一般组织中的决策类型？
   a. 结构化　b. 协作　c. 半结构化　d. 非结构化
5. 一般来说，以下哪项功能不是 EIS 所提供的？
   a. 标记例外情况　b. 业绩跟踪　c. 发现趋势　d. 取消决策
6. 以下哪些不是群件的功能？
   a. 音频和视频会议　b. 头脑风暴　c. 优化建模　d. 数据库访问

个案讨论 12－1

联合邮包服务公司部署路线优化带来巨大回报

联合邮包服务公司（UPS）使用的 UPS ORION（道路集成优化和导航）系统减少了付费里程，降低了燃油消耗，为增强客户服务奠定了基础。该系统不仅降低了总体成本，而且是朝着可持续发展迈出了一大步。2013 年底，根据 UPS 的数据，ORION 系统优化了 10 000 条配送路线，节省了 150 万加仑燃油。因此，二氧化碳的排放量减少了 14 000 吨。ORION 系统综合了超过 2.5 亿个地址数据点、在线地图数据和优化算法，以找到最佳的取货和送货路线。

自 2008 年以来，该系统的数据是利用安装在运货卡车上的 GPS 和远程信息处理技术收集的。2008 年至 2011 年间，ORION 系统的一个原型被部署在 11 个站点上。为了挑战这个系统并进一步改进算法，UPS 邀请了最有经验的司机来尝试“击败这个系统”。公司的司机提姆·安（Tim Ahn）说：“我得到的选择实际上是我以前从来没有想到过的。这是一种让我更有效率的新思路。”公司计划在 2017 年底前在其 55 000 条美国路线上完成这项技术的部署，之后将进行全球部署。[34]

回答以下问题：

1. ORION 系统代表什么？
2. UPS 使用 ORION 系统的三个优点是什么？
3. ORION 系统的三个主要组成部分是什么？
4. ORION 系统将在什么时候部署到美国所有 UPS 的路线上？

个案讨论 12-2

GPS 技术与分析打击犯罪

由于预算削减，新泽西州卡姆登市削减了为 7.5 万居民服务的一半警力。据联邦调查局称，2011 年卡姆登市是美国最危险的城市之一。

一种称为实时战术信息中心（Real Time Tactical Information Center）的 MSS 项目，耗资 450 万美元，正在显著降低卡姆登市的犯罪率。该系统结合了枪击监控摄像头、巡洋舰 GPS 技术和分析技术，为警队提供实时信息。借助该系统，暴力犯罪和非暴力犯罪分别减少了 30%和 38%，持枪严重袭击下降了 61%。

卡姆登市警察局长斯科特 • J. 汤姆森（Scott J. Thomson）说，该系统已经将卡姆登市的 911 响应时间从全国平均 9 分钟缩短到 90 秒。该系统通过自动将最近的两名警员派往犯罪现场，替代了警察调度员；他们的警车实现了 GPS 定位。

该系统还包括位于城市周围的 120 个摄像头，平均每 1.5 秒向巡逻车的电脑屏幕发送更新信息。这些信息使警员能够随时看到哪里发生了紧急情况。警车还可以拍摄车牌，并通过联邦调查局的国家犯罪信息中心对车辆进行即时监控。该系统能够跟踪全市警察的行动，并提醒他们是否在每个地点花费了足够的时间。[35]

回答以下问题：

1. 卡姆登市实时战术信息中心的三个主要组成部分是什么？
2. 三种类型的罪案各减少了多少？
3. 卡姆登市的系统如何将 911 响应时间从全国范围内的 9 分钟缩短到 90 秒？
4. 这座城市周围 120 个摄像头的作用是什么？

13

智能信息系统

本章学习目标：

13－1　定义人工智能并解释人工智能技术如何支持决策

13－2　描述专家系统及其应用与组成

13－3　描述基于典型事例的推理

13－4　总结智能代理的类型及其使用方法

13－5　描述模糊逻辑及其应用

13－6　解释人工神经网络

13－7　描述遗传算法的使用

13－8　解释自然语言处理过程及其优缺点

13－9　总结将人工智能技术集成到决策支持系统的优势

13－10　解释上下文计算。

本章从人工智能（AI）开始，介绍了智能信息系统的多种应用。本章讨论了人工智能技术在制定决策中的应用方式，并概述了机器人（最早的人工智能应用之一）所使用的技术；接下来，讨论了专家系统及其组成和使用方法；讨论了 AI 的另外两种应用——基于典型事例的推理和智能代理；讨论了模糊逻辑、人工神经网络、遗传算法、自然语言处理系统，讨论了将人工智能技术集成到决策支持系统中的优势；最后，概述了上下文计算。

13－1　什么是人工智能

人工智能（artificial intelligence，AI）由相关的多种技术组成，这些技术试图模拟和再现人类的思维行为，包括思考、言语、感觉和推理。人工智能技术将计算机应用于需要知识、感知、推理、理解和认知能力的领域。[1]要实现这些功能，计算机必须能够做以下工作：

- 理解常识（参见下面的小贴士）；
- 理解事实并处理定性数据；
- 处理异常数据和不连续数据；
- 理解事实之间的关系；
- 用人类的语言与用户交流；
- 基于已学习的内容处理新情况。

信息系统负责获取、存储、检索及处理数据，而人工智能技术则负责生成并显示知识与事实。正如读者所了解的，在信息系统领域，程序员和系统分析师设计的系统通过提供及时、相关、准确和集成的信息来帮助决策者。而在人工智能领域，知识工程师则试图发现“经验法则”，使计算机能够执行通常由人类处理的任务。人工智能领域所使用的规则是由来自数学、心理学、经济学、人类学、医学、工程学和物理学等领域的不同专家组制定的。人工智能包含本章讨论的多个相关技术，包括机器人、专家系统、模糊逻辑系统、智能代理、人工神经网络、遗传算法和自然语言处理。

信息系统负责获取、存储、检索及处理数据，而人工智能技术则负责生成并显示知识与事实。

小贴士

计算机对常识的理解

所谓常识是人类认为理所当然的事情。例如，我们知道海洋里有鱼，森林里有树和灌木丛，人们需要吃东西。我们还知道，当你向上扔一个球时，它就会掉下来。对计算机来说，理解这些简单的东西是一个挑战，而这种情况正在改变。

在卡内基梅隆大学，一台名为“永不停息的图像学习者”（Never Ending Image Learner）的电脑每天 24 小时运行，通过网络查找和分析图像，以建立一个能够识别这些图像之间关联的视觉数据库。网络上有数十亿不同类型的图片，仅脸谱就拥有超过 2 000 亿张图片。[2]

自 2013 年 7 月启动以来，“永无休止的图像学习者”已经分析了 300 多万幅图像，在 50 万幅图像和 1 200 幅场景中识别出 1 500 种物体。结果，计算机通过将这些物体关联起来，形成了 2 500 种联想。例如，它知道建筑物是垂直的而不是侧卧着的、大多数汽车都有四个轮子。随着分析图像数量的增加，计算机将学到更多并产生更多的联系。这个项目的有趣之处在于，研究人员使计算机能够在没有人类干预的情况下自学常识。[3]

虽然这些应用程序和技术可能还不能提供真正的人类智能，但它们肯定比传统的信息系统更智能。多年来，为了缩小人工智能和人类智能之间的差距，这些系统的能力不断提高。下面讨论在决策过程中使用人工智能技术的概率。

人工智能（AI）由相关的多种技术组成，这些技术试图模拟和再现人类的思维行为，包括思考、言语、感觉和推理。人工智能技术将计算机应用于需要知识、感知、推理、理解和认知能力的领域。

13－1a　AI 技术支持决策

就像大家所熟知的，决策过程的许多阶段可以用信息技术来支持。人工智能技术的最新发展预示着决策支持的新领域。表 13－1 列出了人工智能相关技术在不同组织中的一些应用。[4,5,6]

决策者在下列类型的决策分析中使用信息技术[7]：

- What-is——这是交易处理系统和管理信息系统中常用的分析。例如，如果输入客户账号，系统将显示客户的当前余额。然而，这些系统缺乏报告实时信息或预测未来可能会发生什么的能力。例如，会计信息系统生成的报告显示的是上一财政季度业绩，是由过去的事件组成的，因此决策者无法对这些过去的信息做太多处理。

表 13-1 AI 技术的应用

领域	组织	应用
能源	美国大西洋里奇菲尔德公司（Arco）和天纳克石油公司（Tenneco）	使用神经网络帮助确定石油和天然气的储量
政府	国税局	使用识别软件审核纳税申报单，鉴别欺诈行为
人力服务	加利福尼亚州默塞德县	使用专家系统决定申请人是否应该获得福利待遇
营销	《明镜》周刊	使用神经网络从大量买家中确定最有可能的买家
电信	英国电信集团	使用启发式搜索为 20 000 多名工程师提供工作计划调度
交通运输	美国航空公司	使用专家系统安排飞机日常维护
库存/预测	现代汽车公司	使用神经网络和专家系统，使交货时间缩短 20%，库存周转率从 3 提高到 3.4
库存/预测	美国《科学引文索引》系统（SCI）	使用神经网络和专家系统，使库存减少 15%，每年节省 1.8 亿美元
库存/预测	雷诺兹铝业公司	使用神经网络和专家系统，使预测误差降低 2%，库存减少 100 万英镑
库存/预测	联合利华	使用神经网络和专家系统，使预测误差从 40%降低到 25%，节省数百万美元

- What-if——该分析运用于决策支持系统。决策者用它来监控一个或多个变量变化的效果，它可以在电子表格程序中使用，如 Microsoft Excel。

除了这些类型的分析，决策者通常还需要回答以下关于信息的问题：为什么使用这些数据？这些信息有什么含义？应该做些什么？应该什么时候做？而人工智能技术可以帮助决策者解决这些问题。

13-1b 机器人技术

机器人（robots）是人工智能最成功的应用之一。大家可能熟悉工厂里使用的机器人，或者在新闻上看到的机器人。它们并不聪明，但它们的进步是稳定的。它们在简单、重复的工作中表现良好，可以用来使工人摆脱乏味或危险的工作。作为计算机集成制造的一部分，机器人目前主要在日本和美国的装配线上使用，同时也用于军事、航空航天和医疗行业，以及提供为员工递送邮件等服务。

工业机器人的成本从 10 万美元到 25 万美元不等，甚至会更高。通常，它们的移动范围是有限的。例如，它们可能只有一个固定的手臂，可以将对象从一个点移动到另一个点。有些机器人的视觉有限，但只要物体与其他事物相隔离，机器人就可以实现对该物体的定位和拾取。机器人的操作是由一个计算机程序控制的，该程序包括诸如何时走、走多远、朝哪个方向走或向哪边转向、何时抓住物体以及施加多大的压力等命令。用于控制机器人的编程语言包括可变汇编语言（VAL）、函数式机器人（FROB）和制造语言（AML）。这些语言通常是专有的，这意味着它们只供特定的个别机器人制造商使用。

本田制造的阿西莫（Advanced Step in Innovative Mobility，ASIMO，http://world.honda.com/ASIMO）是最先进、最受欢迎的机器人之一。本田的智能技术使 ASIMO 能够与其他机器人进行协调。它可以识别移动的物体、声音、手势、多种环境、面孔和姿势。阿西莫还可以预测迎面而来的人员的移动情况，然后在后退、让出通行权或继续前进之间做出选择。当电量低于一定水平时，它能自动给电池充电。

个人机器人最近引起了很多关注。这些机器人具有有限的机动性、有限的视觉和简单的语音能力。目前，它们大多被用作原型来测试诸如帮助老人、将早餐端上餐桌、做饭、开门、端盘子和递送饮料等服务。例如 Twendy One、Motoman、ApriAttenda Robot 和 PR2。作为当今市场上最成功、最先进的个人机器人之一，PR2 可以在家庭和办公室完成许多普通任务。

与工作场所中的人类相比，机器人具有以下优势：

- 它们不会爱上同事、受到侮辱或请病假；
- 它们始终如一；
- 它们可在对人类有害的环境中使用，如在放射性环境中作业；
- 它们不会暗中监视竞争对手，不会要求加薪，也不会游说延长休息时间。

人工智能相关领域的发展，如专家系统和自然语言处理，将影响机器人工业的未来发展。例如，自然语言处理将使人类与机器人交流变得更容易。下面的小贴士介绍了机器人技术在医疗领域的应用。

小贴士

现实中的医用机器人技术

机器人在医疗领域已经使用了 20 年。它们可用于培训医务人员（医生、牙医和护士），辅助老年患者康复，在某些类型的外科手术中辅助医生减小切口。此外，在训练过程中，它们被用作假人，以模拟患者的疼痛感受。[8]

美国 iRobot 公司研发的机器人 RP-VITA（Remote Presence Virtual + Independent Telemedicine Assistant）身高 5 英尺 4 英寸，体重 140 磅，是第一个获得 FDA 批准用于医院的机器人。[9]

为了让机器人尽可能地像人类，它有像头一样的视频屏幕、像嘴巴一样的麦克风和扬声器、两个像眼睛一样的高清摄像头。它的功能之一是协助医生远程巡视病房。用户可以用平板电脑通过有线或无线网络来控制它，它能够四处移动，而且足够智能，可以避开障碍物。

RP-VITA 不提供医疗建议，也不治疗病人，医生和护士只是用它来与病人交流。它还可以与 In-Touch Health 的云服务一起使用，为医生和护士提供实时的电子病历信息。此外，该机器人还能与耳镜等诊断设备连接，用于检查耳朵内部。另外，它还能做超声波检查。[10]

机器人是人工智能最成功的应用之一。它们在简单、重复的工作中表现良好，可以用来使工人摆脱乏味或危险的工作。

13-2 专家系统

专家系统（expert systems）也是人工智能的一项最成功的技术，从 20 世纪 60 年代就开始出现了，它们模仿人类在特定领域的专业知识，在一个定义明确的领域里解决问题。在本书中，专家系统由模仿人类思维行为的程序组成，这些程序针对人类专家已经成功解决的特定领域。第一个被称为 DENDRAL 的专家系统是 20 世纪 60 年代中期在斯坦福大学开发的，用来确定分子的化学结构。要使专家系统的开发与应用获得成功，它们必须应用于人类专家已经处理过的活动，例如医学、地质学、教育和石油勘探等领域的任务。Port-Blue 是一个专家系统的例子，该系统可以应用于各种金融机构，包括对混业金融机构的检查、外汇风险管理等。COGITO 系统由意大利专家系统开发，用于监控用户在博客、评论区、留言板和基于 Web 的文章中所发表的议论。在搜索引擎中使用 COGITO 系统可以更好地理解用户查询。[11]

决策支持系统通过使用数据、模型和定义良好的算法生成信息，但是专家系统使用启发式数据。启发式数据由常识、经验规则、有根据的猜测和本能判断组成，使用启发式数据鼓励系统运用基于经验的知识来解决或描述问题。换句话说，启发式数据不是正式的知识，但它有助于在不遵循严格算法的情况下找到问题的解决方案。

专家系统模仿人类在特定领域的专业知识，在一个定义明确的领域里解决问题。

13－2a　专家系统的组成

典型的专家系统包括各类组件，如下所示（见图 13－1）：

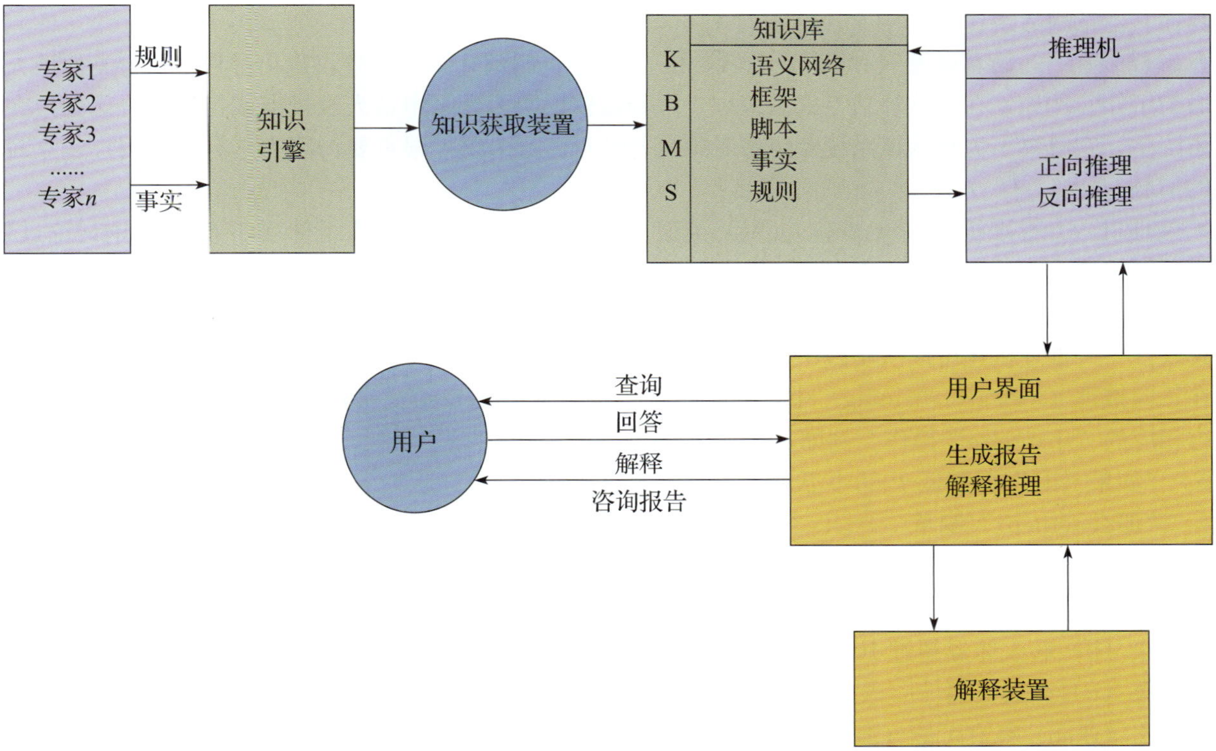

图 13－1　专家系统的结构

● 知识获取装置——**知识获取装置**（knowledge acquisition facility）是一类软件包，可以采用手动方法或自动方法来获取、合并新的规则与事实，从而使专家系统能够增长。此组件与 KBMS（知识库管理系统，在后面描述）一起工作，以确保知识库尽可能是最新的。

● 知识库——**知识库**（knowledge base）类似于数据库，除了存储事实和数字外，它还跟踪与事实相关的规则和解释。例如，财务专家系统的知识库可以跟踪构成流动资产的所有数字，包括现金、存款和应收账款。它还可以跟踪这样一个事实，即流动资产可以在1年内转换成现金。学术环境中的专家系统可能包括关于所有研究生的真实情况，如经企管理研究生入学考试（GMAT*）分数和平均学分绩点（GPA**），以及规定分类研究生的GMAT分数必须达到650或更高，GPA必须达到3.4或更高。要成为真正的专家系统的一部分，知识库组件必须包括以下三类知识：

- 事实性知识——与特定学科、主题或问题相关的事实。例如，与肾脏问题相关的事实可能包括肾脏大小、血液中某些酶的水平、疼痛的持续时间和部位。
- 启发式知识——与问题或学科相关的规则。例如，表明患者有肾脏问题的一般规则包括背部左下方或右下方剧烈疼痛，以及肌酐和血尿素氮水平过高。
- 元知识——元知识是关于知识的知识。它使专家系统能够从经验中学习，并检查和提取相关的事实来确定解决方案的路径；它能指导专家系统自身的未来规划或执行阶段。例如，了解专家系统如何决策被认为是元知识。虽然这类知识目前在专家系统中尚不可用，但将神经网络集成到专家系统中是获取元知识的一种途径。

- 知识库管理系统——**知识库管理系统**（knowledge base management system，KBMS）类似于DBMS，用于保持知识库的更新，包括对事实、图形和规则进行更改。
- 用户界面——与决策支持系统的用户界面的组件相同，为专家系统的用户提供友好的访问界面。尽管图形用户界面（graphical user interface，GUI）改进了这个组件，但AI技术的目标是提供支持自然语言的用户界面（本章稍后将讨论）。
- 解释装置——**解释装置**（explanation facility）通过向最终用户解释建议得出过程来执行类似于人类专家所做的工作。例如，在贷款评估专家系统中，解释装置说明为什么申请人被批准或拒绝。再比如，在医学专家系统中，它解释了为什么该系统断定患者患有肾结石。这个组件很重要，因为它有助于用户建立对系统结果的信心。
- 推理机——**推理机**（inference engine）类似于决策支持系统的模型库组件（在第12章中讨论过）。通过使用不同的技术，推理机可以判断一系列规则，这些技术包括正向推理和反向推理（在下面讨论）。一些推理机根据事实矩阵工作，其中包括几行条件和规则，类似于决策表。在这种情况下，逐条评估每个规则后提出建议。一些推理机还可以从实践中学习。

在**正向推理**（forward chaining）中，系统执行一系列“if-then-else”条件对。首先计算“if”条件，然后执行相应的“then-else”操作。例如，

“如果（if）”温度低于80华氏度，并且草是3英寸长
“那么（then）”割草
“否则（else）”等待

在医学诊断专家系统中，系统可以对问题进行如下评估：

- 如果（if）病人体温超过101华氏度，并且
- 如果（if）病人头痛
- 那么（then）很有可能（95%的可能性）病人患了流感
- 否则（else）寻找其他病因

在**反向推理**（backward chaining）中，专家系统从目标（“then”部分）开始，然后回溯以找到正确的解决方案。换言之，就是去考虑要实现这个目标，必须满足什么条件。

要理解正向推理和反向推理这两种技术之间的差异，请考虑以下示例。为投资者提供金融投资建议的专

* GMAT：Graduate Management Admission Test。——译者注
** GPA：Grade Point Average。——译者注

家系统可以使用正向推理，提出 50 个问题，以确定油气、债券、普通股、公用事业和交通五个投资类别中哪一个更适合投资者。[12]此外，系统会根据每个投资者所处的特定的税级，为每个投资解决方案提供不同的避税措施。在正向推理中，系统在给出最终建议之前，会评估所有“if-then-else”条件。而在反向推理中，系统可能从投资者指定的公用事业类别开始，并遍历所有“if”条件，以查看该投资者是否符合该投资类别。在某些情况下，反向推理技术可以更快，因为它不必考虑不相关的规则，但系统建议的解决方案可能不是最好的。

专家系统知识库中用于表示知识的其他技术还包括：语义（关联）网络——将信息表示为逻辑链条和节点；框架——按层次存储条件或对象的结构；脚本——描述事件序列。例如，对于孩子的生日聚会，包括的事件可能有：买一个蛋糕，邀请朋友，点燃蜡烛，分享蛋糕。针对这件事生成的“采购订单脚本”可能包括以下事件：确定要订购的数量、筛选供应商、收集数据、生成采购订单并将其发送给供应商、更新应付账款以及通知收货部门订单已经下达。

知识获取装置是一类软件包，可以采用手动方法或自动方法来获取、合并新的规则与事实，从而使专家系统能够增长。

知识库类似于数据库，除了存储事实和数字外，它还跟踪与事实相关的规则和解释。

知识库管理系统（KBMS）类似于 DBMS，用于保持知识库的更新，包括对事实、图形和规则进行更改。

解释装置通过向最终用户解释建议得出过程来执行类似于人类专家所做的工作。

推理机类似于决策支持系统的模型库组件。通过使用不同的技术，推理机可以判断一系列规则，这些技术包括正向推理和逆向推理。

在**正向推理**中，系统执行一系列“if-then-else”条件对。

在**反向推理**中，专家系统从目标（“then”部分）开始，然后回溯以找到正确的解决方案。

13－2b　专家系统的使用

许多公司从事专家系统的研究和开发，目前专家系统已运用于以下领域：

- 航空业——美国航空公司开发专家系统，管理飞行常客交易。
- 法医实验室——用专家系统审查犯罪现场的 DNA 样本，快速准确地生成结果，减少实验室积压的工作，实现数据更快速地导入国家犯罪数据库。[13]
- 银行与金融业——摩根大通开发外汇交易专家系统，以评估历史趋势、新事件的发生和影响买卖的因素。
- 教育业——亚利桑那州立大学开发专家系统来教授数学，并评估学生的数学技能。
- 食品行业——金宝汤公司开发专家系统，以获取一位高度专业化、长期工作的员工在工厂操作和消毒技术方面的专业知识。
- 人事管理——IBM 开发专家系统来帮助培训技术人员，减少训练时间。
- 安全——加拿大安全信托银行（Canada Trust Bank，现在是 TD Canada Trust 的一部分）开发专家系统，跟踪信用卡持有人的购买趋势，并报告偏差，如信用卡上的异常活动。
- 美国政府——开发出专家系统来监控核电站，并协助美国国税局（IRS）、国际新闻社（INS）、美国邮政（U. S. Postal Service）、运输部、能源部和国防部参与决策过程。
- 农业——美国国家农业推广管理研究所设计专家系统，用于诊断水稻作物中的病虫害并提出预防措施。[14]

下面的小贴士介绍了专家系统在现实生活中的应用，该系统用于侦查盗窃和犯罪行为。该系统节约了警察的行动时间并减少了行动费用。

小贴士

巴尔的摩县警察署的专家系统

巴尔的摩县开发了一个专家系统，供侦探分析盗窃地点的有关信息，并确定可能的嫌疑人。系统的输入数据包括已知窃贼的信息、300 起破案记录和 3 000 起未破案记录，然后，采访了 18 名警探，收集他们对当地盗窃案的经验和知识。侦探们可以输入有关入室盗窃的情况描述，例如邻居的特征、被盗财产的类型、入室所使用的工具的类型等；侦探们还可以获取可能的嫌疑人的有关信息。该系统目前已在美国其他警察部门使用。[15]

13 - 2c 使用专家系统的准则

如果存在以下一种或多种情况，则应使用专家系统：

- 需要大量的人类专业知识，但单个专家无法独自解决问题。（专家系统可以更容易地集成多名专家的经验和知识。）
- 所需的知识可以表示为规则或启发式数据，但没有确定的算法。
- 决策或任务已经由人类专家成功处理，支持专家系统模拟人类专业知识。
- 决策或任务需要一致性和标准化。（因为计算机在遵循标准程序方面更精确，在这种情况下，专家系统可能比人类更可取。）
- 学科领域有限。（如果所调查的问题范围很窄，专家系统会工作得更好。）
- 决策或任务涉及许多规则（通常在 100 条到 10 000 条之间），并且逻辑复杂。
- 组织内缺乏专家，或关键专家即将退休。（专家系统可用于获取即将退休的长期员工的经验和专业知识。）

13 - 2d 不使用专家系统的准则

以下情况不适于使用专家系统：

- 涉及的规则很少（少于 10 条）。人类专家能更有效地解决这些问题。
- 涉及的规则太多（通常超过 10 000 条）。此时处理速度慢到不可接受。
- 涉及高度结构化的数值问题（如工资单处理），标准的交易处理方法可以更快、更经济地处理这种情况。
- 涉及范围广泛，但规则不多的情况不适用。专家系统在有深度且狭窄的问题领域工作得更好。
- 专家之间存在很多分歧。
- 需要人类专家的问题，例如，需要结合五种感官的问题，尤其涉及味觉和嗅觉时，再譬如人类专家能更好地解决选择香水的问题。

13 - 2e 专家系统的优势

与人类相比，专家系统有以下优势：

- 它从不分心、健忘或疲倦，因而特别适用于人类工人可能会反感的单调任务。
- 它能复制和保存稀缺专家的专业知识，并能够吸收许多专家的专业知识。

- 它能保留即将退休或离开组织的员工的专业知识。
- 它能建立决策的一致性，提高非专家的决策技能。

13-3 基于案例的推理

专家系统通过一系列“if-then-else”规则来解决问题，**基于案例的推理**（case-based reasoning，CBR）则是一种将新的案例（问题）与先前解决的案例及其解决方案相匹配的问题解决技术，并且案例与解决方案都存储在数据库中。数据库中的每个案例都有一个存储描述和标识它的关键字，如果新案例和数据库中存储的案例之间没有精确的匹配，系统就可以向用户问询或澄清更多信息。如果能找到匹配项，CBR 系统就会给出解决方案。如果提供了更多信息后仍没有找到匹配的案例，则需要人工专家解决这个问题，然后将该案例及其解决方案添加到数据库中。

任何 CBR 应用程序的设计和实现过程都涉及 4 个 R：检索（retrieve）、重用（reuse）、修改（revise）和保留（retain）。

1. 为了解决当前的案例（问题），系统将其与数据库中存储的案例进行比较，并从过去的案例库中检索最相似的案例。
2. 使用检索到的案例来解决当前的问题。
3. 如果需要进一步改进，则对检索到的案例进行修改。
4. 最终的解决方案作为数据库和案例库的组成部分被保留下来，以供将来使用。

惠普（HP）使用 CBR 帮助其打印机用户，该系统执行服务台操作员的角色。过去几年的用户投诉、遇到的问题及其解决方案都作为案例存储在数据库中。这些信息用于帮助新用户，他们可能与过去的用户有相同的问题。从长远来看，这些系统可以通过减少服务台员工的数量来改善客户服务并节省资金。

另一个例子是一些银行使用 CBR 系统，使用数据库中存储的以往客户的参数，进行客户的贷款资格认证。这些参数包括总收入、受抚养人数、总资产、净资产和贷款申请金额。数据库还存储每笔认证的最终决定（接受或拒绝）。当新客户申请贷款时，CBR 系统可以将新的申请与过去的申请进行比较并提供响应。然后，新的认证及其结果将成为数据库的一部分，供将来使用。

> **基于案例的推理（CBR）**是一种将新的案例（问题）与先前解决的案例及其解决方案相匹配的问题解决技术，并且案例与解决方案都存储在数据库中。如果能找到匹配项，CBR 系统就会给出解决方案。如果提供了更多信息后仍没有找到匹配的案例，则需要人工专家解决这个问题。

13-4 智能代理

智能代理（intelligent agents），也称为 bots（robots 的缩写），是能够实现推理和遵循规则导向的程序。它们正变得越来越受欢迎，特别是在电子商务中。它们也称为虚拟代理（virtual agents，VA）或智能虚拟代理（intelligent virtual agents，IVA）。复杂的智能代理具有以下特征[16]：

- 适应能力——能够从先前的知识中学习，并超越先前给出的信息。换句话说，系统可以进行调整。
- 自主操作——能够在最小输入下自主运行。系统可以对环境刺激做出反应，在用户没有要求的情况下做出决定，并在需要时采取先发制人的行动。
- 协作行为——能够与其他代理机合作，实现共同目标。
- 人性化的界面——能够以更自然的语言与用户互动。
- 可移动性——能够在最少的人工干预下从一个平台迁移到另一个平台。
- 反应性——能够选择需要注意的问题或情况并采取行动。具有这种能力的代理机通常能对环境刺激做出反应。

智能代理可以收集有关客户的信息，如购买商品的历史信息、人口统计信息以及显性偏好与隐性偏好。

目前大多数智能代理都不具备这些能力，但预计在不久的将来会有所改进。智能代理的一个重要应用是网络营销。智能代理可以收集有关客户的信息，如购买商品的历史信息、人口统计信息以及显性偏好与隐性偏好。然后，电子商务网站通过这些信息更好地向客户推销其产品和服务。另外，被称为“产品代理”（product-brokering agents）的代理程序可以提醒客户注意新产品和服务。亚马逊已经成功地使用了这类代理程序。

智能代理还用于智能或交互式目录，称为“虚拟目录”。虚拟目录根据客户以前的体验和偏好显示产品描述。

当前可用的智能代理分为以下几类：

- 购物和信息代理；
- 个人代理；
- 数据挖掘代理；
- 监控与监视代理。

下面分别进行讨论。

智能代理是能够实现推理并遵循规则导向的程序。它们正变得越来越受欢迎，特别是在电子商务中。

13-4a 购物和信息代理

购物和信息代理（shopping and information agents）可以帮助用户从 Web 上大量的可用资源中确定方向，并提供更好的搜索结果。这些代理可以比人类更快地浏览网络，并收集更一致、更详细的信息。它们可以提供如搜索引擎、网站提醒或个人网络冲浪等服务。Pricewatch（www.pricewatch.com）是一个商业购物代理网站，它可以找到许多商品的最低价格，并显示最具竞争力的价格。再比如，BestBookBuys 图书公司（www.bestbookbuys.com）可以根据用户提供的书名、作者或 ISBN 来识别一本书，然后找到所有售卖这本书的在线书商，并按价格由低到高的顺序形成书商列表。www.mysimon.com 也是一个购物代理。

新闻组（usenet 或 newsgroup）代理具有查找信息并筛选、排序的功能。例如，DogPile（www.dogpile.com）使用多个搜索引擎，包括谷歌、雅虎和扬德克斯（Yandex*），为用户搜索 Web 来查找信息。DogPile 可以删除重复的结果，并对结果进行分析，将相关度最高的结果排列在顶部。

* Yandex：扬德克斯，俄罗斯搜索引擎。——译者注

购物和信息代理可以帮助用户从Web上大量的可用资源中确定方向，并提供更好的搜索结果。这些代理可以比人类更快地浏览网络，并收集更一致、更详细的信息。它们可以提供如搜索引擎、网站提醒或个人网络冲浪等服务。

13-4b 个人代理

个人代理（personal agents）为用户执行特定任务，例如记住填写Web表单的信息或在键入前几个字符后自动填写电子邮件地址。电子邮件个人代理通常可以执行以下任务：

- 生成自动响应信息。
- 转发收到的消息。
- 根据收到的邮件内容回复电子邮件。

个人代理为用户执行特定任务，例如记住填写Web表单的信息或在键入前几个字符后自动填写电子邮件地址。

13-4c 数据挖掘代理

数据挖掘代理（data-mining agents）与数据仓库一起工作，探查趋势并发现数据项之间潜在的关联和新信息。大众汽车集团使用数据挖掘代理作为市场状况的预警系统。例如，数据挖掘代理有可能提前检测到导致经济状况恶化的问题，这个问题会导致客户延迟付款。尽早掌握这些信息可以使决策者想出一个将问题的负面影响最小化的解决方案。

数据挖掘代理与数据仓库一起工作，探查趋势并发现数据项之间潜在的关联和新信息。

13-4d 监控与监视代理

监控和监视代理（monitoring and surveillance agents）通常用于跟踪和报告计算机设备及网络系统的运行情况，以预测何时可能发生系统崩溃或故障。美国航天局喷气推进实验室的一个代理机负责监控库存、计划和设备调度，以降低成本。[17]

下面的小贴士介绍了几个商业智能代理的实际应用。

小贴士

现实中的智能代理

智能代理的成本约为真人助理成本的2%。

以下是现实生活中智能代理的一些示例：

- SFR是移动通信公司沃达丰（Vodafone）的一个分部，使用一款虚拟代理每月完成75万次对话，回答客户有关其账户、公司服务和产品的问题。[18]

- eBay法国分公司使用一个名为“Louise”的智能代理，每天帮助6个国家的20多万名客户进行对话。根据eBay的数据，Louise对指定任务的完成率为88%。目前，它为eBay.fr处理30%的客户联系事务。[19]
- 苹果在其iPhone、iPad和iPod Touch设备上使用名为Siri的智能代理。Siri支持用户使用语音发送信息、打电话、设置提醒等。[20]
- IBM Watson已经成为市场化的智能代理产品。交纳费用后，它可以在呼叫中心、医疗、保险等领域中使用。[21,22]
- IntelliResponse提供了一种智能代理，银行、航空公司和电信公司可以使用它直接在公司网站上回答客户的问题，并提供产品和服务的其他相关信息。[23]
- 微软的Cortana是一个支持语音的助手，能够设置提醒、识别自然声音，并回答诸如当前天气、交通状况和体育比分等问题。[24]
- Viv（Viv Labs）是一个具有人工智能功能的智能助理，能够回答用户的许多查询，并且越用越智能。预计它将与一组不同的互联网连接设备一起工作，辅助控制100万个不同的应用程序。[25]
- 亚马逊Echo是一个智能助理，帮助用户将商品放入购物车，并最终完成订购。使用这个软件，亚马逊的一键购买变成了无点击购买。[26]

13-5 模糊逻辑

大家是否曾经收到过一份问卷，问了一些模棱两可的问题，却希望得到肯定或否定的回答？虽然问卷可能提供了“通常”“有时”“仅当”之类的选项，但用于分析答案的软件除了处理明确的“是”和“否”的答案之外，根本无法处理其他选项。随着模糊逻辑的发展，在问卷调查和其他调查工具中，不同种类的答案都可以被使用。**模糊逻辑**（fuzzy logic）支持人类语言与计算机词汇之间平顺、渐进地过渡，并通过度量隶属度来实现术语的变化。隶属度用于量化项目或对象与术语项集合中各术语项的关联程度，数值越大表示相关性越强，数值越小表示相关性越小。例如，在加热水的过程，当温度从50℃变化到75℃时，可以说水是“热”的。当水的温度达到85℃时呢？可以说它“很热”，但是什么时候会说水是“烫”的呢？描述不同程度的“热度”，并将其分配给特定类别的“温度”，涉及很多模糊性。

模糊逻辑是为了帮助计算机模拟常见情况下的模糊性和不确定性而设计的。L. A. 扎德（Lotfi A. Zadeh）在20世纪60年代中期提出了模糊逻辑理论，使用一种称为“模糊集”的数学方法来量化并处理不精确的或主观的信息。[27]模糊逻辑使计算机能以类似人类思维的方式进行推理，使计算机能够在使用近似值和模糊数据的同时，产生清晰的、可定义的答案。

模糊逻辑通过判断对象集合中各数据项与术语项集合中各术语项之间的相关程度完成工作。例如，4英尺、5英尺和6英尺可以构成一个人口身高的术语项集合。模糊集的值介于0和1之间，表示对象集合中的元素在术语集合中对某术语项具有有关资格的程度。0表示该元素对该术语项没有隶属度；1表示该元素对该术语项具有完全隶属度。

在传统的判断集合中（有时称为“完全区分”集合），对象集合中的各数据项是以非黑即白（非此即彼）

的方式定义的，没有灰色的空间。例如，如果 90 分或更高的分数表示一门课程的“及格”成绩，那么 89.99 分意味着你不能成为这门课程“及格”的一员。因此，尽管你得到了 89.99 分，却没有通过这门课程。在这个例子中，两个等级之间有很小的差别（0.01），却意味着及格和不及格之间的巨大差异。换言之，一个小小的差距会产生巨大的影响。这种情况在模糊逻辑环境中则不会发生。为了更好地理解隶属函数，图 13－2 展示了一个传统的判断集合的示例。在该例中，84.9℉被认为是“温”的，85.1℉则被认为是“热”的。两者之间微小的温度变化会在系统中引发很大的响应。

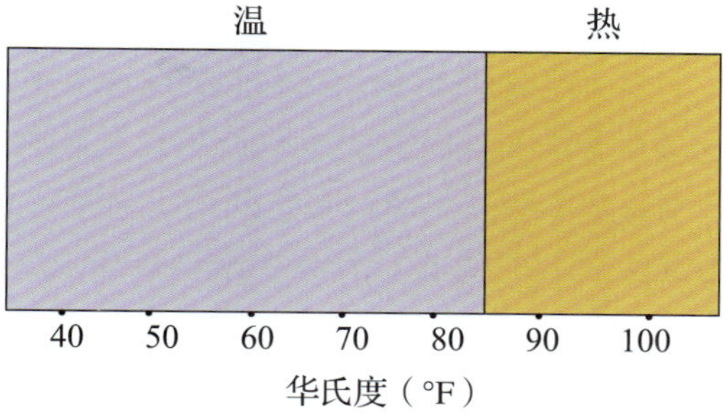

图 13－2　传统的判断集合

图 13－3 显示了关于相同问题但有模糊逻辑约定的判断集合。例如，80℉在“温”这个术语项（模糊项）上有 30％的隶属度，在“热”这个术语项（模糊项）上有 40％的隶属度，40℉到 100℉的所有温度组成了隶属度集合。

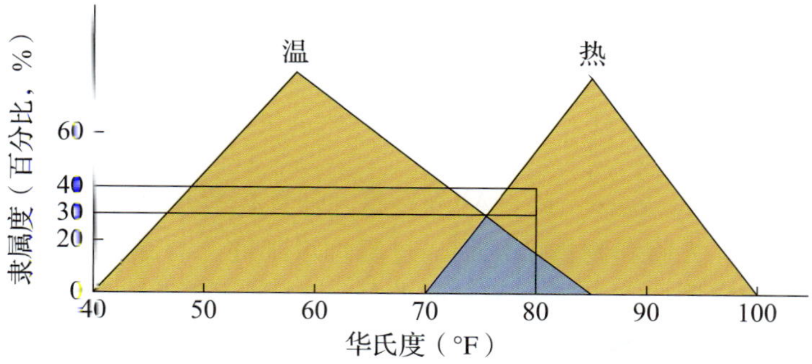

图 13－3　模糊系统中的隶属度

监控和监视代理通常用于跟踪和报告计算机设备及网络系统的运行情况，以预测何时可能发生系统崩溃或故障。

模糊逻辑支持人类语言与计算机词汇之间平顺、渐进地过渡，并通过度量隶属度来实现术语的变化。

13－5a　模糊逻辑的使用

模糊逻辑已被应用于搜索引擎、芯片设计、数据库管理系统、软件开发等领域。[28] 人们可能更熟悉它在设备中的使用，如下例所示：

> 模糊逻辑已被应用于搜索引擎、芯片设计、数据库管理系统、软件开发等领域。

- 将有关载荷大小、织物类型和热风流量的信息转换为干燥时间和干燥条件的烘干机；
- 根据使用模式设置除霜和冷却时间的冰箱；
- 抑制水温变化的淋浴系统；
- 根据观众在房间内的位置调整每帧画面颜色和纹理并稳定音量的电视；
- 可消除图像抖动（与手持摄像机相同），并自动调整焦距和照明的视频摄像机。[29,30]

下面的小贴士介绍了美国国防部是如何使用模糊逻辑的。

小贴士

现实中的模糊逻辑

除了在家用电器中的应用越来越多外，模糊逻辑正被应用于没有准确数据的多准则决策过程。今天，大多数新车都会让用户知道什么时候该换油，采用基于发动机转速和行驶的特定距离的算法，代替了基于每 3 000 英里换油的传统观念。同样，美国国防部使用模糊逻辑来解决复杂问题，例如，一个主题专家小组利用定性数据、定量数据，结合语言学、基于规则的决策支持方法和地图信息等，实现了对单个武器系统的成本和收益的评估，并基于这些评估提出替代性武器发展战略（例如，在地面武器上比在防空上投入更多费用）等。[31]

13-6 人工神经网络

人工神经网络（artificial neural networks，ANN）是一种具有学习能力的网状系统，能够完成传统计算机难以完成的任务，比如下棋、人脸和物体的识别、过滤垃圾邮件。与专家系统一样，ANN 适合解决涉及模糊和不确定数据的非结构化问题。与专家系统不同的是，ANN 不能为它找到的解决方案提供解释，因为 ANN 使用的是模型，而不是专家系统使用的“if-then-else”规则。

人工神经网络根据输入数据和输出数据建立模型。例如，在贷款申请问题中，输入数据包括“收入”、“资产”、“受抚养人数量”、“工作经历”和“居住状态”。输出数据是贷款申请的“批准”或“拒绝”。在处理了许多贷款申请之后，ANN 可以建立一个模型来决定新的申请是应该被批准还是被拒绝。

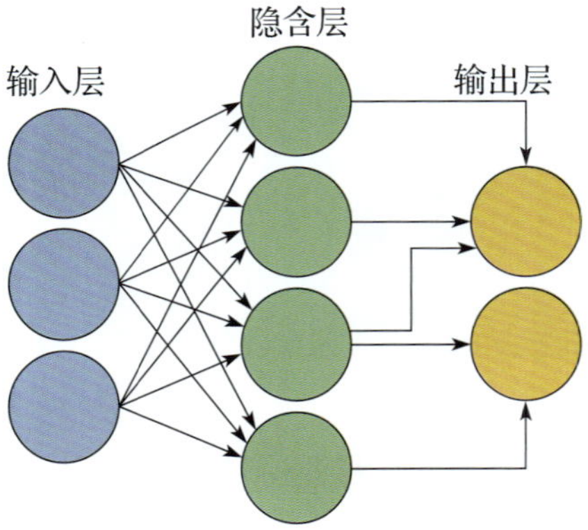

图 13-4　人工神经网络的构成

如图 13-4 所示，ANN 有一个输出层、一个输入层和一个中间（隐含）层，ANN 的学习在隐含层中进行。银行如果使用 ANN 进行贷款审批，中间层通过调用过去的数据（来自已有的贷款申请，其贷款决定已知）进行学习，这些数据包括已批准的和被拒绝的申请。根据输入层申请人信息、贷款金额、信用评级等输入数据的范例和输出层的结果（批准或拒绝决策），中间层的节点被赋予不同的权重。这些权重决定了节点如何对一组新的输入数据做出反应，并根据所学知识模拟决策。每个 ANN 都必须经过训练，当组织策略发生变化时，网络需要重新训练，以便能够模拟新的策略。

ANN 用于许多任务，包括：

- 破产预测；
- 信用评级；
- 投资分析；
- 油气勘探；
- 目标市场营销。

下面的小贴士讨论了神经网络的实际应用。

小贴士

微软和芝加哥警察署中的神经网络

微软正在使用神经网络软件来最大限度地提高直邮的回报。每年，微软直接向 850 万注册客户发送约 4 000 万封邮件。这些邮件的目的是鼓励客户升级他们的软件或购买其他微软产品，第一封邮件发送给公司数据库中的所有客户，第二封邮件只发给那些最有可能回复的客户，而神经网络软件则用来从第一类客户群中找到第二类客户群。据微软发言人吉姆·米尔维诺（Jim Minervino）称，这个神经网络软件，BrainMaker，已经将回应率从 4.9%提高到 8.2%。这为公司节省出了可观的收入。同时，成本却降低了 35%。[32]

芝加哥警察局已经使用神经网络软件来预测哪些警察可能会有不当行为。在这篇文章里，BrainMaker 比较了现任官员的行为和那些之前因纪律原因被解雇的官员的行为，并列出了可能存在“风险”的官员名单。[33]

www.calsci.com/BrainIndex.html 上还有其他一些神经网络的实际应用。

人工神经网络（ANN）是一种具有学习能力的网状系统，能够完成传统计算机难以完成的任务，比如下棋、人脸和物体的识别、过滤垃圾邮件。

13-7 遗传算法

尽管**遗传算法**（genetic algorithms，GA）并没有被广泛接受，但它作为人工智能的一种形式已经得到了越来越广泛的认可。它们主要用于搜索问题和优化解决方案。20 世纪 40 年代麻省理工学院的约翰·霍兰德开发了遗传算法，该术语借鉴了达尔文的自然选择和适者生存的思想，用于描述具有自适应能力的计算机程序。[34]

遗传算法用于处理有很多输入变量的事件的优化问题，如喷气式发动机的设计、投资组合的开发及网络系统设计。遗传算法可以找到产生最理想输出的输入组合，例如回报率最高的股票组合或成本最低的网络系统配置。遗传算法不必假设正确的解决方案是什么，就可以检查复杂的问题。在遗传算法系统中，使用了以下技术：

- 优胜劣汰——优先考虑好的结果，或给予好的结果以更高的权重。
- 交叉——将不同结果的好部分结合起来，以实现更好的结果。
- 变异——使用随机输入组合，评估结果。
- 染色体——用于定义待解决问题的建议方案的一组参数，通常用一个简单的字符串（字符序列）表示。

遗传算法已经与神经网络和模糊逻辑系统一起用于解决调度、工程设计和营销等问题。例如，对接算法使用带有遗传算法的神经网络和模糊函数来寻找机器人进入对接舱的最佳和最短路径。[35]此外，通用电气和伦斯勒理工学院的研究人员利用遗传算法设计了一种喷气式发动机涡轮，设计时间是手工设计所需时间的四分之一。它将设计改进了 50%，并且也更好地适应了与专家系统相比涉及更多变量的问题。[36]

遗传算法可以将多种人工智能技术综合起来，例如 GeneHunter（www.wardsystems.com/genehunter.asp）和 NeuroDimension（www.nd.com/genetic）。更多关于遗传算法在机器人、电信、电脑游戏和其他领域的应用信息可以在 http://brainz.org/15-real-world-applications-genetic-algorithms 上找到。

遗传算法（GA）是模拟自然进化过程形成的搜索算法。它们用于搜索问题和优化解决方案，使用诸如变异、优胜劣汰、交叉和染色体等技术。

13－8 自然语言处理

尽管软件工程师不断努力使信息系统对用户更加友好且易用，但仍然需要用户具有一定程度的计算机知识和技能。如第 2 章所述，**自然语言处理**（natural-language processing，NLP）是为了让用户能够使用人类语言与计算机进行沟通而开发的。尽管菜单和图标等 GUI 元素有助于解决人与计算机之间的通信问题，但 GUI 仍然需要一些学习和训练，使用起来可能会很麻烦，而且根据操作系统或应用程序的不同，GUI 通常会有所不同。NLP 系统提供一问一答式的操作方式，使用更自然，更易用，NLP 对数据库操作尤其有用。表 13－2列出了一些目前可用的 NLP 系统。

表 13－2　NLP 系统

NLP 系统	应用
纽昂斯通信公司声龙语音识别软件（www.nuance.com/naturallyspeaking）	商业数据检索、法律文件处理、医疗和急诊应用、专业听写系统
AT&T 自然语音（www.wizzardsoftware.com/att_nv_landing.php）	使用计算机可读文本创建语音
e-Speaking（www.e-speaking.com）	Windows 环境下的语音和语音识别

在撰写本文时，这些产品还无法与人类之间的对话相媲美。人类语言的规模性和复杂性使得 NLP 系统的开发很困难。然而，进展一直是稳定的，比如 NLP 系统已经可以用于呼叫路由、股票和债券交易、电话银行等任务。

NLP 系统通常分为以下几类[37]：

- 数据库接口系统；
- 机器翻译系统，如将法语翻译成英语；
- 文本扫描和智能索引系统，用于总结大量文本；
- 文本生成系统，自动生成标准文件；
- 语音系统，实现与计算机的语音交互。

NLP 系统通常执行两种类型的活动。第一种是接口：接受人类语言作为输入，执行相应的命令，并生成必要的输出。第二种是知识获取：利用计算机阅读大量文本，充分理解信息，总结要点，存储信息，使系统能够对内容的查询做出响应。下面的小贴士将重点介绍 NLP 系统在医疗行业中的几个实际应用。

小贴士

现实中的 NLP：医疗保健业

医疗保健行业可以从各种 NLP 应用程序中显著受益。NLP 系统可以降低行政医疗成本，提高数据的准确性。下面是几个例子：

- 基于 NLP 的临床决策支持：例如，该系统可用于为患者建立结肠镜随访。系统可以从各种文件中提取相关文本，然后为患者设置随访。
- 自动听写系统：医生可以口述对患者或 X 光片的诊断，由 NLP 系统生成一个 Word 文档发送给患者或其他医生。
- 文本摘要：基于 NLP 的系统可以从多个报告中提取临床信息，并生成单个文档供医生审查。
- 临床数据和虚拟行政助理：基于 NLP 的系统可以满足安排门诊或支付任何未付费账单等请求。
- 实时翻译服务：基于 NLP 的系统可以为患者和临床医生提供高度准确的实时翻译，类似于谷歌和微软等公司提供的服务。

自然语言处理（NLP）是为了让用户能够使用人类语言与计算机进行沟通而开发的。

13-9 将人工智能技术集成到决策支持系统中

人工智能的相关技术（如专家系统、自然语言处理和人工神经网络）可以提高决策支持系统（DSS）的质量；可以加强决策支持系统的解释能力（通过集成专家系统）和学习能力（通过集成 ANN），创建更易于使用的接口（通过集成 NLP 系统）。这些系统有时被称为集成（或智能）决策支持系统（IDSS），是更高效、更强大的决策支持系统。[38,39]

人工智能技术，特别是专家系统和自然语言处理，可以集成到决策支持系统的数据库、模型库和用户界面组件中。

将专家系统集成到 DSS 的数据库组件中的好处包括[40]：

- 使传统的数据库管理系统具有演绎推理功能；
- 提高访问速度；
- 改善数据库的创建和维护；
- 增加处理不确定性和模糊数据的能力；
- 使用启发式搜索算法简化查询操作。

类似地，也可以将 AI 技术添加到 DSS 的模型库组件中。例如，通过添加专家系统，可以为模型库的输出提供原因和解释，在模型库的分析能力中加入启发式方法，在模型构建过程中使用模糊集，减少计算模型数据的时间和成本，为问题选择最佳的解决模型。[41]

此外，将专家系统功能集成到用户界面组件中可以提高 DSS 的质量和用户友好性。这种集成可以增加 DSS 的功能，比如解释功能（用非技术性的术语解释系统输出）。集成 NLP 也可以提高界面的有效性，使其更易于使用，特别是对于不懂计算机的决策者来说。

13-10 上下文计算：使移动设备更智能

多年来，人们一直在智能手机上使用 GPS。例如，GPS 系统提供基于位置的服务，告诉用户从城市的东部到西部要走哪条街道才能到达某个特定的地方。对于不熟悉城市的人来说，这是一项很好的服务。像苹果的 Siri 和 Google Now 这样的应用程序，已经把这个想法实现得更深入了。例如，Google Now 使用它所拥有的关于特定用户的信息，提供用户感兴趣的信息，例如天气预报、街道导航或体育赛事比分等，它基于用户以前的行为和当前的位置提供此类信息。

微软公司的 MoodScope 是一个上下文感知软件，它能够感知用户的情绪。通过分析电话、短信、互联网接入和其他智能手机活动，这款“情绪传感器”应用软件能够预测用户的情绪。尽管该应用程序处于开发阶段，但在中国和美国的 32 个用户的小样本中，它显示了 93%的准确性，这类应用可能具有重大的商业价值。例如，用户的情绪可以与 Spotify（商业音乐流媒体服务平台）共享来播放一首适合情境的歌曲，或者发送到用户的 Facebook Timeline，以鼓励或阻止其他类型的交流。它还可以与在线网站共享数据，由该网站针对用户的情绪提供舒适的食物。但是，这些应用程序必须小心使用，以免侵犯用户的隐私。[42,43]

上下文计算有望进一步推进这一思想的实现。例如，参加特定的招聘会的应聘者的智能手机可能很快就能根据个人在各种社交媒体网站上提供的信息，以 80%的概率预测出用户是否能收到该工作的邀请。智能手机和其他计算设备的芯片制造商——高通公司推出了一系列受大脑启发的神经处理单元 Zeroth Processors，以加快上下文计算的速度。据该公司称，这一系列软件工具和技术使手持设备能够在收到来自其环境的反馈时进行学习。[44]

人类利用他们一生中积累的经验，根据他们所知道的和他们对某事的感觉来做决定。例如，在黑暗的巷子里，当个人听到噪音时，可能会快速改变方向，或者，如果看到一个看起来很悲伤的朋友，会问他是不是出了什么事。对于计算机来说，这些场景难于理解，不易在决策中发挥作用，而上下文计算正是为了实现这一点而设计的。

上下文计算（contextual computing）有时被称为人们的第六、第七和第八感，它指的是一个始终存在、能够感觉到周围情况的计算环境，并基于是谁、在哪里以及和谁在一起来提供建议。[45]

上下文计算背后的原理是，计算机既能感知环境，又能对环境做出反应，这与人脑理解和解释刺激的方式类似。[46]从本质上讲，上下文计算允许系统根据对用户的了解，在特定的情况和环境中为用户定制一个操作过程。为了实现这一目标，本书中讨论的许多信息技术都可能被使用，包括计算机网络、软件、硬件、数据库系统和人工智能技术。

> **上下文计算**指的是一个始终存在、能够感觉到周围情况的计算环境，并基于是谁、在哪里以及和谁在一起来提供建议。

本章的“行业链接”重点介绍了 Alyuda Research，一个领先的神经网络、商用和家用智能软件开发商。

行业链接

Alyuda Research[47]

Alyuda Research 是主要为企业和个人开发神经网络和交易软件的公司。其产品和服务包括：

贸易决策：提供帮助投资者和经纪人做出更好决策的工具，如高级报表和自动交易，包括模型构建、策略、警报、模拟和数据分析模块。

Scorto 信贷决策：提供了多种创建信贷评分模型的方法，如决策树、神经网络和模糊逻辑，并包括用于贷款组合分析的软件。

神经智能：用于分析和处理数据集；找到最佳的神经网络结构；训练、测试和优化神经网络并将该网络结构应用于新的数据集。

回顾与讨论

1. 人工智能在商业中的两个成功应用是什么？
2. 与人类相比，机器人的三大优势是什么？
3. 基于案例推理的两个应用是什么？
4. 哪两种应用程序不适合专家系统？
5. 复杂智能代理的三个特征是什么？
6. 人工神经网络中隐含层的作用是什么？
7. 商业 NLP 系统的两个例子是什么？
8. 如何定义上下文计算？

专题研究

1. 阅读本章及其他资料后，写一篇单页论文，讨论机器人手术的优缺点。说到成本，人类医生和机器人哪一个更便宜？达芬奇手术系统（The da Vinci Surgical System）就是手术中使用的机器人的一个例子。这一系统的两个积极方面和两个消极方面是什么？

2. 上下文计算引起了计算界极大的兴趣。阅读本章及其他资料后，写一篇单页论文，讨论这个平台的优缺点。除了 Google Now，目前还有哪些应用程序提供这种功能？

3. 来自 Nuance. com 的 Nina 已经以智能代理的身份上市。阅读本章及其他资料后，写一篇单页论文，说明该软件的应用。哪些类型的企业将从中受益最大？

4. 基于案例的推理系统已经被应用于许多学科。在未来，它们也可能用于医疗领域。阅读本章及其他资料后，写一篇单页论文，解释基于案例的推理系统将如何在这一领域中使用。该系统将会如何降低医疗成本?

5. 智能代理正在各种应用中使用。阅读本章及其他资料后，写一篇单页论文，讨论这些代理在电子商务环境中的应用。确定三个此类代理及其在电子商务中的具体应用。

6. 纽昂斯通信公司的声龙语音识别软件和 AT&T 公司的自然语音是目前市场上流行的两种商用 NLP。阅读本章及其他资料后，写一篇两页的论文，解释两者的关键特性。它们各自有哪些业务应用程序？哪些类型的企业将从这类软件中受益最大?

牛刀小试

1. 在专家系统环境下，在正向推理过程中，执行一系列“if-then-else”条件对。首先判断“if”条件，然后执行相应的“then-else”操作。对或错?
2. 人工神经网络使用“if-then-else”来解决问题。对或错?
3. 优胜劣汰和交叉是遗传算法使用的两种技术。对或错?
4. 以下哪项不属于专家系统的组成部分?
   a. 知识库　b. 信用评级工具　c. 推理机　d. 知识获取装置
5. 以下哪项不属于复杂智能代理的特征?
   a. 适应性　b. 集体性　c. 自治　d. 流动性
6. 以下哪项不属于 NLP 系统的类别?
   a. 计算机代码生成器　b. 数据库接口　c. 机器翻译　d. 文本扫描

个案讨论 13-1

基于人工智能的软件帮助企业更好地了解客户

基于人工智能的软件在分析定性数据、单词、短语以及理解这些单词之间的关系方面变得越来越智能。这些程序能够分析通过焦点小组、调查、在线论坛、呼叫中心、服务台和社交媒体生成的数据，并能够产生新的见解。这些新的见解可以帮助企业提供更好的客户服务以及对客户更有吸引力的产品和服务。

美乐棵（Scotts Miracle-Gro）公司是草坪、花园和户外生活用品及服务的主要供应商，最近注意到大量客户取消了草坪施肥服务。由于不知道是什么导致了这个问题，该公司进行了一项调查，请客户对公司提供的产品和服务按满意度进行排名，并给予其他反馈。

公司使用一个名为 Luminoso（www. luminoso. com）的人工智能软件对数据进行了分析，得到了一些有趣的结果。客户取消服务的原因是他们希望公司能提供更好的客户服务。尽管在调查中没有特别提到“客户服务”这几个词，但软件能够将“倾听”或“没反应”等词联系起来，以便得出结论。据公司的高级分析师 David Erdman 称，该公司目前正在检查其客户服务，以便做出改进。

Luminoso 软件通过访问一个大型数据库来执行分析，该数据库存储了常识性知识以及有助于理解单词和短语如何相互关联的关系（例如“如果你向上扔一个球，它就会掉下来”）。[48]

回答以下问题：

1. 美乐棵公司面临什么问题?

2. 哪种软件被用来分析公司收集的数据?
3. 像 Luminoso 这样的软件工具是如何分析数据的?
4. Luminoso 等软件工具有哪些战略性应用?

个案讨论 13-2

NLP:使智能手机更智能

自然语言处理(NLP)在移动环境中比在桌面环境中更有意义,因为用户在使用移动设备的环境中,希望尽可能少地使用他们的手。NLP 增强了友好的用户环境,增加了移动用户的数据接入和数据输入方式。随着移动设备内存增大和速度提高(伴随着移动网络和无线网络速度的提高),它们成为 NLP 的优质的候选设备。因此,现在大多数智能手机都可以使用语音激活功能、语音转文本功能及语音激活拨号功能。同时,语音驱动的应用程序也越来越智能。例如,用户现在可以说“拨号爸爸”或“给我爸爸打电话”,而不是说“打 551-535-1922”来拨打电话。

纽昂斯通信公司的产品声龙听写(Dragon Dictation)软件作为 iPhone 应用程序的提供商,支持用户识别从手机备忘录和电子邮件到推特更新的所有内容;Dragon for E-mail 为黑莓提供了类似的功能。同样 Jibbigo 翻译(http://jibbigo.com/index.html)为 iPhone 提供单词、短语和简单句子的翻译。语音驱动类的应用程序,如谷歌语音搜索(Google Voice Search)、必应语音搜索(Bing Voice Search)和微软的 Tellme,都是比较流行的智能手机应用程序。Vlingo(www.vlingo.com)是一个多平台的应用程序,作为一个“虚拟助理”,目前正被用于提供预订餐厅(OpenTable,www.opentable.com/info/aboutus.aspx)和预订电影票(Fandango,www.fandango.com)等服务。

苹果的 Siri 是快速增长的语音激活移动设备市场的新进入者,已经被添加到 iPhone 4S 和其他产品中。语音激活移动设备面临的挑战之一是如何让设备理解用户的意思,而不仅仅是明白用户在说什么。其他要面临的挑战还包括使用外国名字、口音和在嘈杂的环境中保持准确性。[49,50]

回答以下问题:

1. NLP 如何使智能手机更智能?
2. iPhone 使用的基于语音的软件有哪些?
3. 在实现全功能语音激活移动设备之前,需要克服哪些挑战?

14

新兴趋势、技术与应用

本章学习目标：

14－1　总结软件和服务分发的新趋势

14－2　描述虚拟现实的组件和应用程序

14－3　讨论射频识别的用途

14－4　解释快速响应码

14－5　总结生物识别技术的新用途

14－6　描述网络的新趋势，包括网格、实用程序和云计算

14－7　讨论纳米技术的用途

本章讨论了软件和服务分发的新趋势，包括拉取技术、推送技术和软件即服务（SaaS）；介绍了虚拟现实的组件和应用程序，包括洞穴（CAVE），阐述虚拟世界如何成为一个新的通信和协作平台；接下来，讲解了射频识别（RFID）和快速响应码（QR）；然后，介绍了生物识别技术的新用途以及网络（包括网格、实用程序和云计算）的新趋势；最后，介绍了纳米技术的使用方式及其在未来的应用。

14－1　软件和服务分发的趋势

软件和服务分发的最新趋势包括拉取技术、推送技术和应用服务提供商，其中拉取技术从 Web 开始就已经存在。下面对这些趋势分别进行讨论。

14－1a　拉取技术和推送技术

使用**拉取技术**（pull technology），用户需要在获取信息之前声明需求，比如在 Web 浏览器中输入 URL，以便用户可以访问某个 Web 站点。然而，这种技术无法实现对某些产品和服务的推销，也无法提供定制的信息。例如，人们很少主动寻找产品或服务的营销信息。使用**推送技术**（push technology）（也称为“网络广播”），Web 服务器将信息传递给注册该服务的用户，而不是等待用户提出请求后才发送。许多 Web 浏览器都支持网络广播，供应商也可以提供网络广播（本节稍后将介绍）。使用推送技术，用户最喜爱的 Web 内容可以实时更新并发送到桌面或移动设备端。推送技术在企业对消费者（B2C）和企业对企业（B2B）商务模式的营销中也很有效。例如，汽车制造商可以实时向所有经销商发送有关新车型、价格和功能的最新信息。当网络管理员需要在员工工作站上自动下载病毒查杀软件的更新时，也会使用推送技术。

推送技术在设定的时间间隔内或新事件发生时自动向用户提供内容。例如，用户经常会看到诸如“有较新版本的 Adobe Flash 可用，要安装吗?”之类的通知。在这种情况下，供应商（Adobe）会在更新后的产品可用时立即将其推送给用户，这就是触发推送的事件。当然，这项服务的前提是用户已经下载安装了早期版本的 Adobe Flash；通过下载安装，用户已经注册了推送更新。同样的过程也适用于内容更新，如新闻和电影发布。用户注册时，指定他想要的内容（体育、股票价格、政治新闻等）并同意“推送”，用户还可以指定推送的频率。例如，如果用户订阅了一个在线新闻服务，并表示对中国最新的经济新闻感兴趣，则此在线服务会在该新闻可用时立即发送给用户，并在将来持续发送，不需要用户再提出任何要求。

推送技术简化了用户获取软件更新并更新内容的过程。它也有利于供应商，因为通过与用户保持联系，他们建立了客户忠诚度。这一好处往往超过了添加服务器和使用推送技术所需的其他技术资源的成本。推送技术还改善了业务关系和客户服务，因为用户可以更及时地获得所需的信息。

> 推送技术简化了用户获取软件更新并更新内容的过程。

以下是推送技术的三个示例：

- Microsoft Direct Push（微软直接推送）——使移动专业人员能够在移动过程中与他们的 Microsoft Outlook 信息保持连接。它帮助用户在支持 Windows Mobile 的智能手机上实现电子邮件、日历、联系人和任务的完全无线同步，从而提高了工作效率。用户可以通过 Microsoft Office Outlook 移动界面快速接收和响应电子邮件。
- 苹果推送通知——向苹果设备发送警报，如新闻更新或社交网络状态更改。
- 黑莓——提供推送 API（应用程序编程接口），允许软件开发人员向其智能手机用户推送实时内容和警报。内容包括新闻、天气、银行、医疗信息和游戏。

> 使用**拉取技术**，用户需要在获取信息之前声明需求，比如在 Web 浏览器中输入 URL，以便用户可以访问某个 Web 站点。
>
> 使用**推送技术**（也称为“网络广播”），Web 服务器将信息传递给注册该服务的用户，而不是等待用户提出请求后才发送。

14-1b 应用服务提供商

在第 7 章中介绍的 ISP 提供免费的互联网接入。在一种称为**应用服务提供商**（application service providers，ASP）的最新商业模式下，对软件或服务的访问是收费的。**软件即服务**（software as a service，SaaS）也称为“按需软件”，也是软件服务的一种新商业模式。在这种模式下，ASP 向用户交付软件并收取一定的费用，软件可以临时或长期使用。使用这种交付模型，用户不必担心新的软件版本和兼容性问题，因为 ASP 提供了最新版本的软件。用户还可以将所有应用程序数据保存在 ASP 服务器上，这样软件和数据就可以移植。这种灵活性对于那些在不同地点旅行或工作的人来说是很方便的，但它也会造成隐私和安全问题。将数据保存在 ASP 服务器上而不是用户自己的工作站上可能会使这些数据更容易被攻击者窃取或损坏。

下面用一个简单的例子说明 SaaS 如何工作：假设个人想要编辑一个文档，“Chapter14. doc”，需要使用能完成此任务的字处理软件。若使用 SaaS，则不需要在计算机上安装软件，只需要从 SaaS 提供商站点访问它。然后，可以从提供商的服务器（并且不占用用户的计算资源）或在用户的计算机上运行该软件。“Chapter14. doc”文件的位置无关紧要。可以使用提供商的 SaaS 服务来编辑文档，该文档将保留在用户的硬盘上（或存储它的任意位置，比如闪存）。文字处理应用程序未存储在用户的计算机上，因此下次从提供商的 SaaS

站点访问文字处理软件时，就可能会得到较新版本的文字处理软件。SaaS 只提供软件，不提供数据与文档的存储资源或硬件资源，如处理能力和内存。

SaaS 模型可以采用多种形式，例如：

- 通用软件服务，如办公套件包；
- 特定服务，如信用卡处理；
- 专业市场中的服务，如医生、会计师和律师的软件解决方案。

一般来说，外包的优势是成本较低、传递信息更快，这些也适用于 ASP 模式。除此以外，ASP 有一些特定的优势，包括：

- 客户不需要关心软件是不是最新的。
- 空出信息系统人员的时间，使其专注于对组织更具战略重要性的应用（如客户关系管理和财务信息系统）。
- 软件开发成本分散在多个客户身上，因此供应商可以获得一些软件开发资金，开发出更完善的软件。
- 软件会根据用户的要求随时更新。
- ASP 合同保证了一定程度的技术支持。
- 组织的软件成本可以降低到一个可预测的月度费用。

以下是 ASP 的一些缺点：

- 通常用户只能接受 ASP 提供的应用；ASP 不提供根据用户需要定制的软件。
- 由于组织对如何开发应用程序的控制较少，因此存在应用程序可能无法完全满足组织需求的风险。
- 与客户其他应用程序和系统的集成可能存在困难。

谷歌、微软、Salesforce、NetSuite、Basecamp 和 Mint 都是提供 SaaS 的公司。谷歌为企业提供谷歌应用程序（www. google. com/apps），其中包括一些类似于传统办公套件的产品——谷歌商务应用（Gmail for Business）、谷歌日历（Google Calendar）、谷歌聊天（Google Talk）、谷歌文档（Google Docs）和谷歌网站（Google Sites）等（标准版是免费的）。Microsoft Office 365 通过提供名为 Microsoft Office Suite 的基于云的 Office 服务与谷歌展开竞争。Salesforce 提供了多种使用 SaaS 模式的企业应用程序，包括 CRM。NetSuite 提供 ERP 和财务软件套件。Basecamp（http://basecamphq. com）是一个基于 Web 的项目协作工具，支持用户共享文件、设置截止日期、分配任务和接收反馈。Mint 是一个基于 Web 的个人理财服务。SaaS 在人力资源应用程序中也很常见，并已与美国工时公司（Workday：www. workday. com）等供应商一起用于 ERP 系统。

应用服务提供商（ASP）提供收费的软件或服务访问。

软件即服务（SaaS）也称为“按需软件”，是 ASP 向用户交付软件并收取费用的一种模式，软件可以临时或长期使用。

14-2 虚拟现实

虚拟现实（virtual reality，VR）使用计算机生成的三维图像在真实环境中创建交互的幻觉。立体声和触觉增强了沉浸在三维真实世界中的感觉。在虚拟现实术语中，日常的物理世界被称为“信息环境”。

在虚拟现实技术出现之前，即便是最好的图形程序也只能使用二维环境来演示三维对象。虚拟现实技术增加了第三维空间，用户可以用一种以前不可能的方式与物体交互。著名的虚拟现实技术先驱托马斯·弗内斯（Thomas Furness）说："沉浸在虚拟现实世界中与使用模型、数字或文本分析相同信息之间的区别，就像在水族馆里看鱼与戴上潜水装备并且潜水之间的区别一样。"[1]

虚拟现实始于 20 世纪 60 年代的军事飞行模拟，但这些虚拟现实系统与当今的系统相比属于初级阶段。20 世纪 90 年代，日本松下公司建造了一个虚拟厨房，使其客户能够更换固定装置和电器，并在电脑上改变设计，然后在虚拟厨房里走来走去。客户的偏好可以成为厨房最终设计的蓝图。这是第一个不是为游戏设计而是为普通大众设计的虚拟现实系统。[2]

> "沉浸在虚拟现实世界中与使用模型、数字或文本分析相同信息之间的区别，就像在水族馆里看鱼与戴上潜水装备并且潜水之间的区别一样。"

在阅读后面的内容时，需要熟悉下列术语：

- 模拟——在虚拟现实环境中模拟物体的纹理和阴影以获得 3D 外观。
- 交互——使用户能够在虚拟现实环境中对物体进行操作，例如使用数据手套来拾取和移动物体。
- 沉浸感——通过使用特殊的硬件和软件（如本节稍后讨论的 CAVE），让用户感觉自己是环境的一部分。虚拟现实环境周围的真实世界被屏蔽，因此用户可以将注意力集中于虚拟环境。
- 远程呈现——让用户感觉到他们在另一个位置（甚至是一个地理位置遥远的地方），并且可以操纵对象，就好像他们实际上在那个位置一样。远程呈现系统使用各种复杂的硬件，在后面讨论。
- 全身沉浸——通过将互动环境与摄像机、监视器和其他设备结合起来，允许用户自由移动。
- 网络通信——通过连接两个或多个虚拟世界，允许不同位置的用户同时交互和操纵同一个世界。

虚拟现实（VR）使用计算机生成的三维图像在真实环境中创建交互的幻觉。

14-2a　虚拟环境的类型

虚拟现实中有两种主要的用户环境：以自我为中心的和以外部为中心的。在**以自我为中心的环境**（egocentric environment）中，用户完全沉浸在虚拟现实世界里。这种环境中最常用的两种技术是，头戴式显示器（head-mounted display，HMD）技术和使用激光的虚拟视网膜显示（virtual retinal display，VRD）技术。图 14-1 显示了使用每种设备的例子，下面对各项技术进行详细讨论。

图 14-1　以自我为中心的 VR 技术

在**以外部为中心的环境**(exocentric environment)中,用户可以看到一个“窗口视图”,数据仍然是以3D形式呈现的,但用户只能在屏幕上查看。用户不能像在以自我为中心的环境中那样与对象交互。在这个环境中使用的主要技术是三维图形。

> 在**以自我为中心的环境**中,用户完全沉浸在虚拟现实世界里。
> 在**以外部为中心的环境**中,用户可以看到一个“窗口视图”,数据仍然是以3D形式呈现的,但用户只能在屏幕上查看。用户不能像在以自我为中心的环境中那样与对象交互。

14-2b 虚拟现实系统的组成

虚拟现实系统的主要组成部分有:

- 视觉和听觉系统——这些组件允许用户看到和听到虚拟世界。前面提到的头戴式显示器(HMD)包含两个小电视屏幕(每只眼睛前面有一个)和一个放大镜头来生成视图。头盔顶部的传感装置决定了使用者头部的方位和位置。然后这些信息被传送到电脑中,电脑会根据每只眼睛的不同视角产生两张图片,就像人类的眼睛一样。HMD还可以将立体声融入虚拟现实环境,使环境更加逼真。在使用虚拟视网膜显示(VRD)时,一束携带图像的低功率激光束被投射到用户的眼球后部。与HMD一样,用户可以在不忽视物像的情况下向任何方向移动头部。
- 手动导航控制——该组件允许用户在虚拟现实环境中导航并控制各种对象。最常用的设备是数据手套(见图14-2)。有了它,用户可以定向“抓取”,操纵物体,体验有限的触觉感受,比如确定物体的形状、大小、硬度或柔软度。数据手套也可以用作输入设备,就像鼠标一样。例如,在软件支持下,用户可以使用数据手套,打开对话框或下拉菜单。数据手套上覆盖着光学传感器,这些传感器向计算机发送信息,计算机以图形方式重建用户的移动。在虚拟世界中代表用户手的智能代理机复制用户手的实体动作。

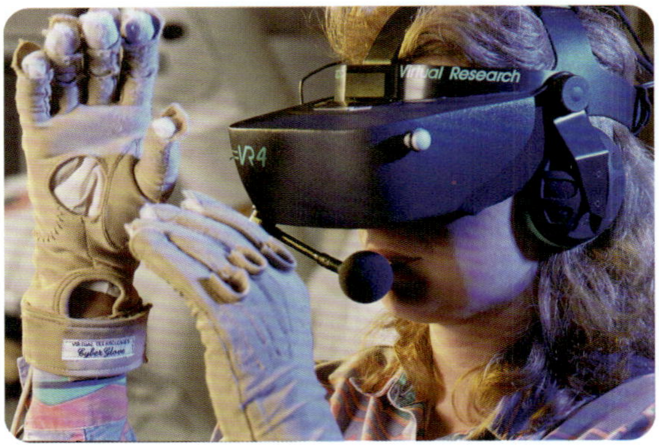

图14-2 VR组件

- 中央协调处理器和软件系统——该组件实时生成和处理高质量的图形,因此需要非常快速的处理器。要实时显示图像,就必须快速渲染三维图像图形,并且屏幕刷新速度必须非常快。
- 助行器——该输入设备捕捉并记录用户在不同方向上行走或转弯时的脚部运动。

14-2c CAVE

洞穴自动虚拟环境(cave automatic virtual environment,CAVE)是由一个立方体形状的房间组成的虚拟环境,房间的墙壁是后投影屏幕。它使用全息设备来创建、捕捉和显示真实的三维图像(见图14-3)。人们也可以进入另一处地方的其他CAVE,并与其他用户交互,无论他们在地理位置上有多远。高速数码相机捕捉一个用户的存

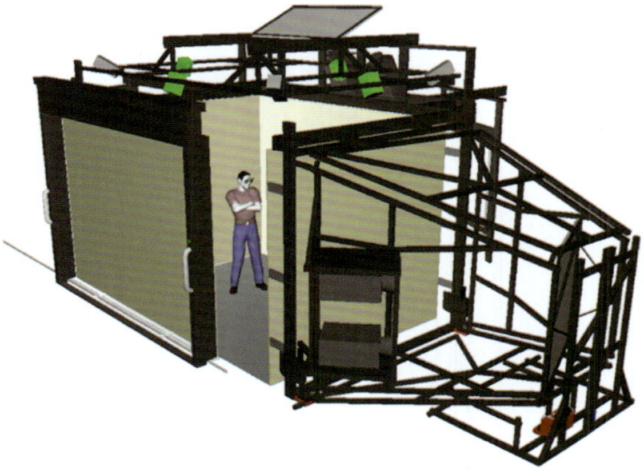
图14-3 CAVE示例

在和移动，然后重新创建并发送这些图像给其他 CAVE 用户。这样，人们就可以像在同一个房间里一样进行对话。

CAVE 被用于许多研究领域，包括考古学、建筑学、工程学、地质学和物理学。一些工程公司利用 CAVE 来改进产品的设计和开发。有了 CAVE，它们可以创建和测试原型、开发接口、模拟工厂布局和装配线，而无须投资和布置物理设备。许多大学，包括布朗大学、伊利诺伊大学香槟分校和杜克大学，都利用 CAVE 进行地质研究、建筑研究和解剖学研究。

洞穴自动虚拟环境（CAVE）是由一个立方体形状的房间组成的虚拟环境，房间的墙壁是后投影屏幕。洞穴是一种全息设备，它可以创造、捕捉和显示真实的三维图像。

14-2d　虚拟现实的应用

美国军方使用虚拟现实系统进行飞行模拟。在医学上，它们被用于“不流血”的手术。在娱乐业，它们被用于游戏和影院。最终，它们将用于信息系统中的用户界面。读者可能在电影《少数派报告》中看到过这样一个例子，汤姆·克鲁斯使用 3D 用户界面检查犯罪报告中的文档、图形和视频文件。这项技术已经出现，并且在实际中得到了应用。

虚拟现实系统也可以用于许多其他的商业场景。例如，当一家公司想开设一个新工厂时，虚拟现实系统可用于选址。结合虚拟现实功能的仿真模型将允许对备选地点进行虚拟漫游，形成比地图和模型更具真实感的视图。以下是目前虚拟现实系统的一些业务应用：

- 残疾人援助——虚拟现实有助于拓展残疾人的能力。例如，四肢瘫痪患者可以使用头盔显示器 360 度观察周围环境，或者脑瘫患者可以学习如何在虚拟现实环境中操作电动轮椅。[3]
- 建筑设计——建筑师和工程师使用虚拟现实系统创建模型，并构建原型展示给客户。使用虚拟现实系统，可以创建多个版本，向客户演示修改不同因素的结果。建筑师和工程师也可以使用虚拟现实系统，在不使用物理材料的情况下安全地测试不同条件（如风切变）下的结果。
- 教育——虚拟现实系统用于游戏化、模拟式教育，例如用于教授数学技能的虚拟现实“闪存卡”，将视觉、声音和触觉融入游戏，帮助改进学习过程。再比如，在世界地理课上，虚拟地球仪可以与触摸技术一起使用，当学生触摸时，触摸技术可以显示有关国家语言、人口、政治制度等的不同实际情况。
- 飞行模拟——商业航空公司和军方多年来一直在使用飞行模拟器。飞行模拟器用于训练飞行员操作新设备或在异常条件完成操作。在虚拟现实环境中进行培训比在实际设备上进行培训更安全、成本更低。

虚拟现实系统也可以用于视频会议和群组支持系统。目前使用电视屏幕的技术无法完全获得并呈现其他人的存在，人们也无法有效地握手或直接进行眼神交流。虚拟现实系统可以帮助克服这些障碍，给参与者一种置身于同一个房间的效果，这使得真正的互动更有可能得以实现。有了数据手套，即使相隔数千英里，人们也可以握手致意。这个场景听起来像科幻小说，但技术已经存在。它赋予了美国电话电报公司的老口号“伸出手去接触他人”以新含义。

有了数据手套，即使相隔数千英里，人们也可以握手致意。

虚拟现实的一个相对较新的应用是用于治疗性侵受害者、机动车事故受害者、恐高者、惧怕飞行者和害怕公众演讲者，还可用于治疗饮食失调症和酗酒症。人类治疗与基于虚拟现实的治疗的区别在于，虚拟现实的曝光效应是在虚拟环境中创建的。戴上耳机，病人就会沉浸在环境中，看到现实生活中发生的事情。一项研究指出，经过治疗，参与者报告的创伤后应激障碍症状减少了 15%～67%。[4]

下面的小贴士介绍了虚拟现实技术在洛克希德·马丁公司的应用。

小贴士

洛克希德·马丁公司的虚拟现实

总部位于马里兰州贝塞斯达的洛克希德·马丁航空公司制造了世界上最先进的军用飞机。该公司在科罗拉多州利特尔顿建立了一个装备了虚拟现实技术的模拟实验室，用来模拟和测试新产品和新工艺，然后将其引入市场。该实验室可用于测试空间系统、卫星、运载火箭和导弹防御系统。根据洛克希德·马丁公司的说法，虚拟现实技术通过制作产品模型并在实际生产之前对其进行测试，降低了生产成本。当然，模型的修改要比实际产品的修改简单得多，也便宜得多。实验室最早使用的虚拟现实技术的产品之一是美国空军的 GPS Ⅲ 系统（该项目耗资 14.6 亿美元），也被称为“下一代”GPS。该公司称，该实验室还可能用于美国宇航局的“猎户座”项目，这种飞行器可以将宇航员带到国际空间站及更远的空间。洛克希德·马丁公司发言人迈克尔·弗里德曼（Michael Friedman）说，使用虚拟现实技术的原理是“移动电子比移动分子容易”。[5]

14－2e　使用虚拟现实系统的障碍

使用虚拟现实技术的一个主要障碍是，目前没有足够的光纤电缆来传输能够重新创建会议的虚拟现实环境所需的数据。由于人们身处不同的地理位置，高速传输能力是参与者进行实时交互所必需的。如果不具备这种能力，就会导致每次在虚拟现实环境中的行动都要延迟几秒钟，这会让人很沮丧。

近年来，虚拟现实系统引起了人们的极大兴趣，但要实现这项技术的潜在能力，必须解决以下问题：

- 虚拟现实环境与真实环境之间的混淆——用户有可能无法区分现实与虚拟现实，这种可能性是一种潜在的危险，特别是当人们开始相信他们在虚拟环境中所做的任何事情在现实世界中都是可以接受的时，例如在虚拟的电脑游戏中，允许用户折磨或杀害他人，这种风险尤其令人担忧。
- 头盔显示器的移动性和其他问题——根据当前的技术，用户在佩戴头盔显示器时被“拴”在一个有限的区域内，如果不卸下装备，就无法切换到虚拟世界之外执行任务。此外，HMD 中的刷新率仍然不够快，因此佩戴 HMD 时可能会发生一定程度的视觉失真。
- 表示声音的困难——如果声音需要移动，例如飞机从头顶经过，在 3D 环境中实现是困难的。创造静止的声音是很容易的，但是在当前的技术中，当物体离开或靠近时，再现声音衰减或变得更响亮的效果要困难得多。
- 需要额外的计算能力——虚拟现实系统需要大量内存和很快的速度来操作大型图形文件，并提供给人以真实世界印象所需的即时响应。连续快速地绘制和刷新帧需要具有大量内存和运算速度极快的计算机。

无论如何，随着技术的飞速发展，这些问题会在不久的将来得到解决，以使虚拟现实系统得到更广泛的应用。

14－2f　虚拟世界

虚拟世界（virtual world）是一个模拟的环境，用户可以通过化身进行交互。**化身**（avatar）是虚拟世界中一个人的二维或三维图形表示，常用于聊天室和在线游戏（见图 14－4）。市场研究公司 Strategy Analytics 预测，到 2015 年，全球将有 6.4 亿人居住在虚拟世界中，比 2009 年的 1.86 亿人增加 244%。[6]

用户可以操纵模拟世界中的物体，体验有限的临场感，让他们感觉身处另一个位置。用户之间的通信可

© Moneca/Shutterstock.com, © Hywit Dimyadi/Shutterstock.com, © Moneca/Shutterstock.com

图 14－4　第二人生中的化身

以采用文本、图形图标和声音的形式。例如，可以在第二人生（SecondLife，一个由林登实验室开发的虚拟世界平台）中购物；这里有粉丝网站、博客、论坛、新闻网站和分类广告。目前，虚拟世界最常用于游戏、社交网络和娱乐。不过，它们已经开始被用于商业和教育领域。例如，IBM 公司正在使用虚拟世界进行客户培训。其他组织使用虚拟世界来进行各种业务活动，如营销和销售、产品开发、招聘和团队会议。例如，诺斯罗普・格鲁曼公司（Northrop Grumman Corporation）使用第二人生展示原型，进行模拟，并实现在物理世界中因危险、昂贵或其他不可行的情况无法实现的员工培训。美国国家海洋和大气管理局（The National Oceanic and Atmospheric Administration，NOAA）也将第二人生作为一种营销渠道来接触新客户。[7]广泛使用虚拟世界的包括：

- ActiveWorlds（动态世界，3D 虚拟现实平台，https://www. activeworlds. com /index. html）
- Club Penguin（企鹅俱乐部，在线游戏，www. clubpenguin. com）
- EGO（社交网络游戏，www. kongregate. com/games/PunchEnt/ego-city）
- Entropia Universe（多人虚拟宇宙，www. entropiauniverse. com）
- Habbo（社交网站，www. habbo. com）
- RuneScape（多人角色扮演游戏，www. runescape. com）
- SecondLife（第二人生，虚拟世界平台，http://secondlife. com）

> **虚拟世界**是一个模拟的环境，用户可以通过虚拟形象进行交互。
> **化身**是虚拟世界中一个人的二维或三维图形表示，常用于聊天室和在线游戏。

14－3　射频识别：概述

射频识别（radio frequency identification，RFID）是一种由微芯片和天线组成的小型电子设备（见图 14－5）。该设备与信用卡和借记卡上的条形码、通用产品代码（universal product codes，UPC）和磁条执行相同的任务，就是为带有标签的卡或对象提供唯一标识。

图 14－5　RFID 标签

与条形码和其他系统不同，RFID 设备不必与扫描仪接触即可读取。图 14－6 展示了一个 RFID 阅读器。由于它具有内置天线，因此可以读取距离大约 20 英尺以内的信号。RFID 的优势，加上它的低成本（每个标签不到 10 美分），使得这个设备深受零售业和其他行业的欢迎。

RFID 标签有两种类型：被动型和主动型。被动型 RFID 标签没有内部电源，因此可以非常小。通常，它们从接收设备上吸收信号，将该信号转换为能量，并使用该能量对接收设备做出响应。被动型标签通常比主动型标签更持久。最好的被动型标签有 10 年的寿命。主动型 RFID 标签有一个内部电源，通常比被动型标签更可靠，可以在更宽的范围内广播信号。这些标签也可以嵌入贴纸或皮肤下（人或动物）。

尽管 RFID 技术有很多优点，但也存在一些技术问题以及隐私和安全问题。在技术层面上，来自多个阅读器的信号可能重叠，信号可能被干扰或中断，标签很难移除。在隐私和安全问题上，商品离开商店后仍有可能在客户不知情的情况下读取标签内容，并且可以将具有唯一序列号的标签链接到信用卡号码上。

图 14－6　RFID 阅读器

射频识别（RFID）是一种由微芯片和天线组成的小型电子设备。该设备为带有标签的卡或对象提供唯一标识。

14－3a　RFID 应用

RFID 设备已经被公共和私营部门的许多组织使用，包括沃尔玛、美国国防部、丰田公司和盖普公司。表 14－1 列出了 RFID 的一些常见应用，分为五大类。[8]

表 14-1 RFID 的应用

类别	示例
跟踪与识别	铁路车辆和集装箱，牲畜和宠物，供应链管理（跟踪从制造商到零售商到客户的商品），库存控制，零售结账和 POS 系统，回收和废物处理
支付和储值	电子收费系统，非接触式信用卡（无须刷卡），地铁和公交通行证，赌场代币，音乐会门票
访问控制	建筑门禁卡，滑雪电梯通行证，汽车点火系统
防伪	赌场代币，高面值纸币，奢侈品，处方药
保健	跟踪医疗工具和患者（特别是新生儿和老年痴呆症患者），过程控制，监控患者数据

下面的小贴士描述了可口可乐公司如何使用 RFID。

小贴士

引发可口可乐公司商务智能的 RFID 自动售货系统

可口可乐正在实施一个自动售货系统，它能售卖 100 多种苏打水、果汁、茶和调味水。该系统正在加利福尼亚州、佐治亚州和犹他州进行测试，公司计划在全美范围内实施。这种“自由式”售货系统不仅为消费者提供多种软饮料选择，而且允许他们按自己的口味进行饮料的混合。与此同时，可口可乐公司收集到了宝贵的商业数据，可以利用这些信息来提高软饮料的生产效率和销售收益。该售货系统包含用 RFID 芯片标记的暗盒，每个售货系统都有 RFID 阅读器。该系统收集顾客购买了什么饮料以及购买数量的数据。然后，这些信息通过无线网络传输到佐治亚州亚特兰大的数据仓库。可口可乐对数据进行处理，并分析新产品的市场表现。[9]

14-4 快速响应码

快速响应码［quick response（QR）code］是一种矩阵条码，由白色背景上以正方形排列的黑色模块组成。与标准 UPC 条码相比，它提供了更大的存储容量（如图 14-7 所示）。尽管 QR 码已经存在了很多年，但它最近越来越受欢迎，特别是作为一种营销工具。

图 14-7 快速响应（QR）码

与传统条码相比，QR 码具有以下特点[10]：

- 高存储容量；
- 打印输出尺寸小；
- 耐灰尘；
- 可从任何方向读取；
- 与日文字符集兼容。

装有摄像头的智能手机可以读取 QR 码。智能手机需要先下载扫描仪应用程序，以便相机能够读取二维码。这就消除了对笨重的手持扫描仪的需求，这也是QR码比条形码和RFID越来越受用户欢迎的原因之一。

QR码很快出现在杂志广告、广告牌、餐厅菜单、网页、博客和社交网站上，甚至在T恤和运动装备上也能看到。事实上，它们广受欢迎的一个主要原因是它们可以存储（并以数字方式呈现）更多数据，包括URL链接、地理坐标和文本。企业也会很快开始在名片、咖啡杯、网站、网页弹出式横幅广告等的上面使用更多QR码来向其商业伙伴传递信息。换句话说，企业员工将不再需要随身携带纸质文件。QR码也可以用于贸易展览，以吸引客户访问企业的网站。[11]

QR码可以免费在线创建。一种方法是使用谷歌短网址（Google URL Shortener，http://goo.gl），每当网址被缩短时，它会自动为网页创建二维码。[12]也有其他一些网站免费创建QR码，例如invx.com。下面的小贴士介绍了一些正在使用QR码作为营销工具的公司。

小贴士

现实中的QR码

萨克布鲁葡萄酒公司（Sacre Bleu Wine）总部位于明尼苏达州的普赖尔湖，在其广告活动中应用了包括脸谱、推特和YouTube在内的社交媒体。现在，该公司在其两种葡萄酒的标签上添加了QR码：赤霞珠（Cabernet Sauvignon）和长相思（Sauvignon Blanc）。公司能够在消费者购买葡萄酒时，通过QR码向他们传递重要信息。客户用智能手机扫描QR码后会打开一个网站，该网站包括促销信息、特价，甚至包括顶级厨师关于将葡萄酒与各种食物混合搭配的意见、建议和提示。对于公司来说，这是一种推广产品并建立客户忠诚度的便宜的方式。[13,14]

以下是一些有效使用QR码的公司：

- 百思买使用QR码记录客户在其门店查询的内容。[15]
- Calvin Klein在2010年将QR码用于广告牌。[16]
- 戴尔电脑公司使用QR码进行在线竞赛，参赛者可在竞赛中赢得一台新笔记本电脑。[17]
- 麦当劳使用QR码显示营养信息。[18]
- 百事可乐使用QR码推送视频内容。[19]
- 美国拉夫劳伦公司使用QR码将消费者吸引到其门店。[20]
- 星巴克使用QR码作为付款方式。[21]

快速响应（QR）码是一种矩阵条码，由白色背景上以正方形排列的黑色模块组成。

14-5 生物识别技术：回顾

自2001年9月11日以来，生物识别技术在刑事鉴定、监狱安全、机场安全等法医学及相关执法领域的应用越来越广泛。由于生物识别技术提供了其他安全措施无法提供的高精度测定结果，因此它们有可能在许多民用领域得到应用。该技术已经可以通过电话用于电子商务和银行等行业。例如，可以用客户声音作为生物特征元素，使用语音合成器来远程识别客户。以下是生物特征识别的一些已经实现或将会实现的应用：

- ATM 卡、信用卡和借记卡——即使用户忘记了自己的个人识别码（PIN 码），只要用户在卡上存储了自己的生物特征，就可以使用自己的卡。生物识别技术还能使 ATM 卡、信用卡和借记卡更加安全，因为如果它们丢失或被盗，其他人根本无法使用它们。
- 网络和计算机登录安全——其他安全措施，如身份证和密码，可能被复制或窃取，而生物特征安全措施则不太可能出现这种情况。例如，指纹读取器已经是一款价格适中的产品。
- 网页安全——生物特征测量可以为网页增加另一层安全性，以防止攻击，消除或减少电子涂鸦。例如，股票交易网站可能要求客户通过指纹识别登录。
- 投票——例如，生物特征可用于确保人们投票不超过一次，并且可以用于通过互联网进行投票的身份验证。
- 员工时钟——生物识别技术可以唯一地识别每个员工，并验证上下班时间。这项技术还可以防止一位同事替另一位同事签到。
- 体育俱乐部的会员身份识别——一些体育俱乐部使用指纹扫描仪允许会员入场。这项技术提高了便利性和安全性。
- 机场安全和快速办理登机手续——多年来，以色列机场一直在使用生物识别技术。特拉维夫本古里安国际机场有一个基于智能卡的飞行常客快速登记系统，存储用户手部几何形状的信息。有了这个系统，旅客可以在 20 秒内通过值机点。[22]
- 护照和高度安全的政府身份证——未经授权的人不得复制和使用经生物认证的护照或身份证。24 岁以上的德国公民可以申请电子护照，这是一种包含存储数字照片和指纹的芯片的护照。其他生物特征识别，如虹膜扫描信息，也可以添加进去。
- 体育赛事——德国在 2004 年希腊雅典夏季奥运会上使用生物识别技术保护运动员。NEC 公司创建了一个包含运动员指纹的身份证，用于安全访问。
- 手机和智能卡——生物特征可用于防止对手机和智能卡的未经授权的访问，并防止他人在手机和智能卡丢失或被盗时使用它们。苹果的 iPhone 5s 就是一个例子，它配备了指纹识别传感器。

下面的小贴士介绍了人脸识别技术在现实生活中的几个潜在应用。

小贴士

现实中的人脸识别技术

苹果、谷歌、脸谱和特易购等公司越来越多地将人脸识别技术用于安全和其他目的。谷歌使用它对存在于网上的数十亿张照片进行图像搜索，以识别用户。人脸识别技术还用于 Google Glass。脸谱使用它是为了识别用户和潜在的目标市场。苹果也用它来识别其用户。

脸谱的数据显示，它的面部识别技术 DeepFace 准确率达到 97.25%，相比之下，人类识别人脸的准确率为 97.53%，准确率几乎相同。[23]

这种技术的潜在商业市场是巨大的。站在数码广告显示屏旁的女性可能会突然看到化妆品的展示，上面有最近销售这些商品的商店的信息或者是网址。该系统已将潜在客户确定为 20 多岁的女性，并显示相应的潜在销售产品。该技术使系统能够根据特定的人调整其消息。

卡夫食品公司和阿迪达斯公司正计划利用人脸识别技术推广它们的产品。芝加哥的酒吧老板正在使用人脸识别技术来监控客人中的性别比例和年龄组合。[24]

人脸识别技术作为一种生物测量手段，与指纹或视网膜识别等其他生物测量手段有着本质的区别，该技术不需要个人通过选择性加入的许可方式加入系统，就可以被识别。公共场所的任何相机都可以拍摄一个人的照片，并以高度的准确性认出他或她。因此，必须仔细考虑这项技术的潜在用途，以防范安全和隐私问题。[25]

14-6 网络技术新趋势

下面讨论网络技术的最新趋势。其中，大部分已经被使用，比如无线技术和网格计算。其他技术，比如WiMAX和云计算，虽然比较新，但是吸引了很多人的关注。

14-6a Wi-Fi

无线保真（Wireless Fidelity，Wi-Fi）是一种宽带无线技术，允许计算机和其他设备通过无线信号进行通信。信息可以以无线电波的形式在室内120英尺和室外300英尺的短距离内传输。可以使用Wi-Fi将计算机、手机和智能手机、MP3播放器、PDA和游戏机连接到互联网。一些餐厅、咖啡厅和大学校园提供Wi-Fi接入，这些被称为“热点”。Wi-Fi连接易于设置，数据传输速度快，并且具有移动性和灵活性。然而，它们容易受到其他设备的干扰，也易于被截获，存在安全隐患。此外，还缺乏对高质量流媒体的支持。

无线保真（Wi-Fi）是一种宽带无线技术，信息可以以无线电波的形式在室内120英尺和室外300英尺的短距离内传输。

14-6b WiMAX

全球微波互联接入（worldwide interoperability for microwave access，WiMAX）是一种基于IEEE 802.16标准的宽带无线技术。它是为无线城域网（WMAN，在第6章中讨论过）而设计的，若使用固定基站接入，通常覆盖大约30英里的距离，若使用移动基站接入，通常覆盖3～10英里的距离。与Wi-Fi相比，WiMAX理论上具有更快的数据传输速率和更长的传输范围。此外，它的安装与部署快速便捷，能使设备使用相同的频率进行通信，一个基站可以为数百个用户提供服务。

WiMAX的缺点包括：易于被其他无线设备干扰、成本高、会受天气条件影响（如下雨）而产生中断。这项技术还需要大量的能源，当多个用户共享带宽时，传输速度会降低。

全球微波互联接入（WiMAX）是一种基于IEEE 802.16标准的宽带无线技术。若使用固定基站接入，通常覆盖大约30英里的距离，若使用移动基站接入，通常覆盖3～10英里的距离。

14－6c 蓝牙

蓝牙（bluetooth）是一种无线技术，允许固定和移动设备在短距离（通常为 30 英尺）内传输数据。它还可用于创建个人区域网络（PAN），用于计算机设备（包括电话、PDA 和游戏机）之间的通信。PAN 可用于设备之间的通信或连接到互联网。蓝牙与移动耳机一起使用，已成为一种在驾驶时使用手机通话的更安全的方式。蓝牙使用一种称为跳频扩谱（Frequency Hopping Spread Spectrum，FHSS）的无线电技术，将数据分成块，并在需要时以不同的频率发送每个块。蓝牙还用于连接计算机、全球定位系统（GPS）、移动电话、笔记本电脑、打印机和数码相机等设备。与红外设备不同，蓝牙没有视野的限制。与其他无线设备类似，信号易被截获也是蓝牙技术所面临的安全问题。

蓝牙还可以通过以下方式使用：

- 可在其无线控制器中操作视频游戏，如任天堂游戏机和索尼 PlayStation。
- 企业可以使用它向支持蓝牙的设备发送短广告。例如，餐厅可以发送晚餐特价通知。
- 可通过蓝牙连接无线设备，如鼠标、键盘、打印机或扫描仪。
- 放置在一起的计算机可以通过蓝牙组网。
- 联系信息、待办事项列表、约会和提醒可以在蓝牙设备和支持对象交换协议（OBEX，一种用于传输二进制数据的通信协议）的设备之间进行无线传输。

蓝牙是一种无线技术，允许固定和移动设备在短距离（通常为 30 英尺）内传输数据。可用于创建个人区域网络（PAN）。

14－6d 网格计算

一般来说，**网格计算**（grid computing）需要结合各种计算机的处理能力（如图 14－8 所示）。通过这种配置，用户可以利用其他计算机的资源来解决涉及大规模、复杂计算的问题，例如电路分析或机械设计问题，而这些问题是单台计算机无法及时解决的。网格中的每个参与者都被称为"节点"，网格计算的一个主要优势是节约成本，因为公司不必购买额外的设备。此外，超负荷使用的节点上的处理可以切换到空闲的服

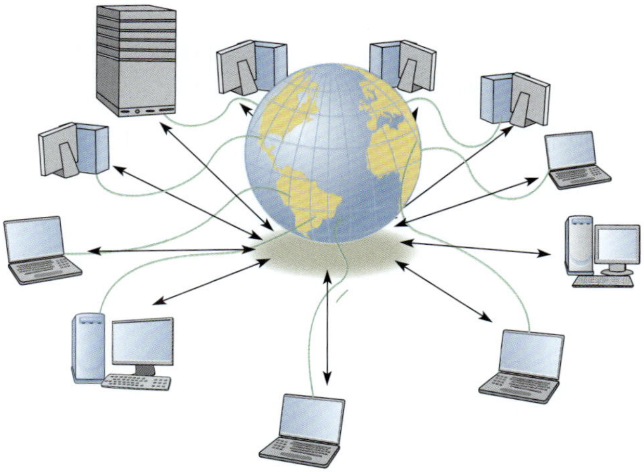

图 14－8 网格计算的构成

务器甚至是桌面系统上。网格计算已经在生物信息学、石油和天然气钻探以及金融服务中得到应用。

网格计算的其他优点包括：

- 提高可靠性——如果网格中的一个节点出现故障，另一个节点可以接管。
- 并行处理——复杂任务可以并行执行，从而提高性能。换言之，一个大型复杂任务可以被拆分为在多个节点上同时运行的较小任务。
- 可扩展性——如果需要，可以添加更多节点以获得额外的计算能力，而不影响网络的运行。网格的升级也可以通过分割网格并分阶段升级来实现，不会对网格的整体性能产生任何重大影响。

网格计算确实有一些缺点。不能在节点之间传播的应用程序不适合网格计算；需要单个节点提供超过内存的应用程序不能在网格上计算。此外，当计算需要在几个不同结构的网络域中进行同步操作时，需要复杂的网络管理工具，这对许可协议提出了极大的挑战。最后，一些组织拒绝共享资源，即使这样做有利于它们。

> **网格计算**需要结合各种计算机的处理能力。通过这种配置，用户可以利用其他计算机的资源来解决涉及大规模、复杂计算的问题，例如电路分析或机械设计问题，而这些问题是单台计算机无法及时解决的。

14-6e 效用（按需）计算

效用（按需）计算［utility（on-demand）computing］是指依照需求提供 IT 服务。用户根据需要支付使用计算或存储资源的费用，类似于支付诸如热和水等公用事业的费用。便利性和成本节约是效用计算的两大优势，但效用计算在隐私和安全方面确实存在缺陷。因为该计算和存储都不在公司内进行，所以数据被盗或损坏是一个问题。

效用计算可以与之前介绍的 SaaS 模型一起工作。回到编辑 Word 文档的例子，假设“Chapter14. doc”文件非常大，因为它包含很多图像。用户注意到自己的计算机运行缓慢，因为它的 CPU 较旧，并且没有足够的内存来充分处理该文件。此时，使用效用计算，用户可以向服务提供者请求计算能力和内存。这就像租用一台功能强大的计算机，只在用户需要的时候使用它。SaaS 负责出租软件，而效用计算负责出租硬件资源，如 CPU 和内存。

> 使用效用计算，用户可以向服务提供者请求计算能力和内存。这就像租用一台功能强大的计算机，只在用户需要的时候使用它。

大学和研究中心利用效用计算来运行本机构内资源无法支持的复杂程序。太阳计算机系统（Sun Microsystems，现在是甲骨文公司的一部分）和 IBM 公司以提供存储空间和虚拟服务器的形式开展这项服务。也有其他公司提供虚拟数据中心，将用户所需的内存、外存和计算能力结合起来，提供组合服务，例如，Liquid Computing 提供的 LiquidIQ（www. liquidweb. com）。提供效用计算的其他供应商还有 ENKI（http://enki. co）、Joyent（www. joyent. com）和 Layered Tech（www. layeredtech. com）。甚至美国宇航局也会以收费的方式出租它的超级计算机，这样既能带来收入，又能保证超级计算机的使用率。

> **效用（按需）计算**是指依照需求提供 IT 服务。用户根据需要支付使用计算或存储资源的费用，类似于支付诸如热和水等公用事业的费用。

14－6f　云计算

云计算（cloud computing）在一个平台下融合了许多最新的技术，包括 SaaS、Web 2.0、网格计算和效用计算；基于这种融合，平台通过互联网向用户提供各种资源。业务应用程序可以通过 Web 浏览器访问，数据可以存储在提供者的服务器上。[26]此外，云提供商（如亚马逊）建立了一个环境，使用户能够订阅 SaaS、实用程序、网格和所需要的其他服务，并为用户协调所有这些服务。

几乎所有的技术供应商都参与了云计算。IT 咨询公司 BTC Logic 将云计算划分为七个领域，并列出了每一类中的一些顶级提供商（见表 14－2）。[27]

表 14－2　云计算的种类与顶级提供商

种类	顶级提供商
基础架构云（提供使构建云基础设施成为可能的工具和软件）	威睿（VMware），微软，红帽
基础设施云	亚马逊，IBM
网络服务云（提供与云基础和基础设施结合来形成云架构的通信组件）	三级计算服务，亚马逊，思科，美国思杰公司（Citrix）
平台云	亚马逊，IBM
应用云	谷歌，Salesforce. com，甲骨文，美国多宝箱云存储公司（DROPBOX）
安全云	EMC/RSA，赛门铁克，IBM
管理云	IBM，亚马逊

回到编辑“Chapter14. doc”文件的例子，假设用户使用的是 iPhone 而不是计算机。显然，iPhone 没有足够的存储空间来保存这么大的文件，也没有必要的计算能力或 Word 软件。使用云计算，用户可以在供应商的 SaaS 站点订阅 Word，将文档存储在供应商提供的外部存储单元上，并在供应商提供的多处理器系统上运行 Word。甚至可以从云中可用的另一台计算机上获得额外的内存，由云供应商协调所有这些任务。而 iPhone 只是编辑文档时用来查看文档的设备，因为它是一个移动设备，用户可以在任何地方使用。换句话说，文档、软件和计算资源就像一个云，无论用户走到哪里，它都围绕着，并且在需要的时候随时可用。

通常，云计算包括基础设施即服务（infrastructure as a service，IaaS）、平台即服务（platform as a service，PaaS）和软件即服务（software as a service，SaaS）形式的组件。如图 14－9 所示。

基础设施即服务（IaaS），也称为硬件即服务（hardware as a service，HaaS），是将计算机基础设施（如存储、硬件、服务器和网络组件）作为服务提供给客户的一种云计算。服务提供商拥有设备，并负责设备的安装、运行和维护。数据中心常提供这种模式的云服务，在这些数据中心，基础设施被用作外包服务，而数据中心只是根据客户的使用情况和使用量进行计费。

平台即服务（PaaS）是指将部署完成的计算平台或解决方案作为服务提供给客户。客户只需要使用该平台和环境在互联网上构建应用程序和服务。PaaS 服务托管在云中，客户端通过其 Web 浏览器即可实现访问。PaaS 在云端实现了应用程序的配置、部署和日常管理的自动化。

云计算有许多分布式计算的优点和缺点。通过云，用户可以请求服务、应用程序和存储。对于中小型企业来说，这意味着它们可以专注于所提供的服务和产品，不必通过投资昂贵的设备来与大型企业进行竞争。

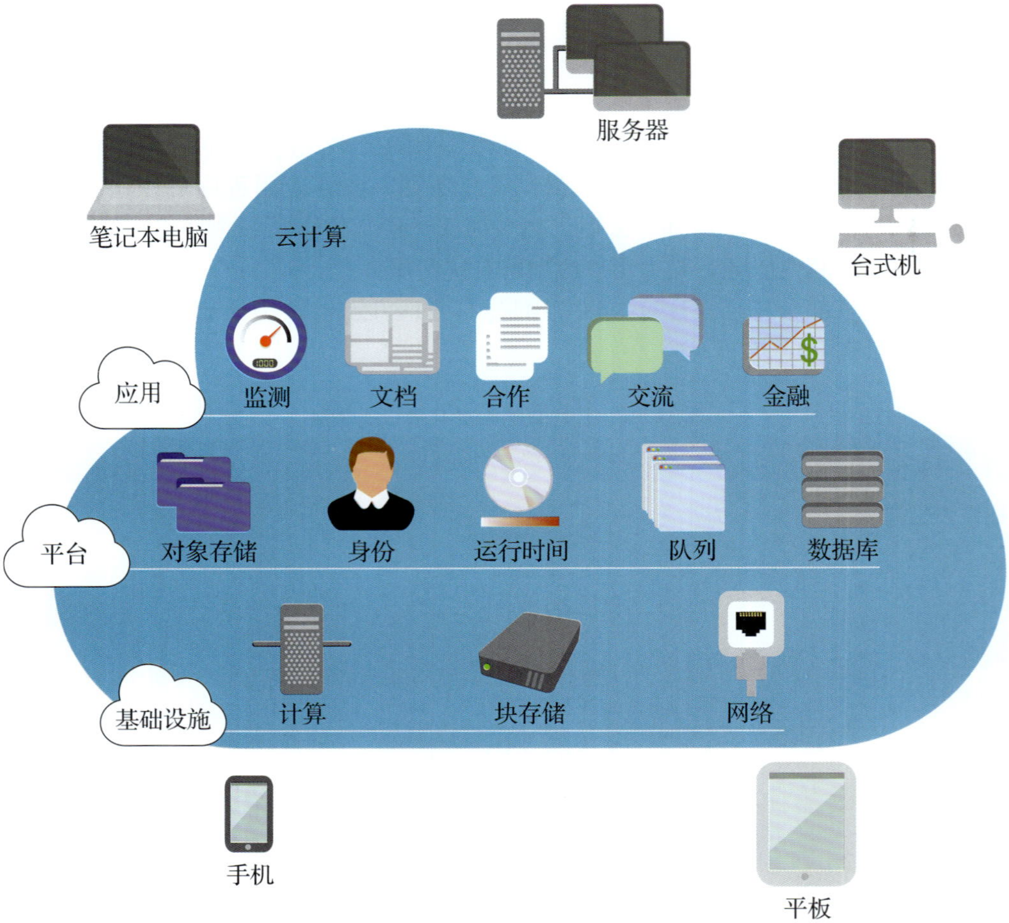

图 14－9　云计算的构成

云服务通常是要收费的，也有些是免费的。包括 Gmail、Google Talk 和 Google Docs 在内的谷歌应用程序提供了通过 Web 浏览器访问的常规应用。这些软件及数据都存储在谷歌的服务器上，而不是用户的计算机上。这些应用中供个人使用的标准版是免费的。[28]下面的小贴士介绍了几个面向小型企业的云应用程序。

小贴士

支持小型企业的云计算

通过提供灵活的发展和规模增长，云计算可以让小型企业与大型企业处于同样的竞争地位。在某种程度上，云计算给小型企业带来了竞争优势，因为小型企业不用预先为 IT 服务和基础设施支付所有费用——企业可以从云提供商那里得到它们需要的东西，并按需付费。安全性和宕机是小型企业对云部署的担忧之一。

云计算使小型企业能够更便宜、更快、更容易地获得所需的工具和应用程序。用于营销的推特与谷歌的 Gmail 是小型企业早期使用的应用程序。根据 Emergent Research 进行的一项调查，74%的小型企业（员工少于 50 人的企业）使用基于云的应用程序，如在线银行和社交媒体。

位于佛罗里达州海厄利亚市的 Kebroak BBQ 公司共有七名员工，该公司进口木炭并向全国各地的零售商和餐馆分销。该公司的合伙人朱莉娅·苏里亚诺（Julia Suriano）当时正怀着一个孩子，她需要随时随地访问公司数据。云计算是解决问题的办法。苏里亚诺通过使用 Gmail 和社交媒体从 Intuit QuickBooks 公司的桌面会计软件转向基于云计算的会计软件。同时，公司采用 Dropbox 存储数据。目前，她可以从任何地方访问关键数据。

根据 Emergent Research 的调查报告，到 2020 年，云计算将改变小型企业的运营方式。[29]

公共云、私有云、混合云和社区云：选择哪一种？

使用云计算时有四种选择：公共云、私有云、混合云和社区云。组织通常根据其安全需求和 IT 经理要求的参与程度来进行选择。

有了公共云，用户可以通过互联网连接到异地基础设施。因为公共云服务和基础设施的共享用户数量庞大，所以对成本的节约幅度最大，也是四个选项中最受欢迎的。当然，它的安全隐患和隐私风险也最高。因此，它更适合于具有弹性需求（对资源的需求变化幅度大）、通过 Web 执行协作项目或通过 Web 提供标准应用程序（如电子邮件）的组织。公共云计算需要最少数量的 IT 管理者参与。总的来说，安全性和可靠性是这个选项的主要关注点。提供公共云服务的有 Amazon Elastic Compute Cloud（EC2）、IBM Blue Cloud（蓝云）、Google AppEngine 和 Windows Azure 等平台。

在私有云中，服务和基础设施在私有网络上运行。因此其安全性和隐私性比公共云更高。私有云的软件服务和基础设施由加入云的组织购买并维护，所以参与方所节省的成本比公共云要少。建议对数据有高度安全需求的组织采用私有云服务。

值得一提的是，一些公共云服务提供商会提供其服务及设备的私有版本。同样，一些私有云服务提供商也会提供其私有云的公共版本。私有云通过集成零散的基础设施、自动化常见的数据中心任务以及提供准确的和可靠的财务服务来实现成本节约。此外，通过将以前自定义配置的标准化服务作为预定义的基础结构化产品来执行自助云服务，组织可以由此获得更大程度的自动化。提供私有云服务的主要有：Eucalyptus、Elastra Enterprise Cloud Server（企业云服务器）、VMware Private-Cloud Architecture（私有云架构）和 Microsoft Azure。

同时使用私有数据和公共数据的组织可以选择混合云。混合云是由一个或多个私有云及一个或多个公共云组成的集合。在混合云环境下，参与者有多种公共和私有选项，也有多个提供者。组织可以在私有云上运行其敏感数据，在公有云上运行其公共信息（安全性和隐私性较低）。混合云允许组织利用公共云计算环境提供的可伸缩性和成本效益，而无须向外部世界公开关键任务应用程序和数据。混合云需要多个安全平台，如何确保所有系统以有效的方式相互通信也是混合云需要解决的一个难题。

社区云的基础设施是专门为用户中具有共同关注点（例如，安全需求、政策、任务和法规遵从性考虑）的特定群体而设计的。这些基础设施可以由社区中的一个或多个组织、第三方或某些组合所拥有、管理和操作；基础设施可以存放在组织内部或外部。

社区云方案分摊成本的用户数量少于公共云，但超过私有云，有实现节约全部成本的可能性。[30]在选择这一方案时，必须克服的挑战包括合理分配成本和责任、系统管理问题以及实施过程的安全性。

云计算的安全性

大多数专家认为，在使用云计算平台时，尽管安全是一个值得关注的问题，但用户在云计算平台的成功中也扮演着非常重要的角色。使用云计算的组织应提供终端用户培训，强制执行软件更新，并且与云计算提供商合作以来发现异常活动。

在云计算环境中，有两种类型的安全问题：客户端（用户）安全和服务器端（提供者）安全。使用云服务的组织对服务器端的安全问题没有太大的控制权；提供者对此负责。而客户端安全则是云服务使用者的责任。第 5 章和第 6 章中讨论的许多安全措施可以用来改善客户端安全性。高德纳（Gartner，计算机系统安全分析公司）已经识别出七种云计算安全风险[31]：

- 特权用户访问——谁有权访问数据；

- 法规遵从性——外部审计和安全认证的可用性；
- 数据位置——对特定区域管理和本地隐私的承诺；
- 数据隔离——如何将用户的数据与云中的其他数据分开；
- 恢复——发生灾难时，用户数据会发生什么情况；
- 调查研究支持——支持特定形式的调查研究的合同与承诺；
- 长期生存能力——如果供应商停止服务，用户的数据将如何处理。

在选择一个云之前，用户必须确保云提供商对这些安全风险有明确的策略，并以书面形式说明它将如何应对每一种风险。此外，提供者和用户之间必须建立某种程度的信任。否则，使用云计算就成了一种冒险。

云计算在一个平台下融合了许多最新的技术，包括 SaaS、Web 2.0、网格计算和效用计算；基于这种融合，平台通过互联网向用户提供各种资源。业务应用程序可以通过 Web 浏览器访问，数据可以存储在提供者的服务器上。

基础设施即服务（IaaS），也称为硬件即服务，是将计算机基础设施（如存储、硬件、服务器和网络组件）作为服务提供给客户的一种云计算。

平台即服务（PaaS）是指将部署完成的计算平台或解决方案作为服务提供给客户。客户只需要使用该平台和环境在互联网上构建应用程序和服务。

14-7 纳米技术

纳米技术（nanotechnology）是结合了涉及纳米级材料的结构与组成的技术。纳米是一米的十亿分之一，它为许多领域带来了令人兴奋的发展。例如，科学家正在研究微型设备，这些设备可以疏通动脉、检测并根除癌细胞、过滤水污染等。纳米技术也被用来使计算机更快、更小，同时拥有更多内存。然而，纳米技术目前过于昂贵，无法证明其在许多应用中的使用价值。今后进一步的研究和开发将降低其成本。

目前在信息系统领域中，用于小型化晶体管和其他微处理器组件的技术可能在未来十年达到极限，因此，包括纳米技术在内的新技术将是必要的。[32]纳米技术还可能在以下领域发挥作用：

- 能源业：降低能源消耗，提高能源生产效率，建立更环保的能源系统；
- 信息和通信业：更大且更快的存储设备、更快且更便宜的计算机、低能耗的显示器；
- 重工业：航空航天、建筑、炼油、车辆制造。

一些使用纳米技术的消费品已经上市。生产商将“纳米材料”添加在网球、高尔夫球和网球拍等运动装备中，使它们更耐用，反应能力更高（含有纳米材料的网球弹跳性更好）。眼镜的涂层使用纳米材料，可以增加舒适性和耐用性。服装和鞋类中使用纳米材料，可以减少细菌生长，提高耐污染性。[33]此外，IBM 还开发了扫描隧道显微镜（scanning tunneling microscope，STM，又称扫描穿隧式显微镜）。它依靠原子成像，并将纳米材料层整合到硬盘记录头和磁盘涂层中。这项技术还可能改进电子电路和数据存储设备。[34]如第 2 章所述，IBM 正在用碳纳米管（CNT）芯片取代其计算机的硅芯片。

纳米技术是结合了涉及纳米级材料的结构与组成的技术。

本章的“行业链接”重点介绍了 Mechdyne 公司及其虚拟现实产品。

行业链接

Mechdyne 公司[35]

Mechdyne 开发了第一个带有背投屏幕的商业洞穴系统，并提供多种虚拟现实硬件、软件和服务，包括：

- CAVELib：应用程序编程接口（API），带有创建交互式三维应用程序的工具；
- Trackd：用于沉浸式显示行业的跟踪增强虚拟现实软件，能够整合各种设备的输入；
- Conduit for Google Earth Pro（谷歌地球专业频道）：具有通过立体观察获取真实的深度知觉以模拟真实环境，以及在虚拟环境中导航以模拟真实世界体验时，实现观察视角的实时改变等功能。

回顾与讨论

1. 推送技术的两个优点是什么？
2. SaaS 模式的两个缺点是什么？
3. 虚拟现实的三种商业应用是什么？
4. 使用虚拟现实系统的两个障碍是什么？
5. RFID 的三种应用是什么？
6. QR 码流行的主要原因是什么？
7. 与公共云相比，私有云有哪两个优势？
8. 纳米技术的两个应用是什么？

专题研究

1. 阅读本章及其他资料后，写一篇单页论文，描述两个使用虚拟现实的公司（除了本书中提到的公司）。使用虚拟现实有什么优点和缺点？虚拟现实系统用于治疗与人类治疗的主要区别是什么？

2. 虚拟世界越来越多地被用于交流和协作。阅读本章及其他资料后，写一篇单页论文，描述一直在使用虚拟世界的两家公司（除了本书中提到的公司以外）是如何达到这些目的的。使用虚拟世界的两个优点和两个缺点是什么？列举两个提供虚拟世界平台的公司。

3. RFID 在提高供应链管理的效率和效能方面发挥着重要作用。阅读本章及其他资料后，写一篇单页论文，描述一家为此目的使用 RFID 的企业的经验。在供应链管理中使用 RFID 的两个优点和两个缺点是什么？

4. 大多数专家认为，安全风险和隐私风险是云计算环境的两个缺点。阅读本章及其他资料后，写一篇单页论文，概述在云计算中提高信息安全和保护隐私的 5 条建议。

5. 阅读本章及其他资料后，写一篇单页论文，描述使用云计算的两家公司（除了本书中提到的那些公司之外）。解释这些公司通过使用云计算获得的优势，以及采用该技术的主要原因。节省成本是唯一的原因吗？

还有其他原因吗？

6. 阅读本章及其他资料后，写一篇单页论文，找出两家使用生物识别技术的公司（除了本书中提到的公司之外）。解释这些公司使用生物识别技术的优点及其采用该技术的主要原因。人脸识别和其他生物特征测量的主要区别是什么？

牛刀小试

1. 推送技术在设定的时间间隔内或新事件发生时自动向用户交付内容。对或错？
2. 软件即服务（SaaS）和“按需软件”使用两种不同的业务模式。对或错？
3. 主动型 RFID 有一个内部电源，通常比被动型标签更可靠，可以在更广的范围内广播信号。对或错？
4. 应用服务提供商（ASP）使用的模型有：

   a. PaaS　　b. SaaS　　c. IaaS　　d. Technology as a service
5. 一般来说，以下哪种云计算平台最便宜？

   a. 公共云　　b. 私有云　　c. 混合云　　d. 社区云
6. 以下哪种无线技术适用于创建个人区域网络（PAN）？

   a. Infrared　　b. Bluetooth　　c. WiMAX　　d. Wi-Fi

个案讨论 14－1

洲际酒店集团的云计算

洲际酒店集团（InterContinental Hotels Group，IHG）是一家国际酒店企业，在全球 100 个国家拥有 4 000 多家酒店，旗下拥有 7 个品牌，包括假日酒店和洲际酒店。它也是中国最大的外国酒店客房供应商。[36]

洲际酒店集团使用几种云计算平台来提高其运营的效率和效能。该公司表示，除了节省成本外，公司还进军云计算领域，因为它希望有一种更快、更灵活的方式来启动和运行新系统，而且云计算易于在单一平台下集成各种应用程序。据集团财务与客户信息高级副总裁布莱森·科勒（Bryson Koehler）说，成本的节省还来自其他方面，“例如提高灵活性和向消费者提供更具定制化体验的能力”。IHG 正在使用 Salesforce.com 的 CRM 平台为其 CRM 应用程序构建私有云。它还计划为其忠诚客户建立一个名为 Camelot 的私有云。Camelot 执行几个主要任务。第一，它分析当前的顾客活动并保存历史记录以备将来使用。第二，它为顾客量身定做促销活动。第三，它将税后收入和客房收益率纳入管理程序，据此计算房价。

洲际酒店集团的公共云用于应用程序开发和测试。集团选择了亚马逊 Web 服务的弹性计算云基础设施平台。集团至少使用了三种云交付模式，包括 SaaS、基础设施即服务（IaaS）和私有云。[37]

回答以下问题：

1. 洲际酒店集团进军云计算的原因有哪些？
2. 洲际酒店集团的 CRM 应用程序使用哪个平台？
3. 哪些应用程序运行在洲际酒店集团的私有云中？
4. 洲际酒店集团使用的三种云交付模式是什么？

个案讨论 14－2

梅西百货中的 RFID

梅西百货于 1858 年在纽约开设了第一家门店，现在已经在美国的 45 个州、哥伦比亚特区、关岛和波多黎各开设了 800 多家百货商店。

提高销售额和盈利能力是任何零售企业的目标，这其中就包括梅西百货。为了实现这一目标，梅西百货推出了一项全渠道计划，旨在整合实体店、互联网和移动技术。利用这项策略，当客户所需的特定商品在某个门店找不到时，销售助理能够快速地在公司的其他门店找到它，并将其发送给客户。该策略旨在创造所有销售渠道之间的无缝沟通。同样，梅西百货的网站也可以从梅西百货的任何一家实体店中挑选商品。[38]

RFID 是梅西百货全渠道战略背后的关键技术，它使公司能够准确、及时地补充商品。梅西百货还在其所有鞋类部门的样品鞋中部署了 RFID。这有助于商店消除或减少样品丢失的发生率。在部署 RFID 之前，将样品放在一起是一项耗时的工作，而且导致销售损失。[39]

回答以下问题：

1. 梅西百货全渠道计划的目标是什么？
2. 在全渠道计划中，哪三项操作或技术是集成的？
3. RFID 在这一计划的成功中发挥了什么作用？
4. 梅西百货在鞋类部门使用 RFID 的目的是什么？

注　　释

1

1. Pisani, J. "Small Business On-the-Go? Smartphones Can Help." *USA Today*. 25 May 2014. Accessed 20 October 2014. @ *http://www.usatoday.com/story/money/business/2014/05/25/small-business-smartphone-apps/9445917/*.

2. Unknown. "Taking the Store with You." Apple Inc. 2014. Accessed 20 October 2014. @ *http://www.apple.com/iphone/business/profiles/wine-connection/*.

3. Karmin, C. "Smartphones to Open Doors at Some Hotels." *The Wall Street Journal*. 26 January 2014. Accessed 20 October 2014. @ *http://online.wsj.com/news/article_email/SB10001424052702304856504579339130820876304-lMyQjAxMTA0MDIwOTEyNDkyWj?mod=djem_jiewr_IT_domainid*.

4. Reinhard, C-G. "YouTube Brands: 5 Outstanding Leaders in YouTube Marketing." *Mashable.com*. Accessed 5 July 2010 @ *http://mashable.com/2009/06/01/youtube-brands*.

5. Evans, M. "34 Ways to Use YouTube for Business." 28 July 2009. *Gigaom.com*. Accessed 20 January 2012 @ *http://gigaom.com/collaboration/34-ways-to-use-youtube-for-business*.

6. *http://expandedramblings.com/index.php/by-the-numbers-17-amazing-facebook-stats*

7. Gaudin, S. "Half of Social Networkers Post Risky Information, Study Finds." *InfoWorld*. 4 May 2010. Accessed 5 July 2010 @ *www.infoworld.com/d/security-central/half-social-networkers-post-risky-information-study-finds-623?source=IFWNLE_nlt_wrapup_2010-05-04*.

8. "Making Pizza Since 1960." *Dominosbiz.com*. Accessed 21 January 2013 @ *www.dominosbiz.com/Biz-Public-EN/Site+Content/Secondary/About+Dominos/History*.

9. "Domino's Pizza Hits Unprecedented $1 Billion in U.S. Digital Sales in One Year, Thanking Customers with Weeklong 50% Off Pizza Online Offer." *Dominosbiz.com*. Accessed 21 January 2013 @ *http://www.prnewswire.com/news-releases/dominos-pizza-hits-unprecedented-1-billion-in-us-digital-sales-in-one-year-thanking-customers-with-weeklong-50-off-pizza-online-offer-158409165.html*.

Horovitz, B. "Domino's app lets you voice-order pizza." *USA TODAY*. 17 June 2014. Accessed 20 October 2014 @ *http://www.usatoday.com/story/money/business/2014/06/16/dominos-voice-ordering-app-nuance-fast-food-restaurants/10626419/*.

10. Bidgoli, H. *Handbook of Management Information Systems: A Managerial Perspective*. San Diego, CA: Academic Press, 1999.

11. Bednarz, A. "The Home Depot's Latest Project: XML, Web Services." *NetworkWorldFusion*. 21 January 2002. Accessed 20 October 2010 @ *http://www.highbeam.com/doc/1G1-82328410.html*.

12. Songini, M. L. "Home Depot Kicks Off Big Data Warehouse Effort." *Computerworld*. 30 September 2002. Accessed 20 October 2010 @ *www.computerworld.com/action/article.do?command=viewArticleBasic&articleId=74751*.

13. "The Home Depot Transitions to Fujitsu U-Scan Retail Self-Checkout Software." *Fujitsu.com*. 13 January 2010. Accessed 20 October 2010 @ *www.fujitsu.com/ca/en/news/pr/fci_20100113.html*.

14. Sarah, F. G. "Small Companies Can Benefit from an HRIS." 26 September 2012. Accessed 2 January 2014 @ *www.workforce.com/articles/small-companies-can-benefit-from-an-hris*.

15. Osterhaus, E. "Compare Web-Based Human Resources (HR) Software." 17 December 2013. Accessed 2 January 2014 @ *www.softwareadvice.com/hr/web-based-hr-software-comparison*.

16. "UPS Uses Technology and Operational Efficiencies to Reduce Fuel Consumption and Emissions." *UPS Pressroom*. Accessed 20 January 2012 @ *www.pressroom.ups.com/Fact+Sheets/ci.UPS+Uses+Technology+and+Operational+Efficiencies+to+Reduce+Fuel+Consumption+and+Emissions.print*.

17. "Why UPS Trucks Never Turn Left." *YouTube*. Accessed 20 January 2012 @ *www.youtube.com/watch?v=HV_bJxkdNDE&feature=relmfu*.

18. Terdiman, D. "UPS Turns Data Analysis into Big Savings." *CNET*. 2 April 2010. Accessed 20 January 2012 @ *http://news.cnet.com/8301-13772_3-20001576-52.html*.

19. "UPS Changes the Delivery Game with New Intercept Service." *UPS Pressroom*. 26 March 2007. Accessed 20 January 2012 @ *http://www.businesswire.com/news/home/20070326005256/en/UPS-Delivery-Game-Intercept-Service#.U8lUKzNOXb0*.

20. Porter, M. "How Competitive Forces Shape Strategy." *Harvard Business Review*. (March–April 1979): 57.

21. Hays, C. "What Wal-Mart Knows About Customers' Habits." *The New York Times*. 14 November, 2004. Accessed 28 January 2013 @ *www.nytimes.com/2004/11/14/business/yourmoney/14wal.html?_r=1&*.

22. Porter, M. "How Competitive Forces Shape Strategy." *Harvard Business Review*. (March–April 1979): 57.

23. *http://ir.netflix.com/*.

24. McEntee, K. "Cloud Connect Keynote: Complexity and Freedom." *Netflix Tech Blog*. 8 March 2011. Accessed 9 August 2011@ *http://techblog.netflix.com/2011/03/cloud-connect-eynote-complexity-and.html*.

25. Thompson, C. "If You Liked This, You're Sure to Love That." *New York Times Magazine*. 21 November 2008. Accessed 9 August 2011 @ *www.nytimes.com/2008/11/23/magazine/23Netflix-t.html?pagewanted=all*.

26. Borrelli, C. "How Netflix Gets Your Movies to Your Mailbox So Fast." *Chicago Tribune*. 4 August 2009. Accessed 9 August 2011 @ *http://articles.chicagotribune.com/2009-08-04/entertainment/0908030313_1_dvd-by-mail-warehouse-trade-secrets*.

27. Linthicum, D. "The Cloud Job Market: A Golden Opportunity for IT Pros." *InfoWorld*. 1 July 2010. Accessed 3 July 2010 @ *http://www.infoworld.com/d/cloud-computing/the-cloud-job-market-golden-opportunity-it-pros-817*.

28. "10 Jobs That Didn't Exist 10 Years Ago." *Kiplinger*. 15 February 2011. Accessed 20 January 2012 @ *http://finance.yahoo.com/career-work/article/111973/jobs-that-didnt-exist-10-years-ago*.

29. Strohmeyer, R. "The 6 Hottest New Jobs in IT." *InfoWorld*. 14 June 2011. Accessed 20 January 2012 @ *www.infoworld.com/t/information-technology-careers/the-6-hottest-new-jobs-in-it-052?page=0,0&source=IFWNLE_nlt_daily_2011-06-18*.

30. Thibodeau, Patrick. "Gartner's Crystal Ball Foresees an Emerging 'Super Class' of Technologies." *Computer World*. 6 October 2014. @ *http://www.computerworld.com/article/2691607/one-in-three-jobs-will-be-taken-by-software-or-robots-by-2025.html*.

31. Thibodeau, P. "Gartner lays out its top 10 tech trends for 2015." Computerworld. 8 October 2014. Accessed 20 October 2014 @ *http://www.infoworld.com/article/2692501/internet-of-things/gartner-lays-out-its-top-10-tech-trends-for-2015.html?source=IFWNLE_nlt_cloud_2014-10-09#tk.rss_cloudcomputing*.

32. This information has been gathered from the Microsoft Web site and other promotional materials. For detailed information and updates, visit *www.microsoft.com*.

33. Babcock, C. "FedEx Locks in Customers by Tying Shipping Data to Back-Office Apps." *InformationWeek*. 12 September 2006. Accessed 3 July 2010 @ *www.informationweek.com/news/management/showArticle.jhtml?articleID=192700339*.

34. Gage, D. "FedEx: Personal Touch." *Baseline*. 13 January 2005. Accessed 3 July 2010 @ *www.baselinemag.com/c/a/Projects-Supply-Chain/FedEx-Personal-Touch*.

35. Zimmerman, A. "Check Out the Future of Shopping." *Wall Street Journal Online*. 18 May 2011. Accessed 20 January 2012 @ *http://online.wsj.com/article/SB10001424052748703421204576329253050637400.html?mod=djem_jiewr_IT_domainid*.

2

1. Alabaster, J. "IBM Moving to Replace Silicon with Carbon Nanotubes in Computer Chips." *Computerworld*. 29 October 2012. Accessed 21 January 2013 @ *www.computerworld.com/s/article/9232997/IBM_moving_to_replace_silicon_with_carbon_nanotubes_in_computer_chips*.

2. Paul, I. "IBM Watson Wins Jeopardy, Humans Rally Back." *PCWorld*. 17 February 2011. Accessed 9 August 2011 @ *www.pcworld.com/article/219900/ibm_watson_wins_jeopardy_humans_rally_back.html*.

3. Hamm, S. "Watson on Jeopardy! Day Three: What We Learned About How Watson Thinks." *Building a Smarter Planet*. 16 February 2011. Accessed 9 August 2011 @ *http://asmarterplanet.com/blog/2011/02/watson-on-jeopardy-day-three-what-we-learned-about-how-watson-thinks.html*.

4. IBM. "This Is Watson." *IBM.com*. Accessed 8 February 2012 @ *http://www.ibm.com/smarterplanet/us/en/ibmwatson/*.

5. Sareen, Humanshu. "IBM Watson-Powered Mobile Apps Can Reinvigorate Brick-and-Mortar Retailers." *Wired*. 19 March 2014 @ *http://www.wired.com/2014/03/ibm-watson-powered-mobile-apps-can-reinvigorate-brick-mortar-retailers/*.

6. Gaudin, Sharon. "App As Fitness Instructor? Watson-Based App Aims to Keep You Healthier." *ComputerWorld*. 12 November 2014 @ *http://www.computerworld.com/article/2846757/app-as-fitness-instructor-watson-based-app-aims-to-keep-you-healthier.html*.

7. "Startup Pitch: Ibm's Watson Powers New Travel Advice Tool Wayblazer" @ *http://www.snooz.com/article/startup-pitch-wayblazer-aims-travel-insights-service/*.

8. "The Disruptors: TouchlessComputing." *CNBC.com*. Accessed 2 January 2014 @ *http://video.cnbc.com/gallery/?play=1&video=3000178509*.

9. Ibid.

10. Welch, Chris. "Reading News Through Gestures: New York Times to Release Leap Motion App." *The Verge*. 18 July 2013. Accessed 2 January 2014 @ *www.theverge.com/2013/7/18/4535284/new-york-times-to-release-leap-motion-gesture-app*.

11. Shah, A. "SanDisk SD Card Can Store Data for 100 Years." *InfoWorld*. 23 June 2010 Accessed 31 July 2010 @ *www.infoworld.com/d/storage/sandisk-sd-card-can-store-data-100-years-161?source=IFWNLE_nlt_storage_2010-06-30*.

12. Mearian, Lucas. "Bye-bye, Blu-ray: Video-on-Demand and Streaming Options Are Gaining on You." *computerworld*. 2 May 2014. *http://www.computerworld.com/s/article/9248082/Bye_bye_Blu_ray_Video_on_demand_and_streaming_options_are_gaining_on_you_*.

Mearian, Lucas. "SanDisk Announces World's Highest Capacity SD Card: 512GB." *Computerworld*. 11 September 2014 @ *http://www.computerworld.com/article/2607184/sandisk-announces-worlds-highest-capacity-sd-card-512gb.html*

13. Prigge, M. "Cloud Storage: The Final Nail in Tape's Coffin." *InfoWorld*. 24 September 2012. Accessed 21 January 2013 @ *www.infoworld.com/d/data-explosion/cloud-storage-the-final-nail-in-tapes-coffin-202891?source=IFWNLE_nlt_daily_2012-09-24*.

14. Rothman, W. "Cloud Photo Storage: The Best Ways to Bank Family Pictures." *The Wall Street Journal*. 22 April 2014. Accessed 20 October 2014 @ *http://online.wsj.com/news/articles/SB10001424052702304279904579517593807591638?mod=djem_jiewr_IT_domainid*.

15. "Computex Offers a Look at Our Tech Hardware Future" *http://www.computerworld.com/s/article/9248945/Computex_offers_a_look_at_our_tech_hardware_future*.

16. "Apple Sells Three Million iPads in 80 Days." *Apple Press Info*. 22 June 2010. Accessed 5 July 2010 @ *www.apple.com/pr/library/2010/06/22ipad.html*.

17. Fleck, C. "Top 10 Business Uses for the iPad." 1 April 2010. Accessed 5 July 2010 @ *http://community.citrix.com/display/ocb/2010/04/01/Top+10+Business+Uses+For+the+iPad*.

18. Thompson, C. "Google, Nike, Jawbone and the Fight to Win Wearable Computing." *Cnet.com*. 2 May, 2013. Accessed 2 January 2014 @ *www.entrepreneur.com/article/230555*.

19. Greene, Jay. "Google, Nike, Jawbone and the Fight to Win Wearable Computing." *CNET.com*. 2 May 2013. Accessed 2 January 2014 @ *http://news.cnet.com/8301-11386_3-57582475-76/google-nike-jawbone-and-the-fight-to-win-wearable-computing/*.

20. "Google Docs." *Google.com*. Accessed 24 January 2012 @ *www.google.com/google-d-s/intl/en/tour1.html*.

21. "Go Google: Google Drive." *Google.com*. Accessed 21 January 2013 @ *www.google.com/intl/en_US/drive/start/index.html*.

22. Kirk, J. "Security Analyst Spots Three Flaws in Google Docs." *ITWorld*. 27 March 2009. Accessed 31 July 2010 @ *www.itworld.com/saas/65211/security-analyst-spots-three-flaws-google-docs*.

23. *https://www.apple.com/ios/*.

24. This information has been gathered from the IBM Web site and other promotional materials. For detailed information and updates, visit *www.ibm.com*.

25. Sherr, I. "Manage Your Money." *Wall Street Journal*. 27 August 2012. Accessed 21 January 2013 @ *http://online.wsj.com/article/SB10000872396390444405804577559160257519518.html?mod=djem_jiewr_IT_domainid*.

26. Gruman, Galen. "Why Field Service Workers Love Their" iPads. *InfoWorld*. 16 May 2014 @ *http://www.infoworld.com/d/mobile-technology/why-field-service-workers-love-their-ipads-241135?source=IFWNLE_nlt_daily_pm_2014-05-16*.

3

1. Smalltree, H. "Business Intelligence Case Study: Gartner Lauds Police for Crime-Fighting BI." *Data Management*. 5 April 2007. Accessed 5 July 2010 @ *http://searchbusinessanalytics.techtarget.com/news/1507220/Business-intelligence-case-study-Gartner-lauds-police-for-crime-fighting-BI*.

2. Kim, S. H., B. Yu, and J. Chang. "Zoned-Partitioning of Tree-Like Access Methods." *Information Systems* 33(3) (2008): 315–331.

3. Jackson, J. "Graph Databases Find Answers for the Sick and Their Healers." *Computerworld*. 6 June 2014. Accessed 20 October 2014 @ *http://www.computerworld.com/s/article/9248929/Graph_databases_find_answers_for_the_sick_and_their_healers*.

4. Woods, D. "50 Shades of Graph: How Graph Databases Are Transforming Online Dating." *Forbes*. 14 February 2014. Accessed 20 October 2014 @ *http://www.forbes.com/sites/danwoods/2014/02/14/50-shades-of-graph-how-graph-databases-are-transforming-online-dating/*.

5. Storey, V. C., and R. C. Goldstein. "Knowledge-Based Approaches to Database Design." *MIS Quarterly* (March 1993): 25–32.

6. Rauch-Hindin, W. "True Distributed DBMSs Presage Big Dividends." *Mini-Micro Systems* (May 1987): 65–73.

7. Brueggen, D., and S. Lee. "Distributed Database Systems: Accessing Data More Efficiently." *Journal of Information Systems Management* (Spring 1995): 15–20.

8. Inmon, W. H. *Building the Data Warehouse*. 4th ed. New York, NY: Wiley, 2005.

9. "About Marriott International: A World of Opportunity." *Marriott.com*. Accessed 27 January 2013 @ *www.marriott.com/marriott/aboutmarriott.mi*.

10. Swanborg, R. "CRM: How Marriott Broke Down Customer Data Siloes." *CIO (USA)*. 16 November 2009. Accessed 27 January 2013 @ *www.cio.com.au/article/325944/crm_how_marriott_broke_down_customer_data_siloes*.

11. Tremblay, M. C., R. Fuller, D. Berndt, et al. "Doing More with More Information: Changing Healthcare Planning with OLAP Tools." *Decision Support Systems* 43(4) (2007): 1305–1320.

12. Nicas, J. "How Airlines Mine Personal Data In-Flight." *The Wall Street Journal*. 8 November 2013. Accessed 2 January 2014 @ *http://online.wsj.com/news/article_email/SB10001424052702304384104579139923818792360-lMyQjAxMTAzMDEwMjExNDIyWj?mod=djem_jiewr_IT_domainid*.

13. "Big Data Analytics: Descriptive vs. Predictive vs. Prescriptive." *http://www.informationweek.com/big-data/big-data-analytics/big-data-analytics-descriptive-vs-predictive-vs-prescriptive/d/d-id/1113279*.

14. "Getting Your Hands on Data with Mobile Analytics." *http://www.infoworld.com/t/business-intelligence/getting-your-hands-data-mobile-analytics-246331?source=IFWNLE_nlt_daily_pm_2014-07-16*.

15. "Web Analytics vs. Mobile Analytics: What's the Difference?" *http://www.analyticshero.com/2013/07/24/web-analytics-vs-mobile-analytics-whats-the-difference/*.

16. Vijayan, J. "Time Has Come for Chief Analytics Officers." *Computerworld*. 11 October 2012. Accessed 18 December 2012 @ *www.computerworld.com/s/article/9232283/Time_has_come_for_chief_analytics_officers*.

17. Vijayan, J. "How Predictive Analytics Can Deliver Strategic Benefits" *Computerworld*. 20 September 2011. Accessed 11 November 2011 @ *www.computerworld.com/s/article/9220131/How_predictive_analytics_can_deliver_strategic_benefits*.

18. "eBay Study: How to Build Trust and Improve the Shopping Experience." *knowWPC*, Arizona State University. 8 May 2012. Accessed 2 January 2014 @ *http://knowwpcarey.com/article.cfm?aid=1171*.

19. Laney, D. "3D Data Management: Controlling Data Volume, Velocity, and Variety." *META Group*. 6 February 2001.

20. Hagen, C., K. Khan, M. Ciobo, J. Miller, D. Wall, H. Evans, and A Yadav. "Big Data and the Creative Destruction of Today's Business Models." *ATKearney*. January 2013. Accessed 2 January 2014 @ *www.atkearney.com/paper/-/asset_publisher/dVxv4Hz2h8bS/content/big-data-and-the-creative-destruction-of-today-s-business-models/10192*.

21. "How Will Big Data Revolutionize Retail?" *SAS*. Accessed 2 January 2014 @ *www.sas.com/en_us/news/sascom/2012q3/big-data-in-retail.html*.

22. Jennings, R. "The Future of Retail: It's All in Big Data." *Forbes.com*. 26 November 2013. Accessed 2 January 2014 @ *www.forbes.com/sites/netapp/2013/11/26/future-of-retail-big-data*.

23. Nemschoff, M. "Big Ways Big Data Is Changing PR." *DashBurst*. 19 October 2013. Accessed 2 January 2014 @ *http://dashburst.com/big-data-changing-pr*.

24. Brandon, A. "Why Big Data Analytics Could Spell Big Energy Savings." *TIBCO Spotfire*. 27 February 2013. Accessed 2 January @ *http://spotfire.tibco.com/blog/?p=17868*.

25. Kennedy, K. "Analysis of Huge Data Sets Will Reshape Health Care." *USA Today*. 24 November 2013. Accessed 2 January 2014 @ *www.usatoday.com/story/news/nation/2013/11/24/big-data-health-care/3631211*.

26. King, J. "Data Analytics: Eye-Popping Results from Intel, UPS and Express Scripts." *Computerworld*. 15 July 2013. Accessed 2 January 2014 @ *www.computerworld.com/s/article/9240746/Data_analytics_Eye_popping_results_from_Intel_UPS_and_Express_Scripts*.

27. Ibid.

28. Armerding, Taylor. "The 5 Worst Big Data Privacy Risks (and How to Guard Against Them)." *Infoworld*. 8 December 2014 @ *http://www.infoworld.com/article/2856262/big-data/the-5-worst-big-data-privacy-risks-and-how-to-guard-against-them.html?phint=newt%3Dinfoworld_enterprise_data_explosion&phint=idg_eid%3D91294756a0e437074af2b88ac7d3cb7c#tk.IFWNLE_2014-12-08*.

29. Herold, Rebecca. "10 Big Data Analytics

Privacy Problems." Secureworld.com @ *https://www.secureworldexpo.com/10-big-data-analytics-privacy-problems*.

30. "Web Analytics vs. Mobile Analytics: What's the Difference?" 24 July 2013 @ *http://www.analyticshero.com/2013/07/24/web-analytics-vs-mobile-analytics-whats-the-difference/*.

31. This information has been gathered from the company Web site and other promotional materials. For detailed information and updates, visit *www.oracle.com*.

32. Parry, M. "Big Data on Campus." *The New York Times*. 18 July 2012. Accessed 14 December 2012 @ *www.nytimes.com/2012/07/22/education/edlife/colleges-awakening-to-the-opportunities-of-data-mining.html?pagewanted=all&_r=0*.

33. Fiegerman, S. "Pandora Now Has 200 Million Registered Users." *Mashable*. 9 April 2013. Accessed 2 January 2014 @ *http://mashable.com/2013/04/09/pandora-200-million-users*.

34. "About Pandora." *Pandora.com*. Accessed 11 November 2011 @ *www.pandora.com/corporate/*.

35. "Data Mining: Because You're Worth It." *Nabil's Brainstorm*. Accessed 11 November 2011 @ *www.laoudji.com/?p=306*.

36. Lardinois, F. "Four Approaches to Music Recommendations: Pandora, Mufin, Lala, and eMusic." *ReadWriteWeb*. 26 January 2009. Accessed 11 November 2011 @ *www.readwriteweb.com/archives/music_recommendations_four_approaches.php*.

4

1. Samson, T. "Want a Job? This Site Reveals If You Have a Chance." *InfoWorld*. 11 November 2011. Accessed 28 January 2013 @ *www.infoworld.com/t/information-technology-careers/want-job-site-reveals-if-you-have-chance-178745*.

2. Read, B. "A MySpace Photo Costs a Student a Teaching Certificate." *Chronicle of Higher Education*. 27 April 2007. Accessed 6 August 2010 @ *http://chronicle.com/blogs/wiredcampus/a-myspace-photo-costs-a-student-a-teaching-certificate/2994*.

3. Ante, S., and L. Weber. "Memo to Workers: The Boss Is Watching." *The Wall Street Journal (wsj.com)*. 22 October 2013. Accessed 2 January 2014 @ *http://online.wsj.com/news/articles/SB10001424052702303672404579151440488919138?mod=djem_jiewr_IT_domainid*.

4. Pace, J., and K. Dozier. "White House Task Force Urges Limit on NSA Snooping." *Associated Press*. 18 December 2013. Accessed 2 January 2014 @ *http://finance.yahoo.com/news/white-house-task-force-urges-234420576.html;_ylt=AwrTWf0s0LxSwxEAaz2TmYlQ*.

5. "NSA Spying on Americans." *Electronic Frontier Foundation*. Accessed 2 January 2014 @ *www.eff.org/nsa-spying/timeline*.

6. "Internet 2012 in Numbers." *Pingdom*. 16 January 2013. Accessed 6 February 2013 @ *http://royal.pingdom.com/2013/01/16/internet-2012-in-numbers*.

7. Erlanger, L. "Email Users Still Running Amok Despite Years of Warnings." *InfoWorld*. 25 April 2011. Accessed 10 August 2011 @ *www.infoworld.com/t/data-loss-prevention/email-users-still-running-amok-despite-years-warnings-906?source=IFWNLE_nlt_wrapup_2011-04-25*.

8. Chattopadhyay, D. "Where Ethics Rule: A Global Ranking of the World's Most Ethical Companies Could Be a Source of Worry for Asian Firms." *Business Today* 8. March 2009.

9. Albergotti, R. and Dwoskin, E. "Facebook Study Sparks Soul-Searching and Ethical Questions." *The Wall Street Journal*. 30 June 2014. Accessed 10 November 2014 @ *http://online.wsj.com/articles/facebook-study-sparks-ethical-questions-1404172292*.

10. Kirk, J. "Identity Fraud in U.S. Reaches Highest Level in Three Years." *InfoWorld*. 21 February 2013. Accessed 2 January 2014 @ *http://www.foxbusiness.com/personal-finance/2014/02/05/someone-became-identity-theft-victim-every-2-seconds-last-year/*.

11. "General Moral Imperatives." *Association for Computing Machinery* (Web site). Accessed 31 January 2012 @ *www.acm.org/about/code-of-ethics*.

12. Barquin, R. "Ten Commandments of Computer Ethics." *Computer Ethics Institute*. Accessed 5 December 2011 @ *http://computerethicsinstitute.org/publications/tencommandments.html*.

13. Morris, S., and B. Lennett. "Whither Net Neutrality?" *Slate.com*. 23 December 2013. Accessed 2 January 2014 @ *http://akamai.infoworld.com/d/security/identity-fraud-in-us-reaches-highest-level-in-three-years-213199?source=IFWNLE_nlt_sec_2013-02-21*.

14. Venezia, Paul. "Why All Business Should Care About Net Neutrality." *InfoWorld*. 21 July 2014. @ *http://www.infoworld.com/d/data-center/why-all-businesses-should-care-about-net-neutrality-246580?source=IFWNLE_nlt_daily_am_2014-07-21*.

15. "What Is Intellectual Property?" *World Intellectual Property Organization*. Accessed 6 August 2010 @ *www.wipo.int/about-ip/en*.

16. "What Is Copyright Protection?" *WhatIsCopyright.org*. 4 March 2007. Accessed 6 August 2010 @ *www.whatiscopyright.org*.

17. Pavento, M. "Patent Protection for E-Commerce Business Models." *Jones & Askew, LLP*. April 1999. Accessed 6 August 2010 @ *http://www.inventorfraud.com/Benefits.aspx*.

18. Tetzeli, R. "Getting Your Company's Internet Strategy Right." *Fortune*. 18 March 1996: 72–78.

19. "Verizon Wins $33 Million in Suit Over Domain Names." *Bloomberg News*. 24 December 2008. Accessed 6 August 2010 @ *www.nytimes.com/2008/12/25/technology/companies/25verizon.html*.

20. Milone, M. N. Jr., and J. Salpeter. "Technology and Equity Issues." *Technology & Learning*. January 1996: 39–47.

21. Skyrme, D. "The Virtual Organization." *KMKnowledge.com*. 24 March 2011. Accessed 2 February 2012 @ *www.skyrme.com/kmbriefings/2virtorg.htm*.

22. Hindle, T. "The Virtual Organisation." *Economist*. 23 November 2009. Accessed 2 February 2012 @ *www.economist.com/node/14301746*.

23. Tessler, F. "The Hidden Danger of Touchscreens." *InfoWorld*. 11 January 2012. Accessed 2 February 2012 @ *www.infoworld.com/t/laptops/the-hidden-danger-touchscreens-181774?source=IFWNLE_nlt_daily_2012-01-11*.

24. Becker, D. "When Games Stop Being Fun." *CNET News*. 12 April 2002. Accessed 6 August 2010 @ *http://news.cnet.com/2100-1040-881673.html*.

25. Edwards, D. "Man Dies After Playing Computer Games for 27 Days in a Row." *The Beijinger*. 23 February 2001. Accessed 26 December 2011 @ *www.thebeijinger.com/blog/2011/02/23/Man-Dies-After-Playing-Computer-Games-for-27-Days-in-a-Row*.

26. "Xbox Addict Dies from Blood Clot." *AFP*. 1 August 2011. Accessed 26 December 2011 @ *http://games.yahoo.com/blogs/plugged-in/xbox-addict-dies-blood-clot-212851422.html*.

27. *http://www.cnn.com/2015/01/19/world/taiwan-gamer-death/*.

28. "Explaining Green Computing." *ExplainingComputers.com*. Accessed 4 July 2010 @ *www.youtube.com/watch?v=350Rb2sOc3U*.

29. Murugesan, S. "Harnessing Green IT: Principles and Practices." *IT Professional* 10.1 (2006): 24–33.

30. "IBM Project Big Green." *ibm.com*. 10 May 2007. Accessed 4 July 2010 @ *www-03.ibm.com/press/us/en/photo/21514.wss*.

31. This information has been gathered from the company Web site (*http://anonymizer.com*) and other promotional materials. For more information and updates, visit the Web site.

32. Shellenbarger, S. "Working from Home Without Slacking Off." *The Wall Street Journal*. 11 July 2012. Accessed 28 January 2013 @ *http://online.wsj.com/article/SB10001424052702303684004577508953483021234.html?mod=djem_jiewr_IT_domainid*.

33. "Employee Monitoring." *Awareness Technologies*. Accessed 28 January 2013 @ *www.awarenesstechnologies.com/products_employee.html*.

34. Shellenbarger, S. "Working from Home Without Slacking Off." *The Wall Street Journal*. 11 July 2012. Accessed 28 January 2013 @ *http://online.wsj.com/article/SB10001424052702303684004577508953483021234.html?mod=djem_jiewr_IT_domainid*.

35. Parfeni, L. "Google Street View WiFi Lawsuit to Move Ahead." *softpedia.com*. 1 July 2011. Accessed 10 August 2011 @ *http://news.softpedia.com/news/Google-Street-View-WiFi-Lawsuit-to-Move-Ahead-209339.shtml*.

36. Zetter, K. "Lawsuits Pour in Over Google's Wi-Fi Data Collection." *wired.com*. 26 May 2010. Accessed 10 August 2011 @ *www.wired.com/threatlevel/2010/05/google-sued*.

37. Axon, S. "Google Maps Lawsuit: Woman Follows Directions, Gets Run Over." *Mashable*. 30 May 2010. Accessed 10 August 2011 @ *http://mashable.com/2010/05/30/google-maps-lawsuit*.

38. Mueller, K. P. "Google Map Brings Recreation-Seeking Motorists in Droves to Clinton Township Family's Driveway." *nj.com*. 11 July 2011. Accessed 10 August 2011 @ *www.nj.com/business/index.ssf/2011/07/google_map_brings_recreation-s.html*.

39. Brito, J. "Explaining the Google Books Case Saga." *Time*. 23 March 2011. Accessed 10 August 2011 @ *http://techland.time.com/2011/03/23/explaining-the-google-books-case-saga*.

40. Gross, G. "Supreme Court Declines to Hear Google's Request in Street View Lawsuit." *PCWorld*. 30 June 2014. Accessed 10 November 2014 @ *http://www.pcworld.com/article/2449360/supreme-court-declines-to-hear-googles-request-in-street-view-lawsuit.html*.

5

1. Corbin, K. "Cyber Crime Costs U.S. Economy $100 Billion and 500,000 Jobs." *InfoWorld*. 24 July 2013. Accessed 2 January 2014 @ *www.infoworld.com/d/security/cyber-crime-costs-us-economy-100-billion-and-500000-jobs-223352?source=IFWNLE_nlt_sec_2013-07-25*.

2. Grimes, Roger. "Prepare Yourself for High-Stakes Cyber Ransom." *InfoWorld*. 1 July 2014. *http://www.infoworld.com/d/security/prepare-yourself-high-stakes-cyber-ransom-245320?source=IFWNLE_nlt_daily_am_2014-07-01*.

3. Lederman, J. "IRS Missing Billions in ID Theft." *Associated Press*. 2 August 2012. Accessed

14 December 2012 @ *http://news.yahoo.com/irs-missing-billions-id-theft-154707995.html*.

4. Vijayan, J. "90 Percent of Companies Say They've Been Hacked." *Computerworld*. 23 June 2011. Accessed 11 August 2011 @ *www.infoworld.com/d/security/90-percent-companies-say-theyve-been-hacked-118*.

5. Saunders, S. "Putting a Lock on Corporate Data." *Data Communications*. January 1996: 75–80.

6. McCumber, J. *Assessing and Managing Security Risk in IT Systems*. Boca Raton, FL: Auerbach, 2004.

7. Cooney, M. "U.S. Needs to Be On Guard for a Big Cyberattack." *Computerworld*. 14 September 2011. Accessed 12 November 2011 @ *www.computerworld.com/s/article/9220018/U.S._needs_to_be_on_guard_for_a_big_cyberattack*.

8. Perlroth, N., and Q. Hardy. "Bank Hacking Was the Work of Iranians, Officials Say." *New York Times*. 8 January 2013. Accessed 2 January 2014 @ *www.nytimes.com/2013/01/09/technology/online-banking-attacks-were-work-of-iran-us-officials-say.html?_r=0*.

9. Kitten, T. "DDoS Attacks on Banks: No Break in Sight." *BankInfoSecurity.com*. 24 April 2013. Accessed 2 January 2014 @ *www.bankinfosecurity.com/ddos-attacks-on-banks-no-break-in-sight-a-5708/op-1*.

10. Samson, T. "Cyber Criminals Tying Up Emergency Phone Lines Through TDoS Attacks." *InfoWorld*. 1 April 2013. Accessed 2 January 2014 @ *www.infoworld.com/t/cyber-crime/cyber-criminals-tying-emergency-phone-lines-through-tdos-attacks-215585?source=IFWNLE_nlt_sec_2013-04-02*.

11. "Prevent Data Theft Using Removable Devices." *Get Safe Online*. 2009. Accessed 10 August 2010 @ *www.getsafeonline.org/nqcontent.cfm?a_id=1103*.

12. Anderson, H. "Case Study: The Motivation for Biometrics." *HealthCareInfoSecurity.com*. 24 June 2010. Accessed 13 July 2010 @ *www.healthcareinfosecurity.com/articles.php?art_id=2686*.

13. Yegulalp, Serdar. "Device Loss, Not Hacking, Poses Greatest Risk to Health Care Data." *InfoWorld*. 10 November 2014 @ *http://www.infoworld.com/article/2844957/data-security/device-loss-not-hacking-puts-health-care-data-most-at-risk.html#tk.IFWNLE_2014-11-10*.

14. Bueb, F., and P. Fife. "Line of Defense: Simple, Complex Security Measures Help Prevent Lost and Stolen Laptops." *California Society of Certified Public Accountant and Gale Group* (2006). Accessed 10 August 2010 @ *www.thefreelibrary.com/Line+of+defense:+simple,+complex+security+measures+help+prevent+lost...-a0155477162*.

15. Henricks, M. "Why Biometrics Is Replacing Passwords." *Forbes*. 15 April 2014. Accessed 10 November 2014 @ *http://www.forbes.com/sites/sungardas/2014/04/15/why-biometrics-is-replacing-passwords/*.

16. "The Password Is Finally Dying. Here's Mine." *http://online.wsj.com/news/article_email/the-password-is-finally-dying-heres-mine-1405298376-lMyQjAxMTA0MDEwNjExNDYyWj?mod=djem_jiewr_IT_domainid*.

17. Bidgoli, H., ed. *Global Perspectives in Information Security: Legal, Social and International Issues*. Hoboken, NJ: John Wiley & Sons, 2008.

18. "The Sarbanes–Oxley Act of 2002." Accessed 10 August 2010 @ *www.soxlaw.com*

19. This information was gathered from the company Web site (*www.mcafee.com*) and other promotional materials. For more information and updates, visit the Web site.

20. Talbot, D. "Computer Viruses Are 'Rampant' on Medical Devices in Hospitals." *MIT Technology Review*. 17 October 2012. Accessed 2 January 2014 @ *www.technologyreview.com/news/429616/computer-viruses-are-rampant-on-medical-devices-in-hospitals*.

21. Weaver, C. "Patients Put at Risk by Computer Viruses." *Wall Street Journal*. 13 June 2013. Accessed 2 January 2014 @ *http://online.wsj.com/news/articles/SB10001424127887324188604578543162744943762?mod=djem_jiewr_IT_domainid*.

22. Unknown. "Home Depot Data Breach Worse Than Initially Reported." *VOANews.com*. 07 November 2014. Accessed 10 November 2014 @ *http://www.voanews.com/content/home-depot-data-breach-worse-than-initially-reported/2511548.html*.

23. Elgin, B., Riley, M., and Dune, L."Home Depot Hacked after Months of Security Warnings." *Bloomberg Businessweek*. 18 September 2014. Accessed 10 November 2014 @ *http://www.businessweek.com/articles/2014-09-18/home-depot-hacked-wide-open*.

24. Team, T. "Home Depot: Could the Impact of the Data Breach Be Significant?" *Forbes*. 24 September 2014. Accessed 10 November 2014 @ *http://www.forbes.com/sites/greatspeculations/2014/09/24/home-depot-could-the-impact-of-the-data-breach-be-significant/*.

6

1. "GoToMeeting." *gotomeeting.com*. Accessed 5 February 2013 @ *www3.gotomeeting.com/m/g2mab_49sideLMlp.tmpl*.

2. Miners, Z. "70% of US Residents Have Broadband Access, Study Finds." *Computerworld*. 26 August 2013. Accessed 2 January 2014 @ *www.computerworld.com/s/article/9241917/70_of_US_residents_have_broadband_access_study_finds#disqus_thread*.

3. Keizer, G. "Forrester: iPad and Tablet Rivals Will Kill Netbooks." *InfoWorld*. 17 June 2010. Accessed 31 July 2010 @ *www.infoworld.com/d/mobilize/forrester-ipad-and-tablet-rivals-will-kill-netbooks-633*.

4. "Google Invests in Satellites to Spread Internet." Accessed @ *http://online.wsj.com/news/article_email/google-invests-in-satellites-to-spread-internet-access-1401666287-lMyQjAxMTA0MDAwMjEwNDIyWj?mod=djem_jiewr_IT_domainid*.

5. "Facebook Drones the Size of Jumbo Jets to Soar 17 Miles Up." *http://www.telegraph.co.uk/technology/facebook/11120639/Facebook-drones-the-size-of-jumbo-jets-to-soar-17-miles-up.html*.

6. "Google Is Investing in a Superfast Fiber-Optic Cable Across the Pacific." *http://time.com/3106467/google-cable-system-faster-transpacific-nec-telecom-infrastructure/*.

7. "iTunes App Store Now Has 1.2 Million Apps, Has Seen 75 Billion Downloads to Date." *http://techcrunch.com/2014/06/02/itunes-app-store-now-has-1-2-million-apps-has-seen-75-billion-downloads-to-date/*.

8. Lopez, S. "Mobile Apps and Their Global Growth." Andovar Global Solutions. 13 November 2013. Accessed 2 January 2014 @ *http://www.andovar.com/mobile-apps-and-their-global-growth/*.

9. Tweney, D. "Mobile App Growth Exploding and Shows No Signs of Letting Up." *VentureBeat*. 10 July 2013. Accessed 2 January 2014 @ *http://venturebeat.com/2013/07/10/state-of-the-apposphere*.

10. Whalen, J. "Health-Care Apps That Doctors Use." *Wall Street Journal*. 17 November 2013. Accessed 2 January 2014 @ *http://online.wsj.com/news/articles/SB10001424052702303376904579137683810827104?mod=djem_jiewr_IT_domainid*.

11. Tan, K. "20 Mobile Apps for Shopping Discounts and Deals." *Hongkiat.com*. Accessed 2 January 2014 @ *www.hongkiat.com/blog/mobile-shopping-apps*.

12. "Americans Rank the Top 10 Best and Worst Mobile Banking Apps." *The Financial Brand*. 22 August 2013. Accessed 2 January 2014 @ *http://thefinancialbrand.com/32967/americans-rate-the-best-and-worst-u-s-mobile-banking-apps*.

13. Prindle, D. "Best Music Apps for Your Smartphone (iPhone, Android, or Windows)." *Digital Trends*. 19 March 2014. Accessed 2 January 2014 @ *www.digitaltrends.com/mobile/best-music-apps*.

14. Baldwin, H. "Wireless Bandwidth: Are We Running Out of Room?" *Computerworld*. 25 January 2012. Accessed 14 March 2013 @ *www.infoworld.com/d/mobile-technology/wireless-bandwidth-are-we-running-out-of-room-184999?source=IFWNLE_nlt_wrapup_2012-01-25*.

15. Apple. "iPhone in Business." *Apple.com*. Accessed 17 July 2010 @ *http://www.apple.com/iphone/business/*.

16. Gralla, P. "Preston Gralla: IT Is Caught in Crossfire When It Comes to Smartphone Privacy." *Computerworld*. 9 May 2011. Accessed 7 December 2011 @ *www.computerworld.com/s/article/356168/Smartphone_Privacy_IT_Caught_in_the_Crossfire*.

17. Robertson, J. "Smart-Phone Tracking Raises Privacy Issues." *NorthJersey.com*. 23 April 2011. Accessed 7 December 2011 @ *www.northjersey.com/news/120560334_Smart-phone_tracking_raises_privacy_issues.html*.

18. Cisco. "TelePresence: In-Person Experiences for All." Accessed 17 February 2012 @ *www.cisco.com/web/telepresence/customers/retail.html*.

19. This information has been gathered from the company Web site (*www.cisco.com*) and from other promotional materials. For more information and updates, visit the Web site.

20. "Data, Data Everywhere." *The Economist* 25 February 2010. Accessed 16 February 2012 @ *www.economist.com/node/15557443?story_id=15557443*.

21. "What Is Walmart's Retail Link Program?" Petersen, Chris. "Wal-Mart's Secret Sauce: How The Largest Survives and Thrives." 27 March 2013. *http://www.retailcustomerexperience.com/blogs/walmarts-secret-sauce-how-the-largest-survives-and-thrives/*.

22. "Wal-Mart Takes on Industrial Vehicle Management." *Food Manufacturing*. 29 September 2009. Accessed 10 August 2010 @ *http://www.foodmanufacturing.com/articles/2009/09/wal-mart-takes-industrial-vehicle-management*.

23. Gralla, P. "Preston Gralla: IT Is Caught in Crossfire When It Comes to Smartphone Privacy." *Computerworld*. 9 May 2011. Accessed 7 December 2011 @ *www.computerworld.com/s/article/356168/Smartphone_Privacy_IT_Caught_in_the_Crossfire*.

24. Gahran, A. "Mobile Phone Security: What Are the Risks?" *CNN.com*. 17 June 2011. Accessed 11 August 2011 @ *http://edition.cnn.com/2011/TECH/mobile/06/17/mobile.security.gahran*.

7

1. Greene, T. "Cisco: Is the Internet as Important as Food, Water, Air, Shelter?" *Network World*. 23 September 2011. Accessed 25 November 2011 @ *www.infoworld.com/d/networking/cisco-the-internet-important-food-water-air-shelter-173844?source=IFWNLE_nlt_networking_2011-09-27*.

2. Gaudin, S. "Internet Hits Major Milestone, Surpassing 1 Billion Monthly Users." *Computerworld*. 26 January 2009. Accessed 10 August 2010 @ *www.computerworld.com/action/article.do?command=viewArticleBasic&articleid=9126796*.

3. Elgin, J. "New Generic Top-Level Domains Nearing Launch Date." *Mass Media Headlines*. January 2011. Accessed 16 July 2011 @ *www.wileyrein.com/publications.cfm?sp=articles&id=6728*.

4. "Get Ready for the Next Big .Thing." *ICANNnews*. 2 July 2011. Accessed 16 July 2011 @ *www.youtube.com/watch?v=AybZsS3NmFo*.

5. Said, S. "Top 10 Countries with the Fastest Internet Connections Available." *TheRichest.com*. 14 July 2013. Accessed 2 January 2014 @ *www.therichest.com/business/technology/top-10-countries-with-the-fastest-internet-connections-available*.

6. Carlson, N. "This Is What Facebook Graph Search Looks Like." *Business Insider*. 15 January 2013. Accessed 5 February 2013 @ *www.businessinsider.com/this-is-what-facebook-graph-search-looks-like-2013-1*.

7. Sullivan, D. "How the New Facebook Search Is Different and Unique from Google Search." *Search Engine Land*. 15 January 2013. Accessed 5 February 2013 @ *http://searchengineland.com/facebook-search-not-google-search-145124*.

8. Sullivan, D. "Google Launches Knowledge Graph to Provide Answers, Not Just Links." *Third Door Media*. 16 May 2012. Accessed 5 February 2013 @ *http://searchengineland.com/google-launches-knowledge-graph-121585*.

9. Magid, L. "What Is Snapchat and Why Do Kids Love It and Parents Fear It?" *Forbes.com*. May 2013. Accessed 5 January 2014 @ *www.forbes.com/sites/larrymagid/2013/05/01/what-is-snapchat-and-why-do-kids-love-it-and-parents-fear-it*.

10. Gross, D. "Millions of Accounts Compromised in Snapchat Hack." *CNN Tech*. 2 January 2014. Accessed 5 January 2014 @ *www.cnn.com/2014/01/01/tech/social-media/snapchat-hack*.

11. Belkin, D. "Can MOOCs and Universities Co-Exist?" *The Wall Street Journal*. 11 May 2014. Accessed 20 November 2014 @ *http://online.wsj.com/news/articles/SB10001424052702303825604579515521328500810?mod=djem_jiewr_IT_domainid*.

12. Mossberg, W. "A Real-Estate App When You're Buying or Just Nosy." *The Wall Street Journal*. 9 May 2012. Accessed 5 February 2013 @ *http://online.wsj.com/article/SB10001424052702304451104577392112842506378.html?mod=djem_jiewr_IT_domainid*.

13. Callow, R. "The Advantages of Buying Software Online vs Purchasing Programs in a Box." *Bright Hub*. 6 May 2010. Accessed 24 February 2012 @ *www.brighthub.com/environment/green-computing/articles/8187.aspx*.

14. Ruiz, R. "How the Internet Is Changing Health Care." *Forbes.com*. 20 July 2009. Accessed 24 February 2012 @ *www.forbes.com/2009/07/30/health-wellness-internet-lifestyle-health-online-facebook.html*.

15. Snyder, B. "How Kaiser Bet $4 Billion on Electronic Records—and Won." *InfoWorld*. 2 May 2013. Accessed 2 January 2014 @ *www.infoworld.com/d/the-industry-standard/how-kaiser-bet-4-billion-electronic-health-records-and-won-217731?source=IFWNLE_nlt_daily_am_2013-05-02*.

16. Marsan, C. "10 Fool-Proof Predictions for the Internet in 2020." *Network World*. 4 January 2010. Accessed 13 July 2010 @ *www.networkworld.com/news/2010/010410-outlook-vision-predictions.html?page=1*.

17. *http://wearesocial.net/blog/2014/11/internet-users-pass-3-billion-mark/*.

18. Bidgoli, H. *Electronic Commerce: Principles and Practice*. San Diego, CA: Academic Press, 2002.

19. Mista, M. "Extranet vs. Intranet in Company Use." *chron.com*. Accessed 24 February 2012 @ *http://smallbusiness.chron.com/extranet-vs-intranet-company-use-11878.html*.

20. Weston, R. "Business Value in Communication." *InformationWeek*. Accessed 24 February 2012 @ *www.informationweek.com/720/commun.htm*.

21. "Intranets & Extranets: Understanding Their Business Application and Value." *Lyris HQ*. Accessed 24 February 2012 @ *www.lyris.com/us-en/web-cms/57-Intranets-Extranets-Understanding-their-business-application-and-value*.

22. O'Reilly, T. "What Is Web 2.0: Design Patterns and Business Models for the Next Generation of Software." *O'Reilly*. 30 September 2005. Accessed 10 August 2010 @ *www.oreillynet.com/pub/a/oreilly/tim/news/2005/09/30/what-is-web-20.html*.

23. Cho, A. "What Is Web 3.0? The Next Generation Web: Search Context for Online Information." *Suite101.com*. 22 July 2008. Accessed 10 August 2010 @ *http://internet.suite101.com/article.cfm/what_is_web_30*.

24. King, R. "No Rest for the Wiki." *Bloomberg Businessweek*. 12 March 2007. Accessed 10 August 2010 @ *www.businessweek.com/technology/content/mar2007/tc20070312_740461.htm*.

25. Gaudin, S. "Americans Spend 16 Minutes of Every Hour Online on Social Nets." *Computerworld*. 17 April 2013. Accessed 5 January 2014 @ *www.computerworld.com/s/article/9238469/Americans_spend_16_minutes_of_every_hour_online_on_social_nets*.

26. Van Grove, J. "LinkedIn Member Base Climbs Almost 40 Percent in Year." *CNET*. 29 October 2013. Accessed 5 January 2014 @ *http://news.cnet.com/8301-1023_3-57609878-93/linkedin-member-base-climbs-almost-40-percent-in-year*.

27. Kawasaki, G. "Ten Ways for Small Businesses to Use LinkedIn." *LinkedIn Blog*. 12 April 2010. Accessed 23 February 2012 @ *http://blog.linkedin.com/2010/04/12/linkedin-small-business-tips*.

28. King, R. "How Companies Use Twitter to Bolster Their Brands." *Bloomberg BusinessWeek*. 6 September 2008. Accessed 10 August 2010 @ *www.businessweek.com/technology/content/sep2008/tc2008095_320491.htm*.

29. *http://www.statista.com/statistics/272014/global-social-networks-ranked-by-number-of-users/*.

30. "The Fastest, Simplest Way to Stay Close to Everything You Care About." *Twitter.com*. Accessed 5 February 2013 @ *http://twitter.com/about*.

31. "Case Studies." *Twitter.com*. Accessed 5 February 2013 @ *https://business.twitter.com/optimize/case-studies*.

32. *http://www.gartner.com/newsroom/id/1409213*.

33. Roques, G. "IoT: 50 Billion Things and Their Developer Kings." *Developer Tech*. Accessed 2 January 2014 @ *www.developer-tech.com/news/2013/sep/11/iot-50-billion-things-and-their-developer-kings*.

34. Epps, S. "There Is No Internet of Things." *Forbes.com*. 17 October 2013. Accessed 2 January 2014 @ *www.forbes.com/sites/forrester/2013/10/17/there-is-no-internet-of-things*.

35. Evans, D. "The Internet of Everything." *Cisco.com*. Accessed 2 January 2014 @ *www.google.com/url?sa=t&rct=j&q=&esrc=s&frm=1&source=web&cd=2&sqi=2&ved=0CEwQFjAB&url=http%3A%2F%2Fwww.cisco.com%2Fweb%2Fabout%2Fac79%2Fdocs%2Finnov%2FIoE.pdf&ei=MqRhUt_oHejPigL8iIDQDg&usg=AFQjCNGNL-F_2G4BLBLKQ-9KwTe8sFkUIw*.

36. Ibid.

37. Stephenson, D. "Why Collaboration Will Replace 'Zero Sum Game' for Internet of Things Success." *Inex Advisors*. 3 September 2013. Accessed 2 January 2014 @ *http://inexadvisors.com/2013/09/03/why-zero-sum-game-is-not-the-answer-to-internet-of-things-success*.

38. Evans, D. "The Internet of Everything." *Cisco.com*. Accessed 2 January 2014 @ *www.google.com/url?sa=t&rct=j&q=&esrc=s&frm=1&source=web&cd=2&sqi=2&ved=0CEwQFjAB&url=http%3A%2F%2Fwww.cisco.com%2Fweb%2Fabout%2Fac79%2Fdocs%2Finnov%2FIoE.pdf&ei=MqRhUt_oHejPigL8iIDQDg&usg=AFQjCNGNL-F_2G4BLBLKQ-9KwTe8sFkUIw*.

39. This information has been gathered from the company Web site (*www.google.com*) and other promotional materials. For more information and updates, visit the Web site.

40. "The Scotts Miracle-Gro Company." *thescottsmiraclegrocompany.com*. Accessed 6 February 2013 @ *www.thescottsmiraclegrocompany.com*.

41. Manchester, A. "Intranet Award Winners Scotts Miracle-Gro Get Some Great Recognition #Intranet." *alexmanchester.com*. 14 February 2012. Accessed 6 February 2013 @ *www.alexmanchester.com/alexmanchester/2012/02/intranet-innovation-award-winners-scottsmiracle-gro-get-some-great-recognition-intranet.html*.

42. Kass, K. "How 'The Garden' Grew Into an Award-Winning Intranet for Scotts Miracle-Gro." *Simplycommunicate.com*. Accessed 6 February 2013 @ *www.simply-communicate.com/case-studies/company-profile/how-%E2%80%98-garden%E2%80%99-grew-award-winning-intranet-scottsmiracle-gro*.

43. Balwani, S. "5 Easy Social Media Wins for Your Small Business." *Mashable Business*. 28 July 2009. Accessed 11 August 2011 @ *http://mashable.com/2009/07/28/social-media-small-business*.

8

1. Porter, M. *Competitive Advantage: Creating and Sustaining Superior Performance*. New York, NY: Free Press, 1985.

2. Zetlin, M. "Use Twitter to Find Customers." *Inc*. 24 July 2009. Accessed 14 July 2010 @ *www.inc.com/news/articles/2009/07/twitter.html*.

3. "Consumers Are Showrooming and Webrooming Your Business, Here's What That Means and What You Can Do About It." *http://www.shopify.com/blog/14513673-consumers-are-showrooming-and-webrooming-your-business-heres-what-that-means-and-what-you-can-do-about-it*.

4. Banjo, S. "Home Depot Lumbers into E-Commerce." *The Wall Street Journal*. 16 April 2014. Accessed 20 November 2014 @ *http://online*

.wsj.com/news/article_email/SB10001424052702304626304579505723441210120-lMyQjAxMTA0MDIwMTEyNDEyWj?mod=djem_jiewr_IT_domainid.

5. Hill, R. "Ecommerce 2020." *ECRM*. 8 January 2014. Accessed 8 January 2014 @ *www.ezinepost.com/articles/article-237942.html*.

6. Brandweiner, N. "Mobile Forecast to Drive 25% of Retail Sales by 2020." *MyCustomer.com*. 5 March 2013. Accessed 8 January 2014 @ *www.mycustomer.com/topic/customer-experience/mobile-forecast-drive-25-retail-sales-2020/162691*.

7. Lei, R. "E-Commerce Boom on the Way: Alibaba." *Global Times*. 9 May 2013. Accessed 8 January 2014 @ *www.globaltimes.cn/content/780600.shtml#.UsnyvoKA3b0*.

8. O'Malley, G. "E-Commerce Forecast to Hit $279B by 2015." *MediaPost*. 28 February 2011. Accessed 8 January 2014 @ *www.mediapost.com/publications/article/145775/ecommerce-forecast-to-hit-279b-by-2015.html*.

9. "Best of the Web and Digital Government Achievement Awards 2012 Results." *Center for Digital Government*. 23 August 2012. Accessed 13 February 2013 @ *www.centerdigitalgov.com/survey/88/2012*.

10. Towns, S. "What Makes the Best Government Website?" *Government Technology*. 1 October 2012. Accessed 8 February 2013 @ *www.govtech.com/e-government/What-Makes-the-Best-Government-Website.html*.

11. Ovans, A. "E-procurement at Schlumberger." *Harvard Business Review*. (May–June 2000): 21–22.

12. Williams, M. "Starbucks Says 1 in 6 Of Its Payments Are Already Mobile." *Computerworld*. 31 October 2014. Accessed 20 November 2014 @ *http://www.computerworld.com/article/2841883/starbucks-says-1-in-6-of-its-payments-are-already-mobile.html*.

13. Elgan, M. "How Apps Are Changing Fast Food." *Computerworld*. 15 February 2014. Accessed 20 November 2014 @ *http://www.computerworld.com/s/article/9246346/How_apps_are_changing_fast_food*.

14. Caswell, S. "Voice-Based E-Commerce Looms Large." *E-Commerce Times*. 28 March 2000. Accessed 14 July 2010 @ *www.ecommercetimes.com/story/2838.html*.

15. "Speak It, Get It: New Hound App Kicks Off Next Paradigm in User Behavior on Mobile." *Business Wire*. 16 May 2011. Accessed 3 March 2012 @ *www.soundhound.com/index.php?action=s.press_release&pr=30*.

16. "Are You Talking to Me?" *The Economist*. 7 June 2007. Accessed 3 March 2012 @ *www.economist.com/node/9249338*.

17. Unknown. "Apple Announces Apple Pay." 09 September 2014. Accessed @ *http://www.apple.com/pr/library/2014/09/09Apple-Announces-Apple-Pay.html*.

18. Elgan, M. "Are We Giving Up on Mobile Payments Already?" *Computerworld*. 23 November 2013. Accessed 2 January 2014 @ *www.computerworld.com/s/article/9244285/Are_we_giving_up_on_mobile_payments_already*.

19. Stewart, C., and S. Vranica. "Phony Web Traffic Tricks Digital Ads." *The Wall Street Journal*. 30 September 2013. Accessed 2 January 2014 @ *http://online.wsj.com/article_email/SB10001424052702303464504579107070820649 62434-lMyQjAxMTAzMDAwMTEwNDEyWj.html?mod=djem_jiewr_IT_domainid*.

20. "Report: 60 Percent of Internet Access Is Mostly Mobile." *http://marketingland.com/outside-us-60-percent-internet-access-mostly-mobile-74498*.

21. "What Is Mobile Marketing and Why Does It Matter? (So So Much!)." *http://www.wordstream.com/blog/ws/2013/08/19/what-is-mobile-marketing*.

22. "How Starbucks Brews Its Mobile Strategy." *http://www.cio.com/article/2390899/retail/how-starbucks-brews-its-mobile-strategy.html*.

23. Starbucks whips up clever SMS, MMS campaign for summer drink buzz *http://www.mobilecommercedaily.com/starbucks-whips-up-clever-sms-mms-campaign-for-summer-drink-buzz*.

24. *http://www.emarketer.com/Article/Social-Networking-Reaches-Nearly-One-Four-Around-World/1009976*.

25. "Gartner Says Majority of Consumers Rely on Social Networks to Guide Purchase Decisions." *http://www.gartner.com/newsroom/id/1409213*.

26. "The Rise of Social Commerce, and How It Will Completely Transform the Way We Shop on the Internet." *http://www.businessinsider.com/the-rise-of-social-commerce-2013-10*.

27. "What Is Social Commerce?" *http://heidicohen.com/what-is-social-commerce/*.

28. "Social Commerce." *http://mashable.com/2013/05/10/social-commerce-definition/*.

29. "The Six Pillars of Social Commerce." *http://www.forbes.com/sites/fredcavazza/2012/02/01/the-six-pillars-of-social-commerce/*.

30. This information has been gathered from the company Web site (*www.amazon.com*) and other promotional materials. For more information and updates, visit the Web site.

31. Smith, B. "Yahoo's FareChase: The Stealth Disruptor?" *Search Engine Watch.com*. 27 April 2006. Accessed 14 July 2010 @ *http://searchenginewatch.com/3601971*.

32. Minyanville. "Qualcomm's Android-Capable Answer to Apple's iBeacon." *Nasdaq.com*. 11 December 2013. Accessed 2 January 2014 @ *www.nasdaq.com/article/qualcomms-androidcapable-answer-to-apples-ibeacon-cm310857*.

33. "With iBeacon, Apple Aims to Guide You Inside Its Stores and, Soon, Everywhere." *Associated Press*. 7 December 2013. Accessed 2 January 2014 @ *http://gadgets.ndtv.com/mobiles/news/with-ibeacon-apple-aims-to-guide-you-inside-its-stores-and-soon-everywhere-455739*.

34. Danova, Tony. "Apple's iBeacon Is Ready to Take Over the Retail Sector." *Business Insider*. 9 December 2013. Accessed 2 January 2014 @ *www.onenewspage.us/n/Business/74w637lqo/Apple-iBeacon-Is-Ready-To-Take-Over.htm*.

9

1. *http://video.cnbc.com/gallery/?play=1&video=3000345179*.

2. Ives, B., and S. Jarvenpaa. "Application of Global Information Technology: Key Issues for Management." *Management Information Systems Quarterly* 15 (1991): 33–49.

3. Eom, S. B. "Transnational Management Systems: An Emerging Tool for Global Strategic Management." *Advanced Management Journal* 59.2 (1994): 22–27.

4. Lucas, H. *Information Systems Concepts for Managers*. San Francisco, CA: McGraw-Hill; 1994: 137–152, 289–315.

5. Harrington, L. H. "The Information Challenge: The Dream of Global Information Visibility Becomes a Reality." *IndustryWeek* 246.7 (1997): 97–100.

6. "World Internet Usage and Population Statistics: June 30, 2012." *Miniwatts Marketing Group*. Accessed 15 February 2013 @ *www.internetworldstats.com/stats.htm*.

7. Schreiber Translations, Inc. "Globalizing Your Website." *schreibernet.com*. Accessed 4 December 2011 @ *www.schreibernet.com/site.nsf/1/globalizing-your-website-1.htm*.

8. Eom, S. B. "Transnational Management Systems: An Emerging Tool for Global Strategic Management." *Advanced Management Journal* 59.2 (1994): 22–27.

9. Ives, B., and S. Jarvenpaa. "Application of Global Information Technology: Key Issues for Management." *Management Information Systems Quarterly* 15 (1991): 33–49.

10. Edwards, R., A. Ahmad, and S. Moss. "Subsidiary Autonomy: The Case of Multinational Subsidiaries in Malaysia." *Journal of International Business Studies* 33.1 (2002): 183–191.

11. Karimi, J., and B. R. Konsynski. "Globalization and Information Management Strategies." *Journal of Management Information Systems* 7.4 (1991): 7–26.

12. Bar, F., and M. Borrus. "Information Networks and Competitive Advantage: Issues for Government Policy and Corporate Strategy." *International Journal of Technology Management* 7.6–8 (1992): 398–408.

13. Klein, K. "Globalization, Small Biz-Style." *Bloomberg Businessweek*. 23 January 2008. Accessed 14 July 2010 @ *www.businessweek.com/smallbiz/content/jan2008/sb20080123_487864.htm*.

14. Yadav, V., M. Adya, V. Sridhar, and D. Nath. "Flexible Global Software Development (GSD): Antecedents of Success in Requirements Analysis." *Journal of Global Information Management* 17.1 (2009): 1–30.

15. Global Industry Analysts, Inc. "Globalization of Businesses and Workforce Mobility to Drive Global Market for Video Conferencing Systems." *PRWEB*. 19 February 2013. Accessed 2 January 2014 @ *www.prweb.com/releases/video_conferencing_system/enterprise_ISDN_IP_system/prweb10444764.htm*.

16. Kong, L. "Data Protection and Transborder Data Flow in the European and Global Context." *European Journal of International Law* 21.2 (2010): 441–456. Accessed 13 February 2013 @ *http://ejil.oxfordjournals.org/content/21/2/441.full*.

17. Mun, J. "Barriers for Globalization." *Yahoo! Voices* 27. October 2008. Accessed 14 February 2013 @ *http://voices.yahoo.com/barriers-globalization-2070111.html?cat=3*.

18. Haeckel, S., and R. Nolan. "Managing by Wire (Enterprise Models Driving Strategic Information Technology)." *Harvard Business Review* 71 (1993): 122–132.

19. Passino, J., and D. Severance. "Harnessing the Potential of Information Technology for Support of the New Global Organization." *Human Resource Management* 29.1 (1990): 69–76.

20. Karimi, J., and B. R. Konsynski. "Globalization and Information Management Strategies." *Journal of Management Information Systems* 7.4 (1991): 7–26.

21. *http://www.alibabagroup.com/en/about/overview*.

22. Broad, M. "Alibaba: What Exactly Does It Do?" *BBC*. 14 September 2014. Accessed 20 November 2014 @ *http://www.bbc.com/news/business-29077495*.

23. Schatz, W. "Scatter-Shot Systems: There Are Lots of Ways to Buy and Manage Technology in a Decentralized Environment." *Computerworld* 30. August 1993: 75–79.

24. Kettinger, W., V. Grover, S. Guha, and A. Segars. "Strategic Information Systems Revisited: A Study in Sustainability and Performance." *Management Information Systems Quarterly* 18.1 (1994): 31–58.

25. Ives, B., and S. Jarvenpaa. "Application of Global Information Technology: Key Issues for Management." *Management Information Systems Quarterly* 15 (1991): 33–49.

26. Fleenor, D. "The Coming and Going of the Global Corporation." *Columbia Journal of World Business* 28.4 (1993): 6–10.

27. Laudon, K., and J. Laudon. *Management Information Systems: Organization and Technology*. Upper Saddle River, New Jersey: Prentice Hall, 1996. 668–692.

28. Lynch, C. "How General Motors Uses Socialtext for Its R&D." *Socialtext*. March 2010. Accessed 14 February 2013 @ *www.socialtext.com/blog/2010/03/how-general-motors-uses-social*.

29. Kettinger, W., V. Grover, S. Guha, and A. Segars. "Strategic Information Systems Revisited: A Study in Sustainability and Performance." *Management Information Systems Quarterly* 18.1 (1994): 31–58.

30. "Technological Innovation at FedEx." *FedEx.com*. Accessed 19 February 2013 @ *www.fedex.com/ma/about/overview/innovation.html*.

31. Ibid.

32. "FedEx Global Trade Manager." *Fedex.com*. Accessed 19 February 2013 @ *www.fedex.com/GTM?cntry_code=us*.

33. "FedEx Innovation." *Fedex.com*. Accessed 19 February 2013 @ *http://about.van.fedex.com/fedex-innovation*.

34. "Gartner Says Alternative Offshore Locations for IT Services Are Emerging as Global Delivery Models Evolve." *Gartner, Inc.* 27 September 2012. Accessed 14 February 2013 @ *http://www.tholons.com/TholonsTop100/pdf/Tholons_Top_100_2014_Rankings_&_Report_Overview.pdf*.

35. Biehl, M. "Success Factors for Implementing Global Information Systems." *Communications of the ACM* 50.1 (2007).

36. Gelfand, M. J., M. Erez, and Z. Aycan. "Cross-Cultural Organizational Behavior." *Annual Review of Psychology* 58 (2007): 479–514.

37. Huff, S. "Managing Global Information Technology." *Business Quarterly* 56.2 (1991): 71–75.

38. Ambrosio, J. "Global Software: When Does It Make Sense to Share Software with Offshore Units?" *Computerworld* (2 August 1993): 74–77.

39. Spiegler, R. "Globalization: Easier Said Than Done." *The Industry Standard*. 9 October 2000: 136–155.

40. Huff, S. "Managing Global Information Technology." *Business Quarterly* 56.2 (1991): 71–75.

41. Aune, S. "Two Persian Gulf Nations Planning to Block Features of BlackBerry Phones." *TechBlorge*. 2 August 2010. Accessed 17 August 2010 @ *http://tech.blorge.com/Structure:%20/2010/08/02/two-persian-gulf-nations-planning-to-block-features-of-blackberry-phones*.

42. *Yahoo v. LICRA*. U.S. Court of Appeals (9th Cir., 2004, D.C. No. CV-00-21275-JF).

43. Business Software Alliance. "Fifth Annual BSA and IDC Global Software Piracy Study." 2007. Accessed 17 August 2010 @ *http://global.bsa.org/idcglobalstudy2007/studies/2007_global_piracy_study.pdf*.

44. Huff, S. "Managing Global Information Technology." *Business Quarterly*. 56.2 (1991): 71–75.

45. This information has been gathered from the company Web site (*www.sap.com*) and other promotional materials. For more detailed information and updates, visit the Web site.

46. Norris, R. "An Evaluation of Toyota Motor Company (TMC) Information Systems." *Yahoo! Voices*. 23 May 2007. Accessed 15 February 2013 @ *http://voices.yahoo.com/an-evaluation-toyota-motor-company-tmc-information-354371.html?cat=27*.

47. "Toyota Production System." *Toyota-global.com*. Accessed 15 February 2013 @ *www.toyota-global.com/company/vision_philosophy/toyota_production_system*.

48. Duvall, M. "Toyota: Daily Dealings." *Baseline*. 5 September 2006. Accessed 15 February 2013 @ *www.baselinemag.com/c/a/Infrastructure/What-Is-Driving-Toyota/2*.

49. "Toyota Motor Europe Upgrades Vehicle Order Management System with Oracle E-Business Suite 12.1 to Help Improve Customer Allocation and Lead Times." *Oracle*. 5 October 2011. Accessed 15 February 2013 @ *www.oracle.com/us/corporate/press/513279*.

50. Baldwin, H. "Supply Chain 2013: Stop Playing Whack-a-Mole with Security Threats." *InfoWorld*. 30 April 2013. Accessed 2 January 2014 @ *www.infoworld.com/d/security/supply-chain-2013-stop-playing-whack-mole-security-threats-217547?source=IFWNLE_nlt_sec_2013-05-02*.

51. Ibid.

10

1. Duvall, M. "Airline Reservation System Hits Turbulence." *Baseline*. 25 July 2007. Accessed 16 July 2010 @ *http://www.baselinemag.com/c/a/Business-Intelligence/Airline-Reservation-System-Hits-Turbulence/*.

2. Bensaou, M., and M. Earl. "The Right Mind-Set for Managing Information Technology." *Harvard Business Review* 76.5 (1998): 109.

3. Wood, J., and D. Silver. *Joint Application Design*. New York, NY: John Wiley and Sons, 1989.

4. Sun, L., and S. Wilson. "Health Insurance Exchange Launched Despite Signs of Serious Problems." *Washington Post*. 21 October 2013. Accessed 2 January 2014 @ *www.washingtonpost.com/national/health-science/health-insurance-exchange-launched-despite-signs-of-serious-problems/2013/10/21/161a3500-3a85-11e3-b6a9-da62c264f40e_story.html*.

5. Britt, R. "Five Key Things That Are Wrong with Obamacare's HealthCare.gov Site." *Wall Street Journal*. 7 November 2013. Accessed 2 January 2014 @ *http://blogs.marketwatch.com/health-exchange/2013/11/07/five-key-things-that-are-wrong-with-obamacares-healthcare-gov-site*.

6. Kanaracus, C. "The Worst IT Project Disasters of 2013." *Computerworld*. 10 December 2013. Accessed 2 January 2014 @ *www.computerworld.com/s/article/9244679/The_worst_IT_project_disasters_of_2013*.

7. Storm, D. "HealthCare.gov More Vulnerable to Hacking and Privacy Breaches After 'Fix.'" *Computerworld*. 3 December 2013. Accessed 2 January 2014 @ *http://blogs.computerworld.com/application-security/23226/healthcaregov-more-vulnerable-hacking-privacy-breaches-after-fix*.

8. Unknown. "A Software Developer's View on the HealthCare.gov Glitches." *Daily Kos*. 17 October 2013. Accessed 2 January 2014 @ *www.dailykos.com/story/2013/10/17/1248260/-A-software-developer-s-view-on-the-HealthCare-gov-glitches*.

9. Storm, D. "HealthCare.gov More Vulnerable to Hacking and Privacy Breaches After 'Fix.'" *Computerworld*. 3 December 2013. Accessed 2 January 2014 @ *http://blogs.computerworld.com/application-security/23226/healthcaregov-more-vulnerable-hacking-privacy-breaches-after-fix*.

10. Doke, E. "An Industry Survey of Emerging Prototyping Methodologies." *Information and Management* 18.4 (1990): 169–176.

11. "7 Indispensable Project Management Tips." *http://www.infoworld.com/d/security/7-indispensable-project-management-tips-247175?source=IFWNLE_nlt_daily_am_2014-07-29*.

12. Benson, D. "A Field Study of End User Computing: Findings and Issues." *MIS Quarterly* 7.4 (1983): 35–40.

13. Tayntor, C. "New Challenges or the End of EUC." *Information Systems Management* 11.3 (1994): 86–88.

14. "Top 26 Outsourcing Destinations for Information Technology (IT) Companies: List of Countries." *http://ceoworld.biz/2014/09/15/top-26-outsourcing-destinations-information-technology-companies-list-countries*.

15. McKendrick, J. "Ten Examples of SOA at Work, Right Now." *ZDNet*. 3 January 2006. Accessed 15 July 2010 @ *www.zdnet.com/blog/service-oriented/ten-examples-of-soa-at-work-right-now/508*.

16. Goldstein, A. "Hand-to-Hand Teamwork. Sabre Airline Solutions." *Dallas Morning News*. 23 February 2003. Accessed 20 March 2012 @ *http://www.sabre-holdings.com/newsroom/inTheNews/02_23_03.html*.

17. Ibid.

18. "Principles Behind the Agile Manifesto." Accessed 16 July 2010 @ *www.agilemanifesto.org/principles.html*.

19. "About HomeAway, Inc." *Homeaway.com*. Accessed 19 February 2013 @ *www.homeaway.com/info/about-us/company-info*.

20. Krill, P. "Agile: How It Became a Way of Life at HomeAway." *InfoWorld*. 1 May 2012. Accessed 18 February 2013 @ *www.infoworld.com/d/application-development/agile-how-it-became-way-of-life-homeaway-192102?source=IFWNLE_nlt_daily_2012-05-01*.

21. This information has been gathered from the company Web site (*www.ca.com*) and other promotional materials. For more information and updates, visit the Web site.

22. "Latvia Builds a Comprehensive Business Platform on IBM Lotus Notes and Domino." *IBM*. 16 December 2008. Accessed 16 July 2010 @ *ftp://ftp.software.ibm.com/common/ssi/pm/ab/n/loc14088lven/LOC14088LVEN.PDF*.

23. York, M. "Crowdsourcing: It's Not Just for Logos and Web Design." *About.com Entrepreneurs*. Accessed 14 August 2011 @ *http://entrepreneurs.about.com/od/casestudies/a/Crowdsourcing-Its-Not-Just-For-Logos-And-Web-Design.htm*.

11

1. "Our Company." *Coca-colacompany.com*. Accessed 20 February 2013 @ *www.coca-colacompany.com/our-company*.

2. "Coca-Cola Supply Chain Management Success Story." *CSC*. Accessed 20 February 2013 @ *www.csc.com/application_services/success_stories*

/78846-coca_cola_supply_chain_management _success_story.

3. Payne, A. *Handbook of CRM: Achieving Excellence Through Customer Management*. Oxford, MA: Butterworth-Heinemann, 2005.

4. Wailgum, T. "CRM Definition and Solutions." *CIO.com*. Accessed 26 July 2010 @ *www.cio.com /article/40295/Customer_Relationship_Management*.

5. "Team Productivity Increases Up to 10% after Time Warner Cable Business Class Implements Salesforce." *Salesforce.com*. Accessed 16 July 2010 @ *www.salesforce.com/showcase/stories /timewarnercable.jsp*.

6. Caitlin. "Personalization vs. Customization." *RapLeaf Blog*. 22 February 2012. Accessed 26 March 2012 @ *http://blog.rapleaf.com/blog/2012 /02/22/personalization-vs-customization-2*.

7. Ray, R. "Selling with Personalization: Why Amazon.com Succeeds and You Can Too." *Smallbiztechnology.com*. 2 August 2008. Accessed 16 July 2010 @ *smallbiztechnology .com/archive/2008/08/selling-with-personalization -w.html*.

8. Sherman, C. "Google Personalized Search Leaves Google Labs." *SearchEngineWatch.com*. 9 November 2005. Accessed 26 March 2012 @ *http://searchenginewatch.com/3563036*.

9. Aaronson, J. "Personalization Technologies: A Primer." *ClickZ.com*. 24 August 2007. Accessed 26 March 2012 @ *www.clickz.com/3626837*.

10. Rao, L. "How Amazon Is Tackling Personalization and Curation for Sellers on Its Marketplace." *TechCrunch*. 31 August 2013 Accessed 2 January 2014 @ *http://techcrunch.com/2013/08/31/how -amazon-is-tackling-personalization-and-curation -for-sellers-on-its-marketplace*.

11. Levinson, M. "Knowledge Management Definition and Solutions." *CIO.com* Accessed 16 July 2010 @ *www.cio.com/article/40343/Knowledge _Management_Definition_and_Solutions*.

12. D'Auria, J. "Goodwin Procter Makes Strong Case for Knowledge Management." *CIO.com*. 1 August 2008. Accessed 3 December 2011 @ *www .cio.com/article/440726/Goodwin_Procter_Makes _Strong_Case_for_Knowledge_Management?page=1 &taxonomyId=3154*.

13. Vormittag Associates. "Saudi-Based Auto and Electronics Distributor Streamlines Operations with VAI's S2K Software." *VAI net*. Accessed 17 July 2010 @ *www.vai.net/company/success -stories/naghi-group.html*.

14. This information has been gathered from the company Web site (*www.salesforce.com*) and other promotional materials. For more information and updates, visit the Web site.

15. IBM. "Johns Hopkins Unites Its Businesses with SAP and IBM." *IBM.com*. 26 June 2008. Accessed 16 July 2010 @ *www-01.ibm.com /software/success/cssdb.nsf/CS/STRD-7FYDM6 ?OpenDocument&Site=gicss67sap&cty=en_us*.

16. *https://www.chipotle.com/en-US/company/about _us.aspx*.

17. "Chipotle." *http://www.salesforce.com/customers /stories/chipotle.jsp*.

12

1. Simon, H. *The New Science of Management Decision*. Englewood Cliffs, NJ: Prentice-Hall, 1977.

2. Sprague, R., and E. Carlson. *Building Effective Decision Support Systems*. Englewood Cliffs, NJ: Prentice-Hall, 1982.

3. Ibid.

4. Keen, P. "Value Analysis: Justifying Decision Support Systems." *MIS Quarterly* 5(1) (1981): 1–15.

5. Alter, S. *Decision Support Systems Current Practice and Continuing Challenges*. Reading, MA: Addison-Wesley, 1979.

6. Sauter, V. *Decision Support Systems for Business Intelligence*, 2nd Edition. Hoboken, NJ: Wiley, 2011.

7. Turban, E., R. Sharda, and D. Delen. *Decision Support and Business Intelligence Systems*, 9th Edition. Englewood Cliffs, NJ: Prentice-Hall, 2011.

8. "Family Dollar Accelerates Growth in Down Times." *SAS*. Accessed 2 January 2014 @ *www .sas.com/offices/europe/uk/industries/retail/family -dollar-case-study.html*.

9. Watson, H., and K. Rainer Jr. "A Manager's Guide to Executive Support Systems." *Business Horizons* 34(2) (1991): 44–50.

10. Liang, L., and R. Miranda. "Dashboards and Scorecards: Executive Information Systems for the Public Sector." *Government Finance Review*. December 2001. Accessed 16 July 2012 @ *www .inst-informatica.pt/v20/ersi/13_ersi/documentos /Dashboards%20and%20Scorecards%20Executive %20Information%20Systems%20for%20the%20 Public%20Sector.pdf*.

11. Glover, H., H. Watson, and R. Rainer. "20 Ways to Waste an EIS Investment." *Information Strategy: The Executive's Journal* (Winter 1992): 11–17.

12. Watson, H., and J. Satzinger. "Guidelines for Designing EIS Interfaces." *Information Systems Management* (Fall 1994): 46–52.

13. "Technology Drives Decisions at Hyundai." *SAS*. Accessed 2 January 2014 @ *www.sas.com /success/pdf/hyundai.pdf*.

14. Cronk, R. "EISes Mine Your Data." *Byte* 18(7) (1993): 121–128.

15. Overton, K., M. Frolick, and R. Wilkes. "Politics of Implementing EISs." *Information Systems Management* 13(3) (1996): 50–57.

16. "What Is SharePoint?" *Microsoft.com*. Accessed 2 January 2014 @ *http://office.microsoft.com/en -us/sharepoint-server-help/what-is-sharepoint -HA010378184.aspx*.

17. Kibbe, D. "Why Clinical Groupware May Be the Next Big Thing in Health IT." *e-Care Management* (8 February 2009). Accessed 18 July 2010 @ *http://e-caremanagement.com/why-clinical -groupware-may-be-the-next-big-thing-in-health-it*.

18. "Skype Overview." *Downloadinfo*. Accessed 20 February 2013 @ *http://allthingsd.com/20120821/a -chance-to-call-15-friends-to-video-chat-in-high-def/*.

19. "FaceTime: Be in Two Places at Once." *Apple .com*. Accessed 20 February 2013 @ *www.apple .com/ios/facetime/?cid=wwa-us-kwg-features -00001&siclientid=6381&sessguid=e5147ce0-ea29 -47ed-914d-e1058f57bd71&userguid=e5147ce0-ea29 -47ed-914d-e1058f57bd71&permguid=e5147ce0 -ea29-47ed-914d-e1058f57bd71*.

20. "Tango." *Tango.me*. Accessed 20 February 2013 @ *tango.me*.

21. "Get Started. About Hangouts." *Google.com*. Accessed 20 February 2013 @ *http://support.google .com/plus/bin/answer.py?hl=en&answer=1215273*.

22. "What Is ooVoo?" *Oovoo.com*. Accessed 20 February 2013 @ *http://cdn01.oovoo.com /cdnhelp/en/content/what_is_oovoo.htm*.

23. "Unified Meeting Experience." *Zoom.us*. Accessed 20 February 2013 @ *zoom.us*.

24. "A Chance to Call 15 Friends to Video Chat in High Def." *The Wall Street Journal*. 21 August 2012. Accessed 20 February 2013 @ *http://online .wsj.com/article/SB10000872396390444435045776 03383238616426.html?mod=djem_jiewr_IT _domainid*.

25. eSpatial. "GIS for Insurance." *eSpatial.com*. Accessed 1 April 2012 @ *http://www.esri.com /library/whitepapers/pdfs/gis-for-insurance-claims -process.pdf*.

26. Caliper Corporation. "GIS Software for Insurance Mapping." *caliper.com*. Accessed 1 April 2012 @ *www.caliper.com/maptitude/insurance /default.htm*.

27. Romeo, J. "Target Marketing with GIS." *Geospatial Solutions*. May 2005. Accessed 1 April 2012 @ *http://tetrad.com/pub/documents/geospatial.pdf*.

28. eSpatial. "Mapping Software for Sales & Marketing." *eSpatial.com*. Accessed 1 April 2012 @ *https://www.espatial.com/info/mapping -software-for-online?utm_source=Google&utm _medium=PPC&kw=%2Bmapping%20% 2Bsoftware&Network=Search&Placement =&Creative=25617727576&utm_campaign =US_Mapping&gclid=CKCHj8 _Mz78CFQORfgodzkQAvQ*.

29. ESRI. "GIS for Real Estate." *ESRI.com*. February 2007. Accessed 1 April 2012 @ *www.esri .com/library/bestpractices/real-estate.pdf*.

30. Geographic Information Systems. "Why Use GIS?" *GIS.com*. Accessed 1 April 2012 @ *www.gis .com/content/why-use-gis*.

31. O'Cionnaith, F. "GIS on the Front Lines in Fighting Disease." *gpsworld.com*. 19 December 2007. Accessed 1 April 2012 @ *http://www.esri .com/news/arcnews/fall12articles/can-gis-help-fight -the-spread-of-malaria.html*.

32. Dempsey, C. "Monitor the Swine Flu Real Time with Google Maps." *GIS Lounge*. 27 April 200. Accessed 16 July 2010 @ *http://gislounge.com /monitor-the-swine-flu-real-time-with-google-maps*.

33. This information has been gathered from the company Web site (*www.sas.com*) and other promotional materials. For more information and updates, visit the Web site.

34. "UPS Speeds ORION Deployment and Takes Routing Optimization to New Heights." *USP.com*. 30 October 2013. Accessed 2 January 2014 @ *www .pressroom.ups.com/Press+Releases/Archive/2013 /Q4/UPS+Speeds+ORION+Deployment+And+Take s+Routing+Optimization+To+New+Heights*.

35. Miller, J. A. "How Tech Can Help Cities Reduce Crime." CIO. 9 April 2014. Accessed 20 November 2014 @ *http://www.cio.com/article/751020/How _Tech_Can_Help_Cities_Reduce_Crime_?source =IFWNLE_nlt_daily_pm_2014-04-14*.

13

1. McCarthy, J. "What Is Artificial Intelligence?" *Stanford University*. 12 November 2007. Accessed 16 July 2010 @ *www.formal.stanford.edu/jmc /whatisai/whatisai.html*.

2. Gaudin, S. "Researchers Enable Computers to Teach Themselves Common Sense." *Computerworld*. 27 November 2013. Accessed 2 January 2014 @ *www.computerworld.com/s/article/9244403 /Researchers_enable_computers_to_teach _themselves_common_sense*.

3. Ibid.

4. Schwartz, E. "Smart Programs Go to Work." *BusinessWeek*. 2 March 1992.

5. Lesaint, D, C. Voudouris, and N. Azarmi. "Dynamic Workforce Scheduling for British Telecommunications." *Interfaces* 30(1) (2000): 45–56.

6. Hall, O. "Artificial Intelligence Techniques Enhance Business Forecasts." *Graziadio Business*

Review 5(2) (2002). Accessed 15 November 2009 @ *http://gbr.pepperdine.edu/022/intelligence.html*.

7. Bidgoli, H. "Integration of Technologies: An Ultimate Decision-Making Aid." *Industrial Management & Data Systems* 93(1) (1993): 10–17.

8. Alison, D. "12 Advances in Medical Robotics." *InformationWeek*. 29 January 2011. Accessed 5 March 2013 @ *www.informationweek.com/healthcare/patient/12-advances-in-medical-robotics/229100383*.

9. "FDA Clears First Autonomous Telemedicine Robot for Hospitals." *iRobot.com*. 24 January 1 2013. Accessed 5 March 2013 @ *www.irobot.com/us/Company/Press_Center/Press_Releases/Press_Release.aspx?n=012413*.

10. Mearian, L. "Physician Robot to Begin Making Rounds." *Computerworld*. 25 July 2012. Accessed 5 March 2013 @ *www.computerworld.com/s/article/9229616/Physician_robot_to_begin_making_rounds*.

11. Ives, B. "Expert System Puts More Meaning into Semantic Search." *The AppGap*. 2 June 2008. Accessed 16 July 2010 @ *www.theappgap.com/expert-system-puts-more-meaning-into-semantic-search.html*.

12. Kneale, D. "How Coopers & Lybrand Put Expertise into Its Computers." *Wall Street Journal*. 14 November 1986.

13. Roby, R. "Expert Systems Help Labs Process DNA Samples." *NIJ Journal*. July 2008. Accessed 16 July 2010 @ *www.ojp.usdoj.gov/nij/journals/260/expert-systems.htm*.

14. Wai, K., A. Rahman, M. Zaiyadi, and A. Aziz. "Expert System in Real-World Applications." *Generation5*. Accessed 16 July 2010 @ *www.generation5.org/content/2005/Expert_System.asp*.

15. Adderley, R., and P. Musgrove. "Police Crime Recording and Investigation Systems—A User's View." *Policing: An International Journal of Police Strategies and Management* 24(1) (2001): 100–114.

16. Lewis, D. "Intelligent Agents and the Semantic Web." *IBM developerWorks*. 28 October 2008. Accessed 16 July 2010 @ *https://www14.software.ibm.com/webapp/iwm/web/signup.do?source=swg-BA_WebOrganic&S_PKG=ov7816&form=336&S_TACT=101KR81W&cmp=101KR&ct=101KR81W&cr=google&cm=k&csr=BI-Cognos_Enterprise_Demo-Branded-Search&ccy=us&ck=cognos%20powerplay&cs=e&mkwid=sqXkhASmC-dc_33445287668_43246d30503&gclid=CLvpxsrPz78CFZSEfgod8kIAkQ*.

17. Dobbs, D., K. Boehle, D. Goldwasser, and J. Stamps. "The Return of Artificial Intelligence." *Training*. November 2000.

18. Gaydos, M. "The Debate Room: Virtual Agents Will Replace Live Customer Service Reps." *Bloomberg Businessweek*. Accessed 5 March 2013 @ *www.businessweek.com/debateroom/archives/2010/07/virtual_agents_will_replace_live_customer_service_reps.html*.

19. "Louise." *Chatbots.org*. Accessed 5 March 2013 @ *www.chatbots.org/virtual_agent/louise*.

20. Clabum, T. "Google Search App vs. Apple Siri: 8 Questions." *InformationWeek*. 1 November 2012. Accessed 5 March 2013 @ *www.informationweek.com/internet/google/google-search-app-vs-apple-siri-8-questi/240012715*.

21. Snyder, B. "Beyond 'Jeopardy': How IBM Will Make Billions from Watson." *InfoWorld*. 10 May 2012. Accessed 5 March 2013 @ *www.infoworld.com/d/the-industry-standard/beyond-jeopardy-how-ibm-will-make-billions-watson-192814?source=IFWNLE_nlt_daily_2012-05-10*.

22. Dorrier, J. "IBM's Watson Expands Commercial Applications, Aims to Go Mobile." *SingularityHub*. 14 October 2012. Accessed 5 March 2013 @ *http://singularityhub.com/2012/10/14/ibms-watson-jeopardy-champ-expands-commercial-applications-aims-to-go-mobile*.

23. "Web Channel: Provide Instant, Accurate Answers to Your Customers' Questions Right from Your Website." *Intelliresponse.com*. Accessed 12 March 2013 @ *http://www.intelliresponse.com/products/intelliresponse-virtual-agent/*.

24. *http://www.eweek.com/enterprise-apps/microsofts-digital-assistant-cortana-spied-on-windows-9.html*.

25. "Smarter than Siri: Viv Promises a Truly Intelligent Assistant." *http://www.infoworld.com/t/mobile-apps/smarter-siri-viv-promises-truly-intelligent-assistant-248405?source=IFWNLE_nlt_daily_pm_2014-08-15*.

26. *http://techcrunch.com/2014/11/06/lets-call-the-amazon-echo-what-it-is/*.

27. Zadeh, L. "Yes, No and Relatively, Part 2." *Chemtech*. July 1987.

28. Foster, Z. "Guesstimates, Fuzzy Logic and Believe it or Not…Better Decision Making." *blogspot.com*. 9 March 2011. Accessed 3 December 2011 @ *http://talk-technology.blogspot.com/2011/03/guesstimates-fuzzy-logic-and-believe-it.html*.

29. Klingenberg, B. "Fuzzy Logic Applications." *Getting Started with Fuzzy Logic*. Accessed 12 March 2013 @ *http://www.calvin.edu/~pribeiro/othrlnks/Fuzzy/home.htm*.

30. Sherman, C. "In Praise of Fuzzy Searching." *Search Engine Watch*. 5 June 2001. Accessed 12 March 2013 @ *http://searchenginewatch.com/article/2064695/In-Praise-of-Fuzzy-Searching*.

31. Feng, G. "A Survey on Analysis and Design of Model-Based Fuzzy Control Systems." *IEEE Transactions on Fuzzy Systems* 14(5) (2006): 676–697.

32. California Scientific. "Maximize Returns on Direct Mail with BrainMaker Neural Network Software." *CalSci.com*. Accessed 20 July 2010 @ *www.calsci.com/DirectMail.html*.

33. California Scientific. "Neural Network Red-Flags Police Officers with Potential for Misconduct." *CalSci.com*. Accessed 20 July 2010 @ *www.calsci.com/Police.html*.

34. Holland, J. "Genetic Algorithms." *Scientific American*. July 1992.

35. Wiggins, R. "Docking a Truck: A Genetic Fuzzy Approach." *AI Expert* 7(5) (1992): 28–35.

36. Marczyk, A. "Genetic Algorithms and Evolutionary Computation." *The Talk Origins Archive*. Accessed 9 May 2012 @ *www.talkorigins.org/faqs/genalg/genalg.html*.

37. Obermeir, K. "Natural Language Processing." *Byte*. December 1987.

"http://www.techtarget.com/contributor/Reda-Chouffani" Reda Chouffani.

"Five Areas in Which Healthcare Big Data, NLP Will affect Patients." *http://searchhealthit.techtarget.com/news/2240183624/Five-areas-in-which-healthcare-big-data-NLP-will-affect-patients*.

38. Liu, S., A. Duffy, R. Whitfield, and I. Boyle. "Integration of Decision Support Systems to Improve Decision Support Performance." In *Knowledge and Information Systems*. London, UK: Springer, 2009.

39. Basu, R., N. Archer, and B. Mukherjee. "Intelligent Decision Support in Healthcare." *Analytics*. January, February 2012. Accessed 5 March 2013 @ *www.analytics-magazine.org/januaryfebruary-2012/507-intelligent-decision-support-in-healthcare*.

40. Turban, E., and P. Watkins. "Integrating Expert Systems and Decision Support Systems." *MIS Quarterly* 10(2) (1986): 121–136.

41. Ibid.

42. "Microsoft's MoodScope App Predicts Smartphones Users' Feelings." *http://www.theregister.co.uk/2013/06/28/microsoft_moodscope_phone_mood_detector/*.

43. "Microsoft's 'MoodScope' Phone Software Senses Your Mood." *http://www.cio.com/article/2384465/mobile/microsoft-s--moodscope--phone-software-senses-your-mood.html*.

44. Mortensen, P. "The Future of Technology Isn't Mobile, It's Contextual." *Fast Company*. 24 May 2013. *Fast Company*. Accessed 2 January 2014 @ *www.fastcodesign.com/1672531/the-future-of-technology-isnt-mobile-its-contextual*.

45. Ibid.

46. Cohen, R. "Contextual Computing: Our Sixth, Seventh and Eighth Senses." *Forbes.com*. 18 October 2013. Accessed 2 January 2013 @ *www.forbes.com/sites/reuvencohen/2013/10/18/contextual-computing-our-sixth-seventh-and-eighth-senses*.

47. This information has been gathered from the company Web site (*www.alyuda.com*) and other promotional materials. For more information and updates, visit the Web site.

48. "Firms Use Artificial Intelligence to Tap Shoppers' Views." *http://online.wsj.com/news/articles/SB10001424052702303887804579501800057021822?mod=djem_jiewr_IT_domainid*.

49. Yegulalp, S. "Speech Recognition: Your Smartphone Gets Smarter." *Computerworld*. 16 March 2011. Accessed 14 August 2011 @ *www.computerworld.com/s/article/9213925/Speech_recognition_Your_smartphone_gets_smarter?taxonomyId=15&pageNumber=1*.

50. Cringely, R. "Apple's Siri Is AI with an Attitude." *InfoWorld*. 17 October 2011. Accessed 1 December 2011 @ *www.infoworld.com/t/cringely/apples-siri-ai-attitude-176323?source=IFWNLE_nlt_blogs_2011-10-18*.

14

1. Hamilton, J. "Virtual Reality: How a Computer-Generated World Could Change the Real World." *BusinessWeek*. 5 October 1992. Accessed 16 July 2010 @ *www.businessweek.com/1989-94/pre88/b328653.htm*.

2. Marquez, J. "Introduction to Virtual Reality: Humans and Automation Seminar." Spring 2002. Accessed 11 April 2012 @ *http://web.mit.edu/16.459/www/VR1.pdf*.

3. D'Angelo, M., and S. Narayaran. "A Virtual Reality Environment to Assist Disabled Individuals." Accessed 11 April 2012 @ *www.wright.edu/lwd/documents/virtual_rehabilitation_dangelo.pdf*.

4. "Virtual Reality Therapy Shows New Benefits." *http://online.wsj.com/articles/virtual-reality-therapy-shows-new-benefits-1413841124?mod=djem_jiewr_IT_domainid*.

5. Schneider, R. "Lockheed Starts Using Virtual Reality to Test New Products." *Talking Points Memo*. 26 January 2011. Accessed 2 January 2014 @ *http://talkingpointsmemo.com/dc/lockheed-starts-using-virtual-reality-to-test-new-products—2*.

6. Reuters. "Strategy Analytics: Virtual Worlds Forecast to Grow at 23% Through 2015." *Reuters.com*. 15 June 2009. Accessed 9 March 2012 @ *www.reuters.com/article/2009/06/15/idUS165902+15-Jun-2009+BW20090615*.

7. "Virtual NOAA." *ESRL Quarterly Newsletter*. Summer 2009. Accessed 9 March 2010 @ *www.esrl.noaa.gov/news/quarterly/summer2009/virtual_noaa.html*.

8. Weis, S. "RFID: Technical Considerations." *The Handbook of Technology Management*. Edited by H. Bigdoli. Hoboken, NJ: John Wiley & Sons, 2010.

9. Weier, M. "Coke's RFID-Based Dispensers Redefine Business Intelligence." *InformationWeek*. 6 June 2009. Accessed 7 October 2010 @ *www.informationweek.com/news/mobility/RFID/showArticle.jhtml?articleID=217701971*.

10. "QR Code Features." *QR Code.com*. Accessed 7 December 2011 @ *www.denso-wave.com/qrcode/qrfeature-e.html*.

11. Campbell, A. "QR Codes, Barcodes and RFID: What's the Difference?" *Small Business Trends*. 21 February 2011. Accessed 2 December 2011 @ *http://smallbiztrends.com/2011/02/qr-codes-barcodes-rfid-difference.html*.

12. Sprague, M. "Close-Up with Google's New QR Code Generator." *Search Engine Land*. 7 October 2010. Accessed 2 December 2011 @ *http://searchengineland.com/close-up-with-googles-new-qr-code-generator-52248*.

13. Kotz, L. "Sacre Bleu Wine Adapts QR Codes to Labels." *DataMart Direct*. 8 August 2012. Accessed 6 March 2013 @ *www.datamartdirect.com/index.php/2012/08/sacre-blue-wine-adapts-qr-codes-to-labels*.

14. Ankeny, J. "How One Small Company Is Using QR Codes." *Entrepreneur*. 3 October 2011. Accessed 6 March 2013 @ *www.entrepreneur.com/article/220359*.

15. Goldberg, J. "Best Buy Deploys QR Codes to Enhance Shopping Experience." *Retailgeek*. Accessed 6 March 2013 @ *http://retailgeek.com/best-buy-deploys-qr-codes-to-enhance-shopping-experience*.

16. Tsirulnik, G. "Calvin Klein Activates Billboards with QR Codes Pushing Mobile Video Ad." *Mobile Marketer*. 29 July 2010. Accessed 6 March 2013 @ *www.mobilemarketer.com/cms/news/advertising/6933.html*.

17. Sprague, M. "QR Codes: Are You Ready for Paper-Based Hyperlinks?" *Search Engine Land*. 13 September 2010. Accessed 6 March 2013 @ *http://searchengineland.com/qr-codes-are-you-ready-for-paper-based-hyperlinks-49684*.

18. Kats, R. "McDonald's Continues Mobile Reign with QR Code Push." *Mobile Marketer*. 30 July 2012. Accessed 6 March 2013 @ *www.mobilemarketer.com/cms/news/software-technology/13410.html*.

19. "Pepsi Uses QR Codes to Push Video Content." *MediaPoondi*. 30 October 2012. Accessed 6 March 2013 @ *www.mediapoondi.com/2012/10/30/pepsi-uses-qr-codes-to-push-video-content*.

20. Lamb, R. "Ralph Lauren Steps Up Mobile Game with Customized QR Codes." *Luxury Daily*. 20 September 2011. Accessed 6 March 2013 @ *www.luxurydaily.com/ralph-lauren-steps-up-mobile-game-with-customized-qr-codes*.

21. "Starbucks Customers Pay for Drinks with QR Codes." *BeQRious*. Accessed 6 March 2013 @ *http://beqrious.com/starbucks-customers-pay-for-drinks-with-qr-codes*.

22. Mesenbrink, J. "Biometrics Plays Big Role with Airport Security." *Security*. 4 February 2002. Accessed 9 March 2012 @ *www.securitymagazine.com/articles/biometrics-plays-big-role-with-airport-security-1*.

23. "Facial Recognition: is the Technology Taking Away Your Identity?" *http://www.theguardian.com/technology/2014/may/04/facial-recognition-technology-identity-tesco-ethical-issues*.

24. "Advertisers Start using Facial Recognition to Tailor Pitches." *http://articles.latimes.com/2011/aug/21/business/la-fi-facial-recognition-20110821*.

25. "Never Forgetting a Face." *http://www.nytimes.com/2014/05/18/technology/never-forgetting-a-face.html?_r=0*.

26. Knorr, E., and G. Gruman. "What Cloud Computing Really Means." *InfoWorld*. 7 April 2008. Accessed 9 March 2012 @ *www.infoworld.com/article/08/04/07/15FE-cloud-computing-reality_1.html*.

27. Brodkin, J. "Amazon and IBM Are the Cloud's Biggest Players." *InfoWorld*. 15 July 2010. Accessed 31 July 2010 @ *www.infoworld.com/d/cloud-computing/amazon-and-ibm-are-the-clouds-biggest-players-484? page=0,0&source=IFWNLE_nlt_wrapup_2010-07-16*.

28. Knorr, E., and G. Gruman. "What Cloud Computing Really Means." *InfoWorld*. 7 April 2008. Accessed 21 August 2010 @ *www.infoworld.com/article/08/04/07/15FE-cloud-computing-reality_1.html*.

29. "Small Businesses Seek to Take Off with the Cloud." *http://www.computerworld.com/s/article/9250550/Small_businesses_seek_to_take_off_with_the_cloud*.

30. Mell, P., and M. Grance. "The NIST Definition of Cloud Computing." *NIST*. September 2011. Accessed April 11 2012 @ *http://csrc.nist.gov/publications/nistpubs/800-145/SP800-145.pdf*.

31. Brodkin, J. "Gartner: Seven Cloud-Computing Security Risks." *InfoWorld*. 2 July 2008. Accessed 3 December 2011 @ *www.infoworld.com/d/security-central/gartner-seven-cloud-computing-security-risks-853?page=0,0*.

32. Wood, S., R. Jones, and A. Geldart. "Commercial Applications of Nano-Technology in Computing and Information Technology." *Azonano.com*. 29 October 2008. Accessed 21 August 2010 @ *www.azonano.com/details.asp?ArticleID=1057*.

33. "New Report on Nanotechnology in Consumer Goods." *AZoM.com*. 26 May 2009. Accessed 21 August 2010 @ *www.azom.com/news.asp?NewsID=17263*.

34. IBM. "Nanotech Defined." *IBM.com*. Accessed 11 April 2012 @ *http://domino.research.ibm.com/comm/research.nsf/pages/r.nanotech.defined.html*.

35. This information has been gathered from the company Web site (*www.mechdyne.com*) and other promotional materials. For more information and updates, visit the Web site.

36. "About IHG." *InterContinental Hotels Group*. Accessed 6 March 2013 @ *www.ichotelsgroup.com/ihg/hotels/us/en/global/support/about_ihg*.

37. Babcock, C. "4 Companies Getting Real Results from Cloud Computing." *InformationWeek*. 15 January 2011. Accessed 6 March 2013 @ *www.informationweek.com/hardware/data-centers/4-companies-getting-real-results-from-cl/229000706*.

38. Prince, P. "RFID a 'Very Big Part of Macy's Future.'" *RFID Journal*. 21 June 2013. Accessed 2 January 2014 @ *www.rfidjournal.com/articles/view?10783*.

39. Ibid.

MIS 6

Hossein Bidgoli

Cengage Learning Asia Pte. Ltd.

151 Lorong Chuan，#02-08 New Tech Park，Singapore 556741

北京市版权局著作权合同登记号　图字：01-2016-5114

图书在版编目（CIP）数据

管理信息系统：第六版 /（美）侯赛因·比德格里著；李焱等译. --北京：中国人民大学出版社，2020.7
（信息管理与信息系统经典译丛）
ISBN 978-7-300-28233-6

Ⅰ.①管… Ⅱ.①侯… ②李… Ⅲ.①管理信息系统 Ⅳ.①C931.6

中国版本图书馆 CIP 数据核字（2020）第 104900 号

信息管理与信息系统经典译丛
管理信息系统（第六版）
侯赛因·比德格里 著
李 焱 张 瑞 王馨晨 等 译
Guanli Xinxi Xitong

出版发行	中国人民大学出版社		
社 址	北京中关村大街 31 号	**邮政编码**	100080
电 话	010－62511242（总编室）		010－62511770（质管部）
	010－82501766（邮购部）		010－62514148（门市部）
	010－62515195（发行公司）		010－62515275（盗版举报）
网 址	http://www.crup.com.cn		
经 销	新华书店		
印 刷	北京尚唐印刷包装有限公司		
规 格	215 mm×275 mm 16 开本	**版 次**	2020 年 7 月第 1 版
印 张	21	**印 次**	2020 年 7 月第 1 次印刷
字 数	636 000	**定 价**	79.00 元

CENGAGE Learning

Supplements Request Form（教辅材料申请表）

Lecturer's Details（教师信息）			
Name: (姓名)		**Title:** (职务)	
Department: (系科)		**School/University:** (学院/大学)	
Official E-mail: (学校邮箱)		**Lecturer's Address / Post Code:** (教师通讯地址/邮编)	
Tel: (电话)			
Mobile: (手机)			

Adoption Details（教材信息） 原版□ 翻译版□ 影印版 □			
Title: (英文书名) **Edition:** (版次) **Author:** (作者)			
Local Publisher: (中国出版社)			
Enrolment: (学生人数)		**Semester:** (学期起止日期时间)	
Contact Person & Phone/E-Mail/Subject: (系科/学院教学负责人电话/邮件/研究方向) （我公司要求在此处标明系科/学院教学负责人电话/传真及电话和传真号码并在此加盖公章.） 教材购买由 我□ 我作为委员会的一部份□ 其他人□[姓名:] 决定。			

Please fax or post the complete form to（请将此表格传真至）：

CENGAGE LEARNING BEIJING
ATTN : Higher Education Division
TEL: (86) 10-82862096/ 95 / 97
FAX : (86) 10 82862089
EMAIL: asia.infochina@cengage.com
www. cengageasia.com
ADD: 北京市海淀区科学院南路 2 号
融科资讯中心 C 座南楼 12 层 1201 室 **100190**

Note: Thomson Learning has changed its name to CENGAGE Learning